传感云
与边缘计算

王　田　　王文华　　徐　旸◎著

SENSOR CLOUD
AND EDGE COMPUTING

人民邮电出版社
北　京

图书在版编目（CIP）数据

传感云与边缘计算 / 王田，王文华，徐旸著.
北京 ： 人民邮电出版社，2025. -- ISBN 978-7-115
-66156-2

Ⅰ. TP393.027

中国国家版本馆 CIP 数据核字第 20255QV445 号

内 容 提 要

本书从传感云的产生与发展切入，首先介绍传感云的基本知识，并着重指出它与边缘计算的关系及发展现状。随后讨论基于边缘计算的传感云数据收集技术、数据清洗技术、数据存储技术、资源优化技术、信任评价机制、可信服务选择技术、隐私与安全技术，以及基于边缘计算的联邦学习。最后介绍传感云未来发展的新风口——分布式边缘智能。

本书适合云计算、物联网、边缘计算和电信等领域的研究人员和工程技术人员，以及计算机、通信等相关专业的研究生阅读。

◆ 著　　　　王　田　王文华　徐　旸

　　责任编辑　贺瑞君

　　责任印制　马振武

◆ 人民邮电出版社出版发行　　北京市丰台区成寿寺路 11 号

　　邮编　100164　电子邮件　315@ptpress.com.cn

　　网址　https://www.ptpress.com.cn

　　涿州市殷润文化传播有限公司印刷

◆ 开本：787×1092　1/16

　　印张：25.75　　　　　　　　　2025 年 8 月第 1 版

　　字数：605 千字　　　　　　　2025 年 8 月河北第 1 次印刷

定价：150.00 元

读者服务热线：(010)81055410　印装质量热线：(010)81055316
反盗版热线：(010)81055315

专家推荐

在这个万物互联、智能共生的时代，技术的发展正以前所未有的速度推动社会进步。本书不仅系统地阐述了传感技术和边缘计算的核心理论，还结合实际案例，展现了这两项技术在促进智慧城市建设、改善人们生活质量等方面的巨大潜力。本书致力于探索传感云与边缘计算如何更好地为社会经济的高质量发展服务。我相信，无论是对行业内的专业人士，还是对这一领域感兴趣的读者，本书都将是一份珍贵的参考资料。

——蒋昌俊，中国工程院院士，同济大学特聘教授

自 2003 年《麻省理工科技评论》杂志将无线传感器网络（简称传感网）列为未来十大突破性技术之首以来，传感网作为物联网的基石，已经经历了从数据采集到智能分析的深刻变革。本书深入探讨了传感云系统如何借助云计算的强大计算能力和存储资源来极大地提升传感网的性能。作者通过丰富的案例和深入的理论分析，展示了传感云在数据采集、处理和分析中的重要作用，尤其是在智慧城市、智能制造等领域的应用。对于希望深入了解传感云与边缘计算如何融合发展的读者，这本书提供了宝贵的洞见。

——曹建农，欧洲科学院院士，香港理工大学署理副校长

本书作者不仅回顾了传感云的发展历程，还以前瞻性的视角探讨了其未来的发展方向。21世纪初，人们对传感网的研究逐步从单纯的数据采集阶段迈向更加复杂的智能分析阶段。随着云计算技术的发展，传感云系统不仅能够高效处理分散在各地的传感器数据，还能够通过云端的集中处理，为决策支持提供坚实的数据基础。本书特别突出了传感云在数据分析与数据挖掘中的潜力，为揭示隐藏在海量数据中的趋势规律提供了强有力的工具。对关注物联网与云计算前沿技术的读者而言，本书不仅是一本技术指南，更是一扇通向云端智能技术未来的窗口。

——吴杰，欧洲科学院院士，中国电信首席科学家、云计算研究院院长

自 2000 年传感网的概念被提出以来，末端传感网和边缘网络一直是网络领域的研究热点。随着传感网与云计算的结合日趋紧密，传感云系统应运而生，为传感网的发展注入了全新动能。由于边缘处理设备既具有计算能力，又能有效地管理和控制底层传感器设备，可以弥补云计算的弱点，因此边缘计算成为新热点。本书作者在物联网、边缘计算和人工智能交叉领域深耕多年，具有丰富的教学经验和丰硕的研究成果。本书是作者多年辛勤耕耘的结晶，值得一读。

——苏金树，中国人民解放军军事科学院教授，CCF 会士、CCF 互联网专业委员会荣誉主任

本书全面解析了传感云系统如何从最初仅具备简单的数据采集功能，发展到如今能够提供深度数据挖掘和智能决策支持的高级平台。在本书中，作者详细介绍了传感云与边缘计算的紧密结合，如何在 2010 年前后为传感网的发展注入了全新动能。书中不仅探讨了传感云在数据采集和处理中的优势，还深入分析了其在数据分析和数据挖掘方面的巨大潜力。对那些希望从海量数据中提取有价值的信息，以支持更精准决策的工程师和研究人员来说，本书无疑是一份极具参考价值的重要资料。

——陈贵海，南京大学教授，IEEE/CCF 会士

本书深刻揭示了传感云作为连接物理世界与数字世界的桥梁，在数据捕获和处理中的重要性。作者在本书中不仅系统地介绍了传感云的基本原理和应用，还深入探讨了其与边缘计算结合的必然性。针对二者结合过程中涌现的新挑战，如数据隐私保护、资源优化配置及任务卸载机制等，作者不仅精准地提出了问题，更创造性地给出了多种解决方案。例如，通过分布式边缘智能的应用，实现了更快速、更精准的本地决策，提升了系统的整体性能。本书不仅是一本技术专著，更是一本引领未来智能技术发展的指南，值得一读！

——王兴伟，东北大学党委常委、副校长

本书以通俗易懂的语言、严密的逻辑结构，全面回顾了传感云及边缘计算的发展历程，并深入探讨了当前的关键技术和研究热点，是一本在传感云领域内极具价值的参考书。它涵盖了从数据采集到资源优化配置等多个方面，展示了作者对技术生态系统的深刻理解。本书不仅包含理论知识，还结合实际案例梳理了研究热点，展望了未来发展方向，适合不同层次的读者。本书填补了国内传感云专题图书的空白，强调了理论与实践的结合，融入了前沿研究成果，具有时代性和前瞻性。本书对推动学术研究和产业创新升级有着重要意义，是该领域专业人士的必备读物。

——李克秋，天津大学教授，IEEE/CCF 会士

从概念起源到技术细节，再到应用实践与未来展望，本书层层递进，为我们揭示了传感云与边缘计算的无限潜力。本书不仅详述了数据收集、清洗、存储的全过程，还探讨了资源优化、信任评价、可信服务选择等关键议题。尤为值得一提的是，本书对隐私与安全技术、边缘智能的深入剖析，让我们看到了这一领域的广阔前景与挑战。这些都是当今技术前沿的热门话题。本书就像一座桥梁，连接着物理世界和数字世界，能够让读者更清晰地看到智能物联网的未来。

——李向阳，中国科学技术大学教授、信息与智能学部执行部长，IEEE 会士

翻开《传感云与边缘计算》，让我们一同探索技术的无限可能，为曾经的想象插上翅膀，共赴万物互联、智能共生的美好未来。

——刘云浩，清华大学教授、全球创新学院院长，ACM/IEEE/CCF 会士

前　言

2003 年，美国著名的《麻省理工科技评论》（*MIT Technology Review*）杂志将无线传感器网络（Wireless Sensor Network，WSN，简称传感网）列为未来十大突破性技术首位。2004 年起，作者开始研究此领域，当时"物联网"（Internet of Things，IoT）这个概念尚未广为人知。作为物联网的基石，传感网不仅极大地增强了人们对环境信息的捕获能力，还促进了信息空间与实体世界的深度融合。初期，作者的研究重心主要是数据采集方面，当时传感器节点的计算能力和智能化程度尚处于初级阶段。然而，随着云计算技术的迅猛发展，尤其是在 2010 年前后，传感网与云计算的相互结合日趋紧密，进而诞生了"传感云系统"，为传感网的发展注入了全新动能。该系统依赖云计算所提供的强大算力和存储资源，不仅改进了传感网的功能和性能，还通过云端集中处理分散的传感器数据，为决策提供了坚实的数据基础和有力依据。此外，传感云系统在数据分析和数据挖掘方面具有很大的潜能，为揭示隐藏在数据背后的规律和趋势提供了有效的分析工具。

随着底层传感器种类和应用数量的显著增长，传感网产生的数据量呈几何级数增加。这些数据在异构终端接入传感网后形成并积累，继而被传输至云端进行处理，并最终反馈至终端，以指导业务操作。这个过程对网络带宽的需求极大，不仅使异构设备接入充满挑战，还会带来数据传输时延和隐私泄露的风险。与云计算模式相比，边缘计算（Edge Computing，EC）由于靠近终端设备，具备本地计算能力且地理分布广泛，因此能够更有效地管理和控制底层传感器设备，从而弥补云计算的缺陷。2022 年 1 月 12 日，国务院发布的《"十四五"数字经济发展规划》明确强调"推进云网协同发展，提升数据中心跨网络、跨地域数据交互能力，加强面向特定场景的边缘计算能力，强化算力统筹和智能调度"。2022 年 10 月 28 日，工业和信息化部、教育部等政府部门联合发布的《虚拟现实与行业应用融合发展行动计划（2022—2026 年）》提出"面向视频内容、图形渲染及空间计算等虚拟现实特色业务需求，发展融合云计算、边缘计算、沉浸式计算等支撑虚拟现实的多节点算力信息基础设施，实现云网边端的高效安全协同"。2023 年 2 月，中共中央、国务院发布的《数字中国建设整体布局规划》提出"系统优化算力基础设施布局，促进东西部算力高效互补和协同联动，引导通用数据中心、超算中心、智能计算中心、边缘数据中心等合理梯次布局。整体提升应用基础设施水平，加强传统基础设施数字化、智能化改造"。

边缘计算的主要目的是分散处理数据。与传统云计算相比，边缘计算可以在网络边缘部署算力等系统级资源，从而缩短计算密集型任务的处理时延，减轻云端的带宽压力，并在一定程度上保护用户隐私。这使得底层传感器设备收集和产生的数据能够在更靠近设备本身的地方进行处理，而不是远距离传输到集中式的数据中心或云端进行处理，从而提高了服务的实时性和可靠性。

边缘计算为应对传感云遇到的挑战提供了思路。那么，传感云和边缘计算技术的发展现状如何？它们能为信息技术带来怎样的变革，又将如何通过与大数据、人工智能等技术相结合来寻找新的机遇？我们基于多年在物联网、边缘计算及人工智能相关领域积累的教学和科研经验撰写了这本书，为解答上述问题提供了参考。书中主要介绍了传感云的概念和发展概况，重点梳理了基于边缘计算的传感云系统的研究内容和热点，并在厘清概念和范畴的基础上探讨其关键技术和研究进展，还探讨了其典型应用和未来发展的趋势。传感云发展至今，已经成为连接云计算和边缘计算的重要载体，对物联网等成果的落地发挥了至关重要的作用，但是国内却没有相关图书，本书将填补这一空白。

本书分为 10 章，具体内容安排如下。第 1 章介绍传感云的产生与发展、基本知识和传感云与边缘计算的关系及发展现状；第 2 章～第 4 章分别概述基于边缘计算的传感云数据收集、数据清洗和数据存储技术；第 5 章介绍基于边缘计算的传感云资源优化技术；第 6 章给出基于边缘计算的传感云信任评价机制；第 7 章介绍基于边缘计算的传感云可信服务选择技术；第 8 章从数据的角度概述基于边缘计算的传感云隐私与安全技术；第 9 章以模型清洗、模型参数和边缘设备选择为切入点，介绍基于边缘计算的联邦学习；第 10 章概述传感云未来发展的新风口——分布式边缘智能，着重介绍边缘智能的概念、发展，以及分布式边缘智能架构、典型技术及应用。

本书内容尽可能考虑不同层次读者的需求，以便让更多的人从中受益。希望本书能够帮助读者更好地理解、掌握传感云与边缘计算的相关知识和技能，也为从事相关领域工作的读者提供有益的参考和帮助。

本书的顺利完成离不开作者团队的协同工作和辛勤付出。团队成员为本书的顺利完成花费了大量的时间和精力，他们是（按姓名拼音排序）：黄凤怡、李果、李雨婷、梁玉珠、刘海慧、梅雅欣、彭子豪、吴尚睿、徐常福、曾建电、张广学、钟文韬、邹浩东，在此一并表示感谢。

在撰写本书的过程中，我们得到了许多国内外同行和业内人士的鼓励和支持。蒋昌俊教授、贾维嘉教授、曹建农教授、吴杰教授、苏金树教授、陈贵海教授、王兴伟教授、李克秋教授、李向阳教授、刘云浩教授等，我曾不止一次当面（或线上）向他们请教，书中很多观点源自与他们的讨论交流。同时，感谢中国工信学术出版基金对本书出版的大力支持。

最后，对参与本书编辑和出版的人员表示感谢。在本书出版过程中，人民邮电出版社提供了很多关于出版的专业意见和支持，在此特向本书的责任编辑贺瑞君致谢。

传感云和边缘计算领域的知识和技能发展迅速，作者管中窥豹，犹恐不及，书中难免有不足之处，殷切希望广大读者批评和指正。

王田

2025 年 6 月 30 日

目　录

第1章 概论

传感云（Sensor Cloud，SC）是传感网和云计算（Cloud Computing）结合的产物[1,2]。传感网通过分布式的传感器节点实现数据的采集和监测，为云计算提供了丰富的数据源和实时的信息支撑。云计算技术为传感器数据提供了强大的计算和存储能力，使得数据分析和处理变得更加高效。二者的协同作用为传感云的出现奠定了基础。传感云允许传感器数据通过互联网连接到云端，进行实时数据的收集、存储和分析[3]。传感云的目标是提供一种高效的方式来处理传感器生成的大量数据，以便实现更好的决策和应用。这种技术的崛起引发了信息技术领域的巨大变革，为各个行业和领域的发展带来了机遇[4]。

传感云的发展历程可以分为几个关键阶段。在萌芽阶段，传感网和云计算的概念尚未完全成熟，但已经有一些设施和技术为传感云的发展奠定了基础。随着传感网和云计算技术的逐渐成熟，传感云开始崭露头角，出现了一些初步的传感云解决方案。在近10年里，传感云技术实现了飞跃式发展。随着云计算平台和传感设备之间的互操作性逐渐增强，许多行业开始广泛应用传感云技术。

传感云是一个多维度的概念，涵盖了传感器和设备、云计算平台、数据分析和实时通信等多个关键要素[5-7]。传感器和设备负责采集多元化数据，如温度、湿度、位置、图像等。这些数据通过互联网上传到云计算平台。云计算平台提供了计算和存储资源，以便处理大规模的传感器数据。传感云的发展离不开多项关键技术的支持。传感器网络通信协议和无线技术确保了传感器数据的可靠传输。云计算技术提供了弹性计算、云存储和容器化等功能，以进行庞大的传感器数据和支持数据分析。数据分析技术包括机器学习、大数据分析和实时数据处理，有助于通过数据挖掘洞察本质和预测未来。安全技术确保传感器数据的隐私和完整性，同时防范网络攻击。

目前，传感云已经在各行各业得到了广泛的应用，展现出巨大的应用潜力和价值[8-10]。在智能城市中，传感云被用于监测交通流量、环境质量、能源使用情况等，为城市的可持续发展和效率提升提供了有力支撑。在农业领域，传感云被用于监测土壤湿度、气象数据，以提高农业生产效率。工业领域亦受益于传感云的实时监测能力，它不仅能够监控生产线的运行状态，还能预测设备的维护需求，从而降低生产成本，提高制造业的整体效率。在医疗保健领域，传感云被用于实时监测病人的生命体征，为医生提供了及时、准确的数据支持，使得远程医疗服务成为可能，极大地提高了医疗服务的质量和效率。本章将详细阐述传感云的产生及其发展，旨在帮助读者更深入地理解传感云的本质和意义，为后续章节的内容奠定坚实的基础。

1.1 传感云的产生与发展

本节将从传感云的产生背景、发展历程等方面，详细介绍传感云的演进和广泛应用。

1.1.1 传感云的产生背景

传感云巧妙地融合了传感网与云计算技术，构筑起一个高效的数据采集与处理平台。它通过各种传感器、数据采集设备等方式，首先从各种物理环境、设备和系统中获取大量数据，然后通过云计算技术对这些数据进行处理和分析，以提供各种智能服务和应用。传感网和云计算的兴起是传感云产生的重要背景因素。本小节将以传感网、云计算为切入点，介绍传感云产生的背景。

1. 传感网的兴起

传感网是一种分布式传感网，它的末梢是可以感知和检查外部世界的传感器。传感网中的传感器通过无线方式通信，因此网络设置灵活，设备位置可以随时更改，还可以有线或无线方式与互联网连接[11]。传感网通过无线通信方式形成了一个多跳的自组织网络。中国科学院早在1999年就启动了传感网的研究，并且已经取得了一些重要的科研成果，建立了一些适用于传感网的基础设施。

无线传感器网络中的小型传感器节点分布在各种环境中，能够实时监测温度、湿度、位置等信息，并将这些数据传输到互联网上，以供分析和利用。它们的出现使得传感网能够实现大规模的数据采集和监测，为决策制定和问题解决提供了重要的支持[12]。传感网技术的兴起已经深刻地改变了人们的生活和工作方式。通过将物体赋予智能，将各种设备用互联网连接在一起，传感网已经成为信息技术领域的一项革命性技术。它不仅提高了人们的生活质量，还促进了工业和城市的发展，为可持续发展提供了新的机会。

2. 云计算的崛起

云计算是一种革命性的计算方式，它允许共享的软硬件资源和信息按需提供给计算机终端和其他设备。这一概念的出现改变了传统计算的模式，将计算能力从本地设备转移到远程的云服务器上，由云服务提供商（Cloud Service Provider，CSP）管理和维护。云计算的核心思想是将计算和资源提供视为一种服务，用户可以根据需求访问这些服务，而无须关心服务底层的基础架构[13]。

随着各种网络设备和传感器的广泛部署，产生的数据量呈指数级增长。云计算的灵活性和可伸缩性使其成为处理和分析大规模数据的理想选择。传感网设备可以将数据传输到云服务器上，而云计算可以进行高效的数据处理。云计算已经改变了人们对计算和数据处理的方式，为企业和组织提供了更灵活、更经济和更高效的解决方案。它的灵活性和可伸缩性使用户能够根据需要调整资源，而无须面对传统计算模式中的复杂挑战。

3. 传感云的诞生

随着传感器的广泛部署和数据规模的增加，传统的数据处理方法变得不再适用。传感器数据的辐射范围广泛，涵盖多个领域，如气象、地理信息、健康、工业生产等。这些数据通常是实时生成的，需要快速分析和处理，以提供有用的信息。因此，数据的爆炸性增长和多样性带来了巨大的挑战[14]。然而，传统的数据处理方法仅在本地服务器或个人计算机上进行数据的存储和分析。这些方法在面对大规模数据和实时性要求时显得力不从心。数据量庞大也造成了传输和存储的成本高昂，再加上处理速度变慢，这些问题让传统的数据处理方法无法满足迅速变化的需求。因此，人们开始积极寻求一种新的、更有效率的方式来处理这些数据。于是，传感云应运而生。

传感云的核心思想是将传感网生成的海量数据与云计算技术结合，以实现高效的数据采集、存储、处理和分析。传感器会将数据实时传输到云端服务器，而无须在本地存储。这降低了数据的传输和存储成本，并确保了数据的及时可用性[15]。一旦数据到达云端，云计算技术就可以利用大规模的计算资源和分布式处理能力来快速处理和分析数据。这意味着即使数据量巨大，也能够在短时间内生成有用的见解。

传感云是一个复杂而高效的系统，旨在处理大规模的传感器数据并提供云端服务。为了更详细地理解其工作原理，下面深入探讨传感云的基本框架。如图1.1所示，在传感云的基本框架中，存在两个关键层次：物理节点层和虚拟节点层。

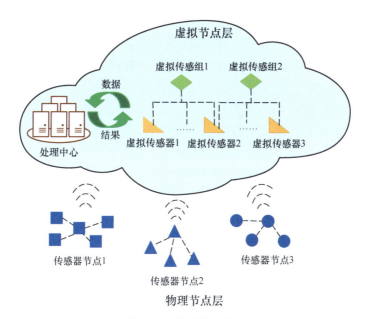

图1.1 传感云的基本框架

1）物理节点层。在物理节点层，每个传感器节点都配备了自己的控制和数据收集机制。这些传感器节点的功能根据不同的应用而异。例如，在森林监测应用中，传感器节点可能被配置为监测温度、湿度和大气压力等环境参数。而在目标跟踪应用中，传感器节点可能会实时监测目标的地理位置、速度和移动轨迹等信息。这些传感器节点位于不同的地理位置，涉及广泛的领域，通过它们实时收集的数据形成传感云的核心。物理节点层的主要任务是数据的采集和初步处理。传感器节点负责将实时生成的数据传输到虚拟节点层，以便进一步地处理和分析。这一层还负责与虚拟节点层的对接，确保数据能够有效地传输到云端。

2）虚拟节点层。虚拟节点层在传感云系统中扮演着关键的角色。它负责云端资源的管理和调度，以便高效地处理大规模的传感器数据。虚拟节点可以看作云端的代理，它们不仅管理物理节点的资源，还调度和管理云端的服务。因为虚拟节点的存在，终端用户不必关心传感器节点的具体位置或运行细节，只需向传感云系统发出请求；虚拟节点将负责分配任务和资源，确保用户的需求得到满足。这使得基于传感器的云端服务变得更加操作简便和用户友好。虚拟节点层不仅提供存储服务，还具备实时响应能力。当出现紧急请求时，传感云系统能够快速响应用户需求，确保及时提供所需的数据或服务。

通过物理节点层和虚拟节点层的协同工作，传感云系统实现了大规模传感器数据的高效处理和云端服务的及时响应。在实际应用中，无论是环境监测，还是物流追踪，各个领域都能够充分利用传感云系统做出更好的决策、实行更优化的运营，并获得更便捷的服务。传感云系统的发展前景无疑令人期待，这将继续推动传感网和云计算领域的创新与进步。

传感云作为一个综合性的解决方案，不仅是一种技术，还代表了一种全新的思维方式，它将数据和计算能力带入了物理世界的方方面面。

1.1.2　传感云的发展历程

从早期的概念到今天的广泛应用，传感云的发展充满了创新和技术突破。本小节将详细探讨传感云的发展历程（见图 1.2），着重介绍各个阶段的重要事件和关键里程碑。

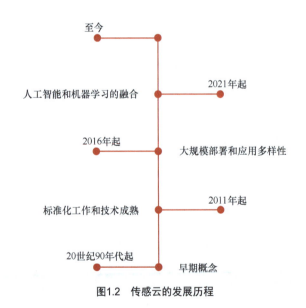

图1.2　传感云的发展历程

1. 早期概念（20 世纪 90 年代至 2010 年）

传感云的开端可以追溯到 20 世纪 90 年代末和 21 世纪初，当时互联网刚刚开始普及，传感网的概念开始崭露头角。在这个阶段，一些科学家和工程师开始思考如何有效地将物理世界的数据与云计算结合，以实现更广泛的应用。这个阶段被认为是传感云概念的萌芽期，尽管当时的技术和资源有限，但这种愿景逐渐引起了人们的关注。

这个阶段诞生了一些早期的实验项目，旨在探索传感云的潜力。这些项目通常是小规模的试验，使用有限的传感器和云计算资源。例如，一些城市开始在城市中部署气象传感器，以实时监测天气条件；将获取的数据传输到云端，供气象预报和城市规划使用。虽然这些项目规模相对较小，但它们引起了更多的研究人员和企业的兴趣，为传感云后来的发展奠定了基础。

2. 标准化工作和技术成熟（2011年至2015年）

进入2011年，传感云的发展开启了一个新的阶段。标准化工作成为推动传感云技术发展的重要因素。各种国际标准组织开始制定传感网相关的标准，包括数据通信协议、安全性标准、云计算接口标准等。这些标准化工作让不同厂商和组织可以更好地协同工作，提升了传感云技术的互操作性和可扩展性。这个阶段表明传感云技术不再是一些零散的实验项目，而是逐渐朝着更加成熟和标准化的方向发展。

同时，传感器技术和云计算技术本身也得到了改进。传感器变得更小、更便宜、更节能，并具备更强大的功能。传感器的电池使用时间延长，这使得它们可以在野外环境中长时间运行，从而收集更多的数据。云计算平台变得更加强大、可伸缩和稳定，能够处理大规模的数据流，同时具备高度的可用性和安全性。这些技术的进步为传感云的广泛应用提供了强有力的支持。

3. 大规模部署和应用多样性（2016年至2020年）

随着技术的进步和成本的下降，传感云技术进入了一个全新的发展阶段，大规模部署和应用多样性成为其显著特征。在这个阶段，传感云不再局限于实验室或小规模试点项目，而是被广泛地应用于各个领域，为各行各业带来了创新和便利。

传感云技术在农业领域发挥着重要的作用。农民可以利用传感器网络监测土壤湿度、温度、光照等关键因素，以更精确地决定何时种植、灌溉和收获农作物。这不仅提高了农作物的产量和质量，还节约了水资源和能源。农业领域的传感云应用多种多样，涵盖了从粮食生产到果园管理的各个方面。

制造业领域也受益于传感云技术的广泛应用。制造商可以通过传感器网络监测设备状态，实现设备的远程监控和预测性维护。这有助于缩短设备停机时间，提高生产效率，降低维护成本。传感云技术让工业互联网的概念逐渐成为现实，工厂变得更加智能化和自动化。

传感云技术在医疗保健领域的应用也在不断扩展。患者可以通过佩戴各种传感器设备来监测心率、血压、血糖等生命体征。这些数据可以被实时传输到医疗云中，让医生可以远程监测患者的健康状况，并提供个性化的治疗方案。此外，传感云还支持远程医疗诊断和手术，为医疗保健体系的改进提供了新的途径。

智能城市项目也广泛采用传感云技术，以提高城市发展的可持续性和效率。传感器可以监测交通流量、空气质量、垃圾桶状态等信息，这些数据可用于城市的实时管理和长远规划。城市可以通过传感云技术优化交通信号灯的运用，从而改善交通流量，减少交通拥堵。此外，智能城市管理体系还利用传感云改进能源管理、公共安全和紧急响应系统。

总之，传感云技术的大规模普及，不仅为各行各业的发展带来了更多的创新和便利，还为传感云未来的发展奠定了坚实的基础。

4. 与人工智能的融合（2021年至今）

近年来，传感云技术与人工智能（Artificial Intelligence，AI）的融合成为传感云发展历史的重要部分。这为传感云技术带来了更高的智能性和自适应性，使其能够更好地应对不断变化的环境和需求。

1）数据分析和决策支持。传感云系统存储着大量的实时数据，而AI技术可以更高效地分析这些数据，以识别模式、预测趋势和做出决策。例如，在农业生产中，AI算法可以分析土壤和气象数据，为农民提供种植建议，同时根据实时条件进行灌溉控制。在构建智能城市中，机器学习可用于交通管理，根据历史数据和实时流量情况来优化信号灯配时，以减少交通拥堵。

2）智能感知和响应。传感云系统与AI集成可以实现智能感知和响应。传感器可以收集环境数据，AI算法可以解释这些数据并识别事件。例如，在环境监测中，传感器可能探测到异常的污染水平，AI算法可以根据实时数据立即触发报警并通知相关部门。这种实时响应可以防止事故的发生或减轻其影响。

3）自适应性和优化。传感云系统与AI的结合还使得系统更具自适应性，并根据不断变化的条件自动调整系统行为。例如，在工业生产中，机器学习可以监测设备状态，并根据数据预测设备故障，从而进行及时维护，缩短停机时间。这种自适应性有助于提高系统的可靠性和效率。

4）安全性和隐私。AI还可以用于加强传感云系统的安全性和隐私保护。它们可以检测异常行为、防范入侵尝试和数据泄露，从而提供更强大的安全性保障。

传感云技术与AI的融合和发展还蕴藏着许多潜力和机会。这种融合不仅提高了传感云系统的性能，还为更多智能化应用和服务的发展铺平了道路。传感云技术仍在不断发展，未来会有更多的创新，包括更先进的传感器技术、更强大的云计算平台、更智能的数据分析方法以及更广泛的应用领域。

1.2 传感云的基本知识

本节首先阐述传感云的概念。然后，介绍传感云的特点，包括透明性、实时处理和多维度数据服务、传感器管理和维护、多用户数据共享和协作。这些特点突出了传感云系统的灵活性、实时性、管理性和协作性，使其适用于各种应用领域。接下来，介绍传感云的系统架构，阐述了其与传感网的不同之处，强调了传感云对底层传感器节点更多的访问权限，以及能为更广泛的用户提供维护和管理服务。最后，介绍传感云的实际应用，包括远程医疗、环境监测等重要应用。

1.2.1 传感云的概念、特点及系统架构

本小节将从传感云的概念出发，介绍传感云的特点及系统架构。

1. 传感云的概念

传感云是一种基于云计算和传感网技术的解决方案，旨在对分布式传感器网络中生成的数据进行高效采集、存储、处理和分析[16]。如图1.3所示，在智慧电梯的应用中，多种传感器被部署，并通过边缘网关接入传感云系统。这些传感器可以监测电梯的各种参数和状态，如温度、湿度、电梯运行时间、故障信息等。这些数据对电梯的正常运行和维护至关重要，因此需要高效的方式来采集和管理。边缘网关预集成平台可以满足这个需求，平台支持亿级海量连接和百万级高并发，可保证大量设备接入和长时间设备连接，允许企业随时随地查看电梯数据和使用情况，及时了解电梯的维护和保养信息，也便于政府统一监管。

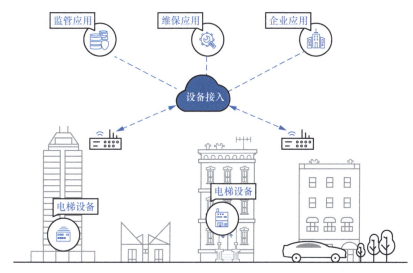

图1.3 传感云在智慧电梯中的应用

传感云是近年来在信息技术领域兴起的一个重要概念。它代表了将传感网、云计算等技术融合的新兴领域[17]。传感云的发展是多方面因素共同推动的，包括移动云计算（Mobile Cloud Computing，MCC）、传感网的普及以及嵌入式系统和云计算技术的进步。下面将对传感云的定义、重要研究领域以及在不同领域的应用进行详细探讨。

传感云可以被定义为一个综合的传感器数据存储、可视化和远程管理平台，可利用强大的云计算技术提供出色的数据可扩展性、快速可视化和用户可编程的分析功能。传感云将物理世界中的传感器数据连接到云端，并通过云计算基础设施来存储、处理和分析这些数据。这为用户提供了实时访问传感器数据、分析数据和监控远程传感器节点的能力。

传感云的研究领域涵盖了多个方面，下面介绍其中一些关键的研究领域。

1）传感网与云计算集成。传感网是由分布式传感器节点组成的网络，用于收集数据。将传感网与云计算结合，可以实现大规模数据的存储和分析，从而支持各种应用，如智能城市管理、环境监测和农业生产服务。

2）物联网与云计算融合。物联网是将物理设备与互联网连接起来的概念。传感云为物联网提供了强大的数据处理和存储能力，使得从各种设备和传感器中收集的数据可以在云端进行分析和应用。

3）健康数据管理。传感云在健康护理领域发挥着重要作用，允许从身体传感器网络（Body

Sensor Network，BSN）中收集健康数据，并将其传输到云存储库进行处理和分析。这有助于实现远程健康监测和个性化医疗服务。

4）车载云计算。车载云计算是一个新兴的领域，它利用车载网络、嵌入式设备和云计算技术来实现更智能、互联的车辆系统。传感云在车载云计算中发挥了关键作用，支持实时数据传输和车辆控制。

传感云代表了一种创新的技术范式，它将传感器数据与云计算结合，为各种领域的应用提供了强大的数据处理和分析能力。随着技术的不断发展和应用的不断扩展，传感云将继续推动科技进步，为社会发展带来更多的创新和便利。

2. 传感云的特点

传感云通过虚拟化感知服务，允许使用物理传感器。这种虚拟化显著扩展了服务能力的边界，并可以促进临时任务的执行[18]。各种无线传感器网络的所有者可以将其数据上传到由云服务提供商提供的云端，以进行存储、监控和进一步处理。传感云具有以下特点。

1）透明性。传感云系统在传感器类型的使用上具有出色的透明性。这意味着用户可以轻松获取来自不同传感器所有者的服务，而无须担心这些传感器的物理位置和访问规则[19]。这一特点的重要性在于，用户无须事先了解传感器的细节，即可访问各种数据源。这极大地简化了数据获取的流程，为用户提供了更广泛的数据资源。这种透明性为跨领域数据集成和协作提供了有力支持，使不同行业的数据能够相互叠加和共享，从而产生更多的创新和应用。

2）实时处理和多维度数据服务。传感云的另一个重要特点是对异构数据源的实时处理。在当前的信息时代，数据的实时性至关重要，特别是对于需要做出关键决策的情况。传感云提供多种类型的数据服务，包括数据分析、实时监控、高效存储和计算等[20]。这种多维度的数据服务意味着用户可以根据需求选择合适的数据处理服务，确保能够以最有效的方式利用数据，从而支持关键决策的制定。例如，在监测环境污染方面，用户可以实时获取空气质量传感器的数据，同时使用数据分析服务来预测未来的空气质量趋势，以便采取适当的行动。

3）传感器管理和维护。与传统方法不同，传感云不仅将传感器数据作为一种服务，更专注于通过云计算平台管理传感器。这意味着传感云提供了更全面的解决方案，包括传感器的注册、配置、监控和维护。传感云使传感器更容易部署和维护，从而为用户提供了更高的可用性和可靠性。例如，在智能农业中，传感器节点可能需要定期进行校准和维护，而传感云可以通过远程监控满足这些管理需求，降低实地维护的成本，提高系统的可靠性。

4）多用户数据共享和协作。传感云系统还支持多用户数据共享，这有助于降低传感网与多个用户之间的数据收集成本。共享数据还可以减少冗余数据捕获，提高整体效率。这种数据的共享和协作理念使得用户能够更好地利用传感器网络所提供的数据资源，从而拓展了应用领域并推动了创新。例如，在城市规划中，多个部门和组织可以共享交通传感器数据，以实现更好的交通管理和道路规划。

3. 传感云的系统架构

与传感网不同，传感云提供了对底层传感器节点的更多访问权限，并为更大范围的用户提供维护和管理服务。用户可以定义自己的服务，这些服务可以直接由传感云提供。在传感云中，越来越多的传感器对象通过传感网进行互连。因此，传感云模型必须具有灵活的分层架构。传感云模型中的数据交换设计为 3 个部分，即物理世界、虚拟世界和应用程序。传感云模型不仅充分考虑了传感网和云计算的编排，还揭示了确定传感器或最终用户之间连接的数据传播形式和特定功能。在数据质量方面，云计算促进了传感网数据的处理、分析和提取，可以准确、智能地管理和控制物理世界。

图 1.4 所示为 4 层的通用传感云架构，包含基础设施层、控制层、服务管理层和应用层。

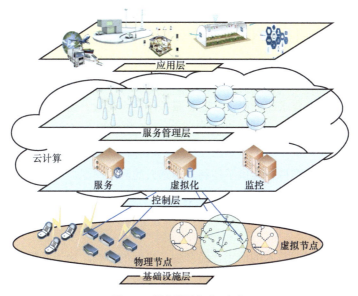

图1.4　4层的通用传感云架构

1）基础设施层。基础设施层又称数据平面，位于传感云系统架构的最底层。这一层主要由传感器和执行器组成，它们构成了传感云的物理节点。这些节点负责数据的采集、处理和传输。基础设施层的关键特点是灵活性。用户可以在这一层轻松添加或删除各种异构传感器，以满足不同应用的需求。这一层是传感云的基础，直接与物理世界连接。在基础设施层中，虚拟化技术发挥着关键作用，允许物理传感器、虚拟传感器和虚拟传感器组之间共享。传感云系统在用户请求时通过基础设施层提供数据的预处理、上传和分析服务。

2）控制层。控制层位于基础设施层之上，负责协调和管理基础设施层中的传感器和执行器。这一层的任务包括任务划分、数据传输、供应管理、数据可视化和监控。控制层通过安全通道上传基础设施层生成的数据。供应管理器提供了虚拟传感器组的自动供应功能，这在预定义的工作流中起着重要作用。虚拟化管理器负责设置虚拟化传感器组。此外，控制层还提供了对相关数据的监控和管理，这些数据是虚拟服务器代理接收和监控的。这一层的作用是将底层物理数据整合并为上层应用提供服务。

3）服务管理层。服务管理层（或称中间件层）的任务是通过地址和名称将服务与请求者匹配。由于该层的特点，构建者可以忽略硬件平台之间的异构性问题，直接进行后续操作。服务管理层充当了传感云的中间层，负责数据的传输和处理，并基于网络协议给上层应用提供服务。

4）应用层。应用层是传感云体系结构的最顶层，负责满足用户的服务请求。这一层主要关注商业应用，通过传感云为用户提供各种网络服务，如通信和运营。应用层对于传感云至关重要，因为它通过提供高质量的智能服务来满足用户的需求。应用层的任务包括数据的分析和可视化、决策的制定和用户界面的设计。这一层的功能直接影响传感云系统的实际应用价值，它是用户与传感云系统互动的接口。

1.2.2 传感云的应用

传感云具有快速接入、数据云存储、随时随地访问、按需服务等优点，能够广泛地应用于各行各业。与传统的传感网相比，基于传感云的新型应用可为用户提供数据的云存储与云处理、移动访问和传感网的远程控制等服务。用户不再需要购置或部署传感网，也无须关注节点的位置，使用或控制云服务器提供的虚拟节点即可满足服务请求。虚拟节点是由物理传感器节点组成的用户可视节点，根据用户需求而创建，并随着服务停止而销毁。当服务复杂度较高时，不同功能的虚拟节点可以组成虚拟节点组，协作完成服务。单个物理节点可以参与多个虚拟节点的组建，单个虚拟节点也可以参与多个虚拟节点组的组建，这种机制极大地提高了物理节点的利用率，为传感云服务的高效率和多样化提供了便利。传感云的应用广泛，可以应用在远程医疗、军事领域、目标跟踪、气象监测、智能交通等领域。

1. 远程医疗

在医疗领域中，传感云技术的应用已经产生了深远的影响，给患者的监测、诊断和治疗提供了全新的可能性。医疗传感器的广泛使用，如可穿戴设备和植入式传感器，使医生能够实时获取患者的生理数据，从而及时了解他们的健康状况[21]。以下详细讨论传感云在医疗领域的应用及其带来的益处。

1）患者监测。传感云技术使患者的生理数据监测变得更加便捷和实时。这项技术通过可穿戴传感器设备或植入体内的传感器，实现了患者的生理数据监测变得更加便捷和实时。患者可以轻松佩戴这些设备，用于收集关键的生理数据，如心率、血糖水平、体温、血压等。这些数据通过传感器连接到云端，被实时上传并存储在云服务器上。这意味着医生可以随时远程访问这些数据，而不必要求患者到医院进行定期检查。这种实时监测为医生提供了宝贵的信息，使他们能够更好地了解患者的健康状况和趋势，随时采取必要的医疗措施。这对于患者的健康管理和治疗非常重要，因为它有助于及早发现潜在的健康问题，更好地制定个性化的治疗计划，从而提高治疗的成功率。通过传感云技术，患者可以获得更便捷、实时的医疗监测，医生可以为他们提供更高质量的医疗服务，提升医疗领域的技术水平和服务质量。

2）数据的实时性和精确性。在医疗领域，患者的生理数据需要具备高度的实时性和精确性。高度实时的生理数据对于监测患者状况、制定治疗方案和预测健康风险至关重要。传感云技术通过传感器将患者的生理数据实时上传并存储在云服务器上，确保医生能够随时获取到最新的患者信息。这意味着医生可以迅速做出决策，及时采取必要的医疗干预措施。此外，传感器技术的不断改进也提高了数据的精确性。现代的传感器具备更高的精确性和可靠性，减少了误差和测量不准确的可能性。这有助于医生更准确地评估患者的健康状况，制定更精确的治疗计划，并更好地预测潜在的健康风险。因此，传感云技术不仅提高了医疗数据的实时性，还增强了数据的精确性，从而为患者提供更可靠的医疗服务，确保他们获得最佳的医疗护理。

3）远程医疗诊断。通过传感云技术，无论患者身在何处，医生都能够随时获取患者的生理数据，从而进行远程医疗诊断。这给患者和医生都带来了巨大的便利性。患者不再需要频繁前往医院，特别是对那些地理位置偏远或行动不便的患者来说，这是一项重大的改进。远程医疗诊断可以及时拯救生命，因为医生可以实时识别患者的病情变化，采取必要的医疗措施。此外，传感云技术促进了医生之间的协作和知识分享。医生们可以在云端平台上讨论患者病例，分享专业见解，并共同制定最佳的治疗方案。这种协作提高了诊断的准确性和治疗的效果，使医生能够更有效地管理多个患者的健康情况。

4）跨地域协作和咨询。针对特殊的疾病或医疗情况，有时需要多位医生跨地域协作和咨询。传感云技术可通过在线平台将世界各地的医生连接起来，共享患者数据、医疗案例，并交流专业见解。这种跨地域协作可以获得更多的专业支持，提高诊断的准确性和治疗的效果。医生们可以就患者的病情进行实时讨论，共同研究、制定最佳的治疗方案，分享成功案例和经验。这对于罕见病例、复杂疾病或需要多学科团队参与的医疗情况尤为有益。这种跨地域的协作和咨询不仅有助于提高医疗服务的质量，还促进了医疗领域的创新和发展，更好地满足了不同患者的需求。

5）患者个性化治疗。通过传感器可以实时监测患者的身体状况，收集关键数据，如生命体征、药物反应等，并将这些数据在云端进行存储和分析。医生通过访问云端的数据，可以根据每位患者的独特情况制定个性化的治疗计划。这包括个性化的药物剂量、康复计划、饮食和运动建议等。医生还可以根据传感器数据的实时监测，随时调整治疗方案，以更好地应对疾病的演变。这种个性化治疗方法不仅提高了治疗的成功率，还减少了不必要的药物使用和干预，从而降低了不必要的副作用和药物过量的风险。此外，个性化治疗有助于提高患者的治疗依从性，因为治疗计划更贴近患者的需求和生活方式。

6）紧急情况响应。在紧急情况下，例如患者心脏病发作、中风或其他突发疾病恶化，传感器能够迅速监测和识别生理异常，将相关数据实时上传至云端。这一过程实现了无缝的数据传输和共享。患者的医疗团队可以立即收到警报，并通过远程监测平台查看患者的实时数据，根据患者的情况采取紧急措施，例如迅速派遣救护车前往患者所在地点，或者通知患者的家人和紧急联系人。这种危急情况下，迅速的反应时间是关键，可以显著提高患者的生存率，为后期的康复奠定基础。

7）治疗进展追踪。传感云还可用于追踪患者的治疗进展。医生可以借助传感器数据的实时监测，比较不同时间点的数据以评估治疗的效果，了解患者的病情演变和治疗反应。根据这些数据，医生可以及时调整治疗方案，确保最佳的治疗效果。这对于慢性病患者的长期管理和康复过程中的调整非常重要。通过持续的监测和反馈，传感云技术不仅提高了治疗的成功率，还提升了医疗资源的利用率，使医疗过程更加智能和个性化，改善了医疗领域的服务质量。

如图1.5所示，医疗领域的传感云架构主要由人体局域网络、边缘层、云层以及云端App组成，构建了一个多层次的医疗数据处理架构，在人体局域网络中，患者身上或体内安装的传感节点用于监测心跳速度、血压、体温、呼吸速度以及跌倒检测等生理活动数据。节点层中的手机、平板等设备作为汇聚节点，通过单跳或多跳的方式与这些传感器进行通信，汇总数据后传递至边缘层。边缘层在本地进行部分数据处理与过滤，减少数据上传，并在必要时将数据上传至云层的虚拟节点进一步分析与存储。云层依托强大的计算与存储能力，为医疗数据的实时处理和分析提供支持。当系统检测到患者生理数据异常时，治疗人员可以通过云端 App 获取详细数据进行深入分析，甚至可以执行医疗诊断、派遣救护车或通知患者家属等行动，从而保障患者的安全。

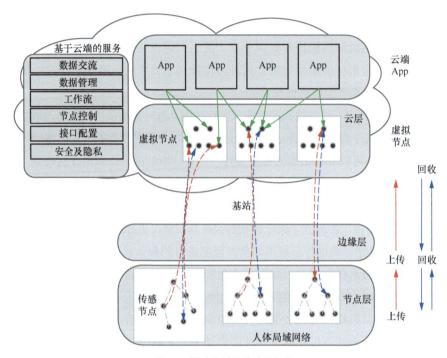

图1.5　医疗领域的传感云架构

2. 军事领域

在军事领域，传感器网络的应用对于执行任务和维护战场的安全至关重要。这些网络可以用于敌我情况监测、侦察、实时情报收集、目标跟踪等[22-24]。然而，传统的传感器网络在范围和效能上都存在一定的限制，因此，传感器网络与云计算相结合已经成为军事应用中的必然趋势，这将显著提升传感器网络的效能和覆盖范围。接下来详细探讨传感云在军事应用中的潜力和优势。

1）扩展覆盖范围。传统的传感器网络的节点通常分散在战场上，覆盖范围有限。通过引入云计算，传感器能够在边远地区和无人区域中收集数据，无须人工干预。这意味着军队可以更全面地监测战场情况，包括边界地带和敌方领土。通过远程数据收集，军队可以实时获取有关敌方活动和资源的大量情报，有助于提前采取行动。这种扩展的覆盖范围不仅增强了情报收集和分析的能力，还有助于更全面地了解整个战场的动态，以便做出战略性的或实时的决策。通过云计算支持的传感器网络，军队能够更好地应对各种战场情况，从而提高了作战的效率和军事行动的成功率。这项技术的应用使军队在决策制定和执行方面更具竞争力，有助于维护战略优势和国家安全。

2）数据的中心化管理。传感云将传感器数据进行中心化存储和处理，使数据更容易访问和维护。传感器数据通常是分散存储在传感器节点中，但通过引入云计算，这些数据可以被上传到云服务器。云服务器提供了高度可扩展的存储和计算资源，能够处理大规模的传感器数据。军队的决策者和指挥官可以通过云计算平台随时随地地访问传感器数据，根据实时情报信息迅速做出决策。云计算还提供了强大的数据分析和处理能力，可以在云端对传感器数据进行实时分析，识别关键信息，帮助军事指挥官更好地了解战场动态。

3）弹性和可扩展性。云计算的弹性和可扩展性使其成为处理大规模传感器数据的理想选择。无论传感器节点数量如何变化，云计算平台都可以轻松应对。这种弹性允许军队根据任务需求灵活地调整传感器网络的规模，无须过多投入硬件设备。云计算的可扩展性使军队能够在需要时迅速增加计算和存储资源，以满足不断增长的数据需求。这意味着在紧急情况下，军队可以快速扩展传感器网络，收集更多关键信息，提高战场情报的全面性和准确性。

4）实时响应能力。在军事行动中，实时情报至关重要。传感云可以提供实时数据分析和响应，使指挥官能够快速做出决策。例如，传感器网络监测到敌军的行动，并将数据传输到云端进行实时分析。一旦检测到潜在威胁，云计算平台可以立即向指挥官发送警报。这能让指挥官迅速采取应对措施，确保士兵和装备的安全。云计算还支持实时协同工作，允许不同单位和指挥官之间共享和访问实时情报信息。这种实时响应能力有助于提高作战效率，使军队更好地应对变化多端的战场环境。

5）按需访问数据。传感云允许用户按需访问传感器数据。这意味着用户可以根据任务需求选择特定的传感器数据进行查看，而不需要获取所有数据。这种按需访问可以减少数据传输和存储的开销，提高资源的利用率。这对于军队来说尤为有益，因为在战场环境中，带宽和存储资源通常有限，通过获取必要的数据可以节省宝贵的资源。按需访问数据还有助于减少数据传输的时延，使指挥官能够更快速地获得所需信息，从而提高实时性和效率。

6）多层级数据处理。传感云可以在云端进行多层级的数据处理和分析。通常情况下，传感器数据通过传感器网控制中心上传到云端，并通过云计算平台进行实时监测。如果需要更深入的分析，云计算可以调用高级算法和模型来识别模式和趋势，提供更丰富、更深入的情报信息。多层级数据处理使军队指挥官能够更全面地掌握战场情况，并做出决策。多层级数据处理有助于提高战场情报的质量和准确性，从而为军事行动提供更好的支持和指导。这种技术的应用可以帮助军队更妥善地应对各种威胁和挑战，提高了作战效率和安全性。

7）安全性和备份。云计算平台通常具有完善的安全性措施和数据备份机制，能够确保传感器数据的安全性和可靠性。这对于军事领域中的机密数据至关重要，保证了数据不会遭到未经授权的访问或意外损失。云计算平台通常实行高级的安全性措施，包括数据加密、身份验证、访问控制等。这些措施确保了数据的完整性和可用性，为军事行动提供了可靠的支持。

8）跨地域协作。云计算可以使不同地域的军队更容易地共享情报和开展合作。通过云计算平台，多个军队之间可以实时交流和共享数据，无论他们身处何地。这有助于提高战场情报的全面性和准确性，使各军队能够更好地了解整个战场的动态和趋势。此外，跨地域协作还有助于更好地分摊资源和明确责任。各区域军队通过共享数据、情报和资源，可以各取所需，从而提高整体作战效率。这种协作精神在多国军事联合行动中尤为重要。

图1.6所示为专为军事领域设计的传感云架构。在军事监测区域内，广泛部署了传感器节点，形成严密的监控网络，当用户需要访问该区域的传感网数据时，可以向传感云调度中心发送请求。调度中心接收到请求后，资源分配集群将为用户分配适当的传感网控制器。用户通过传感网控制器获取底层无线传感网的信息。例如，在某军事监测区域发生异常情况时，操控者可以通过传感云调用该区域的传感器节点以按需获取数据，实现精准的实时监控与指挥。传感数据通过传感云调度中心传输到云端，确保用户在低资源消耗的情况下，获取远程支持与决策依据。

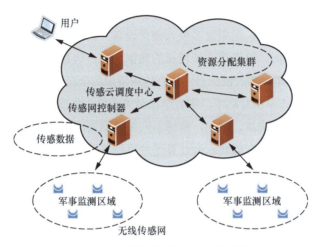

图1.6　专为军事领域设计的传感云架构

3.　目标跟踪

现有 WSN 中的目标跟踪应用通常是面向单用户、单应用的，这让其他用户无法使用已有的传感器网络应用。传感云的引入，使目标跟踪领域出现了一系列新的可能性，特别是支持多用户参与、多应用同时使用传感器网络[25]，为解决传感器设备管理问题提供了全新的解决方案。

1）动态资源划分。传感云系统可以将物理传感器节点动态地划分到不同的虚拟簇中，以满足不同的应用需求。这意味着用户只需要请求特定的服务，而无须考虑传感器节点的具体位置或部署方式。根据用户需求，传感器数据首先将在云计算平台进行聚合、处理，然后传送给特定的应用程序。这种动态资源划分和虚拟化技术的应用使得传感器资源的使用更加灵活和可定制，从而为多用户和多应用的参与提供了可能性。

2）多用户参与。传感云为多用户参与目标跟踪应用提供了机会，这些用户无须拥有自己的传感器设备。无论他们身处何处，都可以通过云计算平台获得所需的服务。有更多的用户参与，传感器收集的数据就更丰富，可以提供更全面的信息，从而加强目标跟踪技术的应用效果。这种多用户的参与方式拓展了传感器网络应用的用户群体，使更多人能够受益于目标跟踪技术的应用。

3）多应用支持。传感云还支持多个应用程序同时使用传感器网络。虚拟节点层中的虚拟节点可以灵活地组合，为不同的应用提供服务。这意味着可以同时进行多个目标的跟踪，而相互不会干扰，对于执行多个任务的情况非常有用。多应用支持还有助于提高目标跟踪应用的有效性和多功能性。不同应用可以共享相同的传感器资源，不仅减少了资源浪费，提高了效率，还为多个领域的用户和应用提供了更大的灵活性和定制性，有助于满足不同需求。

4）资源的高效利用。传感云的虚拟化技术使资源的分配更加灵活。不同用户可以根据其需求动态分配传感器资源，从而实现更高效的目标跟踪。在传感云环境中，不同用户和应用可以共享传感器资源，不再单独拥有大量传感器设备。资源的灵活分配意味着在不同的时间和地点，可以将资源指向最需要的任务，提高了系统的整体性能和效率。

5）降低门槛。传感云的出现降低了用户参与目标跟踪应用的门槛。用户无须自己购买和维护传感器设备，只需要通过云计算平台访问所需的服务。这为更广泛的人群提供了参与和受益于目标跟踪应用的机会，无论他们是否拥有传感器设备的技术知识或经济能力。

6）提高数据可靠性。传感云的虚拟化管理能力提高了数据的可靠性。传感器节点的注册、配置、监控和维护由云计算平台负责，用户无须关心这些细节。这使得数据的采集更加稳定和可靠。

7）提供实时反馈。传感云系统能够实时收集、处理和分析传感器数据，并将关键信息反馈给用户。这意味着用户可以在实时数据的基础上获取有关目标跟踪或事件的信息，无须等待数据处理过程。这种实时反馈有助于用户更迅速地了解情况，做出紧急决策或采取必要的行动。

图 1.7 所示为目标跟踪的传感云架构。底层物理传感器节点收集的数据首先被上传到云端进行聚合、处理，处理后的数据随后被发送给终端用户。在虚拟节点层中，虚拟节点之间不仅能进行复用，不同用户还能使用不同的虚拟节点集合，从而实现对不同目标的同时跟踪，提高节点利用率。这种基于传感云的目标跟踪架构实现了多用户和多应用的参与，可以为更广泛的人群提供目标跟踪应用的服务。此外，虚拟化技术允许不同用户根据其需求动态分配传感器资源，实现更高效的目标跟踪。

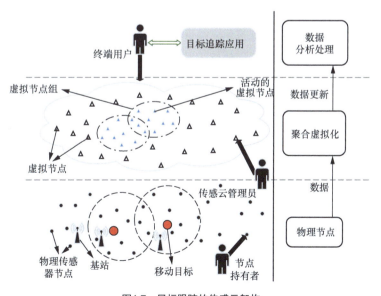

图1.7 目标跟踪的传感云架构

4. 气象监测

传感云的出现为传统无线传感器网络所面临的数据处理和分析挑战提供了创新性的解决方案，尤其在需要对大规模数据进行深入分析和预测的应用场景中具有重要意义，如气象监测[26-27]。以下是传感云在气象监测应用中的突出优势。

1）大规模数据存储和管理。传感云可以将大规模气象监测数据存储在云端，具有强大的存储能力。这解决了传统无线传感器网络在存储大规模数据时可能遇到的问题。用户不再需要担心设备存储空间不足的情况，因为云计算平台可以轻松处理大量数据，确保数据长期保存，并方便检索和回顾。

2）数据同化和分析。传感云系统不仅提供了数据存储，还具备强大的计算资源，支持高性能的数据处理。这对于数据同化和深入分析非常关键。在气象预测系统中，数据同化是将多源气象数据融合，提高预测准确性的重要步骤。传感云可以支持复杂的数据同化过程，能够确保准确性和可靠性。同时，传感云还能够进行高级的数据分析，如数值模拟、数据挖掘和机器学习，以更准确地理解和预测未来的气象变化。

3）高性能计算。传感云可以利用云计算的高性能计算资源，加速气象数据的处理和分析过程。这对于快速、准确地生成气象预测模型至关重要。通过分布式计算和并行处理，传感云可以在更短的时间内完成复杂的计算任务，为气象预测提供更及时和精确的信息。

4）实时性和灵活性。传感云的云端架构可以实现实时数据的处理和分析。这对于需要迅速响应的应用场景非常重要，如灾害监测和预警系统。此外，云计算平台的灵活性使用户能够根据需要自定义分析和预测模型，以适应不同的气象环境和应用需求。

5）资源共享和合作。传感云系统支持多用户和多应用的参与，不同用户和应用可以共享云端的数据和资源。这有助于降低气象监测的成本，减少冗余数据的采集，提高整体效率。多个用户和应用共享传感云的数据资源，也可以推动更多元的应用服务和创新。

图1.8展示了气象检测的传感云架构。底层传感器被广泛部署在气象监测区域，实时采集气象数据。这些数据通过无线网络上传到云端进行聚合和处理。用户可以利用云计算的强大计算资源，快速查看分析和预测的结果。传感云系统支持高性能的数据处理任务，如数值模拟、数据挖掘和机器学习，以便更准确地预测未来的气象变化。该架构使得气象监测系统能够更及时、更精确地提供天气信息，帮助人们更好地应对天气变化和制定相关决策。

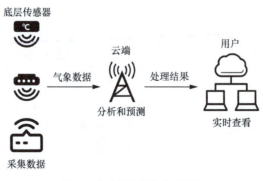

图1.8 气象监测的传感云架构

5. 智能交通

现代交通系统对路况信息的准确性和实时性需求不断增加，特别是在城市交通拥堵和交通事故频发的情况下。传统的交通监测方法受限于传感器的分布和数据采集方式，难以满足在广泛地理范围内实时采集数据的高要求[28]。传感云系统的出现为解决这一问题提供了创新的方法，可以极大地改善交通信息的采集、处理和传输。

1）实时交通监测。传感云系统通过部署传感器节点来监测交通情况，包括路面车流量、车速、交通信号状态等。这些传感器节点能够实时捕捉路况信息，并将数据传输至云端进行分析和处理。传感云能够整合各个传感器节点的数据，绘制出实时的交通状况图，从而帮助交通管理部门和驾驶员了解当前路况，以便及时采取行动。

2）全局交通状况分析。传感云系统允许传感器节点之间相互通信和协作。这意味着传感云系统不仅可以监测单个路段的交通情况，还可以将不同路段的数据整合在一起，从而形成全局的交通状况图。这有助于交通管理部门更全面地了解城市范围内的交通情况，识别交通拥堵点和潜在的交通问题，以便采取适当的交通管理措施。

3）数据指挥中心的需求。传感云系统为交通数据存储和计算提供了强有力的支持。数据指挥中心和其他相关应用系统需要处理大量的交通数据，包括历史数据和实时数据。传感云的云端架构能够轻松存储和管理这些数据，确保数据的安全性和可用性。同时，传感云还具备强大的数据计算能力，可以对复杂的交通数据进行分析和预测，以提供有关交通状况的深入见解。

4）使用户和相关部门受益。传感云系统不仅有助于交通管理部门更有效地监测和管理交通情况，还使驾驶员和城市居民受益。驾驶员可以通过应用程序或导航系统获取实时的交通信息，包括交通拥堵提示、路线建议等。这有助于他们更有效地规划出行路线，减少交通拥堵带来的时间浪费。同时，城市居民可以及时地了解交通状况，选择适当的出行方式，以减少对环境的影响。

5）预测和规划。传感云系统不仅提供实时数据，还可以基于历史数据和实时数据进行交通预测。这有助于交通管理部门更好地规划交通流量，预测拥堵情况，提前采取交通疏导措施。此外，用户也可以根据预测数据更好地规划出行，避开高峰交通时段。

图1.9展示了智能交通的传感云架构。在该架构中，静态云、云端服务器和车载云互相协作完成交通的智能监控。静态云主要负责监控固定区域内的交通流量，车载云则在车辆中实现共享行驶信息和道路情况。传感器监测来往车辆并控制交通信号，将实时数据上传至云端服务器，形成完整的交通信息系统。不同路段的交通状况通过传感器节点的相互通信被有效监控，实时画面传输至指挥中心。最终，传感云能够生成全局的交通状况图，帮助用户及相关部门了解交通实时状况并做出相应调整。对数据指挥中心和其他相关应用系统而言，传感云提供了巨大的数据存储和强大的数据计算能力，简化了传感器数据的管理和处理成本，并对数据进行分析和预测[29]。对用户而言，传感云系统不仅可以实时获取当前位置，还能预测距离目的地的总路程及到达时间等，提升了出行效率。

综上所述，传感云技术在多领域的广泛应用，正成为推动科技进步和社会发展的重要力量。通过实时数据监测、智能分析和远程控制的应用，传感云为人们提供了更好的生活质量、更高的效率和更完善的资源管理手段。这些应用不仅改变着人们的生活，还为未来带来了更多的创新和机会。

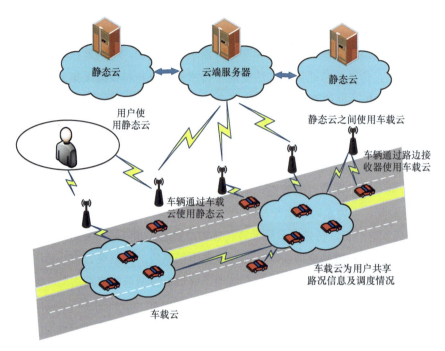

图1.9　智能交通的传感云架构

1.3　传感云与边缘计算的关系及发展现状

1.3.1　传感云的发展与挑战

作为物联网体系中的一个关键应用模型，传感云通过在各类设备与实体上部署传感器和感知系统，可以对环境状态、物体属性以及设备运行信息进行实时感知和获取。传感云技术的演进与物联网、云计算、大数据等技术的协同发展密切相关，彼此相互促进，共同发展。

在物联网时代，传感器作为物联网系统的中枢感知单元，其重要性尤为凸显。传感器的应用范围广泛，涵盖诸如工业自动化、农业现代化、医疗卫生保健、智能交通、智能家居以及环境监测等众多领域。而传感云作为传感器技术的延伸和拓展，极大地提升了传感器效能的发挥程度，并有力推动了各相关行业的进步与发展。传感云的发展历程可以划分为4个递进的阶段。

1）初步构建阶段。在这个阶段，传感技术开始与云计算平台紧密结合，实现了数据的远程存储与初步分析；传感器网络开始向云端汇聚信息。

2）整合优化阶段。在这个阶段，随着物联网和云计算技术的进步，传感云开始支持大规模传感器数据的高效接入与管理，通过统一的接口标准和协议，实现传感器资源的虚拟化和集中化管理。

3）智能服务阶段。在这个阶段，传感云结合大数据分析与人工智能算法，不仅提供数据的实时感知与采集，还实现了对海量数据的深度挖掘与智能处理，进而提供预测性维护、精细化管理等高级服务。

4）融合创新阶段。在这个阶段，传感云技术与5G、边缘计算等新兴技术深度融合，实现更低时延、更高效率的信息传输与处理，有效支撑了诸如智慧城市、智能制造等复杂应用场景的需求。

传感云在发展过程中面临着一些挑战，主要包括以下6个方面。

1）数据安全和隐私保护。随着物联网设备的日益普及，传感云汇聚了来自个人、企业、组织等各方法的海量数据。因此，确保数据的机密性、完整性和可用性至关重要，以防范数据的泄露、篡改或者破坏等风险。此外，鉴于传感云处理的数据通常涉及个人隐私，如家庭情况、健康状况等，数据隐私保护也尤为重要。黑客可能会针对传感云平台发动攻击，企图窃取敏感数据用于恶意活动，因此传感云平台必须采取严密的安全措施。具体来说，传感云平台应采用先进的加密技术，如同态加密，确保数据在传输和存储过程中的安全。同时，应设立严格的数据访问权限控制机制，严防敏感数据被无关人员非法访问。此外，平台还应通过诸如 ISO/IEC 27018 等隐私保护认证，确保用户隐私得到合法有效的保护。

2）数据处理和存储。传感云需要高效地处理并存储海量传感器数据，这对计算和存储资源提出了很高要求。为满足实时查询响应和处理分析任务的需求，需建立快速的数据处理和高效的索引机制，包括数据压缩、数据去重、数据索引等，以保障数据的实时性和可访问性。目前，通过采用分布式计算和存储框架以及搜索和分析引擎，如 Hadoop 和 Elasticsearch 等，可以处理海量的传感器数据，并保证查询的实时性。同时，利用数据压缩和去重技术可以减少存储空间，提高数据处理速度。

3）数据传输。传感云需要将大量的传感器数据传输至云端进行处理和分析，因此需要高效的传输协议和网络架构，以确保数据传输的实时性和稳定性。同时，还需要解决降低数据传输成本的问题。当前，多采用低时延、高可靠性的数据传输协议，如消息队列遥测传输（Message Queuing Telemetry Transport，MQTT）协议和受限应用协议（Constrained Application Protocol，CoAP）等。同时，利用边缘计算技术，将数据处理和分析任务下放到更接近传感器的边缘设备上，以减少数据传输的开销。

4）数据标准化和互操作性。由于不同的传感器设备可能使用不同的数据格式和协议，因此传感云需要解决数据标准化和互操作性方面的问题。这需要制定统一的数据格式和协议标准，以确保不同设备间的数据能够相互兼容。此外，还需开发适配器或转换工具，以应对不同设备间的数据格式差异。

5）隐私和合规性。鉴于不同国家和地区可能存在差异化的数据隐私和合规性要求，传感云平台需要考虑如何遵守这些要求，包括数据本地化、数据匿名化、隐私保护等方面。这需要制定统一的操作标准，如开放连接基金会（Open Connectivity Foundation，OCF）和 OneM2M 等机构制定的相关标准。

6）技术成熟度。尽管传感云技术已经取得一定的进展，但仍需进一步地研发和实践，以提升成熟度，更好地满足实际需求。例如，提高数据处理效率、降低成本、优化算法等。为此，应持续研究和开发新技术和新算法，对现有技术进行持续优化和升级，并加强与产业界和学术界的合作，共享技术，交流经验。

综上所述，传感云在发展过程中虽面临多重挑战，但通过采取相应的解决方案，并不断推进技术研发与成熟度提升，这些挑战将逐渐被攻克。

1.3.2 传感云与边缘计算

1. 传感云存在的问题

最初的传感云主要基于云计算技术，通过收集并分析传感器数据，为各类应用提供智能分析和深入洞察。随着 IoT 技术的快速发展，传感云聚焦于从各种设备所搭载的传感器收集数据，然后将这些数据传送至中央的云计算平台进行处理和分析。然而，这种集中式的数据处理和分析模式存在诸多局限，如数据处理和存储的效率低下，数据传输的实时性和稳定性难以保障，以及数据安全和隐私保护方面存在隐患。

为了解决上述问题，边缘计算的理念逐渐兴起。边缘计算旨在将计算和数据处理任务下放至更接近数据源的边缘设备，从而实现更加实时、高效、安全及灵活的数据处理。边缘计算的出现，使得 IoT 设备无须再将所有数据上传至云端进行处理，而是在本地进行实时的数据处理和分析，从而提高了数据处理效率、减少了时延，并增强了系统的可靠性。

2. 边缘计算的兴起

新型业务应用如增强现实／虚拟现实、4K/8K 高清视频、物联网、工业互联网、车联网等的迅速崛起，对网络传输容量和数据分发处理能力等提出了日益严苛的要求。同时，随着网络技术和应用服务的进一步发展，网络流量呈现爆炸式增长的趋势。中国互联网信息中心 2024 年 8 月 29 日发布的《中国互联网络发展状况统计报告》指出，截至 2024 年 6 月，我国网民规模近 11 亿人，较 2023 年 12 月增长 742 万人，IPv6 活跃用户达 7.94 亿人；短视频用户占网民整体的 95.5%，长视频用户占网民整体的 65.2%。另外，终端用户对于高质量网络服务的需求日益增长，并愿意为此付出更多费用。面对增长迅猛的流量和不断提升的用户体验需求，通信网络所承受的压力日益加大。因此，必须对网络架构进行深度调整，实现超高连接、超低时延以及超大带宽等通信功能，以适应转型业务的需求。

为了应对上述挑战，人们提出了边缘计算的概念，即在网络边缘提供计算处理与数据存储的能力。边缘计算的核心思想是将云计算平台（包括计算、存储和网络资源）迁移到网络边缘，实现传统移动通信网、互联网和物联网等之间的深度融合。这有助于减少业务交付的端到端时延，发掘网络的内在潜力，提升用户的使用体验，从而革新电信运营商的运营模式，并构建全新的产业链及网络生态系统。

边缘计算自提出以来，一直受到学术界和产业界的广泛关注，其发展历程及典型事件如图 1.10 所示。

（1）技术储备期

边缘计算的雏形可以追溯到 1998 年，当时 Akamai 公司率先提出了内容分发网络（Content Delivery Network，CDN）的概念。CDN 作为一种基于互联网的缓存网络体系，通过遍布各地的缓存服务器以及中心平台的负载均衡、内容分发、调度等模块，实现用户访问的有效引导，进而降低网络拥塞，提高用户访问的响应速度和命中率。

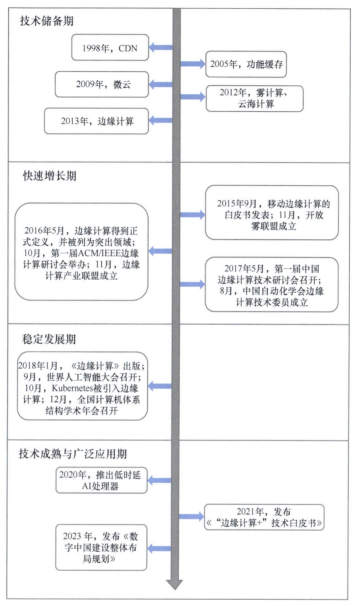

图1.10 边缘计算发展历程及典型事件

2005 年，美国韦恩州立大学的施巍松教授团队提出了功能缓存的概念，并将其应用于个性化的邮箱管理服务中，旨在减少时延并节省带宽资源。2009 年，卡内基－梅隆大学教授 Satyanarayanan 等人进一步提出了微云（Cloudlet）的概念。Cloudlet 是一种部署在网络边缘的可信且资源丰富的主机，能够连接互联网并服务于移动设备。Cloudlet 兼具云服务的能力与边缘服务的便捷性，所以被称为"微云"。此时的边缘计算主要侧重于将云服务器的功能下移至边缘服务器，以优化带宽利用并降低时延。

2010—2014 年，随着物联网、5G 和人工智能等技术的迅猛发展，边缘计算逐渐受到广泛的应用和关注。在万物互联的背景下，边缘数据呈现出爆炸式增长的趋势。为解决数据传输、计算及存储过程中的计算负载和带宽问题，研究人员开始探索在数据产生的源头增加数据处理功能，即实现万物互联服务功能的上行。这一阶段的代表性技术包括边缘计算（Edge Computing，EC）、雾计算（Fog Computing，FC）和云海计算（Cloud-sea Computing）。在此基础上形成的移动边缘计算（Mobile Edge Computing，MEC）是指在接近移动用户的无线接入网范围内提供信息技术服务和云计算能力的新型网络结构，现已成为一种标准化、规范化的技术体系。

（2）快速增长期

2015—2017 年是边缘计算的快速增长期，其满足万物互联需求的特点引起了密切关注。

2016 年 5 月，美国国家自然科学基金会（National Science Foundation，NSF）在计算机系统研究中将边缘计算列为突出领域，替代了传统的云计算。同年 8 月，NSF 和英特尔（Intel）就无线边缘网络上的信息中心网络展开了深入讨论；10 月，NSF 举办了边缘计算重大挑战研讨会，聚焦其后 5～10 年的发展目标、所面临的挑战以及学术界、工业界和政府间的协同合作策略。这一系列举措标志着边缘计算在美国政府层面获得了高度重视。

2015 年 9 月，欧洲电信标准组织（European Telecommunications Standards Institute，ETSI）发表了关于移动边缘计算的白皮书，并于 2017 年 3 月将移动边缘计算行业规范工作组正式更名为多接入边缘计算（Multi-access Edge Computing）组，致力于更好地满足边缘计算的应用需求和相关标准制定。2015 年 11 月，思科、ARM、戴尔、英特尔、微软和普林斯顿大学联合成立了开放雾（OpenFog）联盟，致力于编写雾计算参考架构（Fog Reference Architecture）。为推进边缘计算与应用场景的结合，该组织于 2018 年 12 月并入了工业互联网联盟。

2016 年 5 月，美国韦恩州立大学施巍松教授团队正式定义了边缘计算，即在网络边缘执行计算的新型计算模式。操作对象包括来自云服务的下行数据和来自万物互联服务的上行数据，而边缘则指数据源到云计算中心路径间的任意计算和网络资源，是一个连续统。该团队还发表了"Edge Computing: Vision and Challenges"，首次指出了边缘计算面临的挑战，该文章在 2018 年底被他引 650 次。同年 10 月，ACM 和 IEEE 联合举办了第一届 ACM/IEEE 边缘计算研讨会（Symposium on Edge Computing，SEC），这是全球首个专注边缘计算的科研学术会议。此后，ICDCS、INFOCOM、Middleware、WWW 等重要国际会议也相继增设边缘计算的分会或者专题研讨会。

我国边缘计算的发展与全球同步，特别是在智能制造领域表现突出。2016 年 11 月，华为技术有限公司、中国科学院沈阳自动化研究所、中国信息通信研究院、英特尔、ARM 等在北京联合成立了边缘计算产业联盟（Edge Computing Consortium，ECC），致力于推动"政产学研用"各方产业资源的合作，引领边缘计算产业的健康、可持续发展。2017 年 5 月，第一届中国边缘计算技术研讨会在合肥召开；同年 8 月，中国自动化学会边缘计算专委会成立，标志着边缘计算的发展得到了专业学会的认可和推动。

（3）稳定发展期

2018 年是边缘计算发展过程中的重要转折点，从这一年开始，边缘计算进入稳定发展期。此前，产业界与学术界虽然对边缘计算抱有厚望，但直至 2018 年，边缘计算才真正被推至前台，为大众所熟知。在稳定发展的阶段，边缘计算经历了 4 个关键性事件。2018 年 1 月，全球首部针对边缘计算的专业著作《边缘计算》正式出版，它从需求与意义、系统、应用、平台等多个维度对边缘计算进行了全面而深入的剖析。同年 9 月 17 日，在上海举办的世界人工智能大会以"边缘计算，智能未来"为主题，设立了边缘智能论坛，这一举措彰显了中国政府对边缘计算发展的支持与重视。技术社区也为边缘计算的发展提供了有力支持。例如，2018 年 10 月，云原生计算基金会（Cloud Native Computing Foundation，CNCF）与 Eclipse 基金会合作，将已在超大规模云计算环境中广泛应用的 Kubernetes（又称 K8s）引入物联网边缘计算场景；新成立的 Kubernetes 物联网边缘工作组致力于将容器化理念推广至边缘环境，促进 Kubernetes 在边缘场景中的适用性。同年 12 月，全国计算机体系结构学术年会在北京隆重召开，会议将研究重心从云计算转向"由云到端的智能架构"，反映出学术界对边缘计算的关注度日益上升。

（4）技术成熟与广泛应用期

2020 年，Deep Vision 推出的低时延 AI 处理器为实时性能至关重要的边缘计算应用开辟了新天地。2021 年，中国电信、中国联通、联想、百度云、腾讯云、字节跳动和英特尔等多家公司联合发布了《"边缘计算＋"技术白皮书》，这不仅标志着边缘计算技术的成熟，还展示了其在多个行业的应用前景。2023 年，中共中央、国务院发布的《数字中国建设整体布局规划》指出，"到 2025 年，基本形成横向打通、纵向贯通、协调有力的一体化推进格局，数字中国建设取得重要进展"，客观上推动了边缘计算产业的发展。目前，我国的边缘计算生态系统已日趋成熟，涵盖了从底层技术开发、基础设施建设者、软件与平台服务、定制化解决方案提供到特定行业应用的全方位、全链条业务。该生态系统的构建不仅加速了边缘计算技术的演进步伐，还为终端应用的顺畅运行奠定了坚实的基础。

当前，得益于技术创新、应用领域拓宽以及政策环境的扶持等多方面因素，边缘计算领域正步入一个蓬勃发展的阶段。随着 5G 网络的迅速普及与深度融合，边缘计算成为满足大规模数据流量、超低时延及高性能需求的关键所在，尤其在互动直播、虚拟内容分发网络（Virtual Content Delivery Network，VCDN）、安全监控等领域已广泛部署。此外，诸如车联网、云游戏、工业互联网、智慧园区管理、智能物流等新兴应用场景亦在迅速成型，为边缘计算市场的扩张注入了新的活力。边缘计算的演进不仅植根于通信技术、人工智能及大数据技术的协同作用之中，而且智能边缘计算正逐步成为 AI 与 5G 技术融合的关键一环，对于挖掘并应用广泛场景中的数据潜能至关重要。展望未来，边缘计算有望与 5G 技术、AI 技术实现更加紧密的融合和创新。

作为一种新兴的计算模式，边缘计算的核心在于将计算和数据处理能力从云端转移至终端设备。它特别适用于对实时性要求严苛、数据流量庞大的应用场景，诸如智能家居、智能交通、工业自动化等领域。该模式旨在通过减少数据传输的距离与时间，提升数据处理的速度与实时性，并增强数据的安全性与隐私保护。边缘计算系统的逻辑架构如图 1.11 所示。

从图 1.11 可以看出，边缘计算系统的逻辑架构侧重云、边、端各部分之间的交互和协同，它的关键组成部分如下。

1）边缘节点。作为边缘计算的核心，边缘节点指的是网络边缘的计算与存储设备，这些设备形态多样，涵盖智能手机、路由器、网关、服务器等。它们具备数据处理与存储能力，支持实时的数据处理与分析。

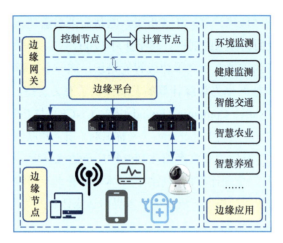

图1.11　边缘计算系统的逻辑架构

2）边缘网关。边缘网关承担着连接边缘节点与核心网络的重任，负责数据的双向传输，即将边缘节点的数据转发至核心网络的数据中心或云服务器，同时接收来自数据中心的数据并将其传输至边缘节点进行进一步处理。

3）边缘平台。边缘平台为边缘计算提供软硬件支持，涵盖数据存储、计算、网络连接等功能，便于开发者和应用程序利用边缘计算服务。这些平台可部署于云端、本地或边缘节点，形式灵活多样，可以是开源软件、商业软件或自研系统。

4）边缘应用。边缘应用是基于边缘计算技术的各类应用程序，涉及智能家居、智慧城市、工业物联网、车联网等多个领域。这些应用需要具备实时性、可靠性和安全性等特点，利用边缘计算提供的服务和资源实现高效的数据处理与分析。

边缘计算的理念是将计算和数据处理任务分散至网络边缘的设备上，这些设备通常具备计算、存储、通信和数据处理能力，能够为用户提供近端服务。

边缘计算的优势显著。首先，它不仅能提升数据处理的速度和实时性，减少数据传输的时延，还能增强数据的安全性与隐私保护，降低数据传输带来的风险；其次，通过数据本地化存储和处理，边缘计算进一步提升了数据的安全性和隐私保护水平；最后，边缘计算还能减轻云计算中心的数据负载，缓解网络带宽压力，并降低数据传输的能耗。

边缘计算的应用范围极为广阔，可涉及多个行业和领域。例如，在智能家居领域，通过融合边缘计算与物联网技术，我们可以实现家居控制的智能化与安防监控的高效化。利用智能家居控制系统，用户可借助移动设备实现对家中各类电器设备的远程操控。同时，通过智能家居系统与智能家电的联动，用户仅需通过语音指令等方式，即可轻松控制家电的开关机、调整工作模式等操作。此外，智能家居系统还能根据用户的生活习惯，自动调整家电的工作状态及环境参数，为用户打造更为舒适的生活环境。在智能制造领域，结合边缘计算技术与人工智能技术，我们能够实现生产过程控制的智能化与优化。智能传感器可实时监测和控制生产现场的环境参数，并将数据传送至云端进行深度分析与处理。通过对生产数据的精准分析与挖掘，我们能够优化生产流程、提升生产效率、降低生产成本，为制造业的转型升级提供有力支持。在智慧城市建设中，边缘计算技术与物联网技术的结合，推动了城市管理与服务水平的提升。通过物联网设备和传感器可以对城市的交通、环境、公共安全等方面数据进行实时采集与分析，并借助云计算中心进行数据处理与智能化控制，我们可以提升城市管理的效率与服务水平，进而提高市民的生活质量。在无人驾驶领域，边缘计算与传感器技术的融合，为无人驾驶的车辆控制与智能化的交通管理提供了可能。利用各类传感器和摄像头对车辆周围环境进行实时监测与分析，并将数据传输至云端进行高效处理与决策，我们能够提升无人驾驶的车辆的行驶安全性，同时优化交通效率、减少交通拥堵现象，为智能交通的发展奠定坚实基础。

作为一种开放、弹性、协作的生态系统，边缘计算在推动移动通信网、互联网和物联网的能力互动与数据互动方面发挥着重要作用。首先，边缘计算的开放性打破了传统网络的封闭性，将网络内的基础设施、网络数据和多样化服务转化为开放的资源，以服务的形式提供给用户和业务开发者，使得业务能够更深入地理解用户需求，从而提供更符合用户期望的体验。其次，边缘计算的弹性使其能够灵活调用和配置资源，并通过自动化方式实现快速响应。这种弹性不仅使边缘计算能够适应业务可能出现的规模激增和应用需求的快速新增等变化，还能在充分降低资源使用者总体使用成本的同时，提供足够的能力保障业务在面对时变的网络环境和用户需求时始终保持出色的用户体验。

3. 传感云与边缘计算的关联

传感云与边缘计算是两种互补的计算模式，在数据处理和应用服务中发挥着不可或缺的作用。传感云专注于传感器数据的集中存储、分析与处理，充分利用云计算的高性能、高扩展性和低成本优势，实现了大规模数据的快速处理与管理，有效解决了传统数据处理方法中计算和存储资源消耗大、处理效率和精度不高等问题。边缘计算则侧重于将数据处理任务下放至网络边缘设备，以满足智能家居、无人驾驶等低时延应用场景的需求。通过将计算任务分散至更接近数据源的边缘节点，边缘计算大幅减少了数据传输的时延和带宽消耗，提升了数据处理的速度和实时性，为各类实时应用提供了强大的技术支持。

在物联网技术的演进中，传感云与边缘计算呈现出相互依存、共同发展的态势。传感云为边缘计算提供了坚实的数据存储与处理基础，边缘计算则强化了传感云在实时性要求高的场景中的应用能力。随着物联网技术的普及和深入发展，传感云与边缘计算的联系日益紧密。边缘设备的性能提升与云计算技术的革新，使得边缘计算在更多领域得到广泛应用；同时，传感器种类的丰富与数量的增长，也推动传感云不断提升数据处理能力，以满足日益增长的数据处理需求。

传感云作为一种基于云计算技术的传感器网络，通过将传感器数据上传至云端，实现了数据的存储、分析与处理，进而推动智能化、高效化的数据管理。在传感云架构中，数据的存储、分析与处理均呈现分布式特性，这极大地促进了数据的共享、交互与协作，使得数据管理更加灵活、高效。此外，传感云还具备数据挖掘、分析及智能处理的功能，为各类智能化应用与服务提供了强大的支持。

边缘计算则侧重于将计算和数据处理任务分配至接近数据源的边缘设备，以解决云计算中心在处理智能家居、无人驾驶等低时延场景时所面临的挑战。在边缘计算中，计算和数据处理任务均由分布式的边缘设备承担，从而大幅缩短了数据传输的距离与时间，显著提升了数据处理的速度与实时性。此外，边缘计算还增强了数据的安全性与隐私性，因为数据无须远程传输至云端即可进行处理。

传感云与边缘计算的发展在某种程度上呈现出相互关联、相互依存的态势。传感云为边缘计算提供了强大的数据存储、分析与处理支持，使得边缘设备能够更专注于实时响应与数据处理。

边缘计算则为传感云提供了更为高效、实时的数据处理支持，使传感云能够更好地应对大规模、高频率的数据处理需求。

随着物联网技术的持续发展与普及，传感云与边缘计算将更加紧密地融合，形成一种"云－边－端"协同的计算模式。在这种模式下，云计算中心将展现其大规模、高效率的数据处理与管理能力，而边缘计算将提供更为高效、实时的数据处理支持，共同推动整个物联网系统高效、可靠、安全地运行。随着边缘设备性能的不断提升和云计算技术的深入发展，边缘计算将在更多领域得到应用与推广；同时，随着传感器种类的日益丰富与数量的持续增长，传感云所需处理的数据量也将不断攀升，这对其数据处理能力与效率提出了更高的要求。因此，传感云与边缘计算将成为未来物联网发展的重要方向。

随着人工智能技术的日益精进，传感云与边缘计算亦将与其深度融合，共同构建更为智能化、自主化的物联网体系。在智能制造领域，传感云、边缘计算与人工智能技术的有机结合，可实现生产过程控制的智能化与优化，从而显著提升生产效率与产品质量。在智能交通领域，三者的协同作用将促进交通管理的智能化与高效化，提升交通安全与运输效率。而在智慧城市的建设中，它们的融合将推动城市管理向智能化、精细化方向迈进，提高城市服务水平。

此外，随着5G、6G等通信技术的不断革新，传感云与边缘计算的数据传输与处理效率将得到显著提升。5G技术以其高速、低时延的特性，将使得更多实时数据可以迅速传输至边缘设备与云端进行处理。而6G技术则将实现全球覆盖与高可靠性的通信能力，使得全球的物联网设备能够无缝连接、实时交流。

4. 未来发展趋势

展望未来，随着各方面技术的持续进步和应用需求的日益增长，传感云与边缘计算将更为紧密地结合，共同构建智能、高效的物联网系统。通过边缘计算对传感器数据进行实时处理与分析，将实现更为精确的预测与决策，进而提升生产效率、减少能源消耗，并显著提升人们的生活品质。同时，传感云将强化其数据存储与管理能力，拓展应用服务与协同能力，为物联网系统的全面优化与升级提供坚实支撑。

传感器的发展将朝着智能化、微型化、多元化、集成化和网络化的方向不断迈进。在人工智能与机器学习技术的推动下，传感器将变得更为智能，能够执行更为复杂和精细的信息采集与分析任务。此外，传感器的尺寸将持续缩减，使其能够应用于更小型的设备和物体上。传感器的种类也将日趋丰富，实现多种物理量信息的综合采集与分析。同时，传感器将实现更高程度的集成化，可以将多种功能融为一体，实现一体化设计。最后，传感器的网络化功能将显著增强，实现高效、实时的数据传输与处理。

综上所述，传感云与边缘计算作为物联网系统的核心部分，未来将继续深化其融合发展，为推动物联网系统的智能化、高效化和可靠性做出重要贡献。

1.4 本章小结

本章深入探讨了传感云的发展历史、基本概念以及架构，通过多个应用领域详细分析了传感云的优势。同时，深入剖析了传感云与边缘计算的关系及发展现状，并对未来的发展趋势和前景进行了展望。

在讲述过程中，本章力求在"大背景"与"小应用"之间寻求平衡，既从宏观角度展现了传感云与边缘计算的整体架构，又通过具体的应用实例细化了传感云和边缘计算的技术内涵和应用价值，帮助读者更加全面、深入地理解本章内容。

在后续的章节中，我们将分别针对传感云和边缘计算系统中的相关技术和典型应用进行深入剖析。

参考文献

[1] 李继蕊, 李小勇, 高雅丽, 等. 无线传感器网络环境下数据转发模型研究 [J]. 软件学报, 2018, 29(1): 196-224.

[2] MEKIKIS P V, ANTONOPOULOS A, KARTSAKLI E, et al. Information exchange in randomly deployed dense WSN with wireless energy harvesting capabilities[J]. IEEE Transactions on Wireless Communications, 2016, 15(4): 3008-3018.

[3] 任倩倩, 刘红阳, 刘勇, 等. 无线传感器网络基于 2 阶段聚合的目标跟踪算法 [J]. 计算机研究与发展, 2017, 54(9): 2001-2010.

[4] 黄宇, 吴维刚, 赵军平. 分布式云存储: 理论, 技术, 系统专题前言[J]. 软件学报, 2017, 28(8): 1927-1928.

[5] NOVO O. Blockchain meets IoT: an architecture for scalable access management in IoT[J]. IEEE Internet of Things Journal, 2018, 5(2): 1184-1195.

[6] LUONG N C, HOANG D T, WANG P, et al. Data collection and wireless communication in Internet of Things (IoT) using economic analysis and pricing models: a survey[J]. IEEE Communications Surveys & Tutorials, 2016, 18(4): 2546-2590.

[7] 张玉清, 周威, 彭安妮. 无线传感器网络安全综述 [J]. 计算机研究与发展, 2017, 54(10): 2130-2143.

[8] SRINIVASAN C R, RAJESH B, SAIKALYAN P, et al. A review on the different types of internet of things (IoT)[J]. Journal of Advanced Research in Dynamical and Control Systems, 2019, 11(1): 154-158.

[9] BERTINO E, ISLAM N. Botnets and internet of things security[J]. Computer, 2017, 50(2): 76-79.

[10] KUMAR G, SAHA R, RAI M K, et al. Proof-of-work consensus approach in blockchain technology for cloud and fog computing using maximization-factorization statistics[J]. IEEE Internet of Things Journal, 2019, 6(4): 6835-6842.

[11] 崔勇, 宋健, 缪葱葱, 等. 移动云计算研究进展与趋势 [J]. 计算机学报, 2017, 40(2): 273-295.

[12] MADRIA S, KUMAR V, DALVI R. Sensor cloud: a cloud of virtual sensors[J]. IEEE Software, 2013, 31(2): 70-77.

[13] 张开元, 桂小林, 任德旺, 等. 移动边缘网络中计算迁移与内容缓存研究综述 [J]. 软件学报, 2019, 30(8): 2491-2516.

[14] 施巍松, 张星洲, 王一帆, 等. 边缘计算: 现状与展望 [J]. 计算机研究与发展, 2019, 56(1): 69-89.

[15] 王田, 李洋, 贾维嘉, 等. 传感云安全研究进展 [J]. 通信学报, 2018, 39(3): 35-52.

[16] MISRA S, SINGH A, CHATTERJEE S, et al. Mils-cloud: a sensor-cloud-based architecture for the integration of military tri-services operations and decision making [J]. IEEE Systems Journal, 2016, 10(2): 628-636.

[17] BOTTA A, DONATO W D, PERSICO V, et al. Integration of cloud computing and internet of things: a survey [J]. Future Generation Computer Systems, 2016, 56(1): 684-700.

[18] 周悦芝, 张迪. 近端云计算: 后云计算时代的机遇与挑战 [J]. 计算机学报, 2019, 42(4): 677-700.

[19] WANG Y, WANG K, HUANG H, et al. Traffic and computation co-offloading with reinforcement learning in fog computing for industrial applications [J]. IEEE Transactions on Industrial Informatics, 2018, 15(2): 976-986.

[20] HE X, WANG K, HUANG H, et al. QoE-driven big data architecture for smart city [J]. IEEE Communications Magazine, 2018, 56(2): 88-93.

[21] XU C, WANG K, LI P, et al. Making big data open in edges: a resource-efficient blockchain-based approach [J]. IEEE Transactions on Parallel and Distributed Systems, 2018, 30(4): 870-882.

[22] SANGAIAH A K, MEDHANE D V, HAN T, et al. Enforcing position-based confidentiality with machine learning paradigm through mobile edge computing in real-time industrial informatics [J]. IEEE Transactions on Industrial Informatics, 2019, 15(7): 4189-4196.

[23] NING Z, DONG P, WANG X, et al. Deep reinforcement learning for vehicular edge computing: an intelligent offloading system [J]. ACM Transactions on Intelligent Systems and Technology, 2019, 10(6): 1-24.

[24] RODRIGUEZ M A, BUYYA R. Deadline based resource provisioning and scheduling algorithm for scientific workflows on clouds [J]. IEEE Transactions on Cloud Computing, 2014, 2(2): 222-235.

[25] BEEZÃO A C, CORDEAU J F, LAPORTE G, et al. Scheduling identical parallel machines with tooling constraints [J]. European Journal of Operational Research, 2017, 257(3): 834-844.

[26] TANG Z, QI L, CHENG Z, et al. An energy-efficient task scheduling algorithm in DVFS-enabled cloud environment [J]. Journal of Grid Computing, 2016, 14(1): 55-74.

[27] SIAHAAN A P U. Comparison analysis of CPU scheduling: FCFS, SJF and Round Robin [J]. International Journal of Engineering Development and Research, 2016, 4(3): 124-132.

[28] KAYVANFAR V, ZANDIEH M, TEYMOURIAN E. An intelligent water drop algorithm to identical parallel machine scheduling with controllable processing times: a just-in-time approach [J]. Computational and Applied Mathematics, 2017, 36(1): 159-184.

[29] SANGWAN P, SHARMA M, KUMAR A. Improved round robin scheduling in cloud computing [J]. Advances in Computational Sciences and Technology, 2017, 10(4): 639-644.

第2章　基于边缘计算的传感云数据收集技术

传统的基于云计算的数据收集技术难以满足许多新型应用（如自动驾驶、虚拟现实和智慧城市等）的低时延要求。为了解决这个问题，近年来边缘计算被提出，在靠近用户的网络边缘（如基站）为计算密集型应用提供超低时延的服务。边缘计算技术的兴起，使得这些应用越来越受到各个领域研究人员的关注。

为了解决传统的基于云计算的数据收集方法中存在的时延高、能耗大等诸多问题，本章提出基于边缘计算的传感云数据收集技术。该技术采用基于边缘计算的3层传感云数据收集框架，通过多边缘移动设备的两级双向预测方法，可以在传感云数据收集系统中进行分布式高效数据收集。本章主要包括如下4方面的内容。

1）基于边缘计算的传感云数据收集框架。这个框架主要分为3层：云计算层、边缘节点层和传感网层。本章分别阐述了每一层的具体内容，让读者对基于边缘计算的传感云数据收集框架有初步的了解，为后面陈述基于边缘计算的传感云数据收集技术奠定基础。

2）基于移动节点的传感云数据收集方法。尽管云计算技术为传感云数据收集系统提供了更快速计算和大量数据存储的能力，但由于传感云数据收集系统中无线传感器的电量是有限的，且网络通信能力非常受限，因此传感云数据收集系统难以长期进行大量数据的收集。为此，本章设计了一种多移动基站数据收集策略和一种基于边缘移动设备的数据收集方法，并且通过大量仿真实验，验证了这种方法可以有效地减少网络能耗，延长网络生命周期。

3）基于两级双向预测的传感云高效数据收集方法。通过分析传感云系统及其通信方式，本章利用分布式边缘计算方法减轻云计算中的过载计算以及传输压力，并且引入数据预测的思想、指数平滑（Exponential Smoothing，ES）算法、自回归滑动平均（Auto-Regressive Moving Average，ARMA）算法和深度学习（Deep Learning，DL）算法模型框架。在此基础上，本章进一步提出了一种基于边缘计算的两级双向预测机制和基于扩展卡尔曼滤波的估计方法。最后，本章在公开数据集上进行诸多实验，实验结果验证了所提方法预测的精确度。此外，实验中通过对比现有的多种方案，分析了节点的能耗和死亡率与时延的变化情况等。实验结果表明，本章所提方法显著优于已有的多种方法。

4）对当前基于边缘计算的传感云数据收集技术的前沿方向进行概述与探讨。这个部分主要包括传感云数据收集服务质量问题、基于移动边缘计算的可信数据收集和基于移动边缘计算的数据筛选，旨在让读者对该领域最新的技术有一定的了解，并为该领域的研究人员开展科研工作提供借鉴和启发。

通过以上4方面的内容，本章详细阐述了基于边缘计算的传感云数据收集技术各个方面的知识。该技术不仅能够解决传统数据收集方法中的问题，还有着广阔的应用前景。在未来，我们期待边缘传感云数据收集技术能够有更多的创新和发展。

2.1 基于边缘计算的传感云数据收集

本节主要从传感云中的数据收集和基于边缘计算的传感云数据收集框架两个方面阐述基于边缘计算的传感云数据收集框架。

2.1.1 传感云中的数据收集

传感云是传感网和云计算的结合。通过利用云计算在计算和存储资源等方面的优势，传感云极大地提高了传感网的计算能力和存储容量。传感云数据收集系统的结构如图 2.1 所示。传感云数据收集系统主要由终端、处理中心（云服务器）、基站和传感网，以及无线传感器组成，通过各类静态和动态传感器节点收集信息，集数据获取、传输、处理和融合等功能于一体[1]。传感云数据收集系统主要利用传感网进行通信，但是使用的传感网大多部署于复杂、动态的环境（如海洋）中，这使得传感云数据收集的研究面临较多困难，特别是在节点能耗以及网络的能量优化等情况下面临许多局限与挑战[2]。

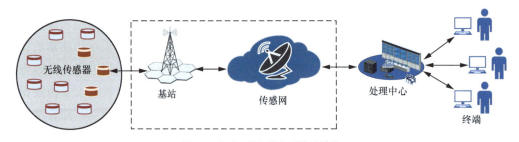

图2.1 传感云数据收集系统的结构

1）传感云数据收集系统的通信方式。高效的通信对于完成传感云数据收集系统应用中的任务至关重要[3]。目前，地面和空中的无线网络主要依靠无线电／光波作为传输数据和信息的通信媒介。在本章的问题中，因为用于数据收集、污染监测、近海勘探、战术监视和快速环境评估等传感网中的传感器节点通常会受到恶劣物理环境的限制[4-6]，所以采用线缆通信是最直接且有效的方法。不幸的是，尽管使用光纤或者电力载波能传送包括高清视频等大量的数据，但是，这也增加了对移动传感器节点本身的约束，降低了移动传感器节点的灵活性，比如在航行中的传感器有了线缆。这些情况将使得大量节点无法被触及，可能损失大量待传输的数据包。因此，对于移动传感器节点而言，通过线缆通信是弊大于利的。

2）传感云数据收集系统获取环境数据的挑战。除了上述对通信的各种方式现存的一些问题，传感器节点在数据获取的过程中，还存在着不少的挑战。首先，传感器节点成本高。具体地说，在传感云环境中，传感器种类丰富，并且通常体积较小，一般被嵌于传感云设备中，因此，这些传感器的节点制造、网络部署以及维护、替换和恢复的成本都较高。其次，在能量消耗和获取方面，传感器节点通常被随机地部署在各种环境中，节点的能量一般通过电池进行供应，这使得更换电池或采用电源供电都很困难。传感器节点在发送数据时需大量能耗，一旦能量消耗殆尽，就将成为全关闭节点，可能会导致网络的断裂，形成多个子网络或者出现孤立节点，对整个网络通信造成影响。最后，虽然光缆能够应对复杂多变的环境，但同时移动传感器节点需要攻克环境自适应、自主回收、协同控制、导航定位等难点技术。如何有效地利用移动传感器节点的能量、移动性和计算能力，也是目前传感云系统面临的挑战。

3）传感云数据收集系统的应用。传感云数据收集系统具有广阔的应用前景，主要包括信息元素采集和分析、设备检测和控制、地震监测、原油泄漏等危险因素分析，以及水质情况判别和预测等。在信息元素采集和分析方面，通常采用先进的技术收集数据，并深入挖掘环境数据以便获取可利用的信息。在设备检测和控制方面，主要是获取包含终端设备的元件信息的数据。当云端或者边缘端想要检测或者访问该设备时，可以通过获取设备的设置值获取设备的当前状态，以便更好地掌控系统设备，让工作更便捷。在地震监测方面，目前有许多海岸油田采用类似巡逻队伍的地震波检测器在海面上探测地震成像。但是，该项技术复杂、设备成本较高，且地震很少能被提前检测出来，会造成极大的人力、物力损失。相较而言，移动传感器节点造价低廉，并且能部署较长的时间，有利于进一步侦测地震险情。在原油泄漏等危险因素分析方面，通常进行特殊信息数据的收集，如原油信息收集。如果原油发生泄漏，后果不堪设想。在水质情况判别和预测方面，通过获取水质数据并对其检测，有助于确定污染物浓度及其对人类和水质的影响。

2.1.2　基于边缘计算的传感云数据收集框架

考虑到户外数据收集的便捷性，传感云数据收集系统通常需要利用传感网进行数据收集。然而，传感网存在计算能力弱、能量受限以及存储能力不足等问题。因此，传感云中的数据收集模型应当具备灵活的分层架构[7]。为了解决这些问题，本章提出一种基于边缘计算的传感云数据收集框架，如图2.2所示。该框架主要包括云计算层、边缘节点层和传感网层。下面将分别对这3层进行具体介绍。

1）云计算层。如图2.2所示，云计算层位于该框架的最上层，主要由大型的云服务器构成。这些云服务器通常部署在距离用户较远的云端，为系统中的各种应用提供强大的计算资源和存储服务。然而，由于网络带宽的限制以及与用户之间的距离较远，云服务器往往难以满足计算密集的应用的低时延需求。

2）边缘节点层。边缘节点层位于该框架的中间层，主要由具有一定计算能力的边缘服务器构成。具体地说，将传感云系统中计算功能较强的节点虚拟为边缘服务，就构成了边缘节点层。边缘节点在计算、存储、通信和能耗等方面都优于普通的传感器节点，并且离用户端近、网络带宽高，因此可以为用户提供更低时延的服务响应和一些轻量级的计算服务。

3）传感网层。传感网层位于该框架的底层，主要由各种普通的无线网络和传感器节点组成。这些传感器部署在监测区域的各个角落，用于感知监测区域的各种数据，如环境温度、水质情况、人体行为等。

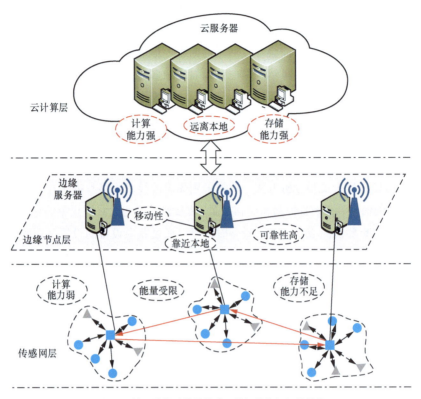

图2.2　基于边缘计算的传感云数据收集框架的结构

基于边缘计算的传感云数据收集框架符合分布式系统的部署要求。它能够更加贴近网络边缘，靠近用户端进行数据操作。相较于云计算，边缘计算的主要特点是提供必要的本地计算和存储能力、贴近网络边缘，且时延小、响应快，因此可以弥补底层传感网能量不足、节点计算能力不强、存储能力弱的缺陷[8]。边缘节点作为可移动单元，可以突破能量限制，成功应用于拓扑控制、移动监测等领域。一些本地化的、实时性要求高的计算任务可以放在边缘节点层处理，同时在边缘节点也能存储部分数据。在特定情况下，本地边缘端服务器可以进行简单的数据统计和处理分析，以达到高效快速的应用要求。边缘节点之间构成了一个虚拟的网络，相互之间可以直接通信（对于通信能力较强的节点），也可以借助普通传感器节点进行信息传递。

2.2　基于移动节点的传感云数据收集

本节将从具有自适应时延的传感云数据收集和基于移动边缘计算的数据收集两个方面阐述所提出的基于移动节点的传感云数据收集方法。与此同时，本章给出了实验测试与分析，进而验证了所提方法的有效性。

2.2.1　具有自适应时延的传感云数据收集

传感云已经被广泛应用在各类不同的领域，如环境监控、医疗看护、森林火险监控及目标跟踪等。与此同时，传感器节点种类繁多，实现的功能也各不相同，比如有的可以检测温度，有的可以检测湿度。此外，在传感云系统中，当传感器感知到有效数据时，需要通过无线通信将数据转发给邻居节点，由邻居节点继续转发，直到将数据发送至基站。在此过程中，传感器节点不仅会转发来自其他节点的数据，也会转发自身感知的数据。因此，一方面，越靠近基站的传感器节点需要转发的数据量就越大，其工作寿命也越短，这对传感云系统的工作时长有着重要影响；另一方面，当传感网规模较大时，如何在规定时间内收集和处理数据将会是传感云系统所面临的严峻挑战。

云计算技术通过收集感知数据并将其上传到远程云服务器进行处理和存储，为传感云系统的诞生奠定了基础。显然，云计算的加入使得传感网的性能得到极大的提升，且工作覆盖的领域更加广阔。用户无须自己布置一套传感网，直接从云端购买或者租赁相关的服务即可。这种服务机制极大地降低了服务成本，节约了物理资源消耗，使得更多的人可以享受到传感云系统带来的便利。远程医疗系统是典型的传感云应用，借助该系统病人只需要在家佩戴医疗电子监测设备，病理数据就会由传感器上传到远程云服务器，医生可以直接在客户端对数据进行诊断分析。这样既缓解了医院就诊的压力，让医生可合理地分配时间，也解决了贫困地区医疗设施落后的问题。

然而，传感云在应用过程中也存在一些问题。由于传感云中传感网的通信能力有限，通过节点将数据转发到基站、再上传至云端的方法会产生一定时延。然而，服务时效性对一些时延敏感的应用极为重要。例如，基于位置的传感云服务中，当用户的地理位置信息无法实时地上传到云端，那么用户获取到的服务信息就会存在偏差，从而影响体验。再如另一个典型的传感云应用——森林火险监控系统，由于森林的面积大、节点分布广，需要实时监控温度、湿度、气体等物理信息。当位于基站较远的地方发生了自燃时，由于数据传输时间较长，基站和管理员可能需要较长时间才能获得火灾信息，从而延误最佳的灭火和救援时机。因此，研究如何维护传感云系统的可持续感知能力、降低传感云数据收集的时延及能耗、提高数据收集效率是非常有必要的。

本小节提出一种采用多移动节点协助传感云收集数据的方法，并设计一种自适应时延的移动基站调度算法，旨在降低数据收集时延和能耗，提高数据收集的效率。下面将从问题定义、网络模型、算法设计、理论分析和实验评估 5 个方面进行具体阐述。

1. 问题定义

假设传感云系统中部署了 N 个传感器节点，用节点集 $S = \{S_1, S_2, \cdots, S_N\}$ 表示；部署了 M 个移动基站节点，用节点集 $K = \{\mathrm{MS}_1, \mathrm{MS}_2, \cdots, \mathrm{MS}_M\}$。每个传感器节点每秒产生的数据量为 C（单位为 B），且通信范围为 R（单位为 m），单跳时延为 t（单位为 s）。移动基站既可以通过部署的传感器节点感知数据，也可作为收集数据的站点，将数据上传到云服务器。每个移动基站的吞吐量为 D（单位为 B/s），上传速率为 Q（单位为 B/s），移动速度为 v（单位为 m/s）。本节主要研究数据从传感云的底层上传到云服务器的时延收集问题，并将时延降低到可接受范围内。同时，当数据时延要求不高时，优化传感云的底层节点能耗。

图 2.3 展示了一个典型的多移动边缘设备协助收集感知数据的示例。图中有 4 个移动基站，

分别用绿色圆点表示，空心圆点为传感器节点，虚线箭头为移动基站的移动轨迹。在图 2.3（a）中，每个移动基站自由地移动进行数据收集，中心的 4 个黑色圆点被移动基站访问的频率最高，然而，如果这 4 个节点无须传输数据而被基站访问，则浪费了基站的时间。图 2.3（b）所示为理想状态下移动基站收集数据的示例，每个基站负责一定的节点，且基站间可相互协助。因此，合理地安排移动基站访问节点的顺序有利于提高基站收集数据的效率，降低数据收集时延，同时传感器节点可以减少多跳传输的次数，从而节约能量。

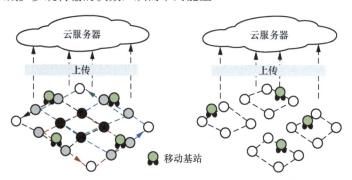

(a) 移动基站自由地移动进行数据收集　　(b) 移动基站不移动进行数据收集

图2.3　多移动边缘设备协助收集感知数据的示例

2. 网络模型

首先，根据传感云中传感器节点的连通度，可以绘制一个无向图有权连通 G，表示为 $G = \{V_{se}, E_{se}\}$，其中 V_{se} 为顶点集，由传感器节点的数量 N 决定；边集 $E_{se} = \{V_x \times E_y\}$，由可通信节点对构成，每条边的距离即节点间的距离。然后，根据 Prim 算法对该无向图进行改造，生成一棵最小代价树（Minimum Spanning Tree，MST），表示为 $\text{MST} = \{T_{node}, T_{edge}\}$，其中 $T_{node} \in V_{se}$，$T_{edge} \in E_{se}$。移动基站会访问最小代价树中的部分节点，被访问的节点称为驻点（Stationary Point，SP），$\text{SP} \subseteq S$。首先，其他节点通过单跳或者多跳的方式，将数据传给移动基站。然后，由基站将数据上传到云服务器，多个基站可以同时工作。假设每个基站单轮数据收集时间为 $\{T_{MS_1}, T_{MS_2}, \cdots, T_{MS_M}\}$，那么整个传感云系统的数据收集时间可由式（2.1）表示。

$$T_{net} = \max\{T_{MS_1}, T_{MS_2}, \cdots, T_{MS_M}\} \tag{2.1}$$

根据移动基站收集数据的过程，收集时间可由 4 个部分组成：数据传输时间 T_t，数据上传时间 T_d，转发时延 T_h 和基站移动时间 T_m。根据问题定义中给出的参数，每个部分的计算由式（2.2）～式（2.5）表示。

$$T_t = \frac{\sum_{j=1}^{S} C}{D} \tag{2.2}$$

$$T_d = \frac{\sum_{j=1}^{S} C}{Q} \tag{2.3}$$

$$T_{h} = \sum_{j=1}^{S} h_j \times t \qquad\qquad (2.4)$$

$$T_{m} = \frac{L_{tsp}}{V} \qquad\qquad (2.5)$$

基站数据的传输时间由单位时间内收集的数据量除以基站吞吐量得到。基站数据的上传时间为基站收集的数据量除以基站的上传速率计算得到。基站数据的转发时延是收集数据时，传感器节点的多跳的跳数乘以单跳时延。基站的移动时间为基站移动距离除以基站的移动速度。假设基站可以在任意时间段向云服务器上传数据，那么各个移动基站的计算可由式（2.6）表示。

$$T_{MS_i} = \frac{\sum_{j=1}^{S} C}{D} + \sum_{j=1}^{S} h_j \times t + \max\left(\frac{L_{tsp}}{V}, \frac{\sum_{j=1}^{S} C}{Q} \right) \qquad\qquad (2.6)$$

基于式（2.6）可以推测出，传感器节点的跳数 h_j、基站的移动距离 L_{tsp} 和基站负责收集的传感器节点的数量 S 是影响基站数据收集时间的主要因素。因此，算法的设计可以从这 3 点着手。另外，传感器节点的传输路由采用文献 [9] 中的路由设计。

3. 算法设计

基于多移动边缘设备的数据收集策略，本节主要考虑了 3 个问题：第一，如何合理地给每个移动基站分配任务；第二，如何设计有限时延自适应机制；第三，在时延非紧急情况下，如何减少传感器节点的能耗。根据这 3 个问题，多移动边缘设备的数据收集策略可以被划分为 3 个子算法，分别如算法 2.1、算法 2.2 和算法 2.3 所示。

算法 2.1 主要负责移动基站的任务分区和部分节点的传输路径设计。在该算法中，根据移动基站的数量，感知区域被划分为 M 等份，每个基站负责一个子区域。在每个子区域内，根据传感器间的连通度，推算出由节点形成的一棵最小代价树，且树中所有的非叶子节点为初始驻点，而叶子节点则通过单跳将数据传输到基站。算法 2.2 设计了驻点筛选规则，根据时延的紧急程度对驻点进行筛选，连通度越低的驻点被选择的可能性越低，从而降低移动基站的移动时延，部分传感器节点由单跳变成多跳传输。算法 2.3 主要设计基站间的协作调度策略。由于节点分布的随机性，部分区域内的节点较多，数据量大，收集时间和上传时间较长，而有的基站却处于空闲状态。因此，合理地安排基站间的协作，充分发挥基站的移动功能，可进一步降低数据收集时间。

图 2.4 展示了该策略的主要流程。从图 2.4（a）中可以看到，矩形区域为节点监控区域，虚线圆为监控区域内的最小外接圆。根据基站的数量将该圆划分为 M 等份的扇形，扇形和矩形重叠的区域为各个基站负责的区域。每个区域内有不同数量的传感器节点。节点间的连通关系构建成一个最小代价树。每个最小代价树中的非叶子节点为初始驻点，由图 2.4（b）中五角星符号表示。基站通过访问驻点来收集数据，当基站停留在某个驻点时，树中叶子节点则将数据单跳传输给基站。在图 2.4（c）中，部分初始驻点被遗弃，当前每个区域只有一个驻点，则基站停留在该驻点处，其他节点通过多跳或单跳传输将数据传输给移动基站。

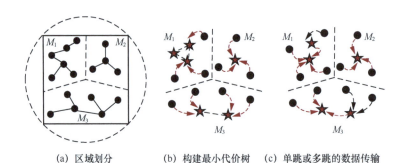

(a) 区域划分　　　(b) 构建最小代价树　　(c) 单跳或多跳的数据传输

图2.4　基于多移动边缘设备的数据收集策略的主要流程

（1）算法 2.1：分区及交付设计算法

如算法 2.1 所示，本算法主要实现传感云系统中底层传感网区域的划分和区域内节点的传输路径设计。为了简化分区，本算法采用了基于等分角度的扇形分区方法。首先，将监控区域用一个最小矩形代表，画出基于该矩形的最小外接圆。在此外接圆的基础上，根据移动基站的数量将其等分为扇形，每个扇形的圆心角为 $2\pi/M$，以确保每个移动基站的移动距离近似相等。随后，根据传感器节点的连通性，绘制成无向有权连通图，用 $\{G_{\mathrm{MS}_i} \mid i=1,2,\cdots,M\}$ 表示，每条边的权重根据节点间的距离由式（2.7）计算而得。

$$E_{i,j} = \sqrt{\left(S_i \cdot x - S_j \cdot x\right)^2 + \left(S_i \cdot y - S_j \cdot y\right)^2} \tag{2.7}$$

其中，$S_i \cdot x$ 和 $S_i \cdot y$ 分别代表了传感器节点的坐标位置。当两个节点间的距离大于通信范围时，则设置为无穷大。

接着，根据 Prim 算法，将无向有权连通图转化为最小代价树。最后，根据最小代价树的性质可得，树中所有的边的总长度最短，即传感器节点的传输距离最短，进行实现耗能最少。

算法 2.1　分区和交付设计算法

输入：传感器节点的地理位置 $(S_i \cdot x, S_i \cdot y)$，传感器节点的数量 N，最小代价树的顶点集 $T_{\mathrm{node}} = \{\phi\}$ 和边集 $T_{\mathrm{edge}} = \{\phi\}$；

输出：M 个无向有权连通图 $G(\mathrm{VG}, \mathrm{EG})$ 和 M 棵最小代价树 $T(\mathrm{VT}, \mathrm{ET})$；

1：对于监控区域内的任意两个传感器 S_i 和 S_j，执行以下操作：

2：初始化所有边的权重 $E_{i,j} = \infty$；

3：计算每条边的权重 $E_{i,j} = \mathrm{sqrt}\left(\left(S_i \cdot x - S_j \cdot x\right)^2 + \left(S_i \cdot y - S_j \cdot y\right)^2\right)$；

4：**if** $E_{i,j} > R$ **then** // 当距离大于通信距离时

5：　$E_{i,j} = \infty$；// 设置权重为无穷大

6：**end if**

7：**while** $T_{\mathrm{node}} \neq V_{\mathrm{sec}}$ **do** //Prim 算法

8:　　$E_{i,j} = \min\left\{E_{u,v} \mid u \in T_{\text{node}}, v \in S\right\}$；// 选择权重最小的边

9:　　**if** $v \notin T_{\text{node}}$ **then** // 当该边已被访问过时

10:　　　$T_{\text{node}} = \left\{T_{\text{node}} \bigcup v\right\}$；

11:　　　$T_{\text{edge}} = \left\{T_{\text{edge}} \bigcup E_{i,j}\right\}$；

12:　**end if**

13:　**end while**

（2）算法 2.2：驻点筛选算法

由于移动基站可以通过访问驻点来收集所有传感器节点的数据，因此，合理地选择驻点可以缩短基站移动的距离，进而减小移动时延。基于该特性，算法 2.2 设计了一种针对所选中初始驻点的筛选策略。该策略将每个区域中最小代价树的顶点分为两类：候选驻点和叶子节点。根节点为树中任意节点，一旦选定根节点，将不会改变。

算法 2.2　驻点筛选算法

输入：T_{node}，T_{edge}，第 i 个区域内的节点集 V_i，移动基站访问起始驻点 $\text{path} = \{S_i\}$；

输出：移动基站访问的驻点集 $\text{SP} = \left\{\text{SP}_1, \text{SP}_2, \cdots, \text{SP}_k\right\}$；

1:　初始化 u_i 为基站访问的起始节点；

2:　V_s 存储已经访问的节点集，$V_s = u$；

3:　**while** $V_s \neq V_i$ **do**

4:　　**if** $E_{u,v} \in T_{\text{edge}}$ && $v \notin V_s$ **then** // 如果节点未被访问

5:　　　$V_s = \left\{V_s \bigcup v\right\}$；

6:　　　**if** $v.\text{degree} > 1$ **then** // 当 v 的连通度大于 1 时

7:　　　　$\text{SP} = \left\{\text{SP} \bigcup v\right\}$；// 节点 v 被选为候选节点

8:　　　**end if**

9:　　**end if**

10:　**end while**

11:　**while** 存在节点未被访问 **then**

12:　　$\text{nexSP} = S_u \xrightarrow{\min \text{dis}_{k,w}} S_w$；// 选择距离最短的下一跳节点

13:　　$\text{path} = \left\{\text{path} \bigcup S_w\right\}$ 及开始传感器 $\text{sensor} = w$；

14:　**end while**

如图 2.5（a）所示，S_0、S_2、S_4、S_6 为候选驻点，虚线为基站的移动轨迹，其他为叶子节点，并通过单跳传输将数据传给基站。这样每个区域内的节点能耗最少，且基站的移动轨迹可以通过贪心算法进行优化。图 2.5（b）展示了区域内节点的物理结构，清晰地呈现了最小代价树节点间的关系。

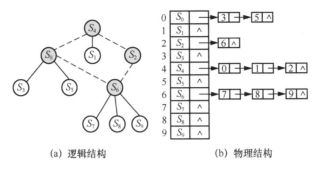

(a) 逻辑结构　　　　　　　　　(b) 物理结构

图2.5　区域内节点的逻辑结构和物理结构

（3）算法2.3：移动基站调度算法

根据算法2.1和算法2.2，本节进一步设计了移动基站的移动路径调度算法，如算法2.3所示。移动基站通过移动收集数据可以平衡节点的负载，延长传感云的使用时长，但是由于一些物理限制，如基站的移动速度、恶劣的工作环境等，使得移动时间较长。为了解决该问题，本小节设计了两个调度方案，使得系统可以适应一定程度的时延，具体如下。

算法2.3　移动基站调度算法

输入：时延要求 T_{spe}，实际数据的收集时间 $\{T_{MS_1}, T_{MS_2}, \cdots, T_{MS_M}\}$，驻点集 $SP = \{SP_1, SP_2, \cdots, SP_w\}$；

输出：所有节点的传输路由；

1：**for** $i = 1, 2, \cdots, M$ **do** // 遍历所有扇区

2：　　**while** $T_{MS_i} > T_{spe}$ **then** // 当该扇区数据收集时延大于时延要求时

3：　　　　$SP_k = \min degree\{SP_1, SP_2, \cdots, SP_w\}$； // 选择连通度最小的驻点

4：　　　　更新驻点集和各基站收集时延；

5：　　**end while**

6：**end for**

7：将所有扇区分为 A 类和 B 类，where $\{T_{MS} \in A | T_{MS} > T_{spe}\}$，$\{T_{MS} \in B | T_{MS} <= T_{spe}\}$；

8：**while**（1）

9：　　选择 A 类时延最小扇区中的基站 SS 协助 B 类时延最高扇区中的基站 ES；

10：　　B 类中最靠近 SS 的非叶子节点将数据转发给 SS；

11：　　更新 A 和 B；

12：　　**if** $A == $ null or $B == $ null **then**

13：　　　　break；

14：　　**end if**

15：**end while**

1）调度方案1。在初始状态下，每个区域内的最小代价树中非叶子节点为驻点，当基站访问驻点时，其他节点通过单跳将数据传给基站。图2.6所示为运用移动基站调度算法时某一区

域内节点间的关系。图2.6（a）为初始状态，所有的灰色节点为驻点，虚线为移动基站的轨迹，空心节点通过单跳传输数据。当数据收集 T_{MS_i} 无法满足应用要求时，基于式（2.6），可以通过缩短基站移动距离来降低时延。本调度方案基于最小代价树的性质，选择子节点较多的非叶子节点为驻点，而子节点较少的非叶子节点或叶子节点则通过单跳或多跳将数据传给基站。如图2.6（b）所示，S_4 节点由驻点转为普通节点，基站的移动路径被重新规划。随着驻点的减少，越来越多的节点通过多跳传输数据，直到只剩一个驻点。如图2.6（c）所示，虚线箭头代表节点数据的传输路径。此时，移动基站停留在驻点。

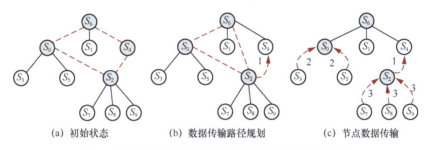

(a) 初始状态　　　(b) 数据传输路径规划　　　(c) 节点数据传输

图2.6　运用移动基站调度算法时某一区域内节点间的关系

2）调度方案2。不同于调度方案1，该方案考虑到不同区域内节点数量的不均衡，导致基站间负载的不均衡。当应用对时延要求极其苛刻时，负载较高或感知频率高的区域可能无法满足要求。因此，该方案通过基站间的密切协作，使空闲基站协助繁忙基站，实现更理想的基站负载均衡。该方案具体有4个步骤。

步骤1：将所有扇形区域分为 A 和 B 两类，其中 A 类为可满足时延要求的区域，B 类为无法满足时延要求的区域。

步骤2：选择 A 类中时延最小扇区中的基站 SS 协助 B 类中时延最高扇区中的基站 ES，两个基站搭配工作。

步骤3：首先，B 类中最靠近 SS 的非叶子节点将数据转发给 SS，进而降低 ES 基站的负载，然后更新每个扇区的时延，并重复步骤1。

步骤4：重复步骤2和步骤3，直到 A 类或 B 类为空集。

4. 理论分析

该数据收集策略具有4个性质（见性质2.1～性质2.4），相关符号及其定义如表2.1所示。

性质2.1：设计最优的传感云数据收集算法是 NP（Non-deterministic Polynomial）难问题。

证明：假设采用一个移动基站，且基站和节点的通信范围均为1，基站上传速率为0，基站的移动数据为固定值，那么该问题类似于让基站以最短的路径访问所有的节点，且所有节点在单轮内只能被访问一次，否则，基站的路径可以被优化。找到该问题的最优的解法等同于找到哈密顿路径问题的最优解法，而哈密顿路径问题为 NP 难问题，因此，设计最优传感云数据收集算法是 NP 难问题。

表2.1 符号定义

符号	定义
M	移动基站数量
n	传感器节点数量
R	传感器通信半径
L_{tsp}	基站移动最大距离
θ	扇区圆心角
τ	扇区弧长
Dist_L	扇区周长
T_{spe}	时延要求
T_{net}	传感云数据收集时间
δ_i	第i个扇区
μ_i	第i个扇区内节点集
ϑ_i	第i个扇区内的驻点集
γ_i	第i个扇区内的普通节点集
T_{ideal}	理想最小传输时延

性质 2.2：移动基站的最长单轮移动距离不大于 $\left(1+\dfrac{\pi}{M}\right)\sqrt{L^2+H^2}$。

证明：如图 2.7 所示，传感云监控区域为 $L\times H$ 大小的矩形，且外接圆半径为 $R=\sqrt{L^2+H^2}/2$。根据算法 2.1，将外接圆分为 M 等份的扇形，那么每个扇形的圆心角为 $O=2\pi/M$，弧长为 $\tau=\theta\times R$，周长为 $\text{Dist}_L=2\times R+\tau$。在最坏情况下，节点分布在矩形边缘，基站访问每个节点，那么基站移动的距离包含在扇形内部且小于扇形周长。因此，移动基站单轮移动距离为 $L_{\text{tsp}}\leqslant\left(1+\dfrac{\pi}{M}\right)\sqrt{L^2+H^2}$。

性质 2.3：该数据收集策略的算法复杂度为 $O\left(n^3\right)$，n 为传感器节点数量。

证明：在算法 2.1 中，对监控区域进行分区的复杂度为 $O(1)$。基于 Prim 算法将节点连通关系组成的无向有权图转化为最小代价树，复杂度为 $M\times O\left(n^2\right)$。一般情况下，$M$ 小于 n。现在假设 M 等于 n，所以该算法复杂度可表示为 $O\left(n^3\right)$。在算法 2.2 中，驻点选择的复杂度为 $O(n)$，移动基站路径规划的复杂度在最坏情况下为 $O\left(n^3\right)$。在算法 2.3 中包含两种情况：第一种情况下，假设驻点集为 $\{\mu_1,\mu_2,\cdots,\mu_M\}$，每更新一次驻点集，则会遍历所有驻点，执行 M 次，所以该部分执行次数为 $\sum\limits_{i=1}^{M}\mu_i$，算法复杂度等价于 $O(n)$；第二种

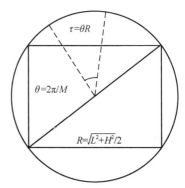

R：传感器通信半径　θ：扇区圆心角　τ：扇区弧长

图2.7 传感云监控区域分区结构

情况下，所有传感器节点改变其交付路径，那么复杂度为 $O(n)$。因此，综上所述，本小节提出的数据收集算法的复杂度在最坏情况下为 $O(n^3)$。

性质 2.4：对于一般时延要求 T_{spe}，该数据收集方法通过算法 2.3 的调度方案 1 实现时延自适应。当时延要求 T_{spe} 为当前节点分布的理想状态下的时延 T_{ideal} 时，数据收集时间可以通过算法 2.3 中的调度方案 2 最优化。当时延要求 $T_{spe} < T_{ideal}$ 时，每个扇区内的时延都近似最优。

证明：假设扇区内节点集的集合表示为 $S = \{\mu_1 \cup \mu_2 \cup \cdots \cup \mu_M\}$，$\delta_i$ 代表第 i 个扇区，μ_i 代表第 i 个扇区内的节点集，ϑ_i 代表第 i 个扇区内的驻点集，γ_i 代表第 i 个扇区内的一般节点集，那么存在关系 $\mu_i = \vartheta_i + \gamma_i$。基于时延网络模型小节中的式（2.6）可以进一步计算。在初始化阶段，所有节点单跳传输数据到基站，那么 h_j（$j = 1, 2, \cdots, N$）等于 1，计算式 $\sum_{j=1}^{S} C$ 的和为 $\gamma_i \times C$。L_{tsp} 表示访问驻点的移动距离。假设基站可在移动时上传数据到云服务器，那么每个基站的收集时间可以表示为式（2.8）。

$$T_{MS_i} = \frac{\gamma_i \times C}{D} + \gamma_i \times t + \max\left(\frac{L_{tsp}}{V}, \frac{\gamma_i \times C}{Q}\right) \tag{2.8}$$

当时延无法满足要求时，首先通过减少驻点来降低基站移动时延。对于 $T_{spe} > T_{ideal}$ 的情况，如果不等式 $T_{MS_i} \leqslant T_{spe}$ 不成立，那么集合 ϑ_i 的节点逐渐转移到 γ_i 中，且两个节点集均不为空，h_j 总是等于 1。当 T_{spe} 近似等于 T_{ideal} 时，该问题可以转化为最小化传输时间；在极端情况下，基站停留在唯一驻点上，则 $\vartheta_i = 1$、$\mu_i = 1 + \gamma_i$、$L_{tsp} = 0$。那么，基站的收集时间表示为

$$T_{MS_i} = \frac{\gamma_i \times C}{D} + \frac{\gamma_i \times C}{Q} + \sum_{j=1}^{\gamma_i} h_j \times t \tag{2.9}$$

根据式（2.9）发现，γ_i 为影响传输时间的关键因素。通过算法 2.3 的调度方案 2，最终状态近似于每个基站负责的节点数量大致相等，即 $\gamma_1 = \gamma_2 = \cdots = \gamma_M$。因此，当 $T_{spe} \approx T_{ideal}$ 或 $T_{spe} \ll T_{ideal}$ 时，式（2.10）成立，即性质 2.4 成立。

$$\frac{\gamma_i \times C}{D} + \frac{\gamma_i \times C}{Q} + \sum_{j=1}^{\gamma_i} h_j \times t \approx T_{ideal} \tag{2.10}$$

5. 实验评估

下面首先描述实验环境，然后基于该实验环境进行实验测试，并通过实验结果分析来验证本小节所提算法的有效性。

（1）实验环境

为了验证本小节所提算法的有效性，我们在 MATLAB R2018a 上进行了仿真实验。在仿真实验中，有 100 个传感器节点分布在 100m × 100m 的区域内，传感器节点的数据产生率为 5B/s，通信范围为 30m，初始能量为 30J，发送数据时能耗为 6×10^{-7}J/bit，接收数据时能耗为 3×10^{-7}J/bit。移动基站的移动速度为 3m/s，数据上传速率为 50B/s。一般情况下，实验使用 5 个移动基站协助数据收集。在本次仿真实验中，主要比较参数为数据收集时延和能耗。收集时延为每个算法

中所有基站中的时延最大值。每个节点能耗主要包括传感器收集数据和基站数据上传的能耗。

（2）实验结果

图 2.8 展示了数据收集时延在不同传感器节点数量下的表现。当传感器节点数量从 100 个增加到 500 个时，数据收集时延呈上升趋势。当 $T_{spe} < 400s$ 时，数据收集时延无法满足要求。随着时延要求值的增大，即使传感器节点数据增加，本小节所提的算法仍表现出较好的调度能力，并且与性质 2.4 具备一致性。

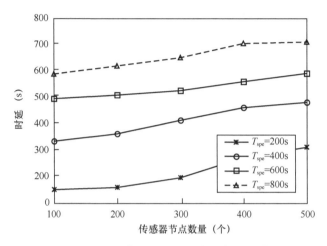

图2.8　传感器节点数量对数据收集时延的影响

图 2.9 展示了在不同的传感器节点数量下，数据收集能耗的变化趋势。从该图中可以看到，随着传感器节点数量的增加，能耗也逐渐增加。这是因为节点数量越多，则分布越密集，进而使得节点能耗越高。另外，通过增加驻点数量来减少基站移动距离和降低移动时延，这会使得更多的传感器节点需要通过多跳来传递数据，最终导致消耗更多的能量。

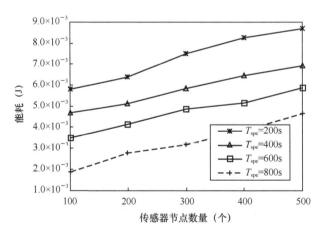

图2.9　传感器节点数量对能耗的影响

图 2.10 和图 2.11 展示了不同数量的移动基站对数据收集时延和能耗的影响。图 2.10 中，

数据收集时延随着移动基站数量的增加而降低。值得注意的是，当 $T_{spe} = 800s$、移动基站数量从 5 个增加到 25 个时，数据收集时延基本呈线性下降趋势。出现该现象是因为算法 2.2 中，当所有普通节点通过单跳向基站传递数据，且数据收集时延小于要求值时，从节点向基站传输的次数是定值。与此同时，由于更多的基站把数据上传到云服务器，进而使得数据收集时延呈现线性下降的趋势。图 2.11 中，随着移动基站数量从 5 个增加到 25 个，传感器节点能量呈降低趋势。这是因为移动基站的增加平衡了节点的负载，所以部分节点的转发量和次数降低，节点可以通过更少跳数传输数据到基站，从而降低了节点能耗。

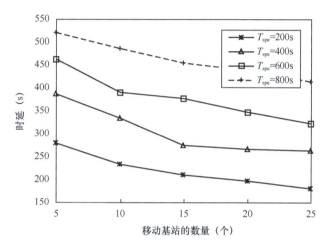

图2.10　移动基站数量对数据收集时延的影响

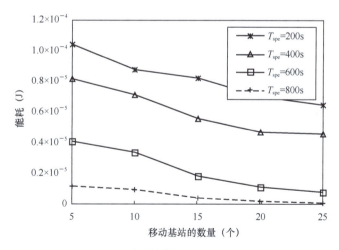

图2.11　移动基站数量对能耗的影响

6.　小结

本小节首先从问题定义开始，描述了问题的网络模型。然后，提出了基于多移动边缘设备的自适应时延数据收集算法。接着，进一步分析了所提算法的时间复杂度。最后，通过实验测试，评估了本小节所提算法的有效性。

2.2.2　基于移动边缘计算的传感云数据收集

近年来，数据收集被应用于传感云的各个领域，如海洋环境监测、盐碱地监测等。这些应用对数据实时性的要求较高，需要实时上传大量的数据。尽管传统的传感云系统对数据收集技术进行了大量研究，但这些研究主要集中在多跳网络。具体地说，当底层传感器节点收集数据时，需要先通过中继节点一步一步上传到基站，再由基站将数据上传到云端。这种方法会导致中继节点需要传输的数据越来越多，能耗也越来越高，使整个网络能耗不平衡。这必然导致传统传感云系统中的数据收集方法难以满足减少传感器节点能耗的需要。

值得庆幸的是，近年来移动边缘计算得到迅速发展，并且传感云中关于基于移动边缘计算的数据收集的研究也越来越多。相较于传统的数据收集方法，基于移动边缘计算的数据收集方法充分利用了移动边缘设备的移动性与更强大的计算和存储能力，直接靠近底层的传感器节点收集数据。然而，如果直接靠近每个节点收集数据，那么当整个网络有大量节点时，收集这个网络的数据需要耗费大量时间，从而影响数据的实时性。因此，现有的这些基于移动传感器节点（例如无人机、机器人等）的数据收集方法大部分是收集若干个关键传感器节点的数据，其他传感器节点则将数据发送到这些关键节点，如采用集群的方法。与此同时，如何在保证数据实时性的基础上减少节点能耗也是一个急需解决的重要问题。在该问题中，最为关键的一点是如何减少移动传感器节点收集关键节点数据需要耗费的时间，也就是如何规划移动传感器节点的最优路径。尽管已有方法通过统一给节点设定相同的速度来缩短传感器节点的移动时间以及降低节点移动的可能性，从而降低收集数据的能耗[10]。但是，在实际环境中，移动传感器节点可能会受到障碍物、气流等影响，而且其移动传感器节点移动包括上升、下降和平移等多种状态，导致其运动方向、位置和速度也各不相同。这些因素也必然导致数据收集情况会有所不同。综上所述，如何利用移动传感器节点在三维空间的真实移动情况和作为边缘设备的优势来提高移动传感器节点数据收集的效率和延长网络使用寿命，将是本小节需要解决的问题。

针对传感云中底层节点能耗过快的问题，本小节提出一种基于两级边缘移动设备的数据收集方法（Data Collection Research Method based on Two-level Edge Mobility Device，DCRTM）。在该方法中，移动传感器节点作为移动边缘设备来收集数据，并充分考虑了移动传感器节点在三维空间的真实移动情况，旨在缩短收集数据所花费的时间、降低节点能耗，从而最大化整个网络的使用寿命。

1. 问题定义

（1）问题描述

在长（L）×宽（W）×高（H）的三维监视空间中部署N个传感器节点$(s_1,\cdots,s_i,\cdots,s_N)$，节点收集数据并转发给中继节点或移动传感器节点。一旦节点能量消耗完，节点就关闭。当有n（$n/N\leqslant$某个常数）个节点关闭时，网络即失效。首先，部署一个移动传感器节点访问这些节点并收集数据，移动传感器节点每隔一个周期 T 上浮到"水面"将收集到的数据转发给数据接收器，然后接收器把接收到的数据发送给云端服务器。

假设条件：

1）已知移动传感器节点的初始位置、目标节点位置；已知移动传感器节点的初始速度 v_{AUV} 和升降速度 v_f。

2）已知 N 个传感器节点 $(s_1,\cdots,s_i,\cdots,s_N)$ 和每个节点 s_i 的位置；已知节点 s_i 当前的剩余电量 R；移动传感器节点和汇聚节点的能量不限。

3）节点间的距离有一定波动但在电磁感知范围内（小于或等于 10m）。

目标： 最大化整个网络生存周期。

（2）传感云性能评价机制

评价机制是衡量数据收集算法性能的关键。本节采用网络能耗和数据时延作为数据收集方法性能评价的指标。在本节数据收集方法中的能耗主要分为两个部分：数据收集能耗 $E_{collection}$ 和数据传输能耗 E_{send}。总能耗可以定义为

$$E_{total} = E_{collection} + E_{send} \tag{2.11}$$

其中，数据收集能耗为 $E_{collection} = x \cdot P_c \cdot T_c$。这里，$P_c$ 表示数据收集的节点功率，T_c 表示收集 x bit 数据的时间。

数据传输能耗主要受传输数据带宽、传输时延和传输损耗等因素的影响。该能耗主要分为传输能耗和噪声损耗两个部分，其总体能耗可以定义为

$$E_{send} = P_s \cdot T_s \cdot A(d) \tag{2.12}$$

其中，P_s 表示节点传输数据的功率；T_s 表示传输数据的时间；$A(d)$ 表示数据包从发送端传输到接收端距离 d 的能量损失。

进一步地，$A(d)$ 建模如下：

$$A(d) = d^\lambda \cdot a(f)^d \tag{2.13}$$

其中，λ 表示传播因子，一般为 1.5；$a(f)$ 表示吸收系数，可以用式（2.14）求得。

$$\lg a(f) = \frac{0.011f^2}{1+f^2} + \frac{4.4f^2}{4100+f^2} + 2.75 \times 10^{-5} f^2 + 0.0003 \tag{2.14}$$

其中，f 表示吸收系数为 a（单位为 dB/km）时的传输频率，单位为 kHz。

在本小节所提方法中，移动传感器节点访问簇头节点收集数据，并使用电磁波通信。移动传感器节点使用无线电传输数据到数据接收器节点，无线电速度很快，因此忽略移动传感器节点传输数据到数据接收器节点所花费的时间。为解决该问题，本小节中的数据收集时延 T_{total} 的建模如式（2.15）所示。T_{total} 进一步被分为 3 个部分：路径计算时延 $T_{computation}$、移动传感器节点收集数据过程中访问簇头移动所花费的时间 T_{AUV}［见式（2.16）］和移动传感器节点等待簇头向移动传感器节点传输数据的时间 T_d［见式（2.17）］。

$$T_{\text{total}} = T_{\text{computation}} + T_{\text{AUV}} + T_d \tag{2.15}$$

$$T_{\text{AUV}} = \sum_{i \in \text{CH}_s} \frac{L_{\text{AUV} \rightarrow i}}{v_{\text{AUV} \rightarrow i}} \tag{2.16}$$

$$T_d = \frac{D}{v} \tag{2.17}$$

其中，$L_{\text{AUV} \rightarrow i}$ 表示移动传感器节点访问下一个簇头的移动距离，$v_{\text{AUV} \rightarrow i}$ 表示移动传感器节点从当前位置到目标簇头的平均移动速度，D 表示簇头节点的数据量，v 表示电磁波传输数据的速度，CH_s 表示簇头节点集合。注意，计算 T_d 使用的是端到端时延模型。

2. 移动模型

本小节所提的方法采用移动传感器节点收集数据，因此，确定移动传感器节点的移动模型至关重要。在二维平面中，移动传感器节点到目标节点只需要一个角度来确定一个方向。而在三维空间中，需要两个角度来确定一个方向，如图2.12所示。进一步地，向量 i 与 j 之间的夹角 ϕ 和向量 j 与 X、Z 平面之间的夹角 θ 可以确定移动传感器节点到目标节点的方向，其中 i 为移动传感器节点到目标节点的向量，j 为向量 i 映射到 X、Y 平面的向量。

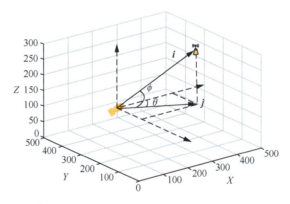

图2.12　两个角度控制移动传感器节点到目标节点的方向

在考虑移动传感器节点受自身重力影响的情况下，移动传感器节点的运动方向往往会偏离预定的最短路径，最终导致移动传感器节点不能到达预定的目标簇头节点。显然，受外力越大，偏离预定目标就越远。因此，保持移动传感器节点在预定路径上移动至关重要。为解决这个问题，本小节提出一种简单而有效的速度合成算法。

使用速度合成算法在三维环境下实现的移动传感器节点的运动模型如图2.13所示。其中，I 为移动传感器节点到目标节点的向量，v_{AUV} 表示移动传感器节点的初始速度，v_f 表示移动传感器节点的速度。移动传感器节点到指定目标节点的向量 I 表示合成速度 v_s；目标节点位置和升降速度向量之间的角度为 β。显然，这里很容易得到 I、v_{AUV}、v_f 均在一个平面内。因此，三维环境中的 I、v_{AUV}、v_f 可以转换为二维平面中的速度向量分解，如图2.14所示。

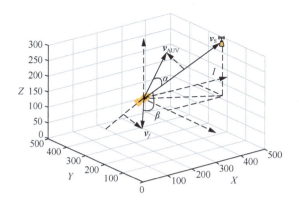

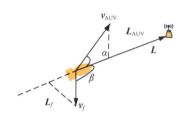

图2.13　移动传感器节点的三维运动模型示意　　　　图2.14　速度向量分解示意

进一步地，根据向量计算公式，可以得到

$$\beta = \arccos\left(\frac{\boldsymbol{I} \cdot \boldsymbol{v}_f}{|\boldsymbol{I}| \cdot |\boldsymbol{v}_f|}\right) \tag{2.18}$$

其中，向量 $\boldsymbol{L}_{\mathrm{AUV}}$ 表示移动传感器节点速度向量垂直于期望路径的分量，向量 $\boldsymbol{L}_f$ 表示升降速度向量 $\boldsymbol{v}_f$ 垂直于期望路径的分量。显然，为了使移动传感器节点保持在期望路径上移动，必须使 $\boldsymbol{L}_{\mathrm{AUV}} = \boldsymbol{L}_f$。根据向量计算公式可以得到

$$|\boldsymbol{v}_{\mathrm{AUV}}| \cdot \sin\alpha = |\boldsymbol{v}_f| \cdot \sin\beta \tag{2.19}$$

$$\alpha = \arccos\left(\frac{\boldsymbol{I} \cdot \boldsymbol{v}_{\mathrm{AUV}}}{|\boldsymbol{I}| \cdot |\boldsymbol{v}_{\mathrm{AUV}}|}\right) \tag{2.20}$$

从式（2.19）与式（2.20）可以轻松得到角度 α 和向量 $\boldsymbol{v}_{\mathrm{AUV}}$。进一步地，需要在三维空间中确定移动传感器节点的运动方向。这里设置 $[\boldsymbol{x}_i, \boldsymbol{y}_i, \boldsymbol{z}_i]$ 作为平行于 $\boldsymbol{v}_{\mathrm{AUV}}$ 的单位向量，且和 $\boldsymbol{v}_{\mathrm{AUV}}$ 的方向一致。显然，根据单位向量的性质，$\boldsymbol{x}_i^2 + \boldsymbol{y}_i^2 + \boldsymbol{z}_i^2 = 1$。对应图 2.12，角度可以表示为

$$\sin\phi = \boldsymbol{z}_i \tag{2.21}$$

$$\tan\theta = \frac{\boldsymbol{y}_i}{\boldsymbol{x}_i} \tag{2.22}$$

因此，通过角度 ϕ 和 θ，可以确定移动传感器节点运动的方向。

进一步地，用移动传感器节点到指定目标节点的向量表示合成速度 $\boldsymbol{v}_{\mathrm{S}}$，目标节点位置和升降速度向量之间的角度为 β。因此，合成速度可以定义如下：

$$\boldsymbol{v}_{\mathrm{S}} = \boldsymbol{v}_f + \boldsymbol{v}_{\mathrm{AUV}} \tag{2.23}$$

$$\beta = \arccos\left(\frac{\boldsymbol{I} \cdot \boldsymbol{v}_f}{|\boldsymbol{I}| \cdot |\boldsymbol{v}_f|}\right) \tag{2.24}$$

$$|\boldsymbol{v}_S| = \left| \cos\left(\beta + \arccos\left(\frac{\boldsymbol{v}_f}{\boldsymbol{v}_{AUV}} \cos\beta \right) \right) \boldsymbol{v}_{AUV} / \cos\beta \right| \qquad (2.25)$$

通过式（2.18）~式（2.25）可以得到移动传感器节点的实际速度和方向。

在本小节中，参数中的节点升降速度信息包括升降速度的大小和方向，用户可以根据实际情况进行设置。此外，运动模型的实现是基于移动传感器节点可控的情况。已知移动传感器节点的水平运动速度大小和升降运动速度（包括大小和方向），控制移动传感器节点的运动方向，并保证其在期望路径上访问目标是可行的。

3. 基于移动边缘计算的数据收集方法

目标节点的选择和聚类对降低传感云系统中数据收集的能耗具有重要意义。为此，本小节首先基于 k-means 算法对节点进行聚类，形成节点的簇头。然后，设计了一种基于移动边缘计算的数据收集方法。具体内容如下。

（1）基于 k-means 算法的簇形成

目标节点的选择和聚类对降低网络能耗具有重要意义。目标节点为簇头，簇头是移动传感器节点访问和收集数据的节点，集群是基于簇头的。本小节提出了一种基于剩余能量和节点距离的目标节点选择方法。目标节点的选择方法直接影响整个网络的性能。设计目标节点的选择方法在移动传感器节点上执行，收集的数据信息包括每个节点的剩余能量和两个节点之间的距离。k-means 算法是一种典型基于距离的聚类算法，其通过相互接近的对象组成集群，以紧凑、独立的集群为目标。二分类 k-means 聚类算法是 k-means 算法的一种特殊形式，可应用于传感云系统中节点划分，进而形成一个子群结构。二分类 k-means 聚类算法对于初始聚类中心的选择是有效的，并且易于收敛到全局最优聚类。因此，本小节提出二分类 k-means 聚类算法（见算法 2.4），主要步骤如下。

步骤一：随机选取两个节点作为初始聚类中心，采用 k-means 算法获得聚类结果，形成两个子群，并计算它们的目标函数。

$$T = \frac{\sum\limits_{i=1}^{k} \sum\limits_{s \in X_i} \frac{\| s - c_i \|}{n}}{\| c_1 - c_2 \|} \qquad (2.26)$$

其中，k 表示集群数量，这里的集群数量是 2；X_i 表示第 i 个子集群；s 为 X_i 的样本点（传感器节点）；c_i 表示第 i 个子集群的中心；目标函数的分子用来计算每个样本点在各自聚类中心上的平均距离。目标函数的分母表示两个聚类中心之间的距离。显然，T 值越小，节点划分的效果越好。

步骤二：重新随机择取初始聚类中心，完成 k 次聚类计算，保留最小的 k 值的聚类结果作为网络划分的子群结构。

本小节的目的是利用聚类理论将传感云系统中的 k 个传感器节点，按其空间位置分成若干个子集群。下面，首先给出一些定义。

定义 2.1：子集群。给定 n 个节点，且被分成 k 个节点集，那么每个节点集定义为一个子集群。

定义 2.2：子集群阈值。定义子集群 X 中任意两个节点之间的最大欧几里得距离为子集群阈值：

$$\max\left(\| s_i, s_j \|\right), \quad s_i, s_j \in X \tag{2.27}$$

定义 2.3：尺寸阈值。定义尺寸阈值为传感器节点的通信半径 R_{sen}。如果传感网集群中所有子集群的条件都小于这个尺寸阈值，就能保证集群内的所有传感器节点都能发送数据到簇头节点。

算法 2.4　二分类 k-means 聚类算法

输入：目标曲线特征，真实检测值，传感器数量，每个传感器的感知信息；

输出：异常传感器集合；

1：将含有所有传感器节点的集合设为初始子团 X，同时设置尺寸阈值 R_{sen}，并将它作为算法的输入；

2：将初始子团 X 进行二分类 k-means 聚类，即将传感网划分为 2 个子团（该步骤包含了重复聚类 N 次，保留最小目标函数值的聚类过程）；

3：判断步骤 2 所得到的子团的界限是否小于尺寸阈值，若存在不满足条件的子团，则对其继续进行二分类 k-means 聚类；

4：当所有子团均满足上述条件时，算法执行结束，所得子团作为输出结果进行保存。

在聚类算法中最重要的是确定簇的数量。假设有 N 个传感器节点部署在 $L \times L \times L$ 的网络中，它们组成了 k 个簇，则根据文献 [11] 可知簇的最优数量为

$$k = \sqrt{\frac{N \cdot L}{\pi \cdot d}} \tag{2.28}$$

其中，d 是所有传感器节点与移动传感器节点之间的平均距离。

聚类之后，所有簇内的成员节点会将数据发送到簇头节点，所以簇头节点将消耗更多能量。因此，在簇内选择能量最多的节点作为簇头节点，这样就平衡了整个网络的能耗。通过上述过程，整个网络的能耗是最小的，表示如下：

$$\arg\min\sum_{s_i \in S} E_{\text{sen}} \Rightarrow \arg\min\sum_{s_i \in S}\left(E_{\text{collection}} + E_{\text{send}}\right) \tag{2.29}$$

（2）基于边缘计算的数据收集方法

聚类阶段结束后，通过移动传感器节点收集所有簇头节点的数据。在聚类的每个子区域内的节点，将以固定速率将收集的数据发送给簇头节点。当移动传感器节点接近簇头节点时，发送一个"Hello"控制包。簇头节点接收到"Hello"控制包后，将数据传输到移动传感器节点。移动传感器节点接收到所有簇头节点数据后，将数据传给数据接收节点或者接收基站。显然，在运用移动传感器节点数据收集方法时，产生的时延主要是来自移动传感器节点访问簇头节点时其移动所花费的时间。因此，确定移动传感器节点从当前位置运动到目标节点位置的最短路

径非常重要。这条最短路径可通过以下两步来求得。

第一步，得到所有簇头节点的位置。首先，移动传感器节点周期性广播"Hello"控制包。其次，当簇头节点接收到移动传感器节点的控制包，且发现没有任何错误时，簇头节点将给移动传感器节点发送带有自己位置信息的确认字符（Acknowledge Character，ACK）消息。基于该过程，移动传感器节点可以得到所有簇头节点的位置。

第二步，寻找一条经过所有簇头节点的最短路径。现有大多数方法把寻找这条路径认为是一个旅行商问题（Traveling Salesman Problem，TSP），属于 NP 难问题。结合移动传感器节点的运动模型可以得知，移动传感器节点到达簇头节点的距离越短，移动时间并不一定越短。本小节使用一种贪心的启发式算法，该算法的目标是使收集数据时间最短。具体地说，首先由欧几里得距离公式求出三维空间中任意两点的距离：

$$d(i,j) = \sqrt{\left(x_i - x_j\right)^2 + \left(y_i - y_j\right)^2 + \left(z_i - z_j\right)^2} \qquad (2.30)$$

基于式（2.18）～式（2.25），可以得到移动传感器节点到任意簇头位置的速度 $v_{i-1 \to i}$。最后，由式（2.30），可以得到移动传感器节点移动到任意簇头位置的时间 $t_{i-1 \to i}$：

$$t_{i-1 \to i} = \frac{d(i-1, i)}{v_{i-1 \to i}} \qquad (2.31)$$

基于以上过程，实现了如算法 2.5 所示的移动传感器节点路径选择算法。在算法 2.5 中，第 1 行定义初始化访问时间 mintime；第 2 行定义一个递归的路径选择函数 function(CH$_s$)；第 3 行判断节点集合中是否存在访问节点；第 4～6 行表示访问这个节点，访问时间加上访问该节点的时间，最后从节点集合中移除该节点；第 7 行递归执行路径选择函数 function(CH$_s$)；第 8 行将最小访问时间添加至时间集合 T 中；第 9 行结束访问时间计算过程；第 10 行从时间集合 T 中返回最小访问时间 mintime。经过上述过程，就可以找到访问节点收集数据的最优路径，即花费时间最少。这个最小访问时间可以表示为

$$T_{\mathrm{AUV}} = \arg \min \sum_{t_i \in T} t_i \Rightarrow T_{\mathrm{total}} \Rightarrow \arg \min \left(T_{\mathrm{computation}} + T_{\mathrm{AUV}} + T_d \right) \qquad (2.32)$$

进一步地，每完成一轮数据收集，按照同样方式进行下一轮数据收集。通过不断更新簇头，达到了平衡网络能耗的目的。

算法 2.5　移动传感器节点路径选择算法

输入：簇头节点集合 CH$_s$，节点 CH$_{i-1}$ 到节点 CH$_i$ 之间的访问时间 t_i；

输出：移动传感器节点收集簇头节点 CH$_s$ 数据花费最少的时间 mintime；

1：初始化访问时间 mintime = 0；

2：定义路径选择函数 function(CH$_s$)；

3：**while**（CH$_s$! = Null）**do**

4：　　依次访问这个簇头节点集合中的节点 CH$_i$；

5：　　　mintime = mintime + t_i；

6：　　　将 CH_i 从 CH_s 中移除；

7：　　　执行路径选择函数 function(CH_s)；

8：　　　计算最小访问时间 mintime 并将其添加至时间集合 T；

9：**end while**

10：从时间集合 T 中选择最小的 mintime 值并返回该值。

4. 理论分析

本小节所提的方法是在移动节点的同时进行传感器聚类和移动路径规划。传统的计算默认在云端进行，由于云端相对边缘设备距离很远，因此有

$$T_{edge} < T_{cloud} \tag{2.33}$$

其中，T_{edge} 为边缘计算时延，T_{cloud} 为云计算时延。式（2.15）有效缩短了计算时延 $T_{computation}$，从而缩短了数据时延。在算法 2.4 中，算法复杂度和节点数量有关，其中得到了全部节点排序列表，假设有 k 个簇头，则得到簇头节点在最差情况下的时间复杂度为 $O(k \times n)$。在传统的路径规划中，基于旅行商问题使用贪心算法得到的时间复杂度为 $O(n!)$。本小节使用基于三维模型的最优路径规划，由算法 2.5 得到的时间复杂度为 $O(n!)$。

5. 实验评估

下面从实验设置与实验结果和分析两个方面阐述所提方法的实验评估情况。

（1）实验设置

本实验的仿真平台为 MATLAB R2018a。实验场景如下：150～550 个节点随机分布在 400m × 400m × 400m 的环境中。声波通信速率为 4000bit/s。其他实验参数设置如表 2.2 所示。

表2.2　实验参数设置

参数	值
网络大小（$L \times W \times H$）（m×m×m）	$400 \times 400 \times 400$
节点通信距离 R_{sen}（m）	5～60
移动传感器节点速度 v_{AUV}（m/s）	2
数据包大小（bit）	1024
数据发送速率（bit/s）	4000、6000、8000
数据包产生的速率（bit/s）	100
节点初始能量（J）	100
接收数据的单位能耗（W）	0.8×10^{-3}
发送数据的单位能耗（W）	1.6×10^{-3}
睡眠时间的单位能耗（W）	0.1×10^{-3}

本实验主要采用 3 种结果评价指标，具体为：节点发送数据被移动传感器节点成功接收的比例 [用数据处理速率（Processing Data Rate，PDR）表示]、单位能耗（每个节点在每个周期内发送数据所消耗的能量）和网络生命周期（网络开始使用到网络中第一个节点能量消耗完的时间）。

（2）实验结果和分析

下面将本小节所提方法（DCRTM）和已有的 3 种方法进行实验测试和对比分析。对比的 3 种方法为：基于转发的向量（Vector based on Forwarding，VBF）方法[12]、移动传感器节点辅助节能路由协议（AUV Aided Energy Efficient Routing Protocol，AEERP）方法[13]、移动传感器节点收集数据与平衡能耗（AUV Collects Data from Each Node with Balancing the Energy Consumption，被称为 Mobicast）方法[14]。性能评价度量包括单位能耗、网络寿命、数据时延和 PDR 等。为了确保对比的公平性，实验中所有方法均设置在相同的环境下进行实验测试，如节点数量均为 150、250、350、450 和 550 个。

如图 2.15 所示，当节点数量从 150 个增加到 550 个时，不同方法的单位能耗随节点数量的增加而减少。结果表明，DCRTM 的能耗小于 AEERP 方法、VBF 方法，大于 Mobicast 方法。另外，随着节点密度增加，DCRTM 的能耗逐渐变小。

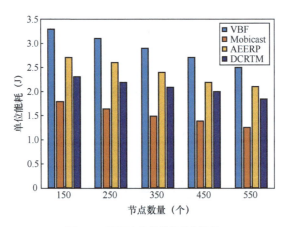

图2.15　不同方法的单位能耗比较

图 2.16 所示为不同节点数量情况下不同方法的网络生命周期。在节点数量相同的情况下，DCRTM 的网络生命周期要远高于 VBF 和 AEERP 两种方法。具体地说，DCRTM 在每一轮都进行了簇头节点的更新，并让能量最高的节点作为簇头，使每个成员节点都能找到离自己最近的簇头节点，从而节约了转发数据到簇头节点的能耗，从而平衡了网络能耗。相比之下，AEERP 是多跳方法，越靠近汇聚节点的节点能耗越高。Mobicast 方法使用移动传感器节点收集每个节点数据来平衡每个节点的能耗，网络生命周期相应更长。VBF 方法中，普通节点将数据发送给网关节点，移动传感器节点收集网关节点的数据，但是其移动传感器节点轨迹固定，网关节点变化不大，从而大大增加了网关节点能耗，网络生命周期明显低于 DCRTM。

图 2.17 展示了不同节点数量情况下不同方法的数据收集时延情况。显然，AEERP 方法的收集时延远低于其他方法（VBF 除外）。Mobicast 方法需要遍历所有区域，且节点数据采用单

跳或多跳声波转发的方式，会产生巨大的时延。在VBF方法中，移动传感器节点固定椭圆的轨迹，其移动距离最短，所以时延比Mobicast方法、AEERP方法和DCRTM都要小。DCRTM结合移动传感器节点移动模型，找到了移动传感器节点访问簇头最短的移动路径，从而减少了部分时延。与此同时，随着节点数量的增加，数据量相应增加，所有方法的数据收集时延也随之增加。

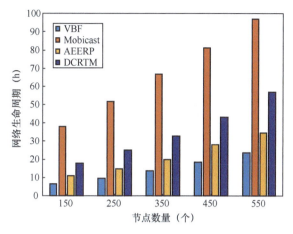

图2.16　不同方法的网络生命周期比较

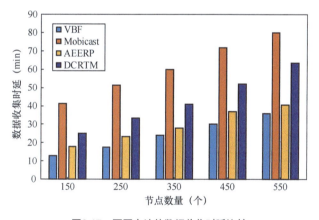

图2.17　不同方法的数据收集时延比较

图2.18展示了不同方法在不同节点数量下的PDR情况。显然，节点数量越多，网络越密集，数据包转发成功率越高。DCRTM通过聚类找到距离最近的簇头节点并向其转发数据，使得成功率明显高于其他方法。相较而言，AEERP方法通过多跳转发的方式，显然增加了跳数，进而增加了丢包的概率。在Mobicast方法中，移动传感器节点遍历所有区域，节点可以单跳或多跳转发。注意，这里移动传感器节点的移动距离虽然很长，但是显著减少了丢包的概率。在VBF方法中，移动传感器节点固定轨迹，部分节点需要多跳转发，甚至出现空洞，可能导致节点无法将数据包转发到网关节点。因此，该方法的错误率明显高于DCRTM的错误率。

6．小结

本小节首先描述问题定义，并给出了问题中移动传感器节点的移动模型，然后介绍了一种基于移动边缘计算的数据收集方法，同时还提供了算法的理论分析，最后进行了实验评估，验证了本小节所提方法的有效性。

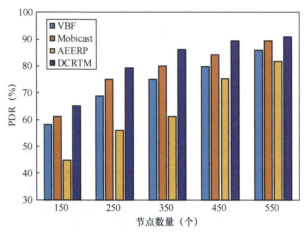

图2.18 不同方法的PDR比较

2.3 基于两级双向预测的传感云数据收集

随着网络通信技术的快速发展，如今的网络已经迈入了数据收集量急剧增加的大数据传感云时代。伴随着大数据传感云时代的来临，传感设备的种类也日渐繁多，如各类元素探测器、地震监测器、锚定传感器、有缆移动传感器节点及无缆移动传感器节点。显然，移动传感器节点具备了传感云系统中数据收集的很多优点，如可以协调自适应的检测和数据收集等。然而，当前的方法主要通过移动传感器节点获取全部数据后再进行传输，这会造成较大的时延，并且在重传时容易丢包。另外，现有的基于移动传感器节点的数据传输方案大多采用路由协议进行传输，并且需要通过多跳拓扑的方式将数据传输至云层。在这种情况下，当移动传感器节点想要把数据传输至边缘端的基站、浮标或者云层时，如何选取合适的传输路径就成了一个亟待解决的重要问题。因为这直接关系到移动传感器节点的传输及时性以及接收方的带宽利用率、能耗等问题。此外，本节的问题涉及边缘计算的因素，因此需要同时考虑能耗、准确度、及时性等诸多指标。为解决以上问题，本节针对底层传感器的特性，设计了一种基于两级双向预测的传感云数据收集框架[15]。该框架采用预测的形式将数据成功传输至移动传感器节点，并设计了一种基于扩展卡尔曼滤波的两级双向预测获取算法，在实现高效预测过程的同时保证了有效的预测精度。下面，本节将从问题定义、传输模型、两级双向预测获取框架、基于扩展卡尔曼滤波的两级双向预测算法和实验评估来进行具体的阐述。

1. 问题定义

当移动传感器节点在一个单位时间 T 内要将所收集到的数据需传输至汇聚节点（如基站）时，需经过多跳路由，这会消耗大量传输能量与接收能量，而且随着环境的多变，极易出现丢包现象。进一步地，当汇聚节点所收集数据向云层传输时，同样需要大量能耗，并且远程的云服务器会造成数据传输的时延。为此，本节把边缘端获取数据的过程转化为预测过程。该过程考虑了移动传感器节点的特性，以及如何在移动传感器节点向上层预测传输的过程中实现及时交付，且最大程度保证数据的准确性。

如图2.19所示，左侧为移动传感器节点获取数据示意，传输方为底层节点；右侧为边缘端获取数据，传输方为移动传感器节点，将两者合并传输，需要考虑如何使整个传输过程时延最低且最终的预测值精确度较高。该过程可建模为如式（2.34）所示的优化问题。

$$T_{n-\text{AUV}-s} = \min\left(\text{TP}_{n_i-\text{data}} + \text{TP}_{\text{AUV}-\text{data}} + \mu + \nu\right)$$

$$\text{s.t.} \quad P - \theta < P_i < P + \theta \tag{2.34}$$

其中，$\text{TP}_{n_i-\text{data}}$ 是移动传感器节点使用预测方法获取数据产生的时延，$\text{TP}_{\text{AUV}-\text{data}}$ 是边缘端/云端使用预测方法获取数据产生的时延，μ 为第一次使用预测方法时因预测误差产生的平均每个节点时延；ν 为第二次使用预测方法时因预测误差产生的平均每个节点时延；P 和 θ 则分别为控制预测误差的实际值与误差阈值。

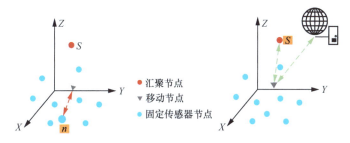

图2.19 基于移动传感器节点的数据传输示意

2. 传输模型

针对底层传感器的特性，节点与移动传感器节点之间的预测交付采用了自适应的指数平滑算法。本节将预测机制扩展为两级，即底层节点与移动传感器节点以及移动传感器节点与边缘层（云层的思路也是一样的，为便于讨论，这里省去介绍）两个阶段，进而构建边缘层与底层的两级数据传输模型，其具体过程如下。

1）底层节点→移动传感器节点：第一阶段，其中的移动传感器节点一般处于网络边缘，并匀速移动获取数据。当移动传感器节点移动至某底层节点的范围内时，可发送传输数据的信号，双方开始双向预测。由底层节点来保证数据的正确性，当出现误差时，反馈机制会使移动设备重新进行校正传输，确保最终获取正确的数值。

2）移动传感器节点→传感节点：第二阶段，其中的传输方移动传感器节点与获取方汇聚节点的性能比底层节点提升了很多倍，且移动传感器节点可通过太阳能板充电，因此忽略更精确的算法。第二阶段的传输过程与第一阶段大致相同。当一个周期运行完成后，根据请求，开启下一个周期。具体的两级双向预测模型结构如图2.20所示。

图2.20左侧所示为数据传输的简略图，包含移动传感器节点、普通传感器节点以及汇聚节点，展示了两级的结构。数据的预测传输如图2.20右侧所示，在传输方与收集方之间执行。这里主

要是利用历史数据进行预测。在该过程中，如果预测出现较大误差时，系统会提示错误信息；然后，将移动传感器节点移动至汇聚节点处，并接收正确数据。

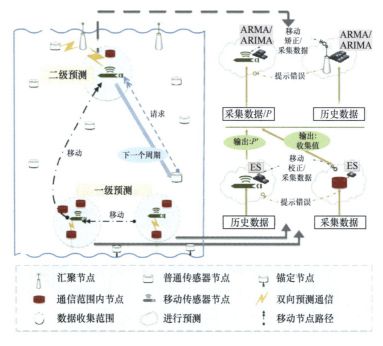

图2.20　两级双向预测模型结构

3. 两级双向预测获取框架

基于两级双向预测的传感云数据收集结构如图 2.21 所示。该网络结构主要分为 3 层，分别由以下传感器节点构成。

1）云层：由卫星、云服务器及其监控中心组成。

2）边缘层：由配置无线电的汇聚边缘节点、基站以及移动传感器节点组成。

3）底层：由多个普通传感器节点（如 pH 检测器、温度传感器、烟雾传感器、有害物质传感器等）、人体感应器和固定传感器组成的传感网。

边缘层设备具有较强的计算能力，边缘计算使得数据能够在靠近用户端进行处理，减少在云端之间来回传输数据的需求，并能及时响应底层需求。将边缘计算引入传感云系统中，可以利用边缘节点的计算能力执行一定的算法，从而响应一些需求，减少云端时延。具体地说，边缘节点首先收集底层的网络数据，将数据汇聚后再传输至云端。如果此过程中采用传统的网络传输方案，依然存在数据传输能耗大、时延高的问题。基于此，本节设计基于两级双向预测的方法对数据进行收集，即根据云 – 边 – 端设备的特性，在端 – 边之间以及边 – 云之间部署相同的、预先设计好的预测算法，若数据预测精度在可以接受的范围内，则无须传输数据，以节省能耗和降低时延。在数据收集精度方面，本节根据端 – 边以及边 – 云之间硬件计算能力的差异，分别设计了自适应的指数平滑算法以及基于扩展卡尔曼滤波的自回归滑动平均算法，从而保证了所提方法预测值的精确度。

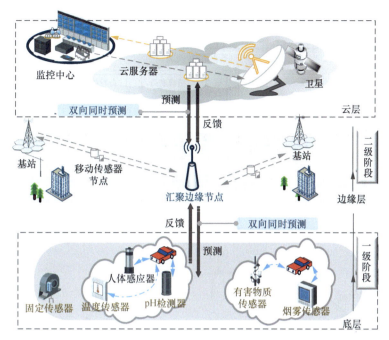

图2.21　基于两级双向预测的传感云数据收集结构

传感器节点的能量主要消耗在发送/接收数据方面，并且底层节点进行发送/接收数据时是微处理器工作能耗的 100 倍左右，因此延长传感器节点寿命的关键在于如何减少数据量的发送。基于此，本节采用图 2.21 所示的基于两级双向预测的传感云数据收集结构，由底层、边缘层节点执行预测算法，以降低底层节点的能耗。同时，针对云－边－端的特性制定合适的方案，如底层预测阶段主要考虑底层传感器节点计算能力薄弱且蓄电或更换节点不易等特性；边缘层考虑移动传感器节点分布于边缘网络中，需要耗费较大能量移动以及传输数据等特性，选取模型应最大程度确保预测的准确性。下面分别从预测感知模型和 3 种预测获取框架进行阐述。

针对降低传感器节点数据传输能耗的需求，本节将数据传输过程演化为传感云数据预测感知模型，目标是使传感器节点能耗最小化。该模型主要利用基于指数平滑算法的底层节点预测模式和基于 ARMA 算法的边缘节点预测模式分别展开数据收集，并利用边缘计算与基于深度学习算法的数据预测模式对所收集的数据进行预测分析，进而及时评估潜在的危险。具体的模型如图 2.22 所示。

1）基于指数平滑算法的底层传感器节点双向预测获取框架。在传统方法中，数据获取是由底层节点通过路由协议向上层传输，路由路径中的每个转发节点均作为中继节点。在这个过程中，每个节点均产生接收及发送数据的能耗，节点很容易成为全关闭节点。与此同时，由于传感器节点有移动的可能性，这使得丢包的风险大大增加。此外，底层传感网设备到云层存在多级别、多节点的转发，导致时延巨大。为了解决此问题，本节设计了边缘移动设备与底层节点间的交互，利用逐层的指数平滑算法，削弱随机因素造成的影响，通过判断数据趋势得到较为准确的预测值。在此交互过程中，设计了保证准确度的双向机制，即底层节点作为传输方，而边缘移动设备作为接收方，底层节点会判别误差并且将结果反馈给接收方。基于指数平滑算法的底层传感器节点双向预测获取框架如图 2.23 所示。

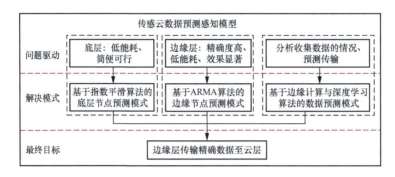

图2.22　基于边缘计算的传感云数据预测感知模型

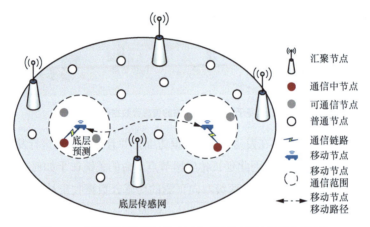

图2.23　基于指数平滑算法的底层传感器节点双向预测获取框架

2）基于云－边－端设备的两级双向预测获取框架。基于上一步的工作，底层传感器节点的数据被传输至边缘移动设备。当边缘移动设备获取数据后，如何将信息传输至本地基站或者云层是传感云面临的重要问题。为了解决此问题，本节在上一步的基础上扩展预测算法，提出两级双向预测获取框架，校正机制依然沿用双向预测的方法。此框架满足了底层节点的低功耗需求，并充分利用了移动传感器节点的移动性与能量。当预测出现误差时，移动传感器节点可以及时移动至节点校正数据。误差校正利用了双向预测的思想和双向交互的数据结果，进而提高了数据准确性。当边缘层获取数据后，可根据需求及时响应。基于云－边－端设备的两级双向预测获取框架如图 2.24 所示。

3）基于边缘计算与深度学习的数据预测获取框架。基于前两步的数据获取，边缘层可针对此周期的数据对下一周期的数据进行分析。这一步涉及边缘层和云层，为了及时且准确地得到数据情况，本节提出了基于边缘计算与深度学习算法的数据预测获取框架。在边缘层得到数据后，该框架将采用深度学习算法对这些数据进行多层次的循环预测，进而得到下一周期的数据情况。在此框架中，边缘设备主要由计算能力较强的基站和传感节点组成，而移动传感器节点起到辅助作用。利用此架构，可解决响应不及时等问题。基于边缘计算与深度学习的数据预测获取框架如图 2.25 所示。当需要将数据传输至云层时，深度学习网络层模型可在边缘层与云层同时进行两级双向预测。该框架不仅适用于在边缘层进行数据预测，还适用于在云层获取数据时进行数据预测。

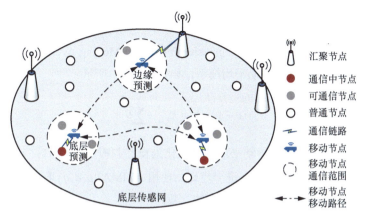

图2.24 基于云-边-端设备的两级双向预测获取框架

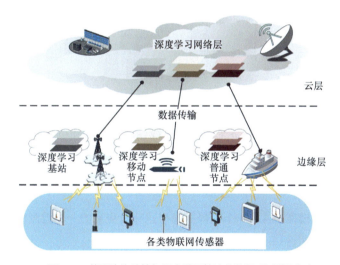

图2.25 基于边缘计算与深度学习算法的数据预测获取框架

4. 基于扩展卡尔曼滤波的两级双向预测获取算法

（1）算法设计

基于扩展卡尔曼滤波的两级双向预测获取算法的模型建立在移动传感器节点获得底层节点数据（$\mathrm{Collect}/P_{n_j}$）之后，即已从第一阶段成功获取数据。此时，汇聚节点作为获取数据的一方以及作为边缘端的设备，具有为云计算卸载计算压力的能力。通过选取较为精确的预测模型，汇聚节点与移动传感器节点将同时运用该预测模型，得出预测值 P_x。移动节点将其与 $\mathrm{Collect}/P_{n_j}$ 比对，若出现的误差超出阈值 λ，则移动传感器节点将数据以速率 v（单位为 bit/s）快速传输至汇聚节点。若预测值在误差范围内，则无须再传，进而节省了移动节点的传输能耗以及汇聚节点的接收能耗。

在上述算法思想的基础上，本节选取能提高一定精确度且操作复杂度适中的自回归滑动平均（ARMA）模型，并对其系数采用基于扩展卡尔曼滤波算法进行估计。自回归滑动平均是目前常用的拟合平稳序列的模型。它又被细分为自回归（Auto-Regressive，AR）模型、滑动平均（Moving Average，MA）模型和自回归滑动平均模型三大类。如序列为非平稳序列，可采用扩展模型即自回归综合滑动平均（Auto-Regressive Integrated Moving Average，ARIMA）模型。可以使用 $\mathrm{ARMA}(p,q)$ 表示自回归滑动平均模型，如式（2.35）所示。

$$\hat{X}_t = c + \varepsilon_t + \sum_{i=1}^{p} \varphi_i X_{t-i} + \sum_{i=1}^{q} \theta_j \varepsilon_{t-j} \tag{2.35}$$

注意：当 $p = 0$ 时，自回归滑动平均模型退化为自回归模型 $\mathrm{AR}(p)$；$q = 0$ 时，自回归滑动平均模型退化为滑动模型 $\mathrm{MA}(q)$。进一步地，使用 $\mathrm{ARIMA}(p,d,q)$ 表示自回归综合滑动平均模型，其中增加的参数 d 表示需要进行差分的次数。

定义 2.4：平稳时间序列。在统计学研究中，按照一定时间顺序进行排列的随机变量，如 $x_1, x_2, \cdots, x_t, \cdots$ 表示的是一元时间序列，记为 $\{x_t\}$，其中 t 可以取任意整数。按照统计学中的特性可将其划分为一元平稳时间序列和一元非平稳时间序列，一元平稳时间序列 $\{x_t\}$ 具有序列的均值为常数的性质：

$$E(x_t) = c \tag{2.36}$$

定义 2.5：自回归模型 AR。假定时间序列用 $X_1, X_2, \cdots, X_t$ 表示，则一个纯粹的 $\mathrm{AR}(p)$ 模型意味着变量的一个观测值由其以前的 p 个观测值的线性组合加上随机误差项 a_t（该误差为独立无关的）而得：

$$X_t = \varphi_1 X_{t-1} + \cdots + \varphi_p X_{t-p} + a_t \tag{2.37}$$

定义 2.6：滑动平均模型 MA。一个纯粹的模型意味着变量的一个观测值是由目前的和先前的 q 个随机误差的线性的组合：

$$X_t = a_t - \theta_1 a_{t-1} - \cdots - \theta_q a_{t-q} \tag{2.38}$$

其中，时间序列模型中自相关函数（Autocorrelation Function，ACF）、偏自相关系数（Partial Autocorrelation Function，PACF）的特性如表 2.3 所示。预测值 $\hat{X}_t$ 由 p 个先前观测值 $\{X_{t-1}, X_{t-2}, \cdots, X_{t-p}\}$ 与 q 个误差值 $\{\varepsilon_{t-1}, \varepsilon_{t-2}, \cdots, \varepsilon_{t-q}\}$ 的线性组合表示。因此，本问题的要求即求出最优系数集 $\{\varphi_1, \varphi_2, \cdots, \varphi_p\}$ 和 $\{\theta_1, \theta_2, \cdots, \theta_q\}$，并使得均方差最小。

表2.3　ACF、PACF的特性

函数类别	$\mathrm{AR}(p)$型	$\mathrm{MA}(q)$型	$\mathrm{ARMA}(p,q)$型
自相关函数	拖尾	截尾	拖尾
偏自相关函数	截尾	拖尾	拖尾

本节采用扩展卡尔曼滤波器（Extended Kalman Filter，EKF）对自回归滑动平均模型进行参数估计。当被估测量与过程为非线性的时候，直接的卡尔曼滤波器无法处理，因此采用解决非线性滤波问题的扩展卡尔曼滤波器，可以更有效地估计权限预测模型的参数，其优点有：有效提高自回归滑动平均模型预测模型的准确度，降低测量误差的影响；当出现非线性时间序列时，扩展卡尔曼滤波器具有更好的表现效果；能降低移动传感器节点执行二级预测时的能耗。基本的 EKF 状态空间模型为

$$H_i = A_i H_{i-1} + V_i \qquad (2.39)$$

$$Y_i = C_i H_i + W_i \qquad (2.40)$$

其中，H_i 为 i 时刻的 n 维系统状态矩阵，A_i 为随时间变化的状态转移矩阵，V_i 为 i 时刻系统误差矩阵。在式（2.40）中，W_i 为 i 时刻测量误差矩阵，C_i 为状态噪声，W_i 为观测噪声，两者均为无相关性的白噪声，相互独立。两者的合并协方差矩阵（噪声级）定义如下：

$$E\left(V_i V_i^{\mathrm{T}}\right) = Q_i \qquad (2.41)$$

$$E\left(W_i W_i^{\mathrm{T}}\right) = R_i \qquad (2.42)$$

其中，Q、R 为代表状态噪声与观测噪声的协方差矩阵。

针对上述系统，扩展卡尔曼滤波算法如表 2.4 所示。

表2.4　扩展卡尔曼滤波算法

步骤	表达式
1：卡尔曼增益计算	$K_i = [A_i P_i C_i^{\mathrm{T}}][C_i P_i C_i^{\mathrm{T}} + R_i]^{-1}$
2：执行新状态估计	$H_{i+1} = A_i H_i + K_i[Y_i - C_i H_i]$
3：更新误差协方差	$P_{i+1} = [A_i - K_i C_i]^{\mathrm{T}} P_i[A_i - K_i C_i] + K_i R_i K_i^{\mathrm{T}}$

由上述算法 3 个步骤求自回归滑动平均模型中的系数，经过参数估计，对预测值求解。若预测误差在设置阈值内，则默认为预测成功，在下一个周期反馈给移动传感器节点，一次传输完成，并将系数表示为矩阵 C：

$$C = \left[\varphi_1 \varphi_2 \cdots \varphi_p \theta_1 \theta_2 \cdots \theta_q \right]^{\mathrm{T}} \qquad (2.43)$$

如果没有随机输入并且测量值时无噪声，则可构建矩阵 H：

$$H = \left[x_i x_{i-1} \cdots x_{i-p} \varepsilon_i \varepsilon_{i-1} \cdots \varepsilon_{i-q} \right] \qquad (2.44)$$

那么，在第 i 周期，当矩阵 C 与 H 确定时，预测值被表示为 $Y_i = C_i H_i$。如果预测结果在误差范围内，则表示数据传输（移动传感器节点→汇聚节点）第 i 周期预测成功。

统观两级双向预测算法，结合第一阶段的预测过程及算法，基于扩展卡尔曼滤波的两级双向预测获取算法的过程如图 2.26 所示。

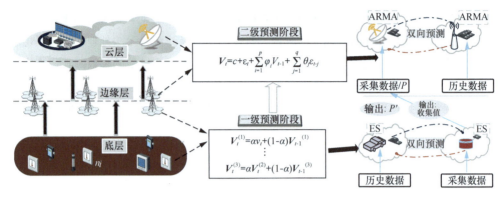

图2.26 基于扩展卡尔曼滤波的两级双向预测获取算法的过程

（2）模型校验方法

针对时间序列自回归滑动平均模型的检验实际上是进行模型适应性检验。具体方法为通过检验残差序列 $\{a_t\}$ 是否含有非随机的成分，即 $\{a_t\}$ 是否为白噪声序列，来确定模型是否有效。检验自回归滑动平均模型 $\mathrm{ARMA}(p,q)$ 的残差序列 $\{a_t\}$ 是否为白噪声序列的方法是对其自相关函数 ρ_{ak} 进行显著性检验，χ^2 统计量为

$$Q = n(n+2)\sum_{k=1}^{r}\frac{\hat{\rho}_{ak}^2}{n-k}\cdot\chi^2(r) \tag{2.45}$$

其中，n 表示样本个数。

假设 H_0：当 $k \leqslant r$ 时，$\rho_{ak}=0$。当 $k \leqslant r$ 时，存在 $\rho_{ak}\neq 0$。给定显著性水平 α，若 $Q \geqslant \chi_a^2$ 时，拒绝 H_0，即 $\{a_t\}$ 为非白噪声序列，该模型无效；若 $Q < \chi_a^2$ 时，接受 H_0，即 $\{a_t\}$ 为白噪声序列，该模型有效。

（3）数据获取的具体实现

基于以上内容，数据获取被实现为如算法 2.6 所示的内容。

算法 2.6　基于扩展卡尔曼滤波的两级双向预测获取算法

输入：一组移动传感器节点，边缘层传感器节点初始位置，误差控制范围 thd，剩余能量最小值 σ；

输出：单位时间内生成的数据 P''；

1：　**if** 移动节点移动传感器节点能量 $>\sigma$ **then**

2：　　**if** 数据平稳 **then**

3：　　　运行 ARMA 算法得到 P''；

4：　　**else**

5：　　　进行差分，运行 ARIMA 算法得到 P''；

6：　　**end if**

7：　　对比底层节点和 P'' 和实际值的误差与 thd；

8:    **if** 在误差范围内 **then**

9:        无须传输数据包 P''，丢弃；

10:    **else**

11:        移动传感器节点移动至水面汇聚节点传输收集的数据；

12:    **end if**

13: **else**

14:    移动传感器节点移动至太阳能处充电；

15: **end if**

5. 实验评估

（1）参数设置

本实验利用 MATLAB 对 100 个随机部署的温度传感器节点在 500m×400m×300m 的范围内进行仿真。假设传感器与汇聚节点之间的数据传输是可靠的，且移动传感器节点具有足够的计算能力、能量和存储能力。在每一轮仿真中，每个传感器节点都将数据包发送给汇聚节点。中间需经过两次预测，如预测均正确，则可省去一次发送 / 接收能耗。实验相关参数设置如表 2.5 所示。

表2.5　实验相关参数设置

参数	值
网络的长×宽×高（m×m×m）	500 × 400 × 300
节点的数量（个）	100
通信的范围（m）	50～60
数据包的大小（bit）	1023
每个传感器产生数据包的速率（Baud）	100

（2）预测拟合结果的实验评估

由前面内容可知，完成一级数据预测后，移动传感器节点需将收集的底层节点数据传输至汇聚节点处。然后，为节省此过程的能耗，在该阶段进行了二级数据预测，采用的模型为时间序列预测模型，即自回归滑动平均模型。该模型第一步为判断序列是否平稳，并通过自相关函数、偏自相关函数进行判断。当自相关函数、偏自相关函数均呈现拖尾特性时，表明数据为非平稳序列，须进行差分处理，并采用自回归综合滑动平均模型进行处理，得到的差分序列为平稳序列。这里进行差分的次数为 d 值。本实验采用美国国家海洋和大气管理局（National Oceanic and Atmospheric Administration，NOAA）提供的海洋数据集。通过利用数据集中 2018 年部分数据进行分析。当进行一次差分后，得到如图 2.27 所示的差分序列，其值在 0 上下波动，表明数据为平稳序列（$d = 1$）。

在完成第一步后，模型还需要确定 p、q 值。这里主要利用扩展卡尔曼滤波法对自回归综合滑动平均模型进行参数估计。仍然采用上述数据集中 2018 年部分数据进行验证和分析。为直观显示选取不同 p、q 值时的预测值与实际值的误差，本实验构造了拟合图，实验结果如图 2.28

所示。从该图可以看到，观察值（紫色圆圈）与 ARIMA(1,1,1) 结果（蓝色圆圈）拟合得最为贴切。当使 p、q 值分别变化时，ARIMA(0,1,1)（绿色圆圈）和 ARIMA(1,1,2)（黄色圆圈）与观察值脱离较为明显。通过分析取值，可得到最佳模型以及 p、q 的值，进而得到较好的拟合结果。

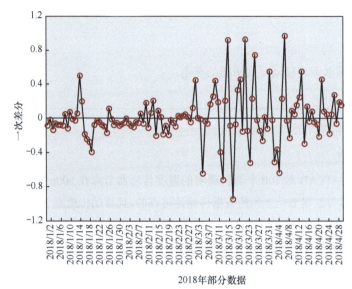

图2.27　一次差分结果

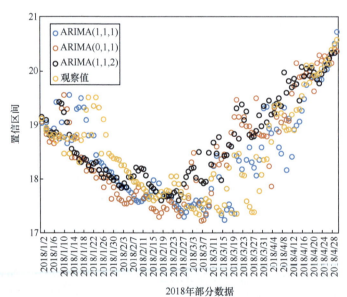

图2.28　拟合分析结果

由图 2.28 还可以看出，当采用正确的 p、q 取值时，模型结果的拟合效果较好，并且精确度较高。出现该结果的主要原因是本模型可根据不同数据类型，通过改变方法和调整参数达到最佳预测效果，从而使结果准确控制在误差范围之内，汇聚节点无须通过移动传感器节点移动传输来接收数据。

图 2.29 所示为利用上述数据集中 2018 年部分数据进行两级双向预测值与收集值的拟合结果。该结果描述了收集值与两级双向预测值的图形误差。但是，由于数据较少，一级预测值存在一定的误差。如果错误没有得到及时纠正，一级预测值也将不能及时纠正。如果二级预测值与一级预测值的拟合程度不高，那么二级预测值就无法向汇聚节点传递准确的数据，最终会导致误差。下面对两种情况进行分析。

1）对误差未采取更正的情况下进行对比实验分析。如图 2.29（a）所示，可以明显看出二级预测值与一级预测值拟合程度很高，降低了二级预测时可能产生的误差，进而减小了再传输的可能性。

2）对误差采取更正的情况下进行对比实验分析。如图 2.29（b）所示，可以看出 3 条数据线基本拟合，表明两级双向预测算法精确度较高。因此，通过本节所提算法，使得移动传感器节点能接收到正确的历史数据，进而使得汇聚节点可以较准确地预测，最终减少了移动传感器节点的能耗，从而延长了节点生命周期。

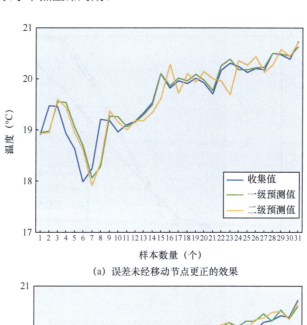

（a）误差未经移动节点更正的效果

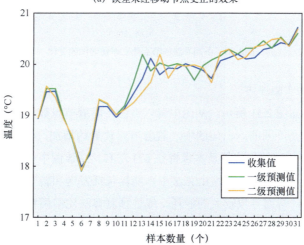

（b）误差被及时更正的效果

图2.29 两级双向预测值与收集值的拟合结果

因此，有必要将边缘层作为一个分支引入，以保证数据的准确性。具体地说，通过在端和云直接部署来接收不同的数据以及通过改变模型的参数来达到最佳的预测效果，使得传感器节点不再需要接收/发送数据。

（3）节点死亡率的实验评估

节点死亡率模拟实验的结果如图2.30所示。根据该图中的结果，3种对比算法［移动传感器节点协助收集传输数据的算法（简称 AUV 协助算法）、监测收集算法、线性预测算法］以及本节提出的算法的节点死亡率都随着时间的变化而增加，也可以直观地看出它们增加的速度是不同的。具体地说，在开始较短一段时间内，所有算法的节点死亡率都比较接近。从 8200min 开始，本节提出的算法的节点死亡率基本呈线性缓慢上升，且相对于其他 3 种算法的优势明显。反观另外 3 种算法，当运行到 9000min 左右时，它们的节点全部死亡，而这时本节提出的算法的节点却依然有大部分存活。这些实验结果表明，本节提出的算法在 4 个算法中存活周期最长，表现最好。

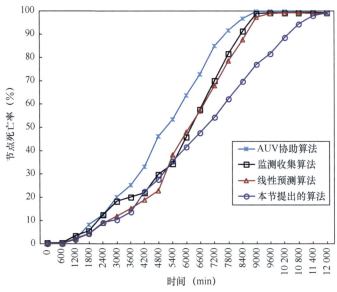

图2.30 不同算法的节点死亡率随时间的变化

（4）节点能耗的实验评估

节点能耗的实验如图 2.31 所示，从图中可以看出，随着节点数量的变化，一个数据收集周期内节点的平均能耗是不同的。在该图中，随着节点数量的增加，4 种算法的能耗在一定值附近波动。例如，AUV 协助算法能耗基本保持在 62J 左右。从该图中可以清楚地看出，多跳路由算法的能耗最大。这是因为在多跳路由算法中，能耗包括发送和转发两个部分，且只能通过多跳路由协议进行转发，进而导致较大的能耗。线性预测算法比前两种算法消耗的能量更少，但是一旦发生错误，仍然需要传统的协议来传输正确的数据。本节提出的算法在降低节点能耗方面的表现比这 3 种算法好。这些实验结果表明，采用本节提出的算法可以在一定程度上节省传感器能耗，从而延长网络生命周期。

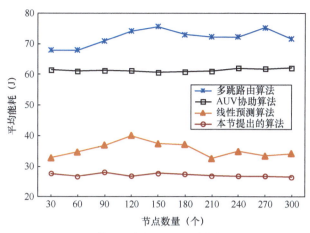

图2.31 不同算法的节点平均能耗随节点数量的变化

（5）发送时延的实验评估

当传感云中的节点数量改变时，与之一起改变的还有网络拓扑结构，其将影响数据的每一次层间传输。因此，本节进一步对比了本节提出的算法与传统路由传输算法和 DBP 预测传输算法随着节点数量变化的时延变化，实验结果如图 2.32 所示。

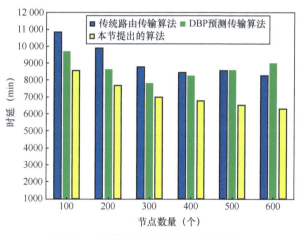

图2.32 不同算法的时延随节点数量的变化

从图 2.32 中可以看出，节点数量从 100 个到 600 个逐步增加，并且在最初部署较少节点数量，如部署 100 个节点时，3 种算法都具有较大的时延。这是因为传统路由协议算法在节点数量较少的时候，其网络拓扑结构还不成熟，这时传输路径无法达到最佳，使得两个相邻节点的传输可能被绕路，进而导致较大的时延。而基于预测的两种算法在节点较少的情况下，误差重传的能耗较高，也会导致时延增加。从该图中可以看到，随着节点数量的增加，3 种算法的时延均逐步下降。具体地说，当节点数量为 400 个左右时，传统路由传输算法的时延趋于平稳。然而，DBP 预测传输算法的时延却呈现增加的趋势。出现该现象的主要原因是当系统数据传输误差超过预测可容纳误差的最大值时，将会不断地有误差出现，使得节点需要不断地重传，进而增加了时延。相比之下，本节提出的算法在后半阶段的时延也趋于平缓。综上所述，本节提出的算法在降低时延方面能达到较好的效果，并且显著优于上述两种算法。

6. 小结

本节首先描述了问题定义，然后给出了边缘层与底层节点之间的数据传输模型，接着描述了一种基于扩展卡尔曼滤波的两级双向预测获取算法，最后通过实验评估了该方法的有效性。

2.4 前沿方向

为了提高传感云系统的性能，本节引入边缘计算作为传感云计算的补充。在传感云系统的 3 层框架中，最顶层是具有强大计算和存储能力的云服务数据中心，底层是包含普通传感器节点的传感网层。在中间层，边缘服务器由传感网内具有较强能力的节点组成，使得一些局部和实时的计算任务能在边缘节点中进行快速的处理[16]。

边缘计算的引入打破了传统的网络数据传输架构，并通过采用分布式计算这一高效的模式将计算扩展到网络的边缘[17,18]。传感云系统具有几个显著的优点，包括加快数据处理速度、提高效率、节省网络带宽、提高安全性和弹性等。然而，由于一些客观要求，许多重要的传感云应用很难或不可能在完全基于云或基于端的架构中实现[19]。通过引入边缘层，可以从节点管理、收集控制、数据处理、数据存储等方面对系统进行改进。此外，边缘层还可以弥补底层网络能量不足、计算和存储不足等缺陷，从而增强传统传感云系统的性能。

综合前面的分析可知，现有传感云系统在服务质量方面还存在着一些显著的问题。边缘计算的引入为这些问题提出了全方位的解决方案。边缘节点所具有的更贴近底层网络、易于管理、可信度高等特点，使其成为传感云系统中传感网和云端之间的桥梁和纽带。本章所提出的边缘计算模型可以从许多方面改善传感云。下面将详细阐述利用边缘计算来解决传感云系统数据收集问题的一些前沿方向。

（1）传感云数据收集的服务质量问题

传感云中的许多应用具有数据密集、时延敏感和响应实时的特点，所以必须确保应用的服务质量，包括时延、反馈、成本、价格等[20-23]。例如，在森林火灾监测中，如果时延太长或反馈太慢，则不能起到防止火灾和避免损失的作用。而利用边缘计算，以下服务质量问题可以得到较好的解决。

1）动态边缘服务：边缘计算的引入可以极大程度地满足严格的服务质量要求，因为它使计算、存储和网络资源更接近用户[24]。文献 [25] 提出了一种 3 层框架，用于支持服务质量的动态边缘服务供应，主要关注应用程序服务在边缘节点上的动态部署，或者发布以前部署在边缘节点上的应用程序服务，以满足应用程序的低时延和快响应的要求。

2）成本最小化和利润最大化：边缘计算辅助传感云解决了传感云设备在计算和能量方面的资源限制，并使计算密集型和时延敏感型任务能够连接传感云网关的边缘节点。但是由于移动终端设备的高成本，云服务提供商和边缘服务提供商只能用很高的费用预算来保证服务质量。因此，目前专注于服务质量的研究旨在最小化云服务提供商和边缘服务提供商的成本，并使其利润最大化。文献 [26] 通过将服务质量定义在所收集数据的空间和时间覆盖范围内，将任务分派表示为整数线性规划问题，提出了一种在线调度算法，并证明了该算法能获得接近最优的时间平均总成本；在任务调度算法的基础上，该文献将传感云平台与用户之间的交互建模为两极竞争的逆向拍卖，并提出了一种定价策略，在保证服务质量的同时最小化设备的总体成本。文献[27]在确保服务质量要求的前提下，将边缘资源供应和能量控制的联合优化问题转化为一个混合整数非线性规划问题，以最小化系统成本，从而使供应商利润最大化。经上述分析可以发现，对于基于边缘计算的传感云研究方向，在基于边缘计算的传感云系统中，关于信任问题的研究旨在提高数据可靠性。而安全方面的问题涉及的内容更为广泛，从数据的角度分析，可以有数据收集安全、数据传输安全、数据处理安全和数据存储安全；从系统的角度分析，则有认证安全、耦合安全等。

（2）基于移动边缘计算的可信数据收集

对于基于边缘计算的传感云系统而言，准确、高效的可信数据收集是系统管理和决策的基础。因此，云端需要对底层传感网的数据进行信任管理。结合上述传感器节点的信任评估，在移动边缘节点规划移动路径的过程中有必要考虑节点可信因子。移动边缘节点能够避免不可信的传感器节点，这在收集时延敏感型数据时尤为重要，因为它可以避免不必要的移动时延。同时，在不影响网络部署和应用平台的前提下，应该考虑边缘节点如何在有限的移动距离内尽可能移动到高可信区域，以达到一次收集更多可信数据的目的。

（3）基于移动边缘计算的数据筛选

在基于边缘计算的传感云系统中，虽然可以通过移动边缘节点访问可信数据源并进行数据收集，但也难以保证数据是完全可信的[28]。这是因为数据传递过程中存在一些不稳定因素，如恶意节点的蓄意干扰和破坏等，因此系统需要在考虑数据生命周期的基础上对数据进行筛选。在数据收集过程中，通过移动边缘节点实时、动态检测异常数据，在保留可信数据的同时直接丢弃不可信数据，这样不仅消除了异常数据，还节省了能量和带宽[29]。数据筛选的过程大体可以分为以下两个步骤。

1）对数据进行分析，直接丢弃不可信的数据。由于传感器节点收集的数据一般具有空间相似性和时间相似性这两个特征，可以构建一个时空数据集，通过采用离群点检测算法进行分析，对异常和不可信数据进行检测和识别。

2）边缘节点可以利用自身的计算能力，对收集到的数据进行局部预决策。如果边缘节点能够对事件进行预决策，则只需将决策结果提交给云端，否则需要将相关数据上传到云端进行综合分析和判断。

2.5 本章小结

本章重点研究了基于边缘计算的传感云数据收集问题。具体地说，本章首先介绍了基于边缘计算的传感云数据收集框架，其中包括传感云中数据收集问题的概述，同时给出了基于边缘计算的传感云数据收集框架，并对每一层分别进行了阐述。其次，本章呈现了基于移动节点的传感云数据收集技术，其中提出了具有自适应时延的传感云数据收集方法和基于移动边缘计算的数据收集方法。在具有自适应时延的传感云数据收集方法中，首先阐述了传感云系统中存在的一些新的问题，如数据传输时延大和能耗高等；随后设计了一个多移动基站数据收集策略，并通过仿真实验验证了所提算法的有效性。在基于移动边缘计算的数据收集方法中，首先说明了当前的传感云系统数据收集工作中仍然存在严重的能耗问题，而且没有充分考虑边缘移动设备的移动情况；随后设计了基于边缘计算的数据收集方法，同样也通过仿真实验验证了所提方法的有效性。接着，本章探讨了基于两级双向预测的传感云数据收集问题，设计了双向预测获取框架，并提出了基于扩展卡尔曼滤波的两级双向预测获取算法。在双向预测获取框架中，本章介绍了基于指数平滑算法的底层传感器双向预测获取框架、基于云－边－端设备的两级双向预测获取框架，以及基于边缘计算与深度学习的预测获取框架。在基于扩展卡尔曼滤波的两级双向预测获取算法中，首先对传感云中数据收集的两个数据预测阶段做出了明确的划分，随后介绍了边缘层与底层两级双向数据传输模型、底层与移动传感器节点、边缘层之间的交付互动，接着对所提算法进行了详细的阐述，并利用数据集验证了所提预测算法的精确度，且对比现有几种算法证明了所提算法具有更好的表现。最后，本章展望了一些前沿方向，其中主要包括传感云数据收集的服务质量问题、基于移动边缘计算的可信数据收集和基于移动边缘计算的数据筛选，为该领域的研究人员提供参考和启发。

参考文献

[1] LIU Y, LIU A, WANG T, et al. An intelligent incentive mechanism for coverage of data collection in cognitive internet of things[J]. Future Generation Computer Systems, 2019, 100: 701-714.

[2] 郭忠文, 罗汉江, 洪峰, 等. 水下传感网的研究进展[J]. 计算机研究与发展, 2010, 47(3): 377-389.

[3] SENEL F, AKKAYA K, EROL-KANTARCI M, et al. Self-deployment of mobile underwater acoustic sensor networks for maximized coverage and guaranteed connectivity[J]. Ad Hoc Networks, 2015, 34: 170-183.

[4] AKYILDIZ L F, DARIO P, TOMMASO M. Underwater acoustic sensor networks: research challenges [J]. Ad hoc networks, 2005, 3(3): 257-279.

[5] 王静, 陈建锋, 张立杰, 等. 水下传感网[J]. 声学技术, 2009, 28(1): 89-95.

[6] 冀文峰, 薛卧龙, 王学通, 等. 无线电能传输发射模块优化设计[J]. 机电工程技术, 2013, 11: 85-89.

[7] PULIAFITO C, MINGOZZI E, LONGO F, et al. Fog computing for the internet of things: a survey [J]. ACM Transactions on Internet Technology, 2019, 19(2): 1-41.

[8] REN Y, LIU W, WANG T, et al. A collaboration platform for effective task and data reporter selection in crowdsourcing network [J]. IEEE Access, 2019, 7: 19238-19257.

[9] WANG G, WANG T, JIA W, et al. Adaptive location updates for mobile sinks in wireless sensor networks [J]. The Journal of Supercomputing, 2009, 47(2): 127-145.

[10] HAN G, SHEN S, SONG H, et al. A stratification-based data collection scheme in underwater acoustic sensor networks [J]. IEEE Transactions on Vehicular Technology, 2018, 67(11): 10671-10682.

[11] ZHANG Y, SUN H, YU J. Clustered routing protocol based on improved k-means algorithm for underwater wireless sensor networks [C]//2015 IEEE International Conference on Cyber Technology in Automation, Control, and Intelligent Systems (CYBER). NJ: IEEE, 2015: 1304-1309.

[12] XIE P, CUI J, LAO L. VBF: vector-based forwarding protocol for underwater sensor networks [C]//Proceedings of the 5th International IFIP-TC6 Conference on Networking Technologies, Services, and Protocols; Performance of Computer and Communication Networks; Mobile and Wireless Communications Systems. Berlin: Springer Berlin Heidelberg, 2006:1-10.

[13] AHMAD A, WAHID A, KIM D. AEERP: AUV aided energy efficient routing protocol for underwater acoustic sensor network [C]// Proceedings of ACM Workshop Performance Monitoring and Measurement of Heterogeneous Wireless and Wired Networks. New York: ACM. 2013: 53-60.

[14] CHEN Y, LIN Y. Mobicast routing protocol for underwater sensor networks [J]. IEEE Sensors Journal, 2013, 13(2): 737-749.

[15] WANG T, ZHAO D, CAI S, et al. Bidirectional prediction-based underwater data collection protocol for end-edge-cloud orchestrated system[J]. IEEE Transactions on Industrial Informatics, 2019, 16(7): 4791-4799.

[16] DIRO A, CHILAMKURTI N. Leveraging LSTM networks for attack detection in fog-to-things communications [J]. IEEE Communication Magazine, 2018, 56(9): 124-130.

[17] HUANG T, LIN W, XIONG C, et al. An ant colony optimization-based multiobjective service replicas placement strategy for fog computing [J]. IEEE Transactions on Cybernetics, 2021, 51(11): 5595-5608.

[18] HE J, WEI J, CHEN K, et al. Multitier fog computing with large-scale IoT data analytics for smart cities [J]. IEEE Internet of Things Journal, 2018, 5(2): 677-686.

[19] MOGHADDAM M, GARCIA C. A fog-based internet of energy architecture for transactive energy management systems [J]. IEEE Internet of Things Journal, 2018, 5(2): 1055-1069.

[20] 王田, 张广学, 蔡绍滨, 等. 传感云中的信任评价机制研究进展 [J]. 通信学报, 2018, 39(6): 41-55.

[21] WANG T, ZHANG G, BHUIYAN M, et al. A novel trust mechanism based on fog computing in sensor-cloud system [J]. Future Generation Computer Systems, 2020, 109: 573-582.

[22] WANG T, QIU L, XU G, et al. Energy-efficient and trustworthy data collection protocol based on mobile fog computing in internet of things [J]. IEEE Transactions on Industrial Informatics, 2020, 16(4): 3531-3539.

［23］ WANG T, LUO H, ZHENG J, et al. Crowdsourcing mechanism for trust evaluation in CPCS based on intelligent mobile edge computing ［J］. ACM Transactions on Intelligent Systems and Technology, 2019, 10(6): 1-19.

［24］ WANG T, ZENG J, LAI Y, et al. Data collection from WSN to the cloud based on mobile fog elements ［J］. Future Generation Computer Systems, 2020, 106: 864-872.

［25］ YOUSEFPOUR A, PATIL A, ISHIGAKI G, et al. FogPlan: a lightweight QoS-aware dynamic fog service provisioning framework ［J］. IEEE Internet of Things Journal, 2019, 6(3): 5080-5096.

［26］ LIU T, ZHU Y, YANG Y, et al. Online task dispatching and pricing for quality-of-service-aware sensing data collection for mobile edge clouds ［J］. CCF Transactions on Networking, 2018, 2(1): 28-42.

［27］ YAO J, ANSARI N. QoS-aware fog resource provisioning and mobile device power control in IoT networks ［J］. IEEE Transactions on Network and Service Management, 2019, 16(1): 167-175.

［28］ WANG T, ZHOU J, CHEN X, et al. A three-layer privacy preserving cloud storage scheme based on computational intelligence in fog computing ［J］. IEEE Transactions on Emerging Topics in Computational Intelligence, 2018, 2(1): 3-12.

［29］ WANG T, LIANG Y, JIA W, et al. Coupling resource management based on fog computing in smart city systems ［J］. Journal of Network and Computer Applications, 2019, 135: 11-19.

第3章　基于边缘计算的传感云数据清洗技术

传感云系统中的数据来源广泛，包括各种温度、湿度和信号等信息[1,2]。这些数据的产生往往受到传感器节点本身质量的影响和环境因素的干扰，导致数据中可能存在大量噪声，包括错误或异常的数据，这对数据的完整性和准确性造成了严重的影响[3,4]。此外，由于传感器节点存在无线通信能力受限、存储能力不足、能量有限、检测环境复杂等问题，可能会造成节点数据包的丢失。传统的数据清洗方法主要关注数据的一致性校验、无效值和缺失值处理等。这些方法在处理传感云系统中的实时数据时，无论是数据的精度还是时延性都达不到要求。同时，这些方法也未充分考虑到未来的大数据环境下，网络中数据传输的时延和负载压力等问题。而在传感云系统中，传感器节点必须在规定的时间内完成数据清洗，否则会造成"脏"数据的积压，进而影响整个系统的运行效率[5,6]。

由于数据的复杂性，传感云系统中的数据清洗面临诸多挑战。例如，如何有效地去除数据中的噪声和异常值、如何处理数据的不一致性以及如何准确地填充缺失数据，这些都是亟待解决的问题。此外，在保证数据清洗精度和效率的同时，如何降低清洗过程的能耗也是研究的重点之一。为了实现高效和实时的数据清洗，需要借助高效的硬件设备和优化算法来提高清洗速度和精度。同时，在数据清洗过程中也需要关注数据的隐私和安全问题，避免数据被泄露和恶意利用等问题。总而言之，传感云系统中的数据清洗是一项至关重要的任务，对于保障数据质量具有重要意义[7,8]。

目前的数据清洗主要采取集中式清洗和分布式清洗两种方式。

1）集中式数据清洗方法。所有从单个节点接收的数据都被传输到中心节点。中心节点负责处理从网络接收的全部数据并确定异常值。这种清洗方式的优势在于可以集中处理数据，从而更全面地发现异常值和事件。但是，由于需要将所有数据传输到中心节点，此方式可能会带来大量的数据传输开销，并且可能会影响网络的实时性。

2）分布式数据清洗方法。在分布式数据清洗方法中，传感器节点将数据传输到网络的簇头或聚合器，并由它们负责处理从所有节点接收到的数据。这种清洗方式的优势在于可以在网络中实现分布式处理，以便更有效地应对网络的不确定性和动态性。

然而，这两种清洗方法都存在一些问题。首先，它们都需要将不同节点的感知数据传输到汇聚节点进行集中处理，这会带来大量的数据传输开销，从而影响网络的实时性。其次，由于需要处理大量的数据，汇聚节点可能会面临计算和存储的瓶颈。最后，当数据量巨大时，数据传输所带来的能耗也使得清洗效率低下，故难以推广。针对上述问题，需要研究更高效的数据清洗算法，如使用人工智能等技术来自动化地识别和处理异常值，还可以利用网络的分布式特点进一步提高清洗效率[9,10]。

为了提高数据清洗的效率与质量，本章旨在构建一个安全、高效、可靠的传感云系统。本章的贡献主要有以下 4 点。

1）本章基于边缘计算这种新型计算模式，构建了基于边缘计算的数据清洗框架，用来解决传感网中传统数据清洗方法的问题，主要包括传感云系统中异常数据筛选和缺失数据填充这两个关键问题。

2）针对异常数据筛选问题，本章提出了基于移动边缘节点的异常数据筛选方法。该方法首先基于角度的离群点检测算法得到训练数据，然后采用基于高斯核函数的支持向量机进行模型训练。经过在线学习策略优化后，模型获得了最优效果。

3）针对缺失数据填充问题，本章提出了基于边缘计算的缺失数据填充方法。该方法采用了基于时延和邻近节点数据的循环神经单元，根据当前节点的历史数据和邻近数据充分拟合缺失数据的分布，并使用生成对抗网络（Generative Adversarial Network，GAN）来拟合缺失数据。

4）本章基于大量实验评估了所提算法的有效性。实验结果表明，相较于其他算法，基于边缘计算的算法不仅降低了数据清理的时延，还显著提升了数据的质量和可用性。此外，本章所设计的框架充分利用了边缘计算的优势，可以更好地满足传感云的应用需求。

3.1 数据清洗方法与面临的挑战

数据清洗在云计算应用中扮演着至关重要的角色，在数据密集型应用中表现得尤其突出。由于数据密集型应用涉及大量数据的采集、处理、存储和分析，因此如何确保和提升数据质量成为一个核心挑战。高质量的数据可以为业务带来多种形式的价值，如更明智、更快速的决策，更高的收入和更低的成本等。数据质量是指数据适合于满足其预期用途的程度，包括数据的完整性、准确性、一致性和无重复性等。数据质量问题的产生可能源于多种原因，例如近似重复的记录增加数据库负载，以及人为错误或系统故障可能导致的数据不完整或异常等。这些问题都可能导致"脏"数据，即不符合预期标准或规范的数据的产生。

为了解决这些问题，数据清洗成为一种必要的方法，其主要目的是处理产生的"脏"数据。在这个过程中，需要对源数据进行处理，以确保数据的准确性、完整性、一致性和有效性。因此，任何能够提高数据质量的数据处理过程，都可以被认为是数据清洗的一部分。总的来说，充分而有效的数据清洗能够提升数据质量，从而为传感云系统提供更准确、更可靠的决策支持。

传感云系统中的数据清洗主要针对以下 3 类数据。

1）异常数据。底层传感器监测环境的变化，使得传感器收集的数据带有大量噪声，从而导致收集的数据出现异常。另外，由于传感器节点能量与存储能力有限，其稳定性也受到影响，这也会产生异常数据。

2）缺失数据。由于传感器节点的能量有限，能量不足的传感器节点采集到的数据可能会存在缺失。另外，在大数据环境下，数据量骤然增加，一旦将所有的数据都上传到云端服务器进行处理，会形成网络的拥塞，导致发送数据失败，从而形成数据缺失。数据缺失可能会导致数据的不完整和不准确，从而影响分析和预测的准确性。

3）重复数据。当传感器分布较为密集的时候，大量传感器所在区域具有空间相似性，因此在同一时刻采集到的数据会大量重复。此外，在传感云系统中，当大量数据被上传到云端服务器时，需要进一步考虑多跳转发的情况。网络发生拥塞时，若路由器一直没有收到服务器返回的请求，就会触发失败重传机制，导致大量重复数据产生。

为了提高数据质量、提升数据的有效性和可靠性，针对上述 3 类数据，需要进行相应的数据清洗操作，具体如下。

1）对于异常数据的清洗，标准化处理是一种常见的方式。标准化处理方式主要通过设定一个合理的阈值，规范化处理收集到的数据，将超出阈值的数据视为异常数据。例如，在温度监测系统中，如果温度读数超过预设的上下限，那么这个读数就被认为是异常数据。

2）对于缺失数据的清洗，插值和填补是常见的处理方式。这种方式使用已有的数据，通过线性插值、多项式插值或者其他插值方法，推算出缺失的数据；或者直接用某个特定值（如 0、平均值、中位数等）来填补缺失的数据。一些专业的数据分析工具，如 Excel 和 Python 的 Pandas 库均提供了上述功能。

3）对于重复数据的清洗，去重和整合是基本的处理方式。这种方式通过比较数据之间的相似性，将相似的数据进行合并或者删除。具体实现方法包括排序、分组、合并等操作。一些数据库系统（如 MySQL、PostgreSQL 等）都会提供去重和整合的 SQL 语句[11]。

除了以上传统的处理方式，还有一些基于机器学习的异常检测和基于时间序列的插值方法，也能有效处理"脏"数据。例如，基于机器学习的异常检测算法可以利用历史数据训练模型，并自动识别出异常数据；基于时间序列的插值方法则可以根据时间序列的规律，对缺失数据进行预测填充。总的来说，数据清洗是一项复杂且重要的工作，它需要结合具体的应用场景和数据特性，选择合适的清洗方法和工具，以提高数据质量、提升数据有效性和可靠性。数据清洗的流程如图 3.1 所示，首先对采集的"脏"数据进行分析处理，然后制定清洗规则和算法，以手动或自动的方式对"脏"数据进行清洗，直到数据满足需求。

数据清洗具体流程如下。

1）数据收集和预处理。数据可能来自不同的数据源，例如传感器、数据库、日志文件等。在对收集的数据进行清洗之前，需要进行预处理，如数据类型的转换、数据的缺失处理等。数据类型的转换是指将原始数据的类型进行转换，使其符合数据清洗的标准和规范。例如，将非数值类型的数据转换为数值类型，将字符串类型的数据转换为日期类型等。

2）数据分析和评估。通过对数据的分析和评估，确定数据的可靠性、有效性和准确性。

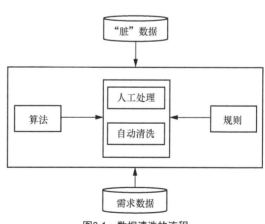

图3.1 数据清洗的流程

这一步需要使用一些数据分析技术，如统计方法、数据挖掘等。通过这些技术，可以发现数据中的异常值、缺失值、重复值等，从而确定哪些数据需要进行清洗。在进行数据分析和评估时，需要明确数据的来源和类型，以便选择合适的数据分析技术。不同类型的数据需要采用不同的数据分析技术进行处理。

3）制定清洗规则和算法。在确定了需要清洗的数据后，需要制定相应的清洗规则和算法。这些规则和算法应该根据数据的特性和数据清洗的目标来确定。例如，如果需要清洗异常数据，可以使用一些统计方法来确定异常值的阈值，然后将超过阈值的数据视为异常数据并进行清洗。在制定清洗规则和算法时，需要针对不同的数据类型和特性进行灵活调整和处理，以便达到更好的清洗效果。同时需要注意将清洗规则和算法进行程序化和自动化处理，以提高数据清洗的效率和准确性。

4）数据清洗。根据之前制定的清洗规则和算法，以手动或自动的方式对数据进行清洗。这包括删除重复数据、填补缺失数据、修正异常数据等。在清洗过程中，首先需要保证数据清洗的公正性和客观性，避免人为因素导致的数据清洗误差。其次，需要避免删除重要数据或降低数据质量的情况出现。例如，在删除重复数据时，需要慎重考虑是否删除一些重要数据，以避免数据损失和质量下降。再次，需要使用合适的算法和工具进行数据清洗，以便达到更好的清洗效果。最后，需要进行充分的数据验证和测试，以便保证数据清洗结果的可靠性。

5）结果评估和反馈。对数据清洗的结果进行评估，以确定是否达到了预期的清洗效果。如果清洗效果不理想，需要重新制定清洗规则和算法，并重新进行数据清洗。如果清洗效果达到了预期目标，则可以将清洗后的数据用于后续的分析和数据挖掘等任务中。在对数据清洗结果的评估时，需要明确评估的标准和方法，以便判断数据清洗的效果。常见的评估指标包括数据的准确性、完整性、一致性、可信度和可解释性等。可以通过对比清洗前后的数据质量、使用统计方法计算清洗的方差和标准差等指标来进行数据评估。

与传统的数据清洗相比，传感云系统中的数据清洗存在以下3点变化。

1）处理对象发生变化。传统的数据清洗针对的是大量的结构化数据，而在传感云系统中的数据清洗，其数据大部分是非结构化数据。在异构的环境中，数据类型和状态多种多样，包括传感器采集的实时数据和历史数据等。这些数据可能存在异常值和缺失值，影响了数据的质量和可用性，因此需要对这些非结构化数据进行及时、有效的处理。

2）工作环境发生变化。传统的数据清洗只是在本地进行轻量级清洗，并在满足用户需求的前提下，只需要考虑清洗算法的复杂度即可。但当数据量巨大时，将所有数据在本地或者上传到服务器（云端）进行统一清洗并不现实。因此，可以利用边缘端的计算能力和存储能力，在边缘端进行数据清洗以减少数据传输的能耗和时延，提高数据清理的效率和质量。然而，边缘节点的计算和存储能力是有限的，因此需要优化清洗算法和流程，以适配边缘节点的处理能力。此外，边缘节点需要与云端进行数据交互，需要考虑如何减小数据传输的能耗和时延。

3）清洗目标发生变化。传统的数据清洗目标在于提高数据的完整性和精确性，不需要考虑能耗和网络带宽问题，只需要考虑数据清洗算法的时间和空间复杂度。传感云系统中数据清洗的精确度相较于传统的数据清洗有所降低，只需要考虑清洗算法的时间和空间复杂度以及整体网络能量和带宽消耗，并在保证数据处理的质量方面适当做出妥协即可。在传感云系统中，数据清洗需要考虑多种因素。例如，传感器采集的数据可能存在异常值、缺失值等问题，需要采用合适的数据清洗算法进行处理。此外，由于数据量巨大，需要采用分布式计算和并行处理技术，以提高数据清洗的效率。

综上所述，在传感云系统中进行数据清洗时，需要考虑新变化带来的挑战，并采取适当的数据清洗和处理方法，以保证传感云系统的正常运转，并提高数据的整体质量。具体而言，传感云系统的数据清洗面临如下 4 个挑战。

1）硬件资源不足。在传统的传感云系统中，底层传感网采用的处理器和存储器以及电池，其计算与存储能力都不足以处理大数据环境中的数据量，并导致传感器节点能耗过大而不能有效地进行数据清洗工作，也缩短了传感器节点寿命。

2）通信能力不足。传统的传感云系统通常采用簇头节点收集所有的传感器数据，将数据统一处理后上传至云端。在传感云系统中，底层采集节点骤然增多，如果采用节点发送、簇头收集的方式，会导致网络中的通信量增加。此外，传感器节点的通信距离有限，需要进行多次路由，也可能增加数据篡改和丢失的风险。因此，优化数据采集方式是未来传感云系统中的重要任务之一，其目的是提高数据处理的速度和准确性，并适应传感云系统的需求。

3）网络拓扑结构动态变化。传感器节点随时可能发生故障，并需要在工作和睡眠状态之间进行切换，或需要加入新的传感器节点进行网络的扩展以提高传感云环境采集数据的质量，这些情况都会导致传感云系统的拓扑结构发生动态的变化[12]。这种动态变化给传感云系统的数据清洗带来了新的挑战。首先，拓扑结构的动态变化可能会导致数据清洗的准确性和完整性受到影响，因为拓扑结构的变化可能导致数据传输的路径和方式发生变化，从而影响数据清洗的效果。例如，如果一个传感器节点发生故障，那么它所采集的数据就无法传输到云端进行清洗，从而影响数据的完整性和准确性。其次，拓扑结构的动态变化还可能增加数据清洗的能耗和时间成本。由于拓扑结构的变化，数据需要在多个节点之间进行传输和处理，这会增加数据清洗的能耗和时间成本。此外，新加入的传感器节点也需要消耗时间和资源，从而增加了数据清洗的难度和复杂性。

4）数据流较大。在传感云系统中，采集的数据不仅具备多样性，还呈现大体量的特点，这使得传感器节点对数据的处理时间较长。由于硬件资源的限制和通信能力的不足，传统的数据清理方法可能无法满足大数据环境下的时延要求。由于数据流太大，传统的数据传输和处理方法不能满足传感云系统中的时延要求，因此可以考虑可以采用分布式计算框架和流处理技术等新的数据处理方法，以提高数据清理的速度和准确性。此外，还可以考虑采用缓存技术来减少数据的传输和处理时延，提高系统的响应速度。

如何解决上述挑战，提高传感云系统的数据清洗效率与质量是当前的研究重点。针对传感云系统中的异常数据以及缺失数据的处理，可以利用边缘节点的本身的计算和存储能力，先将部分数据上传至边缘节点进行预清洗和过滤，这会在一定程度上降低云端的负载。此外，通过设置多个边缘节点并行收集和处理传感器数据；当网络拓扑结构改变时，也可以根据边缘节点的位置动态划分区域，这也在一定程度上缓解了拓扑结构改变带来的影响。

3.2　基于边缘计算的异常数据清洗

在传统的传感网中，如果传感器节点只需要采集单个特征的数据，其自身的计算能力就能满足数据处理的需求。然而，随着 5G 技术的出现以及传感网的集成，传感云系统需要处理的数据量剧增。在此情况下，如果继续依赖节点现有的计算能力来处理多维特征的数据，可能会导致以下问题：数据可靠性下降，进而影响传感网的正常运行和数据的可用性；传输带宽无法满足日益增长的数据需求，造成网络拥堵、时延增加；计算复杂性增加，导致能耗增加，缩短了节点的使用寿命。

为了解决以上问题，本节提出一种基于边缘计算的传感云异常数据清洗方法，这种方法将机器学习算法与边缘计算结合，可以实时处理传感云系统中的异常数据。由于边缘节点的计算能力较强，可以完成普通传感器节点难以完成的任务，所以此方法可以弥补传感网计算能力的不足。同时，边缘节点更接近底层网络，更容易获取传感器节点采集的数据，因此可以更快地进行数据清洗处理。二者结合还可以在保持数据可靠性和完整性的同时，加快数据清洗速度，以降低数据上传带宽，优化传感云系统的资源消耗。此外，该方法还可以提高数据清洗的精度和效率，从而更好地支持传感云系统的应用。

3.2.1　异常数据清洗概述

异常数据通常指与预期数据显著不同的数据，它们可能是各种原因导致的错误或异常。在传感云系统中，异常数据是数据清洗中常见的问题之一，可能会干扰数据的整体性和准确性，从而影响决策的正确性。在数据清洗过程中，识别和处理异常数据是非常重要的环节。具体而言，导致数据异常的原因主要包括以下 5 种。

1）传感器节点故障。传感网由大量的传感器节点组成，每个节点都可能发生故障。节点故障可能是硬件故障、软件错误、电池耗尽或环境等因素导致。

2）网络通信故障。传感网中的通信会受到各种因素的影响，如信号干扰、网络拥堵、传输错误等。这些因素可能导致数据包丢失或出现时延，从而产生异常数据。

3）传感器节点能量不足。传感网的传感器节点通常由电池供电，能量有限。在能量耗尽之前，节点可能无法完成正常的数据采集和传输任务，从而导致数据出现异常。

4）测量物理量异常。传感网中的传感器用于测量各种物理量，如温度、湿度、压力等。然而，这些传感器可能受到环境因素的影响，如风速、雨雪等，自身的测量范围和精度也可能受到限制，从而导致测量结果出现异常。

5）人为因素。传感网的建设和维护过程中可能存在人为错误，如设备安装错误、配置错误等。这些错误可能使得传感器节点无法正常工作，导致异常数据的产生。

因此，异常数据的检测是数据清洗中的关键步骤。异常数据检测方法包含基于统计学习和基于机器学习两种。

1）基于统计学习的异常值检测是一种常见的方法，该技术主要通过计算数据点的统计量来识别异常数据。常用的统计量包括均值、中位数、方差等，这些统计量可以反映数据的基本特征和分布情况。将数据点与这些统计量进行比较，可以发现与预期值显著不同的数据点，从而识别出异常数据。

2）基于机器学习的异常检测方法首先利用已有的正常数据集训练模型，然后使用模型来检测异常数据。常见的机器学习算法包括支持向量机（Support Vector Machine，SVM）、决策树、神经网络等。这些算法可以学习数据的特征和规律，并用于分类或回归任务。通过将新的数据点输入模型，模型可以判断其是否属于正常数据集中的一类，从而识别出异常数据。

在实际应用中，基于统计学习和机器学习的异常数据检测方法各有优缺点。基于统计学习的方法通常比较简单和直观，可以用于多种类型的数据。但是，它们通常假设数据分布是已知的，对于非线性和多模态的数据可能不太适用。基于机器学习的方法则可以自动学习数据的特征和规律，对于复杂的数据类型可能更加有效。但是，它们通常需要大量的数据用于训练，对于小样本数据可能不太稳定。

处理异常数据的方法可以根据具体情况而定。对于简单的异常数据，可以通过直接删除或填充缺失值来处理。对于复杂的异常数据，可能需要利用领域知识或人工干预来进行修正。比如在时间序列数据中，突然的峰值可能是一个异常值，需要进一步核实并修正。对于异常数据的处理，主要包含以下 4 种方法。

1）直接删除。对于部分异常数据，可以通过直接删除的方法进行处理。这种方法简单、直接，但对于那些需要保留完整数据的情况则不太适用。直接删除可能会造成数据的损失，影响后续的数据分析和决策。

2）插值填补。对于某些不完整的异常数据，可以采用插值的方法进行填补。具体可以利用周围数据的分布规律，通过线性插值、多项式插值等方式，对异常数据进行估值和填充。

3）数据平滑。数据平滑通过对数据进行平滑处理，减少数据的波动和噪声。常见的数据平滑方法包括移动平均法、加权平均法等，这些方法可以有效地减少数据的异常值对整体数据的影响。

4）人工干预。对于一些难以用上述方法处理的异常数据，则需要人工干预。人工干预可以更加准确地发现和处理异常数据，但需要专业人员来进行操作，并且数据量较大时人工处理效率可能较低。

传感云系统产生的数据种类繁多，这给异常数据的检测和处理带来了挑战。为了有效地处理这些高维度数据，可以考虑引入边缘计算这一新型计算模式。首先，边缘节点可以用于数据的预处理和过滤。在数据传输到云端之前，边缘节点可以对数据进行清洗、筛选和压缩等操作，去除不必要的维度和噪声，减少数据的大小和复杂度，从而提高数据处理的效率。其次，边缘节点可以用于数据分析和处理。通过在边缘节点上部署合适的算法和模型，数据能被实时分析和处理，这样可以减少数据传输的时延，提升响应速度和用户体验。此外，边缘节点还可以用于数据存储和缓存。将部分数据存储在边缘节点上可以实现数据的本地访问和共享，进而减少云端数据存储的负载和网络传输的开销。

总之，在传感云系统中，引入边缘节点进行异常数据的清洗可以提高系统的性能和效率。在边缘节点部署轻量级机器学习算法不仅可以有效检测异常数据，还可以降低云端数据处理的负载和成本，实现更高效和可持续的数据处理和管理。

3.2.2　基于边缘计算的异常数据清洗方法

本小节将介绍基于边缘计算的异常数据清洗方法。首先给出基于边缘计算的异常数据清洗的框架，随后讨论高维数据的异常检测方法以及构建异常值筛选模型，接着采用在线学习对筛选模型作进一步优化，最后通过实验对所提方法进行评估。

1. 基于边缘计算的异常数据清洗框架

基于边缘计算的异常数据清洗框架如图3.2所示。图中右侧展示了基于边缘计算的传感云的3层架构：云层的服务器、边缘层的服务器和底层的传感器网络。底层的传感器网络首先将采集的数据传入移动边缘节点，每个边缘节点在采集数据的同时也会进行数据清洗操作。具体而言，移动边缘节点会根据采集到的数据建立相应的清洗模型，该模型能够在采集过程中删除对应的异常数据。图3.2左侧展示了移动边缘节点如何收集和过滤数据，其中红色虚线圆圈表示移动边缘节点的数据收集范围，黄色阴影圆圈表示传感器节点，五角星表示移动边缘节点。在收集范围内，边缘节点根据时空相似度进行基于角度的离群点检测。该框架首先根据收集到的数据建立清洗模型；然后在后续数据收集过程中，将模型清洗结果与基于角度的离群点检测结果进行对比；最后连续迭代模型，使得模型的准确率达到98%以上。

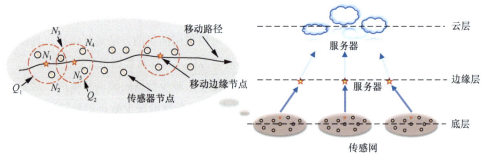

图3.2　基于边缘计算的异常数据清洗框架

与传统的数据清洗模型相比，基于边缘计算的异常数据清洗框架具有一些显著的优势。首先，通过将传感器节点、聚合节点和云端的工作部分转移到边缘服务器上，可以极大提高数据处理的效率。其次，此框架有效降低了云服务器的能耗和计算压力，延长了传感网的生命周期。最后，传统的数据清洗需要在每个节点进行单独的计算和处理，这会消耗大量的时间和计算资源；而该框架通过移动边缘节点计算的方式，将数据清洗过程集中到边缘服务器上，极大地减少了中间处理环节，从而提高了数据清洗的效率。

2. 高维数据流的异常检测方法

对于传感云系统中的异常数据，首要操作就是区分异常数据，也称异常检测。异常检测是一种重要的数据分析技术，其目的是从数据集中快速、有效地识别出异常点，即那些与数据集中的大多数数据显著不同或异常的数据点[13]。在涉及金融、医疗、安全监控等许多应用中，异常检测具有重要意义。传统的数据异常检测算法主要分为4类。

第一类是基于统计的异常检测算法。这种算法利用数据的统计特性来检测异常，例如使用均值、中位数、方差等统计量来判断正常数据和异常数据。

第二类是基于邻近性的异常检测算法。这种算法通过计算数据点之间的距离来判断数据点是否异常。其中，基于密度的离群点检测算法则利用数据点周围的密度分布来检测异常情况。

第三类是基于聚类的异常检测算法。这种算法将数据点分为若干个聚类，并在不同聚类之间检测异常。

第四类是基于分类的离群点检测算法。这种算法通过训练一个分类器来区分正常数据和异常数据。

上述算法在低维数据集中表现良好，可以有效地检测出异常点。然而，在传感云系统中，随着数据维度和复杂性的增加，高维数据中的异常点可能更加难以检测和识别，导致上述传统的算法可能会失效。

传感云系统中的数据往往以高维形式存在，具备海量、异构、噪声大、实时性强等特点。因此，传统的离群点检测算法在处理这些数据时往往效果不佳，时间复杂度过高，并存在潜在的局限性。高维数据的异常检测面临着更多的挑战。随着维度的增加，数据之间的距离可能受到噪声的严重干扰，即在高维的数据空间中，数据对象之间的距离或者相似性并不能反映两个数据点之间的实际联系。具体而言，高维离群点检测存在以下四大挑战。

1）离群点的解释。目前大多数方法只能简单地检测出哪些样本是离群点，但往往无法给出这些离群点产生的原因。这些方法可以用来标记离群点。

2）数据的稀疏性。随着维度的增加，数据往往变得越来越稀疏。在高维空间中，数据的分布变得高度不均匀，绝大多数空间是稀疏的，导致在大多数维度上几乎没有数据。随着维度的增加，识别离群点变得更加困难，因为参考的数据量变得非常有限。

3）数据的子空间结构。在许多实际应用中，数据往往分布在多个子空间中（例如，不同的类别就可能分布在不同的子空间中）。然而，现有的离群点检测方法往往只能在一个全局空间中进行，而不能考虑数据的子空间结构。这可能会导致两种情况：一种是把本来不是离群点的样本错误地当作离群点；另一种是把本来是离群点的样本错分为正常样本。

4）维度的可伸缩性。在处理高维数据时，一个无法回避的问题是维度的增加会导致数据结构的复杂度和计算的复杂度爆炸式增长。例如，如果每个维度都有两个可能的取值（如0和1），那么当维度由10增加到100时，可能的取值组合的数量就会暴增。同时，当维度增加时，相应的子空间数量可能也会急剧增加。

为了在高维空间中有效地探测离群点，本小节引入了基于角度的离群点检测（Angle-based Outlier Detection，ABOD）算法[14]。该算法能有效地筛选出高维数据中的异常数据。基于角度的离群点检测算法将向量空间中点和点之间的距离与向量夹角的方向进行结合，因此在二维数据集中，可以直观地看到簇内点、边界点和离群点的存在。如图3.3所示，距离簇中心越近的点，它们形成的向量夹角也越大。而对于一个簇的边界点，它们形成的向量夹角差距逐渐变小。这是因为它们大多处在簇的边界位置上，相互之间形成的夹角基本类似。真正的离群点所形成的角度差异将更大，大部分的离群点都位于簇外，与簇内大多数点形成的角度会远小于簇边界上点的夹角。因此，通过计算角度间的差异，可以有效地检测出离群点。基于角度的离群点检测方法可以有效地处理高维数据集中的异常检测问题，它充分考虑了数据点之间的距离和方向信息，能够更加准确地识别出离群点。

图 3.3 中包含了一组形成簇的点，其中点 c 是一个离群点。对于每个点 o 和其他任意两个点 x 和 y，其中 $x \neq o$，$y \neq o$，计算每对点的角度 $\angle xoy$。从图中可以看出，如果一个点位于簇的中心（如点 a），则形成这样的角度（$\angle \alpha$）差别很大。如果一个点在一个簇的边界（如点 b），它的角度（$\angle \beta$）变化较小。对于一个离群点（如点 c），角度（$\angle \gamma$）变化显著变小。这一观察结果表明，可以用点的角度方差来确定该点是不是离群点。

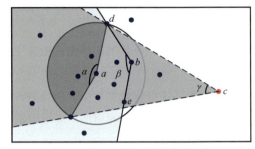

图3.3　基于角度的离群点检测示意

基于上述分析，可以结合角度和距离来对离群点进行建模。对给定数据集 D 中的任意点，计算其中任意 3 点，组成不同向量的点积。然后对属于数据集中的任意点，计算使用距离加权的角度方差作为得分。即给定数据集 D，对于每个离群点 $o \in D$，定义基于角度的离群点因子（Angle-based Outlier Factor，ABOF）表示为

$$\text{ABOF}(o) = \text{VAR}_{x,y \in D, x \neq o, y \neq o} \frac{\langle \overrightarrow{ox}, \overrightarrow{oy} \rangle}{\text{dist}(o,x)^2 \, \text{dist}(o,y)^2} \tag{3.1}$$

其中，$\langle,\rangle$ 是点积计算，$\text{dist}(,)$ 是欧几里得距离。一个样本离簇越远，并且该样本的角度方差越小，离群点因子就越小。ABOD 算法计算每个点的离群点因子，并根据离群点因子的结果升序输出数据集中的点列表。

在采集过程中，移动边缘节点利用 ABOD 算法检测异常数据。如算法 3.1 所示，D_k 表示边缘节点采集范围内不同传感器节点采集的数据，o_n 表示具有 n 维特征的数据。其中阈值 f 设置为 0.3。当数据集中的离群点因子值 o_j 小于阈值 f 时，表示该数据对象被视为异常（离群点）。通过与 f 比较，将异常数据中的 y 标签设置为 1，非异常数据中的 y 标签设置为 -1。最后将所有带有 y 标签的数据都加入数据集 D 作为最终的输出。

算法 3.1　基于角度的离群点检测算法

输入：边缘节点收集范围内的传感器原始数据对象 $D_1, D_2, \cdots, D_k$，其中 $D_i = \{o_1, o_2, \cdots, o_n\}$（$i = 1,2,\cdots,k$）；以及阈值 f（$f > 0$）；

输出：数据集 D（$D_1, D_2, \cdots, D_k$），带有分类标签 y 的数据对象；

1：初始化数据对象 D；
2：**for** i 从 1 到 k **do**
3：　**for** j 从 1 到 n **do**
4：　　**if** 根据式（3.1）计算的 $\text{ABOF}(o_j)$ 小于阈值 f **then**
5：　　　$y_j = -1$；
6：　　**else**

7:　　　　　$y_j = 1$；

8:　　　**end if**

9:　　　将数据 o_j 组合分类标签 y_j 加入数据集 D；

10:　　**end for**

11:　**end for**

12:　返回数据集 D；

本小节介绍了基于 ABOD 算法的数据筛选模型，用于在传感网中的边缘节点上进行异常数据筛选。在具体的训练过程中，首先，利用 ABOD 算法计算的结果作为训练数据集，此数据集包含了所有的异常数据和正常数据。然后，利用此训练数据集训练出异常筛选模型，并且该模型在后续收集过程中不断迭代训练，以提升模型的精确度。最后，当模型的精确度达到筛选要求时，边缘节点可以直接利用该模型高速筛选异常数据。该模型可以将异常数据的筛选过程自动化，减少了人工干预的必要性，同时提高了筛选的效率和准确度。此外，该模型还可以根据不同的应用场景进行扩展和优化，以满足不同需求。

3. 异常值筛选模型构建

将基于 ABOD 算法预处理的结果作为训练数据集后，还需要对数据集中的正常样本和异常样本做进一步分类。这时可以采用 SVM 作为分类器[15]。SVM 是一种广泛应用于模式识别、数据分类和函数拟合的机器学习算法，它在处理小样本、非线性和高维数据识别方面显示出许多独特的优势，也可以应用于函数拟合和解决线性分类的问题。该方法被视为一种基于有监督学习的最大似然估计方法，采用统计学理论和结构风险最小化原则。对于高维数据的识别，可以采用高斯核函数，其基本思想是通过输入空间中的非线性变换将输入变量的空间（欧几里得空间 $\mathbb{R}^n$ 或离散集合）映射到新的特征空间中。因此，在特征空间中可以用线性 SVM 解决分类的学习问题。具体来说，SVM 通过构造一个最优超平面，使得正例和反例之间的边界最大化。在二元分类问题中，这个最优超平面是根据训练样本中两类数据点之间的间隔最大化来确定的。SVM 使用间隔最大化来构造最优超平面，因此可以处理非线性和小样本问题。同时，通过使用高斯核函数，SVM 还可以将输入空间映射到高维特征空间中，从而实现更有效的分类和函数拟合。

因此，本小节采用基于高斯核函数的 SVM 构造决策函数。算法 3.2 详细阐述了如何构造传感云系统中异常数据的决策函数。该算法将通过 ABOD 算法得到的训练数据集 D，进行异常数据筛选模型的训练。输出的决策函数 $f(x)$ 可用于下一步的数据采集和清洗。当 $f(x) = -1$ 时，表示此数据异常，应直接丢弃；当 $f(x) = 1$ 时，表示该数据对象应由边缘节点暂时缓存，然后上传至云端进行决策分析。

算法 3.2　基于 SVM 的异常数据筛选模型构建算法

输入：训练数据集 $D = \{(x_1, y_1), (x_2, y_2), \cdots, (x_N, y_N)\}$，其中 $x_i \in \mathbb{R}^n$，$y_i \in \{-1,1\}$（$i = 1,2,\cdots,N$）；

输出：异常数据分类决策函数 $f(x)$ 方法；

1：选取高斯核函数 $K(x,z)=\mathrm{e}^{-\frac{\|x-z\|^2}{2\sigma^2}}$ 和适当的正则化参数 C 用于构造求解以下最优化问题

$$\min_a \frac{1}{2}\sum_{i=1}^{N}\sum_{j=1}^{N}a_i a_j y_i y_j \mathrm{e}^{-\frac{\|x-z\|^2}{2\sigma^2}}$$

$$\text{s.t. } \sum_{i=1}^{N}a_i y_i = 0$$

$$0 \leqslant a_i \leqslant C, i=1,2,\cdots,N;$$

求取最优解 $a^*=\left(a_1^*,a_2^*,\cdots,a_N^*\right)^{\mathrm{T}}$；

2：选取 a^* 中的一个正分量 $0<a^*<C$ 计算

$$b^*=y_j-\sum_{i=1}^{N}a_i^* y_i K\left(x_i x_j\right);$$

3：构造异常值筛选模型决策函数 $f(x)$

$$f(x)=\mathrm{sign}\left(\sum_{i=1}^{N}a_i^* y_i K\left(xx_j\right)+b^*\right);$$

其中 $\mathrm{sign}(x)=\begin{cases}1, & x\geqslant 0\\-1, & x<0\end{cases};$

4：返回决策函数 $f(x)$；

4. 筛选模型在线优化

由于训练样本太小，采用基于高斯核函数的 SVM 得到的分类模型可能不能直接应用于传感云系统中的底层传感网，否则，可能会使数据结果不精确。因此，本小节将介绍如何在线优化该分类模型，为传感云系统的异常数据检测提供更准确和可靠的支持。传统的机器学习算法通常采用批处理模式，即假设所有的训练数据都是预先确定的。在这种模式下，机器学习算法通过最小化训练数据上的经验误差来得到分类器，这使得基于小样本的学习方法取得了很大的成功。然而，当数据量较大时，这种方法的计算复杂度高、响应速度慢，不能满足高实时性的要求。与批处理模式不同，在线机器学习过程通常采用一个训练样本来更新当前模型，这可以大大降低学习算法的空间和时间复杂度，并具有很强的实时性。在线机器学习系统可以快速地响应用户的反馈，并及时更新模型，从而提高了系统的自适应性。其学习过程包括以下步骤：首先，根据当前模型对新的输入数据进行预测，并给出预测结果；然后，收集用户对预测结果的反馈数据；最后，利用收集到的反馈数据来更新当前模型，形成闭环系统[16,17]。在线机器学习算法的优点在于其可以实时地响应用户的反馈，并不断优化模型，从而提高系统的性能和准确性。同时，在线机器学习算法还可以及时处理大量数据，并可以充分利用系统的计算资源，提高算法的效率。由于传感网中数据量巨大，如果用所有数据建立清洗模型，会产生计算量过大的问题，不适合实时场景。因此，本方案采用了在线机器学

习算法。

　　图 3.4 所示为筛选模型优化的闭环系统，清晰地显示了模型的优化过程。在之前的小节中，算法 3.1 和算法 3.2 都是用来判断传感器节点生成的数据中哪些是异常点。通过比较两种方法的计算结果，可以计算出 $f(x)$ 模型的精度。将 $f(x)$ 错误预测的数据 (x_i, y_i) 重新添加到训练数据集 D 中以进行重新训练筛选模型。重复上述操作，直到 $f(x)$ 预测数据异常的精度达到或高于阈值 T，其中阈值 T 是由不同的传感云底层网络的环境所决定的（如 98%）。在随后的收集和筛选过程中，该闭环系统不再需要 ABOD 算法，而是直接使用清洗模型 $f(x)$ 进行数据清洗，其时间复杂度为 $O(n)$。

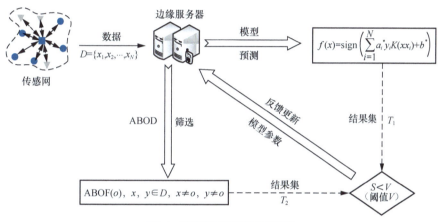

图3.4　筛选模型优化的闭环系统

　　图 3.5 所示为在线机器学习训练模型的整体流程。可以看到在第一轮收集过程中，得到准确率 t，并将模型 $f(x)$ 的训练结果与算法 3.1 进行对比。如果 $t < T$，则将预测错误的数据加入数据集 D，进行优化训练。在第二轮收集过程中，将再次使用两种方法同时进行计算筛选。如果 $t \geqslant T$，则无须优化模型。同时，$f(x)$ 将保存在边缘节点，在收集过程中可以直接使用该模型进行高效地筛选。

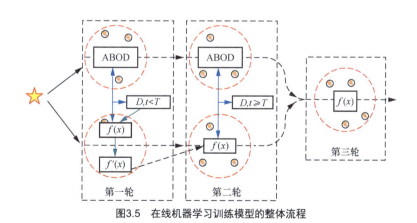

图3.5　在线机器学习训练模型的整体流程

5. 实验评估

本小节将在不同的参数下对各类算法的模型进行实验评估，并分别对结果进行分析。实验数据集为 Kaggle 平台上的一个环境检测数据。此数据集包含了对不同环境参数的测量值，如温度、湿度、光照强度等。数据集中的每个样本都包含了一定时间间隔内对各个参数的测量值，以及相应的标签数据，用以评估模型的表现。为了验证本小节提出的基于在线学习优化得到的移动数据清理模型（Mobile Data Cleaning Model，MDCM）的有效性，本小节选取了以下两种模型用于比较。

1）传统的清洗模型（Traditional Clean Model，TCM）。在此模型中，首先收集多源数据，然后进行必要的处理和清洗，以消除错误、遗漏或异常值，并将数据结构化和规范化，最后将处理的数据发送到云端进行存储，并做进一步处理。

2）基于角度的离群点检测模型（Angel-based Outlier Detection Model，ABODM）。该模型基于角度分布进行离群点检测，因此不需要对数据进行复杂的特征工程或参数调整。它利用数据的几何特征来检测离群点，即通过计算每个数据点与其最近的 k 个邻居之间的角度分布来进行检测。

本小节分别从数据维度、数据量和异常数据率 3 个方面比较模型的时延和能耗。图 3.6 和图 3.7 所示为 3 种模型在不同数据维度下的异常数据筛选时延和能耗的比较。在本实验中，每个传感器产生的数据量为 300 个，异常数据率为 45%。实验结果表明，当数据维度较高时，MDCM 能显著降低整个传感网的能耗和异常数据清洗时延。当数据维度较低时，MDCM 比 TCM 和 ABODM 具有更高的时延。这是因为当数据结构相对简单、计算量不复杂时，传感器节点本身可以满足计算要求。但是，随着维数的增加，对计算能力的要求也越来越高，传感器节点的计算能力明显不能满足计算的需要，导致 TCM 的时延大大增加。MDCM 在边缘节点计算，由于边缘节点的计算能力相对较强，当计算任务变得更加困难时，使用 MDCM 的传输时延被显著降低。在能耗方面，TCM 需要整个传感网进行计算，这样会消耗更多的能量。ABOD 和 MDCM 只在边缘节点进行计算，从而降低了传感网的能耗。

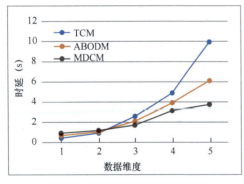

图3.6　基于数据维度的时延比较

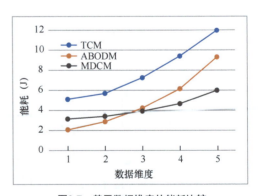

图3.7　基于数据维度的能耗比较

图 3.8 和图 3.9 所示为每个传感器收集的数据量对 3 种模型的影响。在本实验中，每个传感器采集的数据维数设置为 3，异常数据率设置为 45%，在传感网中布置了 100 个传感器节点。

实验结果表明，当数据量较小时，其对时延和能耗的影响较小。当数据量较大时，MDCM 减少时延和能耗的效果明显。因为数据量越大，模型拟合效果就越好，并且当模型的精度满足要求时，在后续的清洗过程中，异常数据筛选效率有着较大的提升。

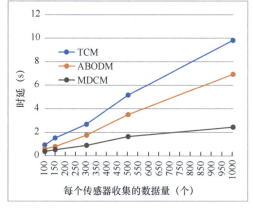
图3.8　基于传感器收集数据量的时延比较

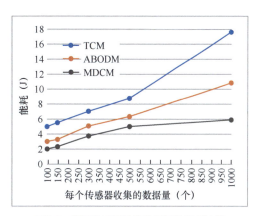
图3.9　基于传感器收集数据量的能耗比较

3.2.3　小结

本节针对传感云系统中的异常数据清洗和多维特征数据清洗的需求，提出了一种基于移动边缘节点的数据清洗方法。该方法首先采用了基于角度的离群点检测算法对数据进行预处理，得到训练数据，然后建立清洗模型。同时，本节设计了基于高斯核函数的支持向量机来拟合清洗模型。在数据清洗过程中，本节利用在线机器学习对模型进行了迭代优化，以进一步提高数据清洗的精度和效率。与传统的数据清洗方法相比，基于移动边缘节点的数据清洗方法能够更加快速和高效地清洗异常数据，同时降低了传输时延和能耗。

3.3　基于边缘计算的缺失数据填充

传感网中的节点通常部署在各种复杂的环境中，这些环境包括高山、沙漠等恶劣的自然环境，也包括工业生产车间、智能建筑等人工环境[18-21]。由于传感器节点的硬件故障、通信故障、能量耗尽或其他原因，可能会导致数据缺失的情况。例如，如果一个传感器节点在某个时间段内未能监测到环境的温度变化，那么这个时间段内的数据就可能被视为缺失数据。此外，在某些环境中，节点也可能成为恶意攻击或操纵的目标，导致生成无效或丢失的数据。在传感网中，数据缺失可能会对传感云数据的分析产生重大影响，导致数据分析结果的不准确和不可靠，因为它们可能无法真实地反映实际情况。

因此，传感网中的数据缺失问题不容忽视。为了提高数据的完整性和可用性，需要研究相应的技术来处理和补全丢失的数据。如果数据不完整或不可用，可能会对整个系统产生重大影响。另外，对于传感网中的数据，其时间相关性和空间相关性至关重要，这两种相关性具有如下定义。

1）时间相关性是指在几个或多个测量周期内，传感器节点的测量值应保持相对稳定而不发生剧烈变化。这是因为在同一个环境中，如果传感器节点的质量稳定，并且环境因素没有剧烈变化，那么节点的测量值应该呈现出一种稳定趋势，即在一段时间内保持稳定。时间相关性可以用来分析和预测传感网的测量值。例如，可以通过比较不同时间点之间的测量值来识别其趋势和周期性变化。此外，时间相关性还可以用来检测和修复网络中的故障。如果传感器节点的测量值在一段时间内偏离了正常范围，可以通过比较该节点与其他节点的测量值来识别异常所在。

2）空间相关性是指在一定区域范围内的传感器节点在同一时间具有相似的测量值，并且这些测量值在几个或多个测量周期内具有相似的趋势。在一个区域内，如果环境因素相同或者相似，那么这些节点的测量值可能呈现出一种相似性，即具有空间相关性。需要注意的是，空间相关性并不意味着所有的传感器节点都具有完全相同的测量值，而是指在同一时间和同一区域内，它们的测量值呈现出一种相似性。空间相关性也受到节点位置、环境因素的变化以及测量误差等的影响，因此在利用空间相关性进行分析和预测时，必须充分考虑上述因素对结果的影响。

综上所述，如果将传感网中数据的时间相关性和空间相关性作为关键特征，并利用边缘节点自身的计算和存储能力，在边缘层部署轻量级缺失数据填充算法，那么既能够缓解云端压力，又能确保传感云系统中数据的可用性。另外，在边缘层进行数据填充可以避免因数据缺失或不完整造成传感云系统的不确定性，可进一步提高整个系统的性能和稳定性。

3.3.1 缺失数据填充概述

数据缺失是数据处理过程中常见的问题之一，尤其是在传感器网络中，由于数据来源广泛且复杂，很难保证每个数据都被完整地收集和记录。在对数据进行分析、建模时，数据缺失可能会对模型的训练和预测结果产生负面影响，因此需要对缺失数据进行适当的处理。数据缺失的原因有很多，具体而言，传感器网络中数据缺失的原因主要包括以下 5 种。

1）硬件故障。传感器节点的硬件故障是导致数据缺失的主要原因之一。例如，传感器节点可能会因为电池电量不足、通信模块故障等原因而无法正常工作，导致数据缺失。通信模块故障会导致传感器节点无法正常工作，从而造成数据缺失。如果传感器节点与汇聚节点之间的通信链路出现故障，传感器节点可能无法将采集的数据传输到汇聚节点，也会导致数据缺失。

2）软件故障。传感器节点的软件故障也可能会导致数据缺失。例如，软件可能因为出现异常崩溃或被恶意攻击而导致数据无法正常采集和传输。软件崩溃可能是由于传感器节点在运行过程中遇到了一些无法处理的异常情况，例如内存溢出、空指针引用等，导致程序非正常终止。如果这种情况发生在数据采集或传输过程中，就可能导致数据丢失。

3）网络通信故障。传感器网络中的通信故障也可能导致数据缺失。例如，通信信道可能因为干扰、遮挡、信号弱等原因而中断或变慢，导致数据无法正常传输。此外，如果传感器节点与汇聚节点之间的通信协议不兼容，也可能导致数据无法正确传输和接收，从而造成数据缺失。

4）数据存储故障。传感器节点需要将采集到的数据存储在本地或云端存储设备中。如果存储设备出现故障或数据存储空间不足，可能会导致数据丢失或无法正常写入。本地存储设备通常是一些小型设备，例如 SD 卡、U 盘等。这些设备的数据存储空间有限，一旦空间不足，可能会导致新的数据无法正常写入，甚至可能导致旧的数据被覆盖。

5）恶意攻击或操纵。在某些情况下，传感器节点可能会成为恶意攻击或操纵的目标。恶意攻击者可能通过多种方式对传感器节点进行干扰、破坏或操纵。例如，通过向节点发送伪造的数据或指令来干扰节点的正常工作；通过破坏节点的硬件或软件让节点无法正常工作；通过操纵节点的数据采集或传输行为让数据缺失或无效。

数据缺失可能对传感器网络产生负面影响。具体来说，数据缺失可能会导致以下 4 种问题。

（1）数据完整性问题

由于数据缺失，传感网中的数据会存在不完整或不准确的情况。这可能会影响对数据进行分析和处理的准确性和可靠性，从而影响最终的决策和结果。数据不完整或不准确可能会导致对数据分析和处理的误判。例如，如果在感感网中的某个节点出现了数据缺失，可能会错误地认为该节点本身出现了故障，而实际上该节点的数据可能被正确地传输和处理。这种误判可能会导致对整个传感网的性能做出错误的评估，进而影响对系统性能的优化和改进。

（2）数据可用性问题

数据缺失会导致数据可用性降低。如果丢失的数据占据较大比例或数据质量显著下降，则这些数据可能无法满足实际应用的需求，需要重新采集或采取其他措施进行处理。如果丢失的数据是关键数据，可能无法准确评估该数据的质量，从而影响对整个传感网数据质量的判断。

（3）数据隐私和安全问题

在某些情况下，丢失的数据可能包含个人隐私信息或敏感信息，如位置信息、健康信息等。如果这些信息被不法分子获取，可能会对个人隐私和安全造成威胁。例如，如果传感器节点在智能家居中采集到了用户的地理位置信息，而该信息被不法分子获取，被用于推测用户的行踪和活动规律，这可能会对用户的隐私和安全造成威胁。

（4）系统性能问题

在传感网中，节点需要不断地采集和处理数据，并将数据传输到汇聚节点或数据中心进行进一步的处理和分析。如果传感器节点需要处理大量的缺失数据，就需要花费更多的计算和通信资源来处理这些数据，这可能会增加节点的负载，使得节点的能耗增加，甚至可能导致节点过载。节点过载可能会导致节点无法及时处理采集的数据，从而影响整个系统的性能和稳定性。例如，如果某个传感器节点无法及时处理采集的数据，其他节点就需要等待其处理完成后才能进行下一步处理，这可能会引起系统瓶颈，降低系统的工作效率。

针对以上原因导致的传感器网络数据缺失问题，需要研究如何高效地处理和补全丢失的数据以提高分析的准确性和可靠性。在处理传感器网络中的数据缺失问题时，传统的缺失数据处理方法主要是基于云计算的，包括排除样本法和数据填充法两大类。

1）排除样本法。该类方法主要是为了防止数据的不合理填充和在挖掘任务中造成错误。

在应用排除样本方法时,通常会根据数据的重要性进行排序,然后选择最有价值的数据进行保留;同时删除或排除那些可能影响数据质量、存在异常或缺失过多的数据。这类方法的优点在于,通过排除异常和缺失过多的数据,可以提高数据的质量和可靠性。此外,通过保留最有价值的数据,还可以提高数据的精度和挖掘任务的效率。然而,这类方法也存在部分缺陷。首先,通过排除某些样本,可能会丢失一些重要的信息和数据特征。其次,这种方法可能会引入偏误,影响数据的普遍性和可信度。最后,排除大量数据可能会导致数据稀疏,从而影响后续的数据分析和挖掘任务。因此,在使用排除样本的方法时,需要慎重考虑其可能带来的负面影响。

2)数据填充法。该类方法通常使用基于统计学习的方法来填充缺失值部分。在基于统计学习的缺失数据填充方法中,通常会考虑使用均值、中位数、众数等统计指标来填充缺失值。这些方法主要是基于整个数据集的统计特性来进行填充,可以保证数据的一致性和连续性。然而,这些方法的缺点是很难考虑单个样本的独立特征。对于某些具有复杂特性的数据集来说,这些方法可能会让预测的准确性和效果受到影响。由于使用不同的模型和方法可能会产生不同的结果,因此在选择填充方法时需要进行谨慎的评估和比较。相较而言,基于机器学习的填充方法更加灵活和有效,这些方法通常依赖空间中的完整数据或邻近的传感器节点。

在传感云系统中,所产生的数据通常是时间序列数据。虽然基于统计学习或机器学习的方法不一定要考虑数据量和时间序列的关系,但数据的处理需要遵循对应的规则(如基于时间序列)。因此,可以考虑使用循环神经网络(Recurrent Neural Network,RNN)来处理时间序列数据中的缺失数据。RNN 作为一种序列神经网络模型,可以有效地捕获序列中的时间依赖关系。

基于上述分析,本小节引入了边缘节点和门控循环填充单元(Gated Recurrent Unit with Filler,GRUF)。边缘节点首先利用本身的计算和存储能力,部署轻量级算法,并通过传感器的地理位置和时间序列数据的历史信息,有效地学习传感云数据的具体分布特征;然后采用生成对抗网络来拟合缺失数据。

3.3.2 基于边缘计算的缺失数据填充方法

本小节将介绍基于边缘计算的缺失数据填充(Missing Value Filling based Edge Computing,MVFEC)方法。首先介绍缺失数据填充的 3 层框架;随后给出缺失数据的处理流程;接着通过 RNN 来预测缺失数据的分布以及采用 GAN 来拟合并填充缺失数据;最后通过实验对所提方法进行评估。

1. 基于边缘计算的缺失数据填充框架

传统的单一依靠云计算的处理方式在传感云系统中并不适用,这种方式不仅会消耗大量的网络带宽和能量,还会增加数据处理的时延。因此,为了延长传感云系统底层传感器节点的服务时间,并降低能耗,本小节引入了基于边缘计算的缺失数据填充方法。边缘计算是指将计算任务从云端下沉到网络的边缘,使得数据处理更加靠近数据的来源。这种计算模式可以减少数据传输的时延，减轻云端的数据处理压力，同时提高数据的安全性和隐私保护能力。在基于边缘计算的缺失数据填充方法中，移动边缘节点可以在底层传感网中同时收集并处理传感节点中的数据，以提高数据处理效率，降低能耗和网络占用率。通过在边缘节点中部署缺失数据填充方法，可以更好地利用边缘节点自身的计算能力和地理位置优势。因此，引入边缘计算这一新型计算模式可以满足传感云系统中对低时延、低能耗、低网络的应用需求。

图 3.10 所示为基于边缘计算的缺失数据填充框架，该框架主要分为 3 层：最顶层是云层，它具有强大的存储和计算能力，可以处理大量数据并执行复杂的计算任务。中间层是边缘层，它的主要功能是将云层的计算和存储任务分发到更接近数据源的边缘设备上，以降低网络时延和提高数据处理的效率。最下面是底层传感网，其主要功能是采集数据并上传到边缘节点。与传统传感网的数据采集相比，移动边缘节点的能量相对充足，可以显著提高数据采集效率。与传统的缺失数据填充方法不同，该框架在边缘层填充缺失数据。在底层传感网中，由移动边缘节点来采集数据，并且每个移动边缘节点在采集数据时都会进行缺失数据填充。在移动边缘节点中，首先利用改进的 RNN 算法模拟数据分布，然后通过 GAN 来拟合缺失数据[22]。GAN 作为一种有效的生成模型，由两个神经网络组成：一个是生成器（Generator），另一个是判别器（Discriminator）。生成器的目标是生成与真实数据尽可能相似的数据，而判别器的目标是尽可能区分生成的数据和真实数据。通过训练，GAN 可以生成与真实数据分布相似的数据，进而拟合并填充缺失数据。此外，移动边缘节点在填充缺失数据后，可以与云层服务器共同分析和处理数据。此框架主要有两个优点。

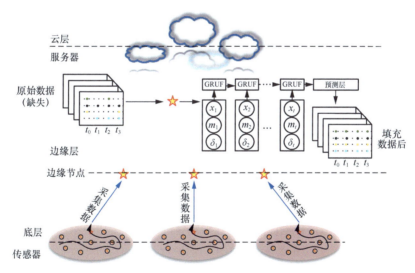

图3.10　基于边缘计算的缺失数据填充框架

1）提高了传感云系统中缺失数据填充的精度。通过在边缘节点处填充缺失数据，可以显著减少数据传输的时延，并避免因数据传输而产生的错误和损失。此外，由于边缘节点更接近数据源，因此可以更好地了解数据的特性和分布，从而更准确地填充缺失数据。

2）降低了传感云系统中缺失数据填充的能耗。通过在移动边缘节点处填充缺失数据，可以减少数据传输量。此外，由于边缘节点更接近数据源，因此可以更高效地处理数据，从而降低数据处理和存储的能耗。

综上所述，本小节所设计的基于边缘计算的缺失数据填充方法在填充精度和网络能耗方面均具有显著优势。在保证填充质量的前提下，该方法能够有效降低网络能耗，延长传感网的寿命，这对于传感云系统的稳定性具有重要意义。

2. 缺失数据填充流程

缺失数据填充流程如图 3.11 所示。在填充缺失数据时，首先利用 RNN 对缺失数据进行建模和预测；由于仅使用 RNN 处理缺失数据可能会存在长距离依赖问题，然后引入了门控循环单元（Gate Recurrent Unit，GRU）；考虑到时延和邻近节点间的关系，接下来设计了基于邻近数据和时延的 GRU，用来捕获数据的时间关联性和空间相似性，以准确预测缺失数据的特征分布；最后，利用 GAN 来拟合并填充缺失数据。

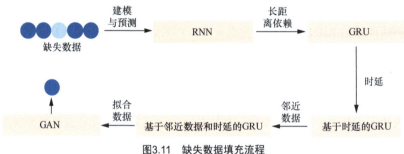

图3.11　缺失数据填充流程

从上述的缺失数据填充流程可以看出，在基于边缘计算的缺失数据填充方法中包括两个核心模块。

1）利用边缘节点对缺失数据分布进行预测。RNN 是一种基于序列的神经网络模型，可以用于对序列数据进行建模和预测。然而，由于传感网中的数据往往呈现时间相关或空间相关，单纯的 RNN 模型无法捕捉时间序列中时间步长距离的依赖关系，因此可以考虑引入 GRU。GRU 基于时间间隔和邻近数据，可以有效地捕获数据的时间关联性和空间相似性，从而准确预测缺失数据的分布。GRU 首先通过计算输入数据的时间间隔和空间距离，确定数据之间的相似性；然后通过控制门的开闭状态，选择性地传递信息，从而得到更准确的预测结果。

2）利用预测结果对缺失数据进行填充。本小节采用 GAN 来拟合缺失数据：首先让生成器生成与真实数据尽可能相似的数据；然后让判别器尽可能区分生成数据和真实数据。通过对抗训练的方式，GAN 可以生成与真实数据分布相似的数据，从而可以用来拟合并填充缺失数据。与传统的填充方法相比，GAN 可以更好地捕捉数据的特性。

3. 基于 RNN 的缺失数据预测

（1）RNN

传统的人工神经网络通过在输入历史数据和输出预测数据之间建立直接映射来进行预测。然而，由于缺乏对数据序列中时间相关性的考虑，人工神经网络模型无法捕捉历史数据之间的关系，从而限制了其在时间序列预测方法中的应用。而 RNN 考虑到存储历史信息，并通过向神经元添加循环连接，可以建立输入和输出数据之间的序列到序列映射。因此，每个时间步长的输出都受到前一个时间步长输入的影响[23-25]。图3.12所示为典型的RNN架构。从图中可以看到，隐藏层的值 s 不仅取决于当前的输入值 x，还取决于最后一个隐藏层的值 s。权重矩阵 $\boldsymbol{W}$ 是输入隐藏层的权重。

$$s_t = f\left(\boldsymbol{U} \cdot x_t + \boldsymbol{W} \cdot s_{t-1} + b\right) \tag{3.2}$$

$$o_t = g\left(\boldsymbol{V} \cdot s_t + c\right) \tag{3.3}$$

其中，$\boldsymbol{U}$、$\boldsymbol{W}$、$\boldsymbol{V}$ 为可学习的参数矩阵，b 为对应的偏置。RNN 通过循环网络对历史数据进行建模，能及时地捕获时序数据间的关系，为缺失数据的预测提供有用的参考。这种方法在处理传感网中的缺失数据问题时具有一定的实用性和有效性。

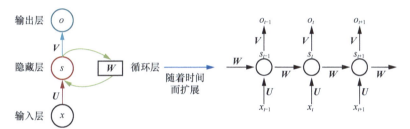

图3.12 典型的RNN架构

GRU 是 RNN 的一种经典变体，其结构类似于长短时记忆（Long Short-term Memory，LSTM）网络。相较而言，GRU 的结构更加简单，训练时间更短[26,27]。GRU 由更新门和重置门组成，它们控制着信息的流动和更新方式：更新门可以决定哪些信息需要保留在当前状态中，哪些信息需要被遗忘；重置门则可以决定哪些信息需要被保留，哪些信息需要被丢弃。这种简单的结构使得 GRU 的训练时间更短。图 3.13 所示为 GRU 的示意，其中包含更新门 z

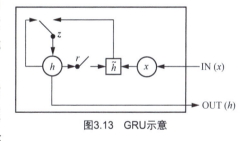

图3.13 GRU示意

和重置门 r。如果将重置门 r 设置为 1，更新门 z 设置为 0，则与标准 RNN 模型一致。

GRU 的更新表示为式（3.4）~式（3.7）：

$$r_t = \sigma\left(\boldsymbol{W}_r \cdot x_t + \boldsymbol{U}_r \cdot h_{t-1} + b_r\right) \tag{3.4}$$

$$z_t = \sigma\left(\boldsymbol{W}_z \cdot x_t + \boldsymbol{U}_z \cdot h_{t-1} + b_z\right) \tag{3.5}$$

$$\widetilde{h}_t = \tanh\left(\boldsymbol{W} \cdot x_t + \boldsymbol{U} \cdot \left(r_t \odot h_{t-1}\right) + b\right) \tag{3.6}$$

$$h_t = \left(1 - z_t\right) \odot h_{t-1} + z_t \odot \widetilde{h}_t \tag{3.7}$$

其中，激活函数 σ 为 Sigmoid 函数，重置门 r_t 和更新门 z_t 中每个元素的值的范围为 $[0,1]$，$\odot$ 是对应于矩阵位置的元素的乘法。如果重置门为 0，则丢弃最后一个隐藏状态，即丢弃与预测未来无关的历史信息。更新门可以控制如何通过包含当前时间步长信息的候选隐藏状态来更新隐藏状态。该设计能有效地处理 RNN 中的梯度衰减问题，并能较好地捕捉时间序列中时间步长距离的依赖关系。

（2）基于时延的 GRU

传感云系统中的传感节点通过异步的方式采集数据，如果某一维度的数据长期缺失，将导致该维度的数据无法与其他维度融合。这种情况会导致该维度数据的有效观测间隔时间明显大于其他维度的有效观测间隔时间，从而给数据分析带来困难。

因此，需要对 RNN 的历史记忆功能进行改进，以适应复杂的数据缺失情况。具体而言，对于某一维度的缺失，可以采用历史记忆向量衰减的方法进行处理：缺失时间越长，历史记忆向量衰减越严重，反之亦然。这样，就可以保证 RNN 的历史记忆向量可以有效地处理缺失的时间序列数据，从而获取更为准确的历史数据特征。为了有效地衰减 RNN 的历史记忆向量，本小节引入衰减因子 φ。该衰减因子是根据缺失时间长短来计算的，可以反映历史记忆向量的可信度。如果缺失时间较短，则衰减因子较小，历史记忆向量的可信度较高；如果缺失时间较长，则衰减因子较大，历史记忆向量的可信度较低。衰减因子可以确保 RNN 的历史记忆向量能够有效地处理缺失数据的情况，其计算方式如式（3.8）所示。

$$\varphi = \frac{1}{e^{\max(0, w_\varphi \delta_t + b_\varphi)}} \tag{3.8}$$

其中，w_φ 和 b_φ 是需要训练的神经网络参数，e 是自然常数，δ_t 表示当前时间中每个维度的时间间隔。自然常数的负指数形式用来保证 φ 的取值范围为 0 到 1，即 $\varphi \in (0,1]$，且 φ 随 δ 的增加而减小。这意味着两次有效观测之间的时间间隔越长，衰减越大；而时间间隔越短，衰减越小。基于时延的 GRU 如图 3.14 所示。衰减因子 φ_h 是基于时延的 GRU 的核心组成部分。

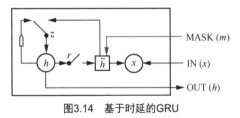

图3.14 基于时延的GRU

在获得衰减因子 φ_h 的值之后，GRU 在每次迭代之前根据衰减因子 φ_h 更新历史记忆向量。基于时延的 GRU 更新表示为式（3.9）～式（3.13）：

$$h'_{t-1} = \varphi_t \odot h_{t-1} \tag{3.9}$$

$$r_t = \sigma\left(\boldsymbol{W}_r \cdot x_t + \boldsymbol{U}_r \cdot h'_{t-1} + \boldsymbol{V}_r \cdot m_t + b_r\right) \tag{3.10}$$

$$z_t = \sigma\left(\boldsymbol{W}_z \cdot x_t + \boldsymbol{U}_z \cdot h'_{t-1} + \boldsymbol{V}_z \cdot m_t + b_z\right) \tag{3.11}$$

$$\widetilde{h_t} = \tanh\left(\boldsymbol{W} \cdot x_t + \boldsymbol{U} \cdot \left(r_t \odot h'_{t-1}\right) + \boldsymbol{V} \cdot m_t + b\right) \tag{3.12}$$

$$h_t = \left(1 - z_t\right) \odot h_{t-1} + z_t \odot \widetilde{h_t} \tag{3.13}$$

其中，V_r、V_z 和 V 是相应的参数。

（3）基于邻近数据和时延的 GRU

由于传感云系统中的数据通常具有时间相关性和空间相关性，即数据的变化趋势和模式可能受到时间和空间的影响，仅仅依靠当前节点的历史数据来填充缺失数据可能不完全适用。在底层传感网中采集数据时，边缘节点可以用来评估传感器节点的空间相似性。空间相似性是指同一类传感器节点在空间上表现出相似的特征和行为。如果两个传感器节点所处的环境和条件相似，则它们的数据也可能相似。例如，在某个时间点，某个传感器节点采集到部分数据，而这个节点与另一个节点处于相似的环境下，那么另一个节点在这个时间点采集的数据也可能与这个传感器节点的数据相似。因此，利用邻居节点模拟当前节点的缺失数据，可以进一步预测数据的特征分布。图 3.15 展示了基于邻近数据和时延的 GRU——门控循环填充单元（GRUF）。

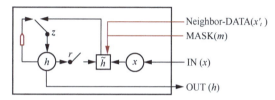

图3.15　基于邻近数据和时延的GRU

与图 3.14 相比，图 3.15 中新增了额外的输入项 x'，由空间相似性和数据变化率与当前缺失数据相似的所有节点的加权平均值获得，其表示为式（3.14）：

$$x' = \frac{\alpha_1 x_t^1 + \alpha_2 x_t^2 + \cdots + \alpha_n x_t^n}{\alpha_1 + \alpha_2 + \cdots + \alpha_n} \tag{3.14}$$

相应地，更新门和重置门表示为式（3.15）～式（3.19）：

$$h'_{t-1} = \varphi_t \odot h_{t-1} \tag{3.15}$$

$$r_t = \sigma\left(\boldsymbol{W}_r \cdot x_t + \boldsymbol{U}_r \cdot h'_{t-1} + \boldsymbol{V}_r \cdot m_t + \boldsymbol{K}_r \cdot x' + b_r\right) \tag{3.16}$$

$$z_t = \sigma\left(\boldsymbol{W}_z \cdot x_t + \boldsymbol{U}_z \cdot h'_{t-1} + \boldsymbol{V}_z \cdot m_t + \boldsymbol{K}_z \cdot x' + b_z\right) \tag{3.17}$$

$$\widetilde{h}_t = \tanh\left(\boldsymbol{W} \cdot x_t + \boldsymbol{U} \cdot \left(r_t \odot h'_{t-1}\right) + \boldsymbol{V} \cdot m_t + \boldsymbol{K} \cdot x' + b\right) \tag{3.18}$$

$$h_t = \left(1 - z_t\right) \odot h_{t-1} + z_t \odot \widetilde{h}_t \tag{3.19}$$

其中，$\boldsymbol{K}_r$、$\boldsymbol{K}_z$ 和 $\boldsymbol{K}$ 是对应的参数。

4. 基于 GAN 的缺失数据填充

基于时延和邻近节点的序列预测方法可以预测传感器节点的数据分布，但后续需要对缺失数据做进一步的填充。本小节将使用 GAN 来拟合缺失数据。GAN 由 Ian Goodfellow 于 2014 年首次提出，由生成器和判别器两部分组成，可以简单地看作生成网络和判别网络之间的博弈过程[28]。生成器的目的是生成以假乱真的样本，而判别器的目的是区分输入样本的真实性。具体来说，生成器输入的是随机低维向量，输出的是生成的新样本；判别器输入的是生成器生成的新样本或原始数据集中的真实样本，输出的是概率值，表示输入样本为真实样本的可能性。在GAN 的训练过程中，生成器和判别器会进行多次交互博弈。生成器的最终目标是生成能够欺骗判别器的新样本，即让判别器将新样本误认为是真实样本。判别器的最终目标是尽可能区分输入样本的真实性，即尽可能区分出生成样本和真实样本。这种博弈过程可以看作一种对抗训练，通过不断调整生成器和判别器的参数，最终达到一个动态平衡的状态。在使用 GAN 进行缺失数据填充时，可以将完整的样本数据输入判别器，根据判别器输出的概率值来判断数据的真实分布；同时生成器将根据输入的样本生成新样本（填充以后的样本），然后将新样本输入判别器，根据判别器输出的概率值来判断新样本的填充效果。通过多轮调整和优化，最终模型生成的样本能够通过判别器，确保缺失数据得到了拟合。GAN 的目标函数表示为

$$\min_G \max_D V(D,G) = E_{x \sim P_{\mathrm{data}}(x)}\big[\log(D(x))\big] + E_{z \sim P_z(z)}\big[\log(1-D(G(z)))\big] \tag{3.20}$$

其中，$P_{\mathrm{data}}(x)$ 代表原始数据集的分布；$P_z(z)$ 代表生成器生成的新样本的分布；z 代表生成器的随机输入向量；$D(x)$ 代表判别器的输出概率，即输入样本为真实样本的可能性；$G(z)$ 代表生成器输出的新样本。判别器 D 使得最大概率地分对训练样本的标签［最大化 $\ln(D(x))$ 和 $\ln(1-D(G(z)))$］，生成器 G 最小化与判别器间的差异。训练时交替迭代的固定一方，更新另一个网络的参数。最终，生成器 G 能估测出样本数据的分布，即生成的样本更加真实。

在边缘层，初始生成器首先会根据已有数据生成一组样本，这些样本反映了填充的缺失数据的特征。然后采用上一小节提出的基于时延和邻近节点的迭代计算方法，对这组样本数据进行处理。该迭代计算过程可以有效地捕获数据的时间关联性和空间相似性，从而让生成的样本数据更加接近真实的缺失数据。最后，使用判别器将所得数据与原始样本进行比较。判别器的目的是尽可能区分生成的数据和真实数据。通过这种方式，可以对生成器进行迭代优化，让其生成的样本更加趋近真实样本。

算法 3.3 描述了基于边缘计算的缺失数据填充流程。该算法首先通过生成器随机生成数据 D_z，然后将生成的数据 D_z、加权平均值 x' 和时延向量 m 输入 GRUF 算法中，得到完整的数据 D_{out}，最后由判别器计算对应的输出概率。当判别器的输出概率不等于 0.5 时，生成器和判别器将进行迭代优化。通过不停地迭代优化，最终生成最相似的新样本来填充缺失数据。

算法 3.3　基于边缘计算的缺失数据填充算法

输入：边缘节点收集范围内的传感节点原始数据对象 $D_1, D_2, \cdots, D_n$，其中 $D_i = \{o_1, o_2, \cdots, o_k\}$（$i = 1, 2, \cdots, n$）；加权平均值 x'；生成器 G；判别器 D；时延向量 m；随机向量 z；

输出：生成器 $\hat{G}$ 和判别器 $\hat{D}$；

1：**for** i 从 1 到 n **do**

2：　　$D_z = G(z)$

3：　　$D_{\mathrm{out}} = \mathrm{GRUF}(D_z, x_t', m)$

4：　　$P_g = D(D_{\mathrm{out}})$

5:　　　　**if** $P_g \neq 0.5$ **then**

6:　　　　　　$\min\limits_{G} \max\limits_{D} V(D,\ G) = E_{x \sim P_{\text{data}}(x)}\big[\log\big(D(x)\big)\big] + E_{z \sim P_{Z}(z)}\big[\log\big(1 - D\big(G(z)\big)\big)\big]$

7:　　　　**end if**

8:　　**end for**

9:　返回 $\hat{G}$ 和 $\hat{D}$

5. 实验评估

本实验在不同的参数下对各类算法进行了评估。实验所需的数据集是来自 Kaggle 平台的气象数据集,该数据集包含北京市历史气象资料,由北京市多个气象观测站的数据组成。本实验选取了该数据集的部分数据记录,其中包括 PM2.5 浓度、PM10 浓度、一氧化碳浓度、温度等 12 个属性。在实验过程中,我们从原始数据集中随机丢弃部分数据,用均方根误差(Root Mean Square Error,RMSE)计算填充后的数据与原始数据集之间的误差,计算该算法的填充精度。同时,本实验比较了边缘层和云层处理数据的能耗和时延。如果 RMSE 的值越小,则表明填充后数据与原始数据差距越小,填充精度越高。为了验证基于边缘计算的缺失数据填充(MVFEC)方法的有效性,本实验采用了如下数据填充方法做比较。

1)基于统计学习的填充方法。一种简单而常用的缺失数据填充方法。本实验使用均值(Mean)填充,假设数据符合一定的分布,然后计算该分布的均值来填充缺失值。此方法简单、易用,但忽略了数据的结构和相关性。

2)基于 K 近邻(K-Nearest Neighbor,KNN)[29] 的填充方法。一种利用数据间的相似性来填充缺失值的方法。它利用 K 近邻方法寻找相似样本,并通过相似观测值的加权平均来估计缺失数据。此方法能够充分考虑数据的特性,但需要选择合适的参数。

3)主成分分析(Principal Component Analysis,PCA)[30] 方法。这是一种常用的降维方法,也可以用于缺失数据的填充。PCA 通过将数据投影到一组正交基上,使得投影后的各变量之间相互独立。此方法能够减少数据的维度,同时保持数据集的代表性。

4)基于迁移学习的双向 LSTM(Long Short Term Memory Model with BI-divectional Imputation and Transfer Learning,LSTM-BIT)方法。这是一种利用双向估算和迁移学习填补缺失值的方法。该方法通过结合双向结算技术和迁移学习策略,能够有效地识别和预测数据中的缺失部分。

5)基于时延的 GRU(GRU based Time Interval,GRUTI)方法。该方法是 RNN 的变种,可以用于处理序列数据。在缺失数据填充问题中,基于时延的 GRU 方法可以将时间序列数据作为输入,并通过捕捉数据间的时序关系来填充缺失数据。

表 3.1 所示为 MVFEC 方法和上述方法在不同缺失率下的 RMSE 值。表中第一列表示原始数据的缺失率,其余列表示各种方法的 RMSE 值。对于给定的缺失率,可以观察到 MVFEC 方法在 RMSE 值上明显小于其他传统的缺失数据填充方法。这意味着 MVFEC 方法可以更好地保持数据的完整性,并且可以提高数据的使用效率。虽然 MVFEC 方法在 RMSE 值上表现优异,但是在实际应用中还需要考虑其他因素,例如计算复杂度、算法的收敛速度等。

表3.1　不同缺失率下的RMSE值

原始数据缺失率	Mean	KNN	PCA	LSTM-BIT	GRUTI	MVFEC
10%	0.439	0.401	0.410	0.305	0.312	0.301
20%	0.498	0.612	0.510	0.458	0.489	0.412
30%	0.579	0.653	0.619	0.513	0.523	0.458
40%	0.635	0.694	0.642	0.592	0.602	0.587
50%	0.701	0.719	0.731	0.672	0.687	0.653
60%	0.810	0.770	0.810	0.713	0.710	0.643
70%	0.889	0.832	0.859	0.798	0.745	0.723
80%	0.934	0.902	0.912	0.845	0.798	0.765
90%	0.967	0.945	0.953	0.932	0.910	0.883

图3.16所示为当缺失率为50%时，使用Mean、KNN、GRUTI和MVFEC 4种填充方法在不同回归算法下预测的均方误差（Mean Square Error，MSE）比较。线性预测主要依赖训练数据集的质量。当填充算法能够较好地拟合缺失数据时，预测效果会更好。从实验结果可以看出，无论采用哪种线性回归算法，MVFEC方法填充的缺失数据集在预测效果上都是最优的。这可能是因为MVFEC方法充分利用了数据的时空相关性，能够更好地捕捉数据的变化规律，从而提高了预测的准确性。此外，MVFEC方法引入边缘计算技术，能够更好地利用数据的局部信息，从而在一定程度上提高了填充效果。

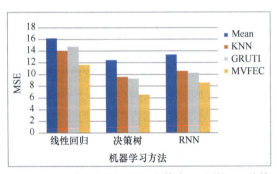

图3.16　不同填充方法在不同回归算法下预测的MSE比较

图3.17所示为Mean、KNN、GRUTI和MVFEC方法在不同缺失率下使用决策树进行线性预测的MSE比较。实验结果表明，MVFEC方法在不同的缺失率下均具有良好的性能，缺失率越高，MVFEC方法的优势越明显，表明移动边缘节点可以很好地拟合缺失数据。

图3.18所示为不同填充方法在不同缺失率下云层和边缘层处理时延的比较，其中分别模拟了数据在云层和边缘层的缺失数据处理和预决策。可以发现，在不同的缺失率情况下，云层处理的时延高于边缘层处理的时延。这是因为在边缘层进行处理可以减少数据传输的时间和网络时延。当缺失率较小时，移动边缘节点本身具有距离传感器节点近的优点，便于掌握相邻节点的数据状态。在整个实验中，可以看到MVFEC保持了良好的性能，可以有效地填充缺失数据，同时也可以提高预测的准确性。此外，MVFEC采用了边缘计算的模式，使得它可以更好地适应

传感云环境下的数据处理需求。

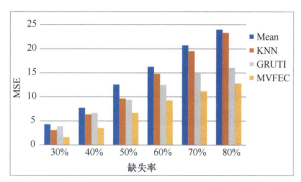

图3.17　不同填充方法在不同缺失率下使用决策树进行线性预测的MSE比较

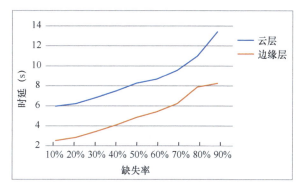

图3.18　不同填充方法在不同缺失率下云层和边缘层处理时延的比较

3.3.3　小结

　　针对传感云系统的数据缺失问题，本节提出了 MVFEC 方法。对于传感器节点采集的数据，基于时延和邻近节点的 GRU 可以记录时间序列的历史状态。利用移动边缘节点的计算和存储能力，通过部署轻量级缺失数据填充算法，可以有效地填补缺失数据，并提高数据的质量和可用性。实验结果表明，MVFEC 方法不仅在缺失数据填充方面优于其他方法，还能够降低传感云系统的处理时延和网络能耗。

3.4　前沿方向

　　由于传感云环境异构的特点，数据的质量和完整性常常受到挑战，其中异常数据和缺失数据的问题尤为突出。边缘计算是一种将数据处理和分析功能推向网络边缘的技术，它能够在接近数据的源头进行实时处理，以减少数据的传输时延和网络带宽压力。因此，研究边缘计算中异常数据和缺失数据的清洗技术，对于提高传感云数据质量和可靠性至关重要。除了本章已探讨的部分解决方案，针对边缘计算中异常数据和缺失数据的清洗技术，还有以下一些前沿方向和潜在的研究点。

（1）基于图论的异常数据检测

在异构的传感云环境中，数据之间的关系可以通过图来表示。基于图论的异常数据检测方法可以利用节点和边之间的关系来识别异常数据。无论是简单的二元关系还是复杂的多元关系，都可以通过构建合适的图模型进行处理。同时，基于图论的异常检测方法还可以通过优化算法和分布式计算来扩展传感云的处理能力。此方法考虑到数据的全局结构，能够捕捉数据中复杂的关联性和交互模式，为异常数据检测提供了有效的解决方案。

（2）基于深度学习的异常数据检测与清洗

深度学习技术在异常数据检测领域取得了显著进展。在边缘计算中，可以利用深度学习模型（如自编码器、GAN 等）对数据进行特征提取和异常识别。通过训练模型学习数据的深层特征表示，进而检测出异常数据。深度学习方法的优势在于能够处理复杂的数据模式和非线性关系，提高异常检测的准确性和效率。此外，还可以利用强化学习技术来优化数据清洗策略。例如，构建一个强化学习模型，通过不断尝试和调整清洗策略来找到最优的清洗方案。

（3）基于迁移学习的缺失数据填充

当数据存在大量缺失时，可以考虑利用其他相似传感器或数据源的数据进行迁移学习。通过提取源领域和目标领域的共同特征，并将源领域的知识迁移到目标领域，实现对缺失数据的补充。在迁移学习的框架下，首先确定需要进行知识转移的源领域和目标领域，明确两个领域的关系。接着，从源领域中提取知识，这通常包括训练模型以提取其中的模型参数或者特征表示。然后将这些知识应用到目标领域的学习任务中。最后可以通过调整模型参数、初始化模型等方式来实现缺失数据的填充。

（4）基于多源数据的缺失数据填充

在传感云系统中，往往存在多个数据源或传感器提供的数据。当某个数据源出现缺失数据时，可以利用其他数据源的数据进行补充。此方法需要考虑不同数据源之间的相关性和一致性，相关性指的是不同数据源之间在内容或特征上的联系，而一致性则是指这些数据源在提供相同或相似信息时的吻合程度。通过数据融合和集成技术，可以实现多源数据的互补和增强。具体而言，在数据融合过程中，需要采用适当的算法和模型，如卡尔曼滤波、加权平均等，以充分考虑不同数据源之间的相关性和权重。这样可以确保在补充缺失数据时，能够充分利用其他数据源的信息，避免引入噪声和错误。

3.5 本章小结

本章主要研究了传感云中数据清洗的相关问题。首先，总结了问题提出的背景以及数据清洗的现状；然后，针对传统传感网数据清洗中计算资源不足、存储能力有限等问题，探讨了边缘计算这种新型计算模式。利用边缘节点自身的计算和存储能力，在边缘层清洗数据，既能够缓解云层压力，又能确保传感云系统中数据的可用性。针对传感云系统中的数据清洗问题，本章主要研究了异常数据筛选和缺失数据填充这两个问题，具体研究内容如下。

1）针对异常数据筛选问题，3.2 节介绍了基于移动边缘节点的异常数据筛选方法。通过在底层传感网中引入移动边缘节点，不仅可以通过低时延、低丢包率的方式采集到原始的传感器数据，还能在边缘节点对异常数据进行初步筛选。该方法首先基于角度的离群点检测算法得到训练数据，随后利用基于高斯核函数的支持向量机训练分类模型。最后，利用在线学习策略对分类模型进一步优化。优化后的模型能够适应数据分布的变化，提高了系统的鲁棒性和泛化性。与传统的异常检测方法相比，该方法不仅可以及时地发现和处理异常数据，还可以显著降低处理时延和能耗，提高网络寿命和数据质量。

2）针对缺失数据填充问题，3.3 节介绍了基于边缘计算的缺失数据填充方法。该方法采用了基于时延和邻近节点数据的门控循环单元，并根据当前节点的历史数据和邻近数据来预测缺失数据的分布。该方法首先通过 RNN 学习原始数据的分布，然后利用 GAN 生成与原始数据最为相似的数据来完成缺失数据填充。通过实验验证，该方法在填充精度上明显优于传统方法，显著提高了数据的质量和可用性。同时，该方法还可以利用边缘计算的优势，将处理任务下沉到边缘节点上，不仅减轻了云层负载和网络带宽压力，还提升了数据处理效率。

综上所述，本章针对传感云系统中的数据清洗问题，提出了一种基于边缘计算的解决方案。该方案可以及时、有效地处理传感云系统中的"脏"数据，进一步提高数据的质量和可用性，为传感云系统的后续发展提供了技术支持和理论保障。此外，该方案还可以应用于其他类似的数据处理场景中，为相关领域的发展提供一定的借鉴和参考。

参考文献

[1] ALAMRI A, ANSARI W S, HASSAN M M, et al. A survey on sensor-cloud: architecture, applications, and approaches[J]. International Journal of Distributed Sensor Networks, 2013, 9(2): 917-923.

[2] DASH S K, MOHAPATRA S, PATTNAIK P K. A survey on applications of wireless sensor network using cloud computing[J]. International Journal of Computer Science & Emerging Technologies, 2010, 1(4): 50-55.

[3] WANG L, DA XU L, BI Z, et al. Data cleaning for RFID and WSN integration[J]. IEEE Transactions on Industrial Informatics, 2013, 10(1): 408-418.

[4] WANG T, KE H, ZHENG X, et al. Big data cleaning based on mobile edge computing in industrial sensor-cloud[J]. IEEE Transactions on Industrial Informatics, 2019, 16(2): 1321-1329.

[5] LEI J, BI H, XIA Y, et al. An in-network data cleaning approach for wireless sensor networks[J]. Intelligent Automation & Soft Computing, 2016, 22(4): 599-604.

[6] FOUAD M M, OWEIS N E, GABER T, et al. Data mining and fusion techniques for WSN as a source of the big data[J]. Procedia Computer Science, 2015, 65: 778-786.

[7] CHEN M, YU G, GU Y, et al. An efficient method for cleaning dirty-events over uncertain data in WSN[J]. Journal of Computer Science and Technology, 2011, 26(6): 942-953.

[8] WANG T, KE H, ZHENG X, et al. Big data cleaning based on mobile edge computing in

industrial sensor-cloud[J]. IEEE Transactions on Industrial Informatics, 2019, 16(2): 1321-1329.

[9] GUDIVADA V, APON A, Ding J. Data quality considerations for big data and machine learning: going beyond data cleaning and transformations[J]. International Journal on Advances in Software, 2017, 10(1): 1-20.

[10] CHU X, ILYAS I F, KRISHNAN S, et al. Data cleaning: overview and emerging challenges[C]// Proceedings of the 2016 International Conference on Management of Data. San Francisco: ICMD, 2016: 2201-2206.

[11] ARZAMASOVA N, SCHÄLER M, BÖHM K. Cleaning antipatterns in an SQL query log[J]. IEEE Transactions on Knowledge and Data Engineering, 2017, 30(3): 421-434.

[12] ALI I, GANI A, AHMEDY I, et al. Data collection in smart communities using sensor cloud: recent advances, taxonomy, and future research directions[J]. IEEE Communications Magazine, 2018, 56(7): 192-197.

[13] ERHAN L, NDUBUAKU M, DI MAURO M, et al. Smart anomaly detection in sensor systems: a multi-perspective review[J]. Information Fusion, 2021, 67: 64-79.

[14] PHAM N, PAGH R. A near-linear time approximation algorithm for angle-based outlier detection in high-dimensional data[C]//Proceedings of the 18th ACM SIGKDD International Conference on Knowledge Discovery and Data Mining. Beijing: ACM, 2012: 877-885.

[15] HEARST M A, DUMAIS S T, OSUNA E, et al. Support vector machines[J]. IEEE Intelligent Systems and Their Applications, 1998, 13(4): 18-28.

[16] HUDA M, MASELENO A, ATMOTIYOSO P, et al. Big data emerging technology: insights into innovative environment for online learning resources[J]. International Journal of Emerging Technologies in Learning (IJET), 2018, 13(1): 23-36.

[17] DENG C, WANG Y, QIN C, et al. Self-directed online machine learning for topology optimization[J]. Nature Communications. 2022,13(1): 1-14.

[18] LAZARESCU M T. Design of a WSN platform for long-term environmental monitoring for IoT applications[J]. IEEE Journal on Emerging and Selected Topics in Circuits and Systems, 2013, 3(1): 45-54.

[19] AMUTHA J, SHARMA S, NAGAR J. WSN strategies based on sensors, deployment, sensing models, coverage and energy efficiency: review, approaches and open issues[J]. Wireless Personal Communications, 2020, 111: 1089-1115.

[20] BAjaj K, Sharma B, SINGH R. Integration of WSN with IoT applications: a vision, architecture, and future challenges[J]. Integration of WSN and IoT for Smart Cities, 2020: 79-102.

[21] SHAHRAKI A, TAHERKORDI A, HAUGEN Ø, et al. A survey and future directions on clustering: from WSN to IoT and modern networking paradigms[J]. IEEE Transactions on Network and Service Management, 2020, 18(2): 2242-2274.

[22] CRESWELL A, WHITE T, DUMOULIN V, et al. Generative adversarial networks: an

overview[J]. IEEE Signal Processing Magazine, 2018, 35(1): 53-65.

[23] SHERSTINSKY A. Fundamentals of recurrent neural network (RNN) and long short-term memory (LSTM) network[J]. Physica D: Nonlinear Phenomena, 2020, 404: 1-28.

[24] WANG F, XUAN Z, ZHEN Z, et al. A day-ahead PV power forecasting method based on LSTM-RNN model and time correlation modification under partial daily pattern prediction framework[J]. Energy Conversion and Management, 2020, 212: 1-14.

[25] LI J, ZHAO R, HU H, et al. Improving RNN transducer modeling for end-to-end speech recognition[C]//2019 IEEE Automatic Speech Recognition and Understanding Workshop (ASRU). Sentosa: IEEE, 2019: 114-121.

[26] CHUNG J, GULCEHRE C, CHO K H, et al. Empirical evaluation of gated recurrent neural networks on sequence modeling[C]//NIPS 2014 Workshop on Deep Learning. Montreal:NIPS 2014: 1-9.

[27] CHE Z, PURUSHOTHAM S, CHO K, et al. Recurrent neural networks for multivariate time series with missing values[J]. Scientific Reports, 2018, 8(1): 1-12.

[28] LUO Y, CAI X, ZHANG Y, et al. Multivariate time series imputation with generative adversarial networks[J]. Advances in Neural Information Processing Systems, 2018, 31: 1-12.

[29] PETERSON L E. K-nearest neighbor[J]. Scholarpedia, 2009, 4(2): 1883.

[30] MAĆKIEWICZ A, RATAJCZAK W. Principal components analysis (PCA)[J]. Computers & Geosciences, 1993, 19(3): 303-342.

第4章 基于边缘计算的传感云数据存储技术

在计算机科学的发展过程中,互联网技术的突飞猛进和网络数据量的急剧膨胀,正以空前的速度催动着存储和计算需求的增长。这种趋势使得传统的存储与计算模式显得力不从心[1]。在应对这一严峻挑战的过程中,云计算的概念于21世纪初开始崭露头角。云计算的早期思想可追溯到20世纪60年代,历经数十年的沉淀与发展,直到2006年前后,谷歌公司前首席执行官埃里克·施密特(Eric Schmidt)等行业领军人物开始积极倡导并大力推广云计算。随后,美国国家标准及技术协会(National Institute of Standards and Technology,NIST)对云计算进行了详细定义,将其描述为一种独特的计算模式,具备按需自助服务、广泛的网络访问、资源池化等特性。云计算作为一种灵活、高效的服务模式,允许用户通过网络便捷地访问和使用多样化的可配置资源。这些资源能够快速部署、按需调整,同时维持较低的管理成本[2]。

作为云计算概念的延伸,云存储凭借集群技术、网络技术及分布式文件系统等尖端技术的融合应用,实现了对各类存储资源的有效整合,为用户提供了高效的数据存储与业务访问的服务。云存储模式的推广,促进了以数据存储和管理为核心的云计算系统架构的演进和发展[3]。然而,这一存储模式也引入了数据所有权和管理权等方面的挑战[4]。

本章的核心任务在于深入分析传感云系统中的存储难题,并探索边缘计算与传统传感云的协同工作机制,从而引出一种新型的存储范式。具体而言,本章的讨论主要聚焦以下两个核心。

1)针对传统云存储在隐私保护方面的局限性,尤其是在抵御服务器内部攻击方面的不足,提出基于边缘计算的传感云数据存储策略。通过设计三级安全存储方法,充分利用边缘计算的优势,实现数据的分级存储,确保数据间的物理隔离。同时,结合算法设计,进一步提升数据的安全性。此外,本章还根据数据的分布特点,对三级安全存储方法进行了拓展,提出一种差分三级存储方法,进一步增强了数据隐私保护的效果。

2)针对物理环境的复杂性和传感云数据的动态特性,提出一种基于边缘计算的动态数据同步存储策略。通过将云服务器的部分存储与计算任务转移至边缘服务器,设计一种基于边缘计算的差分同步方法,有效解决了数据重复修改所带来的问题,从而提高了存储效率。进一步地,为了在数据同步过程中加强安全性与提高效率,本章对存储模型进行了优化,并基于该模型构建一种云边协同的动态数据同步方法。通过云服务器、边缘服务器以及终端的协同作业,降低数据的同步时延和处理成本。

4.1 传感云数据存储问题概述

本节将深入讨论传感云数据存储问题,着重分析存储安全与效率这两个关键问题,以及它们对传感云整体性能和用户数据安全性的影响。

4.1.1　安全问题

在传统传感云架构中,数据的分析和存储主要依赖云服务器,这已经成为行业内的主流模式。传统的云存储技术虽然显著降低了终端的存储压力,但也展现出了其异构、分布式和高度虚拟化的特性。在图4.1所示的云存储系统架构中,云服务提供商通过采用虚拟化技术来支持多租户架构,从而提高资源利用率。然而,在这个过程中,存储虚拟化的固有漏洞可能威胁到云服务服务的安全和隐私,成为潜在的安全隐患。

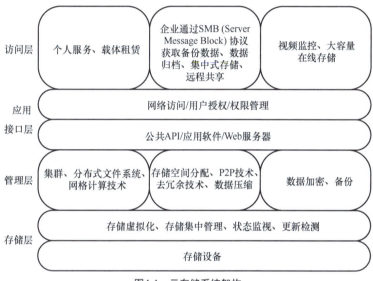

图4.1　云存储系统架构

此外,随着数据在互联网中的迁移,数据安全风险进一步加剧。应用程序接口(Application Programming Interface,API)和网络通道作为传输的关键环节,可能潜藏多种安全漏洞,给攻击者提供了可乘之机。在多租户模式下,源共享的特性使得构建稳健的数据和服务安全架构变得尤为复杂。此外,管理层往往缺乏透明度,这使得用户难以在虚拟化的云环境中实施有效的安全监控或入侵检测,进一步增加了数据安全和隐私保护的难度。

数据一旦被存储在远程服务器上,用户对数据的控制权显著下降。攻击者可能利用反向通道攻击等手段窃取云服务器中的数据,或在云环境内部署恶意软件[5]。此外,云服务器存储着海量的数据,使得它们很容易成为恶意攻击者的主要目标。这不仅导致敏感信息泄露,而且由于用户之间的互联性,还可能加剧这些安全风险的传播和危害程度[6]。

根据 Chai 等人[7]的工作,云服务提供商被视为"诚实且好奇"的。他们可能出于利益考虑,主动删除或恶意泄露用户数据给第三方。此外,操作失误也可能导致数据的隐私和安全遭受损害。全球范围内,云数据泄露事件屡见不鲜,这凸显了传感云在提供便利的同时,也伴随着巨大的安全风险。

为了更深入地了解这些风险,下面以智能家居系统为例进一步说明。如图 4.2 所示,该系统由多个部分组成（如传感器、连接设备和应用程序），它们协同工作，共同构建了一个动态的异构网络架构，高效地管理家庭设备，同时给用户提供高质量的服务[8]。

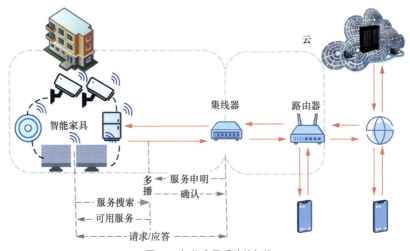

图4.2　智能家居系统的架构

在智能家居系统的设计与实施过程中，由于缺乏统一的互操作性标准，智能设备往往依赖集线器来构建网络并实现设备间的通信。这些设备通过集线器连接到网络，为用户提供了通过智能手机或计算机等终端进行远程访问和控制的便利。然而，这种设计也存在不容忽视的潜在安全风险。

具体而言，操作信息在网络传输过程中可能面临被未授权第三方截获的风险。一旦信息被截获，不仅可能用于监控用户行为，还可能成为未来网络攻击的基础。例如，通过监控集线器和路由器之间的通信，第三方可以轻易识别出智能中心正在与哪些设备进行通信。若这些通信涉及用户与智能家居设备间的交互，则可以推断出用户的生活习惯，如通过家中灯光的开关状态来判断用户是否在家。

更严重的是，第三方可能不仅仅满足于被动监听通信内容，他们还可能主动与传感设备交互，通过网络设备探测并识别其他设备的存在。在某些情况下，他们甚至可能冒充合法用户，以获取对智能家居设备的访问和控制权。这种行为不仅侵犯了用户的隐私权，破坏了服务的保密性，还对数据的完整性构成了严重威胁。一旦这些敏感信息被恶意利用，可能会对用户的人身安全构成直接的威胁。

4.1.2　效率问题

除了安全问题，传感云中的数据存储还面临以下与效率相关的重要挑战，这些挑战同样需要关注。

（1）数据传输和处理时延

由于传感云涉及终端和远程云服务器之间的数据传输，网络时延成为影响整体效率的关键因素。对于实时性要求极高的大数据应用而言，这种时延尤为致命。尽管可以采用先进的传输技术来降低时延，但物理距离导致的传输时间较长仍然是一个难以完全克服的难题。此外，数据在云服务器的处理时长也是影响整体响应速度的重要因素。

（2）资源分配与利用不均衡

云存储资源的分配通常基于对当前需求的预测，然而实际需求可能会随时间波动。这种动态变化导致资源在某些时期的过度使用或闲置，进而影响整体的成本效益和存储效率。因此，需要优化资源分配策略以解决这一问题，利用更灵活的架构和更智能的负载平衡技术，实现资源的动态调整。

（3）数据管理和维护成本

随着云存储规模的扩大，如何高效管理和维护庞大的数据集变得至关重要。有效的数据组织、索引和快速检索技术是提高存储效率的关键。同时，数据的安全管理、备份和恢复策略也是提高效率的重要部分，这些都需要投入大量的资源和精力进行维护。

（4）数据冗余和备份策略

为了保证数据的可靠性和持久性，云存储通常需要执行数据冗余和备份策略。然而，这会增加存储空间的需求和数据维护的复杂性。因此，需要探索高效的数据冗余和备份技术，以在满足数据可靠性要求的同时，降低存储成本和维护复杂性。

鉴于以上挑战，传统的集中式云服务模式已经难以满足日益增长的用户需求。因此，迫切需要探索新型的存储机制，以提高数据的存储安全和效率。在这方面，边缘计算作为一种对传统云计算的补充，为解决数据存储的安全和效率问题提供了新的思路。通过结合边缘计算和传感云技术，可以更好地应对上述挑战，为用户提供更安全、更高效的数据存储服务[9]。

4.2　基于边缘计算的传感云数据存储

4.1 节深入分析了当前传感云在数据存储方面所面临的挑战，主要集中在数据安全与存储效率两个方面。基于这一分析，本节结合边缘计算技术的特点，提出两种解决方法，旨在提高数据存储安全性和提高存储效率。

4.2.1　三级安全存储方法

本小节介绍一种创新的三级安全存储方法，旨在为用户数据隐私提供更全面的保护。该方法采用了数据分布存储机制，相较于传统依赖数据加密的安全策略，能够降低数据被非授权访问的风险。

该方法的基本思想是将用户数据分散地存储在云服务器、边缘服务器和终端 3 个不同的位置。在这种架构下，任何单一层级都无法获取数据的完整内容，从物理层面阻止了潜在的数据泄露风险。同时，利用边缘计算的低时延特性，这种存储模型能在数据传输速率和存储效率等方面呈现较好的性能[10]。

1. 框架设计

三级安全存储方法采取了一种基于编码的数据划分策略，将用户数据划分为大、中、小 3

个部分，并通过特定的编码处理，确保每个部分数据都缺乏关键信息，从而增强数据的安全性。图 4.3 直观地展示了三级安全存储方法的框架，其中编码后的数据被分割为不同比例的对象，例如 1%、4% 和 95% 的对象，这些对象根据服务器的存储能力被合理分配至各个层级。

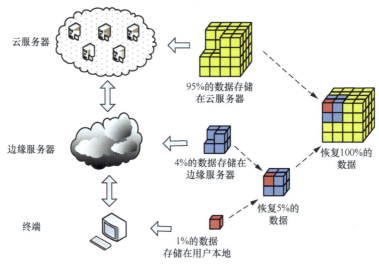

云服务器

95%的数据存储
在云服务器

恢复100%的
数据

边缘服务器

4%的数据存储在
边缘服务器

恢复5%的
数据

终端

1%的数据
存储在用户本地

图4.3　三级安全存储方法的框架

该方法中的编码方法为哈希–所罗门（Hash-Solomon）编码，它是纠删码里德–所罗门（Reed-Solomon，RS）编码的一种扩展。以 (n, k)-RS 码为例，其中 k 表示所映射的数据块的数量（可标记为 $\{D_1, D_2, \cdots, D_k\}$），这些数据块经过编码转化为 n 个块（包括原始的 $\{D_1, D_2, \cdots, D_k\}$ 和生成的冗余块 $\{C_1, C_2, \cdots, C_m\}$，其中 $m = n - k$ 且 $n > k$）。冗余块 C_i 可以看作原始 k 个数据块的线性组合，计算方式如式（4.1）所示。

$$C_i = \sum_k^{j=1} B_{i,j} D_j, 1 \leqslant i \leqslant n - k \tag{4.1}$$

其中，$B_{i,j}$ 表示第 j 个数据块对应的第 i 个冗余块的系数。

这一种编码方法的核心优势在于，只要所持有的数据块数量不少于原始数据块数量，便可以重构完整数据。正是基于这一特性，本方法采取了如下的存储策略：在每次数据编码后，仅选择不超过 $k-1$ 的数据块存储于高性能的存储服务器中，余下的数据保存在次级存储服务器上。这种策略巧妙地平衡了数据存储的性能与安全性。即使部分数据被非法获取，由于数据的不完整性，非法获取者将无法恢复原始数据，从而保障了用户数据的隐私和安全性。

2. 编码原理及安全性分析

Hash-Solomon 编码作为提高存储数据安全性的关键技术，其核心在于一系列复杂的矩阵运算。如图 4.4 所示，首先，待存储的数据对象通过有限域映射转化为数据矩阵。在这一步骤中，数据对象的每个字节都与有限域 GF(2^ω) 上的元素相映射[11]，进而构建出数据对象的原始矩阵 O。随后，通过对原始矩阵 O 进行哈希变换，获得新矩阵 X。矩阵 X 与编码矩阵 A［也称为生成矩阵，通常由单位矩阵与另一矩阵（如范德蒙矩阵或柯西矩阵）组合而成］进行乘法操作，得到多个块

$\{X_1, X_2, \cdots, X_6\}$。在存储策略上，$X_1 \sim X_5$ 被存储于云服务器和边缘服务器，而 X_6 与冗余块 C 则被保存在终端设备上。对于 $X_1 \sim X_5$（这里用 $\boldsymbol{X}'$ 矩阵简单指代）进行进一步的哈希变换，产生新的数据矩阵 $\boldsymbol{Y}$。$\boldsymbol{Y}$ 与另一编码矩阵 $\boldsymbol{B}$ 作用后，生成 $\{Y_1, Y_2, \cdots, Y_5\}$ 以及冗余块 R。$\{Y_1, Y_2, \cdots, Y_5\}$ 被存储在云服务器上，余下的块则置于边缘服务器（本示例中假设 $k = 5$，$m = 1$）。

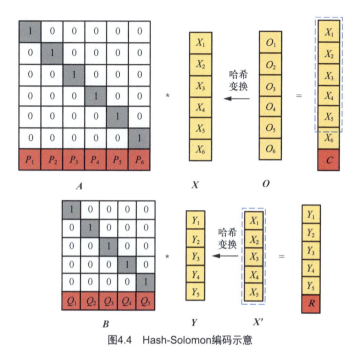

图4.4 Hash-Solomon编码示意

Hash-Solomon 编码以其独特的特性和优势，为云存储中的数据安全提供了坚实保障。结合恰当的数据分配策略，即便攻击者能够获取部分数据，也无法重构用户的原始数据。尤其在极端情况下，即使攻击者获取超过 k 份数据，仍面临着解码和还原原始数据的巨大挑战。编码矩阵的设计是该编码方法的核心。其复杂性和多样性使得编码矩阵几乎不能被轻易破解。若采用穷举法尝试所有可能的矩阵组合以解密编码，那么所需的计算复杂度和时间成本将极为庞大，如表 4.1 所示。

表4.1 破解编码矩阵的穷举次数（穷举法）

有限域大小	m	k	穷举次数
$GF(2^4)$	1	6	256^3
$GF(2^4)$	2	6	256^6
$GF(2^8)$	1	6	256^6
$GF(2^8)$	2	6	256^{12}
$GF(2^{16})$	1	6	256^{12}
$GF(2^{16})$	2	6	256^{14}

Hash-Solomon 编码的安全性不仅源于设计的数据分配策略，还在很大程度上依赖编码矩阵的复杂结构。这种双重保护机制确保了即使在极端不利的情况下，云存储中的数据也能得到保护，

为用户提供了一个既高效又安全的数据存储方案。

在 Hash-Solomon 编码的实现过程中，哈希变换扮演了至关重要的角色。它通过对原始数据进行复杂变换，生成新的数据表示形式，增强了数据的安全性和隐私性。该技术细节为 Hash-Solomon 编码增添了额外的保护，对于那些对机密性要求极高的数据对象来说，其重要性显而易见。

1）局部信息保护。虽然 RS 编码通过分割数据和增加冗余性来提供错误纠正能力，但每个独立的数据块仍保存有原始信息的一部分。这意味着，如果这些数据块不慎落入恶意行为者手中，即使它们本身不足以恢复整个数据对象，也可能被利用来直接或间接地泄露敏感或机密信息。

2）序列随机化。哈希变换的引入不仅使原始数据被分割，而且有效地打乱了其原有的顺序。这一变化增加了攻击者还原原始数据时的难度。在传统的编码方案中，即使数据被分割，如果各部分的顺序保持不变，攻击者仍有可能通过分析这些部分的关联性来推测出原始数据的内容。

因此，通过引入哈希变换，Hash-Solomon 编码构建了一个更加强大的安全机制。这一机制有效地保障了用户数据的隐私和安全，尤其是在处理对机密性要求极高的数据对象时，其作用尤为显著。在当前信息安全日益重要的背景下，Hash-Solomon 编码为云存储提供了一种创新且高效的保护方式，使得用户可以更加安心地将敏感数据存储在云端。

3. 实验评估

本实验针对三级安全存储方法的性能和可行性进行了评估，选取了多样化的数据类型和大小进行验证，包括图片（NEF 格式，24.3MB）、音频（MP3 格式，84.2MB）、视频（RMVB 格式，615MB）。

为了确保数据的私密性并最大化存储效率，本实验采用了"多一块"原则。这一原则是指在不牺牲数据私密性的前提下，较低层的服务器仅需保存 $m+1$ 份数据块（m 指冗余块数量），从而降低下层服务器的存储压力。

图 4.5 展示了随着数据对象存储量的增加，终端存储量的变化趋势。可以看出，随着数据块数 k 的增加，终端存储的数据量逐渐减少。这表明，在允许范围内增加数据块数，可以有效减轻终端的存储负担和成本。此外，不同大小的数据对象在存储方案中的性能表现也存在差异，大型数据对象在该框架中的表现更为优秀。可以得出结论，通过合理调整数据块数 k 和根据数据对象大小优化存储策略，用户可以在确保数据私密性的同时，实现存储效率和成本的双重优化。

而同样需要注意的是，过多的数据块数可能会增加编码和解码的计算成本。图 4.6 和图 4.7 揭示了数据块数 k 与编解码时间之间的关系。首先，如图 4.6 所示，随着 k 的增大，编码时间呈现指数级增长。这意味着，若 k 值设置过高，尽管能够在一定程度上降低终端的存储压力与成本，但编码过程将变得异常耗时，难以满足用户对高效云存储服务的期待。因此，在实际应用中，用户需根据终端机器的性能及存储需求，审慎权衡 k 值的选择，以期在存储效率与编码时间之间达到最佳的平衡状态。其次，如图 4.7 所示，数据块数 k 对解码时间也同样具有影响。随着 k 的增加，解码时间同样增加，这直接关系到用户从云服务器下载数据对象的响应速度。因此，保持解码时间在可接受范围内对于保障用户体验同样至关重要。

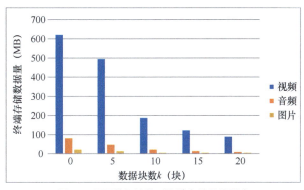

图4.5 不同数据块数对终端存储量的影响

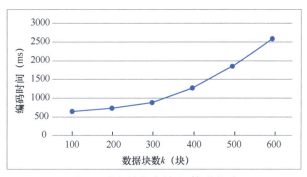

图4.6 数据块数k与编码时间的关系

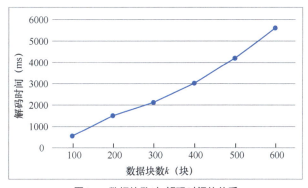

图4.7 数据块数k与解码时间的关系

对比发现，在同样情况下，解码时间远大于编码时间，这表明在优化整体性能时，需要重点关注缩短解码时间。总的来说，虽然编码效率不容忽视，但优化解码过程可能会带来更明显的性能提升。

4. 小结

本小节介绍了一种三级安全存储方法，旨在实现用户数据的安全存储和隐私保护。该方法结合了边缘计算的特点，融入了 Hash-Solomon 编码技术，实现了对用户数据的划分，划分后的数据被分别存储于云服务器、边缘服务器和终端。通过一系列的理论分析和实验，证明了该方法在实际应用中的可行性和有效性。然而，在实施该存储方法时，必须审慎考虑数据块数和冗余块数的设定。这些参数是影响系统整体效率的关键因素，包括存储效率和编解码效率。因此，在设计和部署该存储方法时，寻找数据块数和冗余块数之间的最佳平衡点尤为关键，这不仅关乎数据安全性的需求，也是保持系统高效运行的重要条件。

4.2.2　差分三级存储方法

三级安全存储方法为用户数据的安全和高效存储提供了一种灵活且通用性强的解决方案。在此方法中，用户可以根据数据的特性和安全需求，灵活调整数据的划分比例。通过合理的比例划分，不仅能保障数据的安全性，还能提高存储和访问的效率。

通过进一步观察发现，传感云数据通常呈现一定的分布规律：对于数值型数据而言，它们往往围绕某个中心波动，即同一类监测值在一个相对稳定的范围内上下波动[12]。这种分布特性为传感云数据的存储提供了优化空间。

1.　差分存储模型

以特定监测值为例，假设其围绕某个中心上下波动，则监测值可分为两部分，即中心值（以下称为元数据，标记为 M）和原始数据与元数据间的偏差（以下称为残差，标记为 R）。M 与 R 之间的关系可用式（4.2）表示。

$$D_i = M + R_i, \ i = 1,2,3,\cdots,t \tag{4.2}$$

其中，D 为原始收集到的传感云数据，t 为不同的监测时段。

基于该特性，将数据差分存储有利于提升存储效率。同时基于 4.2.1 小节的研究基础，预处理阶段可以采用 Hash-Solomon、AES-Solomon 等编码方法，结合加密算法，可以进一步强化数据安全。

该差分存储模型实现了双重目的：一方面，通过差分算法对数据进行划分存储，它进一步降低了云服务器的存储成本，同时也降低用户的付费成本；另一方面，基于数据的划分特点以及自身的"再生"能力，数据的机密性、完整性和可用性得到了保障[13]。总的来说，云服务器的存储空间得到了有效利用，并且云－边通信及云－终端通信成本也随之降低[14]。

2.　工作流程

差分三级存储方法的基本思路如图 4.8 所示。

（1）上传步骤

如图 4.9 所示，传感设备首先将收集到的数据传输至边缘服务器。在边缘服务器中，数据处理经历 3 个步骤。第一步，数据被划分为元数据与残差两部分；第二步，为了提升数据的存储安全性，对这两部分数据进行编码加密；第三步，处理后的残差部分被上传至云服务器进行单独存储（这部分数据占据原数据的大部分），而元数据部分则被分为两部分，基于 4.2.1 小节讨论的恢复原则，将 $k-1$ 块存储于边缘服务器，剩余块存于终端。图中假设 $k-1$ 块占总数据的

80%，则存在终端的数据为剩余的 20%。

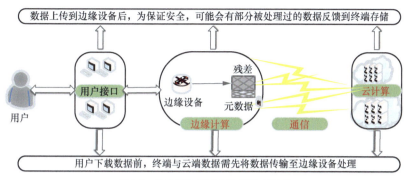

图4.8　差分三级存储方法的基本思路

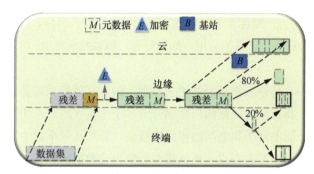

图4.9　差分三级存储方法的上传流程

（2）下载步骤

如图 4.10 所示，当用户需要下载传感云数据时，流程如下：首先，终端向云服务器发送访问请求。云服务器在接收这一请求后，迅速处理并将残差信息发送至边缘服务器，并发出相关指令，指导其进行后续的操作。边缘服务器在接收到云服务器的数据和指令后，对残差进行解密。接着，边缘服务器将向终端发起访问请求，终端将数据发送给边缘服务器。边缘服务器在接收到全部数据后，将它们合并解码，并与残差连接得到完整数据。

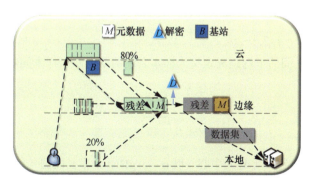

图4.10　差分三级存储方法的下载流程

3. 算法设计与分析

差分三级存储方法的核心思想在于寻找合适的元数据，元数据是整个存储流程中前后工作的关键连接点。在实际应用中，元数据的选择具有很大的灵活性。下面介绍选择元数据的两种可行算法。

（1）基于 RMSE

针对不同的应用场景，元数据的选择具有灵活性。在不受特定约束的情况下，可以采用一般的数学方法进行选择。数学领域中，方差的概念用来衡量随机变量与数学期望之间的偏差程度。对于本节所提出的方法，目标是找到能够使残差尽可能小的元数据，即元数据和原始数据之间的偏差应当尽可能小，因此进一步引入 RMSE 的思想，计算方式如式（4.3）所示。

$$\mathrm{Re} = \sqrt{\frac{\sum d_i^2}{n}} \tag{4.3}$$

其中，n 为测量次数，d_i 为一组测量值与真值之间的偏差。结合目标，d_i 可以解释为原始数据与元数据之间的偏差。通过数学工具的应用，如微分等，可以找到使 Re 尽可能小的元数据。

（2）基于聚类

在实际应用场景中，传感云数据可能更为复杂。为了有效处理这类数据，可以采用基于聚类的元数据选择算法。将数据集根据相似性划分为多个子集（簇），使同一子集内的数据对象之间具有高度相似性，而不同子集之间的相似性较低。算法从每个簇中选择一个代表点作为元数据，这个代表点通常是簇的中心点。选择簇中心作为元数据的好处在于它能够最小化簇内样本到簇中心的距离，即残差。

例如，一个样本集 $X = \{X_1, X_2, \cdots, X_i, \cdots, X_n\}$，其中包括 n 个样本，每个样本具有 p 个属性，即 $X_i = \{X_{1p}, X_{2p}, \cdots, X_{ip}, \cdots, X_{np}\}$。首先对样本集进行抽样，并根据 BWP（Between-within Proportion）指标在 $[k_{\min}, k_{\max}]$ 范围内选择最佳聚类数 k_{opt}（一般情况下 $k_{\min} = 2$，$k_{\max} = \sqrt{n}$ [8]），将样本集划分为 k_{opt} 个簇，即 $X = \{\mathrm{Cluster}_1, \mathrm{Cluster}_2, \cdots, \mathrm{Cluster}_{k_{\mathrm{opt}}}\}$，簇中心可以设置为 $\{C_1, C_2, \cdots, C_{k_{\mathrm{opt}}}\}$。如何划分 k_{opt} 个簇是一个关键问题，以下提供一个可行的方案。

基于欧几里得距离定义空间中任意两个点的距离，如式（4.4）所示。

$$d\left(X_i, X_j\right) = \sqrt{\sum (X_{iw} - X_{jw})^2} \tag{4.4}$$

其中，$i = 1, 2, \cdots, n$，$w = 1, 2, \cdots, p$。

空间中任意两点之间的平均距离定义为样本之间的距离除以样本间的组合数，如式（4.5）所示。

$$\mathrm{avgDist} = \frac{\sum_{i=1}^{n}\sum_{j=1}^{n} d\left(X_i, X_j\right)}{A_n^2} \tag{4.5}$$

样本 X_i 的密度定义为：以 X_i 为中心，以 $\alpha \times \mathrm{avgDist}$ 为半径的圆（包括边缘）中包含的样本点，即当满足条件 $d(X_i, X_j) < \alpha \times \mathrm{avgDist}$ 时，count() 函数累计递增 1，α 是半径调整系数，默认值为 1。具体计算方法如式（4.6）所示。

$$\mathrm{Dens}\left(X_i\right) = \sum_{j=1}^{n} \mathrm{count}\left(d\left(X_i, X_j\right) \leqslant \alpha \times \mathrm{avgDist}\right) \tag{4.6}$$

其中，$i = 1, 2, \cdots, n$，$j = 1, 2, \cdots, n$。样本集 X 的平均密度的定义如式（4.7）所示。

$$\mathrm{avgDens} = \frac{\sum_{j=1}^{n} \mathrm{Dens}\left(X_i\right)}{n} \tag{4.7}$$

高密度点集 D 定义为样本点的集合，这些样本点的密度和样本集 X 的平均密度呈倍数关系，集合如式（4.8）所示。

$$D = \left\{X_h\right\} \tag{4.8}$$

其中，X_h（$X_h \in X$）是满足 $\mathrm{Dens}(X_h) \geqslant \beta \times \mathrm{avgDens}$ 的样本点，表示高密度点。β 为密度调整系数，默认为 1。样本集 X 的中心是 X 的平均值，定义如式（4.9）所示。

$$X_{\mathrm{center}} = \frac{X}{n} \tag{4.9}$$

划分 k_{opt} 个簇的具体步骤下：得到最佳聚类数 k_{opt} 后，根据式（4.4）～式（4.6）计算样本集中每个样本点的密度，并根据式（4.7）～式（4.9）确定高密度点集 D 及样本集中心 X_{center}，算法选定初始簇中心。随后，根据未选为簇中心的样本点到 X_{center} 和已有簇中心的距离乘积，进一步增加簇中心。持续进行此过程，直至集合 C 中的簇中心数量达到 k_{opt}。最后，根据所得簇中心（元数据）及其相应的残差算法完成数据的分割和存储处理。

4. 实验评估

本实验中考虑了数据的多样性分布，将不同的数据分布规律与基于 RMSE 和基于聚类的差分数据算法结合起来，评估其对存储效率的影响。如图 4.11 所示，针对几种经典分布状态（如高斯分布、均匀分布等）进行了实验，结果表明，基于 RMSE 和基于聚类的差分数据算法对各种类型的数据分布都产生了积极的效果。特别是对于服从高斯分布的数据集，基于 RMSE 和基于聚类的差分数据算法在存储效率方面表现尤为突出，这与算法的设计初衷完全一致。

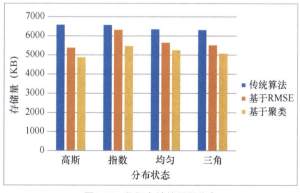

图4.11　数据存储的不同分布

　　高斯分布是一种常见的数据分布形式，许多实际场景中的数据都呈现出这种分布特点。为了深入剖析高斯分布数据下方差变化对实验结果的具体影响，接下来进行详尽的探讨。如图4.12所示，随着标准差（σ）的增大，本节所提的两种算法在存储空间节约方面都呈现出下降趋势。尽管如此，与传统算法及前文所提的示例模型相比，这两种算法在性能上仍显示出较强的竞争力。值得注意的是，当σ值不断增大时，基于聚类的差分算法在存储成本节约方面表现出更为稳定的性能，这主要得益于聚类算法能够有效应对数据分布离散度的变化。相比之下，基于RMSE的差分算法在数据分布离散度较高时可能受到较大的影响，导致存储成本节约效果相对减弱。

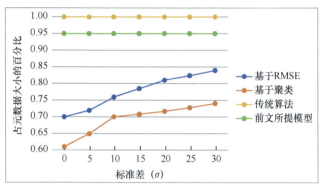

图4.12　不同标准差下算法效率的比较

　　通过实验验证，本节所提的两种算法不仅极大地提升了传感云的存储效率，还有效地降低了数据传输带宽的需求，为传感云的高效运行提供了有力支持。在实验中，将冗余块与数据块数量固定，可以观察到随着数据量的增加，这两种算法相比于传统算法和前文所提模型都实现了带宽消耗的显著降低，效果随数据量增加更为明显，如图4.13所示。这一优势的实现，得益于差分数据算法对资源的高效利用。通过选择有代表性的元数据并计算残差，算法能够在保持数据完整性的同时，大大减少数据传输的冗余部分。这种设计不仅减轻了云服务提供商的存储和传输负担，还降低了用户的带宽成本，达到了双赢的效果。

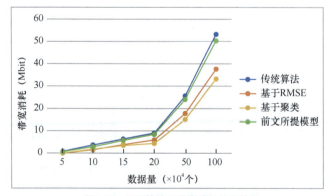

图4.13　不同算法下带宽消耗的比较

5．小结

　　在三级存储架构的基础上，本节对传感云数据的分割策略进行了深入分析和具体阐释。这一策略基于数据固有的分布特性,将数据分为元数据和残差两部分,并对这两部分数据实行差异化的编码处理。通过实验,展示了新策略在降低存储成本和减少带宽消耗方面所取得的显著成效。

4.3　基于边缘计算的动态数据同步存储

4.2 节探讨了如何在传统云存储中引入边缘计算,以加强用户数据的安全保护。沿着这一技术脉络,本节聚焦于云存储的一个重要应用领域——云同步[15]。云同步为用户提供了一种便捷的方式来保持数据的一致性、实现数据备份以及促进数据共享。然而,传统的云同步方法在实际应用中面临着一些固有的挑战。

传统的云同步工具,例如 Microsoft ActiveSync 和 Botkind 的 Allway Sync,尽管在功能性和易用性方面表现出色,但它们在进行数据同步时往往采取的是传输整个数据对象的策略。这意味着,即使数据对象只有微小部分发生了变动,也需要重新传输和同步整个对象。这种方式不仅增加了同步时间,还容易导致网络流量和存储成本的增加[16,17]。

为了应对这些挑战,本节提出了基于边缘计算的动态数据同步存储策略。这一策略的核心优势在于仅同步数据对象中变化的部分,同时利用边缘计算进一步优化同步过程,避免资源浪费[18-20]。

4.3.1　基于边缘计算的差分同步方法

1. 差分同步框架

传感云数据在云存储中的频繁更改,对传统存储方法提出了新的挑战。在大部分传统方法中,数据的任何细微更改都要求整个数据对象的重新上传,这在处理大型数据对象时加剧了资源的消耗[21]。针对这个问题,仅上传数据对象发生变化的部分成为一个有效的解决策略。实现这一策略的关键在于准确检测出变化的部分,滑动窗口技术便是实践中常用的一种手段。通过调整窗口的大小,可以在一定程度上控制检测的精度,窗口越小,检测精度越高。一旦定位到数据的变化,就可以开始构建新的数据对象。

然而,差分同步策略虽然具有诸多优势,但并非没有短板,它有如下一些突出的问题。

1)数据的掌控权问题。应用差分同步时,数据的掌控权不在用户手中,而是由云服务器负责管理所有用户数据。这意味着用户无法完全控制其数据的实际物理位置,从而引发了数据安全隐患。

2)云服务器的性能问题。由于差分同步需要云服务器对每个用户请求进行计算和检测,随着请求数量的不断增加,云服务器的负载也会不断加重。这可能导致云服务器的性能下降,甚至出现宕机等情况,从而影响用户的使用体验和数据的安全。

3)用户反复修改数据的问题。在实际应用中,用户可能会对同一数据进行反复修改。在这种情况下,差分同步可能会产生一系列重复且不必要的操作,这不仅浪费了资源,还可能导致数据的不一致性和混乱。

2. 基于边缘计算的差分同步框架

在现有技术背景下，本小节提出一种创新的基于边缘计算的差分同步方法。该方法通过整合云服务器、边缘服务器和终端的协同工作，实现了高效且安全的数据同步。如图 4.14 所示，用户的每一次操作都将触发一个同步请求，同步过程涉及数据增量及相关信息的传输。这些同步信息最初被上传至边缘服务器缓存，并在缓存达到一定预设阈值后，才会上传至云服务器以完成同步过程。在数据层面，图中左侧部分清晰展现了数据的变化。旧数据以蓝色框表示，而用户添加的新数据块以绿色标出。这些新数据块并非直接被上传至云服务器，而是首先被存放在边缘服务器上。边缘服务器根据其当前的缓存情况来决定是否进行云服务器同步。

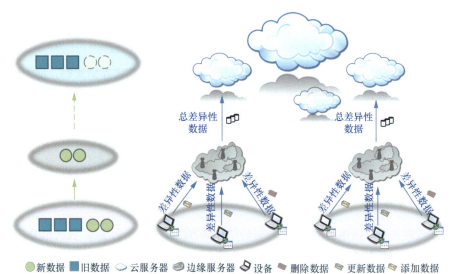

图4.14　基于边缘计算的差分同步框架示意

从图中可以看出，基于边缘计算的差分同步中，并非每一次同步操作都需要向云服务器发起请求。相比于传统的差分同步框架，当用户反复编辑同一位置数据时，该方法能显著减少数据的重复上传次数。只有当边缘服务器中的数据积累到一定量时，才会上传最新版本的数据。通过将部分工作从终端设备和云服务器转移至边缘服务器，有效提升了同步的整体性能。

3. 算法设计

（1）远程同步算法 [22]

远程同步（Remote Synchronization，RSYNC）算法是一种传统的差分同步算法，在数据同步方面起到了关键作用，其步骤如算法 4.1 所示。

算法 4.1　RSYNC 算法

输入：F_0，window_size；//F_0 为存储在云服务器和终端的旧数据对象

输出：F_n；// F_n 为终端同步到云服务器的数据对象的最终版本

1： **for** $i = 1$；$i < n$；i ++ **do** // 此部分为对数据对象进行滑动窗口检测，记录强弱校验码
2：　　Send_Request(CloudServer);
3：　　Chunk$[m]$ = Divide(F_n, window_size);
4：　　**for** $j = 0$; $j < m$; m ++ **do**
5：　　　　Adler32(Chunk$[m]$) → Table1;
6：　　　　MD5(Chunk$[m]$) → Table2;
7：　　**end for**
8：　　Send(Table1; Table2) to Local;
9：　　Slide_Check(F_n; Table1; window_size); // 对比弱校验码是否一致
10：　　**if** Matched **then**
11：　　　　Check(F_n; Table2); // 再次对比强校验码是否一致
12：　　　　**if** Matched **then**
13：　　　　　　Record(Information; Newdata); // 标记为新数据
14：　　　　**else**
15：　　　　　　Slide_Check(next_position); // 滑动向下一个位置
16：　　　　**end if**
17：　　**else**
18：　　　　Slide_Check(next_position);
19：　　**end if**
20：　　Send(Information; Newdata) to cloud; // 上传新数据至云服务器
21：　　Reconstruct(F_n; Information; Newdata); // 在云服务器重构数据
22： **end for**

为了更直观地解释 RSYNC 算法的工作原理，下面引入一个简化的场景。假设终端与云服务器均保存了一个字符串"123abcdef"。如果用户将其修改为"123ABCdefgh"，那么现在的任务就是将这些更改同步到云服务器。图 4.15 展示了这一过程的细节。

云服务器在接收到同步请求后，会根据预设的窗口大小（例如 3B）将原字符串切分成多个块，如 Chunk$[0]$、Chunk$[1]$ 和 Chunk$[2]$。对于每个数据块，云服务器会计算出相应的强校验码和弱校验码，例如使用 Adler32 作为弱校验码和 MD5 作为强校验码。得到校验码信息后，终端对比校验和表，对新修改的字符串"123ABCdefgh"进行遍历检查。在这个过程中，终端同样使用 3 字节的窗口来逐一检查字符串。

在遍历过程中，终端会首先检查字符串的前 3 个字节"123"，并发现它与 Chunk$[0]$ 匹配。这意味着这部分数据没有发生变化，因此记录下匹配信息及其在字符串中的偏移量。然后，窗口向右滑动到第 4 个字节的位置，此时窗口中的内容为"ABC"，由于这部分内容在校验和表中找不到匹配的块，说明这是一个新的数据块，终端会将其标记为需要上传的数据。随着窗口的继续滑动，终

端会逐一检查字符串的剩余部分。在检查过程中，如果窗口中的内容能够与原始字符串的某个块匹配，那么这部分数据就被认为是未发生变化的；如果找不到匹配项，那么窗口中的内容就被视为新的数据块，需要上传至云服务器。经过对新字符串的完整检查，终端获得了所有需要上传的新数据块以及相关的匹配信息。在这个例子中，终端发现"ABC"和"gh"是新数据块，并将这些信息上传至云服务器。云服务器在接收到这些信息后，会利用原始字符串"123abcdef"结合接收到的更新信息，构造出最终的字符串"123ABCdefgh"。这样，就完成了RSYNC的差分同步过程。

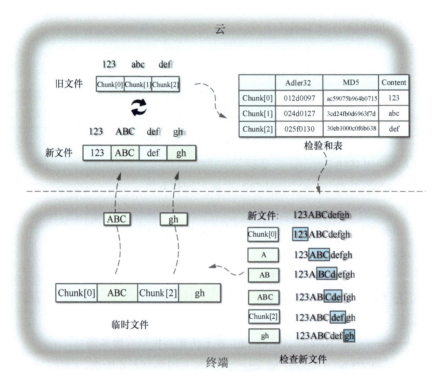

图4.15 一次RSYNC的过程示意

在数据同步领域中，当面对大量数据同步的场景时，减少上传量显得尤为关键。减少上传量不仅能节约网络资源，还有助于加快同步速度。以RSYNC差分同步算法为例，其在减少上传量方面的表现尤为出色，上传数据量仅为传统同步方法的45%。RSYNC算法的高效性得益于其独特的处理机制，尽管算法生成了一些辅助的校验和表及相关信息，但这些附加数据与原始数据对象相比显得微不足道。

RSYNC算法采用了两种校验码——弱校验码和强校验码，这是其巧妙之处。采用双重校验码的理由在于，强校验码（如MD5）虽然准确性更高，但其计算过程相对于弱校验码（如Adler32）需要消耗更多的计算资源。因此，RSYNC算法充分利用了这两种校验码的特点。它首先使用弱校验码进行比对，若找到匹配的数据块，再使用强校验码进行进一步验证，确保了数据块匹配的准确性。

通过双重校验码的结合使用，RSYNC算法在减少不必要的数据传输、降低计算复杂度和提高同步准确性之间找到了一个平衡点。这使得它在面对大量数据的同步任务时，能够高效地完成工作，同时保持数据的完整性和一致性。因此，RSYNC 算法在数据同步领域得到了广泛的应用和认可。

（2）基于边缘计算的差分同步算法

尽管 RSYNC 算法在减少云存储中不必要的数据传输方面表现出色，但随着数据量的增长和终端上频繁的小型修改，RSYNC 算法开始暴露出其局限性。特别是在面对终端对同一数据对象的连续小型修改时，RSYNC 算法可能会触发大量同步请求，给云服务器带来巨大压力，并消耗大量带宽和计算资源。

针对这一问题，本小节引入了边缘计算，设计了一种基于边缘计算的差分同步算法——ESYNC（Edge Synchronization）算法。ESYNC 算法的核心思想是利用边缘服务器的计算能力和存储能力，优化数据的同步流程，并将部分云服务器的压力转移到边缘服务器。在这个过程中，边缘服务器充当了临时数据缓存和处理中心的角色，有效减轻了云服务器的负担。

同样考虑一个简化的例子，数据从"123abcdef"更改为"123ABCdefgh"，并进一步变更为"123abcdefghi"。在 ESYNC 算法中，处理流程将分为两种情况来讨论。第一种情况如图 4.16 所示，当数据变更未达到设定的同步阈值时，云服务器在收到同步请求后，会采取类似 RSYNC 算法的方式，将字符串拆分成若干数据块并计算出相应的校验码，这些校验码随后存储在校验和表中并发送给边缘服务器。边缘服务器保存这些信息的副本，并将校验和表转发给终端。终端随后检测本地的新字符串，通过滑动窗口分析数据，最终识别出需要同步的数据块。

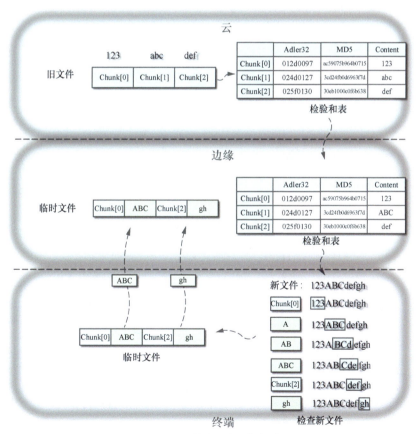

图4.16 ESYNC算法上传（未达到阈值）

在这种情况下，由于数据更新未达到预设的同步阈值，边缘服务器不会立即将更改同步至云服务器，而是仅在终端应用这些更改，并生成临时数据对象，等待未来的数据同步。这一策略被称为"本地更新"。这种处理方式避免了频繁的小型数据更新带来的干扰，从而保证了更高的稳定性和效率。通过引入边缘服务器作为中间层，ESYNC 算法实现了对终端数据更改的缓冲和过滤，展现出了相较于 RSYNC 更加灵活的处理，有效地解决了 RSYNC 算法面临的挑战，为数据同步领域带来了新的思路和解决方案。

图 4.17 展示了达到设定阈值的同步场景。这一场景中，用户在之前的基础上对字符串做了进一步的调整，从"123ABCdef"变为"123ABCdefghi"。在启动同步过程时，用户首先通过与边缘服务器的交互获取最新的校验和表，并利用这个表来检验当前的字符串。通过比对，用户识别出"ghi"是新加入的数据部分。这些更新数据随后被上传至边缘服务器。此时的数据更新已经达到了系统设定的同步阈值，边缘服务器需要与云服务器交互执行一次完整的同步操作。然而，在此之前，边缘服务器并未立即与云服务器进行同步。它首先检查本地的临时存储，经过比对后发现，"gh"和"ghi"实际上是对同一位置的连续更新。为了避免重复传输和提升同步效率，边缘服务器仅将"ABC"和"ghi"上传至云服务器。依靠云服务器已有的数据和新接收到的数据块，"123ABCdefghi"的完整字符串得以轻松重构。这一过程完成后，边缘服务器会清空其内部的临时数据，为下一轮的同步操作做准备。

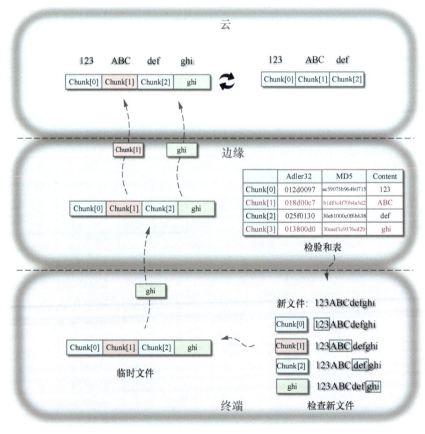

图4.17　ESYNC算法上传（达到阈值）

在上述情况下，如果采用传统的 RSYNC 算法，可能会导致重复数据同步的发生，例如"gh"数据块的不必要同步，这无疑增加了同步过程的负担。相比之下，ESYNC 算法最大限度地利用了边缘服务器的功能，不仅作为临时的数据存储，也充当同步过程的关键中介，确保了数据同步的流畅与高效。具体的操作流程如算法 4.2 所示。

算法 4.2　ESYNC 算法

输入：F_0，window_size，threshold；//F_0 为存储在云服务器和终端的旧数据对象

输出：F_n；// F_n 为终端同步到云服务器的数据对象的最终版本

1：Chunk[m] = Divide(F_0, window_size)；

2：**for** $j = 0$；$j < m$；m ++ **do**，// 此部分为对数据对象进行滑动窗口检测，记录强弱校验码

3：　　Adler32(Chunk[m]) → Table1；

4：　　MD5(Chunk[m]) → Table2；

5：**end for**

6：Send(Table1; Table2) to Edge；// 将校验码表上传至边缘服务器

7：**for** $i = 1$；$i < n$；i ++ **do** // 在边缘服务器上对数据进行一致性检测

8：　　Send_Request(EdgeServer)；

9：　　Compare(threshold)；// 判断本次修改是否达到边缘服务器阈值

10：　　**if** Not Reach **then**

11：　　　　Slide_Check(F_n; Table1;window_size)；

12：　　　　**if** Matched **then**

13：　　　　　　Check(F_n; Table2)；

14：　　　　　　**if** Matched **then**

15：　　　　　　　Record(Information; Newdata)；

16：　　　　　　**else**

17：　　　　　　　Slide_Check(next_position)；

18：　　　　　　**end if**

19：　　　　**else**

20：　　　　　Slide_Check(next_position)；

21：　　　　**end if**

22：　　　Record(Information; Newdata) in the Edge；// 如没有达到阈值，则记录本次修改

23：　　　Update(Table1; Table2)；

24：　　**else**

25：　　　Send(Information; Newdata) to cloud；// 一旦达到阈值，就与云服务器进行同步

26：　　　　Reconstruct(F_n; Information; Newdata)；

27：　　　　Clear the file in the Edge Server；

28： **end if**

29： **end for**

在差分同步算法的实现中，阈值的设定是一个关键因素，它通常与数据块的变化率有关。如式（4.10）所示，在差分同步过程中，新的数据对象由新数据块和旧数据块两部分组成。新数据块是由于数据对象的更改而产生的差异性数据，而旧数据块则是原有数据对象的一部分。如式（4.11）所定义，变化率是新数据块与旧数据文件的比值。

$$\text{New file} = \text{New chunk} + \text{Old chunk} \tag{4.10}$$

$$\text{Change rate} = \frac{\text{New chunk}}{\text{Old file}} \tag{4.11}$$

根据式（4.12），如果变化率低于阈值，边缘服务器将时延同步直至下一次操作。相反，如果变化率达到或超过阈值，边缘服务器则会将数据对象同步到云服务器。这个阈值可以根据实际需求进行调整。

$$f = \begin{cases} 1, & \text{Change rate} \geq \text{threshold} \\ 0, & \text{Change rate} < \text{threshold} \end{cases} \tag{4.12}$$

设每次修改后超过阈值的概率为 p。经过 n 次修改和同步后，RSYNC 和 ESYNC 的请求次数分别通过式（4.13）和式（4.14）来计算：

$$\text{RSYNC} = n \tag{4.13}$$

$$\text{ESYNC} = \sum_{i=1}^{n} f(p) \tag{4.14}$$

由式（4.13）和式（4.14）可知，ESYNC 的请求时间总是不大于 RSYNC 的请求时间。同时，ESYNC 中的上传的数据量也在减少。如果在 n 次同步中有 x 次的重复修改。使用 RSYNC 上传的数据总量为 $\sum_{i=1}^{n}\text{datasize}(i)$，而使用 ESYNC 的上传数据总量则为 $\sum_{i=1}^{n-x}\text{datasize}(i)$，显然只要存在重复修改，就有 $\sum_{i=1}^{n}\text{datasize}(i) > \sum_{i=1}^{n-x}\text{datasize}(i)$。

（3）基于 RS 编码的差分同步算法

基于边缘计算的差分同步方法使数据同步效率有了很大的改善，但在本章的研究中，安全性和隐私性同样被赋予了极高的重要程度。为了在确保同步效率的同时加强数据安全性，本节在同步算法中融合了 RS 编码，将其与先前提出的 ESYNC 算法结合，形成了基于 RS 编码的差分同步算法——RS-ESYNC 算法。

RS-ESYNC 算法的同步流程如图 4.18 所示。首先，RS 编码的应用使得数据被分割成多个数据块（$X_1 \sim X_5$），并生成两个冗余块 C。考虑到数据的分散性和安全性，这些数据块并不集中存储，而是通过特定的策略分别存储在边缘服务器和云服务器，如图中步骤 1 所示。云服务器中仅存储了 4 个块，此时块的数量小于恢复的最低要求，因此，云服务提供商或外部攻击者无法使用存储在云服务器中的数据来恢复原始数据对象。随后的更新操作如图中步骤2、3和4所示。当新的数据块 X_6 出现时，该数据会被优先发送至边缘服务器。只有当边缘服务器中的数据累积到一定程度，达到阈值，才会启动与云服务器的同步操作，并相应地清理边缘服务器的相关数据。此时已达到边缘服务器设定的阈值，边缘服务器将数据同步到云服务器。云服务器首先利用已有的 $X_1 \sim X_4$ 和边缘服务器上传的数据块来恢复原始数据对象，并与新数据 X_6 进行整合，得到更新后的数据对象。接着，再次执行 RS 编码，从更新的数据对象中产生 $X_1 \sim X_6$ 的新数据块和额外的两个冗余块 C。这些新产生的数据块根据预设的策略进行分配和存储。

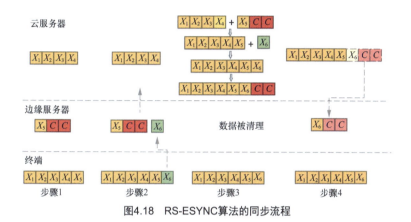

图4.18 RS-ESYNC算法的同步流程

4. 实验评估

本实验选择了两种代表性强的同步场景。场景一中，原始数据大小为 78.6KB，先后经历了两次更改，得到了 97.6KB 与 107KB 的更新版本。场景二中，数据同样经历了两次更改，先后得到 107KB 和 97.6KB 的更新版本。实验中设定边缘服务器仅当数据对象的更改比例超过 50% 时，才触发同步操作。为确保结果的准确性，每种场景都进行了 100 次重复测试，并取平均值作为评价标准。

实验对比了 ESYNC 算法、RSYNC 算法以及传统同步算法（每次数据变动时都上传完整数据）在数据同步方面的性能。值得注意的是，无论是 RSYNC 算法还是 ESYNC 算法，其核心都涉及滑动窗口的检测技术。窗口的大小直接影响检测的效率和精度。理论上讲，窗口越小，其检测的精度就越高，这意味着在差分同步中新数据的上传量也越少，但小的窗口也意味着更低的处理效率。在图 4.19 所示的实验中，使用了 5 种不同大小的窗口，分别为测试数据对象大小的 1/4、1/6、1/8、1/10 和 1/20，以此来评估场景一中数据对象同步的效果。结果显示，窗口越小，运行时间越长，因此选择合适的窗口大小对实际应用至关重要。

在后续的实验中，将不采用固定的窗口大小，而是继续使用每个文件的 1/4、1/6、1/8、1/10 和 1/20 作为窗口大小，并将它们标记为"块数"。

图 4.20 展示了场景一（78.6KB → 97.6KB → 107KB）中 3 种同步算法在不同窗口大小下的传输时间对比。从图中可以清晰地看到，传统同步算法（以蓝色表示）的传输时间始终是最长的，这是因为它每次同步都需要上传整个数据对象到云服务器。相较而言，RSYNC 算法（以绿色表示）

和 ESYNC 算法（以黄色表示）在传输时间上都有显著的优势。作为差分同步方法，它们并不需要在数据对象发生更改后上传完整的数据对象。此外，ESYNC 算法与 RSYNC 算法相比展现出了更高的效率，这主要得益于它利用边缘服务器作为缓存，从而大大减少了需要上传的数据量。此场景中，由于从 78.6KB 到 97.6KB 的数据更改并没有触及到同步阈值，边缘服务器会暂时保存这些更改信息。而当数据对象再次从 97.6KB 变化到 107KB 时，这些更改达到了同步阈值。由于合并了两次更改中的重复操作，使得 ESYNC 算法最终传输的数据比 RSYNC 算法少。

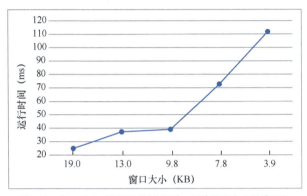

图4.19　窗口大小对运行时间的影响（5种不同大小的窗口）

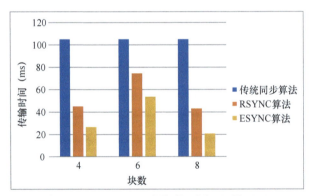

图4.20　3种同步算法在不同窗口大小（块数）下的传输时间对比（场景一）（78.6KB→97.6KB→107KB）

　　图 4.21 展示了场景二（78.6KB → 107KB → 97.6KB）中 3 种同步算法在不同窗口下的传输时间对比。同样，传统同步算法（蓝色）的传输时间总是最长的，RSYNC 算法（绿色）紧随其后，而 ESYNC 算法（黄色）的传输时间最短。但是在前 3 种窗口尺寸中，可以观察到 ESYNC 算法的传输时间极短，这是因为在这两次的数据对象更改过程中，都没有达到边缘服务器预设的同步阈值，因此没有新的数据被上传到云服务器。这自然带来了一个问题：如果数据在边缘服务器上长时间地未达到同步阈值而堆积，那么如何处理？

　　一个简单的解决方案是设置一个强制同步的时间间隔。在实际应用中，可以设定一个固定的时间段，比如 7 天。如果在这 7 天内，边缘服务器上的新数据没有达到同步阈值，那么系统会自动触发一个强制同步。但需要注意的是，这只是为了确保数据的时效性和完整性，并不是本节的核心关注点。

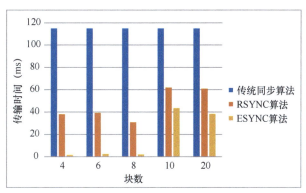

图4.21　3种同步算法在不同窗口大小（块数）下的传输时间对比（场景二）（78.6KB→107KB→97.6KB）

在前述实验中，结果及分析均表明，ESYNC 算法在性能上优于其他算法。为了进一步阐释这一点，特别对云服务器的请求数量进行了详细测试。这项测试聚焦于块景二（78.6KB → 107KB → 97.6KB）。如表 4.2 所示，采用 ESYNC 算法可以显著减少与云服务器的通信次数，从而在很大程度上降低了通信成本。

表4.2　3种同步算法边缘服务器与云服务器的通信次数

块数	传统同步算法	RSYNC算法	ESYNC算法
4	2	2	0
6	2	2	0
8	2	2	0

除了 ESYNC 算法，本节还将 RS 编码与 ESYNC 结合，提出了 RS-ESYNC 算法，但 RS 编码的引入是否会影响同步？答案是肯定的，但影响相对较小。如图 4.22 所示，实验测试了 4 个不同大小（1～4MB）的数据对象。图中蓝色线条表示 RS 编码时间，黄色线条表示数据传输时间。结果表明，RS 编码的时间远少于数据传输时间，且随着数据对象大小的增加，RS 编码时间的增长速度也小于传输时间的增长速度。

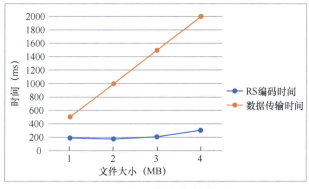

图4.22　RS编码时间与传输时间对比

5. 小结

本节提出了一种基于边缘计算的差分同步方法，旨在解决云数据同步中的一个核心问题：

如何高效同步数据对象。在传统方法中，无论数据对象的变更大小，每次都需上传完整的新数据对象至云服务器，这无疑导致了巨大的传输和存储成本。为有效解决这一问题，早期研究主要集中于减少需要同步的新数据量。本节提出的差分同步方法，通过将部分计算任务转移到边缘服务器，不仅显著降低了云服务器处理的压力，还大幅减少了数据传输量。这种策略的应用，不仅提升了数据同步的效率，还优化了网络带宽的使用，为云同步领域提供了一种更为高效和经济的解决方案。

4.3.2　云边协同的动态数据同步方法

4.3.1 小节探讨了基于边缘计算的差分同步方法，并与 RS 编码的结合，为传感云数据的安全存储与同步提供了有效方案。然而，这一方法尚未发挥存储框架的全部潜力。目前，数据块和冗余块的存储主要集中在云服务器和边缘服务器，而终端的资源利用率相对较低。此外，现行方法在通信资源消耗方面仍有待优化，尤其是在数据块级别的传输效率上有待提升。

回顾现有研究，传感云数据的更新总是具有 3 个特点[23,24]：第一，每次更新的数据量通常较小，这意味着大部分数据并未发生变化；第二，数据更新是持续不断的，高达 90% 的数据可能需要进行更新；第三，不同的更新在范围上存在差异，有的可能仅涉及原始块的一小部分，而有的则可能涉及大部分或全部的数据块。这种差异性要求我们的数据同步机制能够灵活应对，避免不必要的资源浪费。

为应对上述挑战，本小节提出一种改进的存储策略，旨在确保数据隐私和安全的同时提高同步效率。鉴于边缘服务器相比于终端一般具备更强的计算能力，本策略优先将更新较为复杂的冗余块存储在边缘服务器。同时，为了加强云服务器和边缘服务器的数据隐私保护，设计了基于数据隐私的数据分区策略。在该存储策略的基础上，设计了云边协同的动态数据同步方法，这种方法利用了多端之间的协同优势，为传感云数据的同步提供了一种更加高效和安全的途径。

1.　存储框架

在 4.2 节提出的基于边缘计算的传感云数据存储策略的基础上，本小节进一步完善了数据存储策略。首先，利用 RS 编码，将数据对象细分为 k 个数据块 $\{D_1, D_2, \cdots, D_k\}$ 和 m 个冗余块 $\{C_1, C_2, \cdots, C_m\}$。进一步地，每个数据块 D_i 都被细化为 x 个条带 $\{s_{i,1}, s_{i,2}, \cdots, s_{i,x}\}$。为确保每个数据块 D_i 中的重要信息被安全存储，对每个条带进行重要性评估（如利用信息熵等信息评估），随后选择最关键的条带作为核心数据（用 s_i 表示）。

经过以上步骤，可以得到核心数据 $\{s_1, s_2, \cdots, s_k\}$ 以及数据块的剩余部分，这里表示为 $\{X_1, X_2, \cdots, X_k\}$。如图 4.23 所示，本存储框架的设计思路是将 $\{X_1, X_2, \cdots, X_k\}$ 存储在云服务器，核心数据 $\{s_1, s_2, \cdots, s_k\}$（也可以简单地将其标记为 X_{k+1}）存于终端，而冗余块 $\{C_1, C_2, \cdots, C_m\}$ 则存于边缘服务器，为数据提供额外的保障。

这种存储框架的核心优点在于有效地利用了云服务器、边缘服务器和终端的各自优势。将核心数据存储于终端有利于加强用户对核心数据的控制权；同时，将数据的主体部分作为公共数据存储在云服务器，不仅保证了数据处理的高效性，还有效减轻了终端的存储压力。

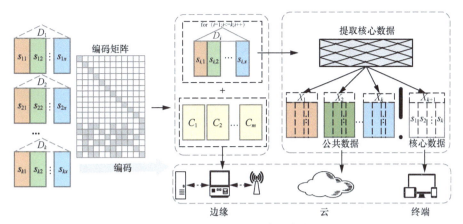

图4.23 云边协同的动态数据同步存储框架

2. 基于边缘计算的数据更新算法

（1）更新模型

更新模型的核心在于处理数据块和冗余块的更新，两者在更新过程中呈现出不同的特点，其中数据块的更新相对简明，而冗余块的更新则更为复杂。为了高效处理这些更新操作，本小节设计了基于边缘计算的数据更新算法（Edge Computing-based Data Update Algorithm，EDUA），该算法充分利用了边缘服务器的计算能力，将部分数据更新任务从云服务器转移到边缘服务器执行，从而减轻了云服务器的处理压力，并降低了数据传输的时延。

数据块更新流程涉及终端和云服务器两个层次。更新过程首先从终端开始，用户或应用程序会对本地存储的核心数据进行检查。一旦发现核心数据发生变更，终端会立即执行更新操作，直接替换原有的核心数据。同时，为了保持云服务器上数据块的一致性，终端会将剩余数据上传至云服务器，以确保云服务器存储的数据块保持最新状态。

对于冗余块的更新，假设数据块 D_u 被修改为 D_u'（$1 \leqslant u \leqslant k$），由于冗余块是数据块的线性组合，所以任何数据块的变更都将导致所有相关冗余块的重新计算和更新，以确保数据的连贯性和完整性。冗余块 C_i 的更新可以通过数学公式表示，如式（4.15）所示。

$$
\begin{aligned}
C_i' &= \sum_{j=1,\,j\neq u}^{k} B_{i,j} D_j + B_{i,u} D_u \\
&= C_i + B_{i,u}\left(D_i' - D_u\right), 1 \leqslant i \leqslant n - k
\end{aligned}
\tag{4.15}
$$

其中，C_i' 为更新后的冗余块。更新过程表明，在实际操作中，无须重算冗余块，只需要计算相关的"增量"，并将此增量应用于原始冗余块，即式（4.15）可被简化为式（4.16）。

$$
\begin{aligned}
C_i' &= C_i + B_{i,u}\left(X_u' - X_u\right) \\
&= C_i + B_{i,u}\left(s_u' - s_u\right)
\end{aligned}
\tag{4.16}
$$

因此，冗余块的更新过程包括两个主要步骤：一个是计算增量，另一个是基于增量和原始冗余块进行更新。这两个过程的资源消耗主要涉及通信带宽和计算资源，分别由式（4.17）

和式（4.18）计算得出。

$$w_{\text{comm.}} = w_{\text{c.e}} + w_{\text{e.l}} \tag{4.17}$$

$$T_{\text{tol.}} = T_{\text{tol.}}^{\text{c}} + T_{\text{tol.}}^{\text{e}} + T_{\text{tol.}}^{\text{l}} \tag{4.18}$$

其中，$w_{\text{comm.}}$ 表示总通信成本，$w_{\text{c.e}}$ 和 $w_{\text{e.l}}$ 分别为云服务器与边缘服务器之间、边缘服务器与终端之间的通信带宽消耗。式（4.18）中，$T_{\text{tol.}}$ 表示为任务总执行时间，其余 3 个参数具有类似的含义。因此，优化同步效率的目标为最小化总通信成本与任务总执行时间，以提高整个同步过程的效率和响应速度。

（2）协作计算

由于云服务器远离边缘服务器和终端，因此与云服务器间的直接数据交互将导致巨大的通信成本。选择边缘计算来完成冗余块的更新任务成为更合理的选择。EDUA 协作更新模型如图 4.24 所示，首先，云服务器和终端分别计算出数据块的变化量，即增量，这里分别用 $X_i' - X_i$ 和 $s_i' - s_i$ 表示。基于增量的传输显著减少了云服务器、边缘服务器和终端之间的通信带宽需求，因为它只传输变化的部分而非整个数据块。

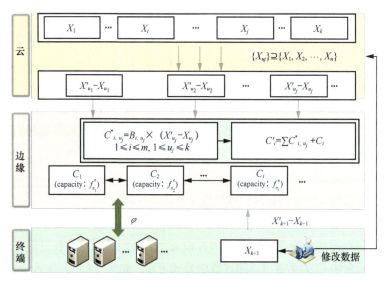

图4.24　EDUA协作更新模型

在边缘服务器上，关键步骤是对这些增量进行编码、合并，形成一个完整的、更新后的冗余块。在此过程中，采用了边缘服务器之间的协作方式。多个边缘服务器可以共同分担计算任务，通过并行处理和协同计算来加速冗余块的更新过程。这种协作方式不仅能加快计算速度，还有利于降低整体的计算执行时间 $T_{\text{tol.}}$，使得同步过程更加高效和快速。

然而，由于边缘服务器有限的计算能力，协同计算模型中的资源分配成为一个关键问题。假设同步任务可以分为 t 个子任务。

1）边缘计算。任务 Π_i（$i \in [1,t]$）在边缘服务器上的执行时间可以表达为式（4.19）。

$$T_i^{\text{e}} = \frac{w_i}{\rho_i^{\eta_i} f_{\eta_i}^{\text{e}}} \tag{4.19}$$

其中，w_i 表示任务 Π_i 的计算量，$f_{\eta_i}^{e}$ 表示边缘服务器 η_i 的 CPU 计算能力，$\rho_i^{\eta_i}$ 表示边缘服务器 η_i 分配给任务 Π_i 的计算资源的比例。

2）边边协作。边边协作计算问题可以表述为式（4.20）。

$$\min f(\rho, \eta) = \sum_{i=1}^{t} T_i^{e} = \sum_{i=1}^{t} \frac{w_i}{\rho_i^{\eta_i} f_{\eta_i}^{e}}$$
$$\text{s.t.} \quad \sum_{i \in o_{\eta_i}} \rho_i^{\eta_i} \leqslant 1, \eta_i \in Z \tag{4.20}$$

其中，Z 表示可以用来执行子任务的边缘服务器集合，即给定 $\eta = \eta^0 \in Z$。首先，式（4.20）可以变化成一个关于 ρ 的凸问题。然后，可以应用卡罗需 – 库恩 – 塔克（Karush-Kuhn-Tucker，KKT）条件[25]来解决此类资源分配问题，这里用 $f(\rho^*, \eta^0)$ 表示。

3）问题分析。

定理 4.1：给定 $\eta = \eta^0 \in Z$，式（4.20）可以转化成一个关于 ρ 的凸问题。

证明：假设 $\eta^0 = \{\eta_1^0, \eta_2^0, \cdots, \eta_t^0\} \in Z$，$j = \eta_i^0$，则式（4.20）可以被转换成式（4.21）：

$$f(\rho, \eta_i^0) = \sum_{i=1}^{t} \frac{w_i}{\rho_i^{j} f_j^{e}} \tag{4.21}$$

简单而言，$f(\rho^*, \eta_i^0)$ 是关于 $(\rho_1, \rho_2, \cdots, \rho_t)$ 的函数。基于以上分析能得到一个黑塞矩阵（Hessian Matrix），可以表示为式（4.22）。

$$\boldsymbol{H} = \begin{bmatrix} \dfrac{\partial^2 f}{\partial^2 \rho_1} & \cdots & \dfrac{\partial^2 f}{\partial \rho_1 \partial \rho_t} \\ \vdots & & \vdots \\ \dfrac{\partial^2 f}{\partial \rho_t \partial \rho_1} & \cdots & \dfrac{\partial^2 f}{\partial^2 \rho_t} \end{bmatrix} \tag{4.22}$$

其中，$\boldsymbol{H}$ 中的元素可以表示为式（4.23）。

$$\frac{\partial^2 f}{\partial \rho_t \partial \rho_1} = \begin{cases} 2w_i, & i = j \\ 0, & \text{其他} \end{cases} \tag{4.23}$$

分析式（4.23）中参数的取值范围，可以得到 $\dfrac{\partial^2 f}{\partial \rho_t \partial \rho_1} \geqslant 0$。因此，很容易证明矩阵 $\boldsymbol{H}$ 的特征值为正值，是一个对称正定矩阵。根据凸函数的二阶充分条件[26]，可以得出该问题是一个凸优化问题，是可以求解的。

3. 基于边缘计算的批量数据更新算法

传感云环境中数据是高度动态的，频繁的同步会导致资源过度消耗，因此何时触发更新是关注的重点。为此，本小节对 EDUA 进行了扩展，设计了基于边缘计算的批量数据更新算法（Edge Computing-based Batch Data Update Algorithm，EBDUA）。

（1）伪实时更新

实时更新和延迟更新是两种常见的更新方式，但都存在各自的局限性。与实时更新相比，延迟更新设置了更新阈值，在频繁更新的情况下具有更好的性能。然而，由于传感云的上层应用通常对数据一致性有严格要求，不允许长时间不更新，否则容易导致数据分析出现一定的错误。另外，根据上一小节的分析可知，更新的数据量通常较少，因此实时更新的方法会对系统造成过多的消耗，同步需要较长的时间。

数据块的更新更为直接和简单，而冗余块则涉及多个复杂的步骤。这意味着将这两种块用同样的方式进行更新是低效的。数据块和冗余块在存储系统中扮演不同的角色。对于数据块，通常由应用层调用，作为分析或挖掘的基础，因此需要高度的一致性。相反，冗余块更多的是为了保障数据的完整性和可靠性。因此，对数据块采用实时更新、对冗余块采用延迟更新是合理的，既保证了数据的一致性，又提高了同步效率，这是一种混合更新方法，更新模型如图4.25所示。当数据块发生变动时，首先将其上传到距离用户更近的边缘服务器进行缓存。利用边缘服务器的高速下行能力，这些修改可以被迅速地获取和使用，从而为用户创造出数据已经被同步的"假象"。此外，修改的数据可以作为触发数据块和冗余块的真实更新的基础。

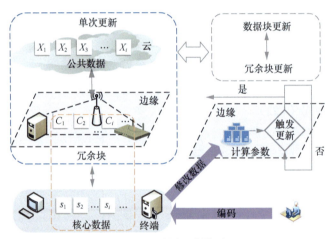

图4.25 混合更新模型

通过这种伪实时的更新策略，不仅确保了数据的高度一致性，还显著提高了整体的同步效率，满足了传感云环境中对数据处理的多样化需求。

（2）阈值设置

在探讨延迟更新策略时，通常有3个关键的更新触发指标：更新的数据量、更新的数据块数量以及更新时间间隔。通过实验分析发现，单一依赖某一指标可能导致更新过程的不确定性和效率问题。

如图4.26所示，在第一个实验中，以4KB数据更新量作为阈值。首次更新在第4小时被触发，但随后更新延续到了第11小时，表现出了较长的等待时间。这种不均衡的更新频率给用户造成了不便。类似地，在第二个实验中，以更新数据块数量为4作为阈值的情形下，首次更新在第3.5小时进行，而第二次更新则需等待5.5小时。而当以时间间隔作为触发条件时，如第三个实验中所见，更新后的数据量并非固定，有时甚至可能面临无数据更新的情况。

这些例子揭示了一个关键问题：在延迟更新策略中，仅依赖单一指标可能无法有效平衡系统资源的合理使用和批量更新的效率，因此需要采用一种综合性的度量标准。

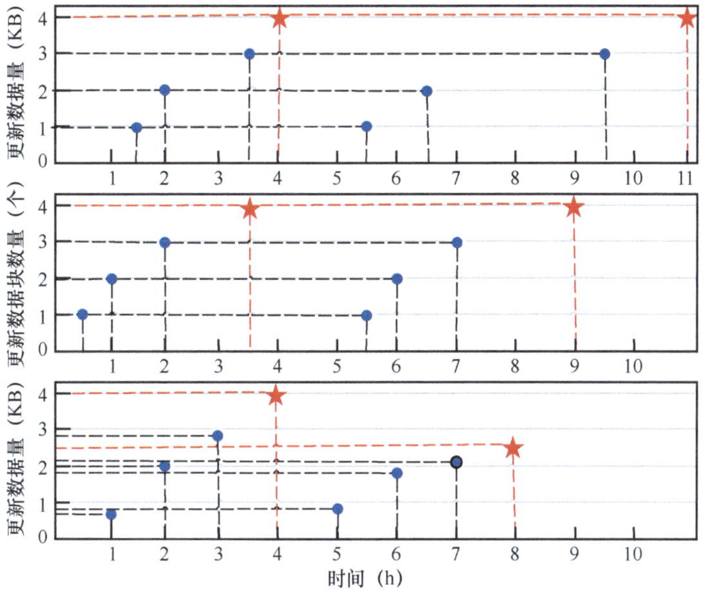

图4.26　3个更新触发指标的延迟更新实例

在面对数据更新的不同需求下，传统的固定时间间隔方法可能无法满足高效和精确的同步要求。因此需要设计一种动态调整机制，根据实时的更新工作负载情况来调节更新时间间隔，以达到更优的同步效率。本小节提出了一种基于时间间隔的自适应阈值调整算法，用于优化数据更新频率和工作负载的平衡，如算法 4.3 所示。

该算法首先设定一个默认的更新时间阈值。在同步过程中，系统持续监测数据块以及数据的更新情况，根据实际的数据积累量来调整阈值。如果在一个更新周期内，系统监测到大量数据块或数据积累，为了提升更新效率，系统将减少该阈值的一半；相反，如果监测到较少的数据块或数据更新，为了减少不必要的频繁同步，系统会将阈值增加一倍。这种自适应调整策略能够保证在数据更新需求变化时，系统能够灵活响应，从而提高数据更新的时效性和资源利用效率。

算法 4.3　基于时间间隔的自适应阈值调整算法

输入：参数 (r, x, k)；

输出：时间间隔 threshold；

1：记录在第一轮更新中修改 x 个块的时间间隔，并将其标记为 Default Threshold；

2：threshold = Default Threshold；

3：在 threshold 时间期内，统计更新的数据块数 α 和更新的数据量 β；

4：**if** $\alpha > x \parallel \beta > v$ **then**

5：　　将时间间隔减半，threshold = threshold/2；

6: **else**

7:     **if** $\alpha <= 2$ && $\beta <= z$ **then**

8:         将时间间隔加倍, threshold += threshold;

9:     **else**

10:         时间间隔保持不变, threshold = threshold;

    end if

    end if

11: **return** threshold

4. 实验评估

为保证实验的一致性,本实验中所有关键参数都进行了标准化设置:其中,数据块数量 k 设为10,总块数 n 为14,每个数据对象大小固定为30MB,单个数据块大小为400KB,而对单个数据块的修改量一般为48B。

为了深入探究 EDUA 的效率,并与当前的技术进行比较,实验对比了两种传统的实时更新策略:集中式更新策略和分布式更新策略。这两种策略的模型如图4.27所示,它们都采用了增量更新[27]。

1)集中式更新策略:在此策略下,所有数据节点将其数据增量传送至一个中心计算节点。计算节点收到数据后,对增量信息进行关键性处理,即执行冗余数据的编码操作。编码完成后,计算节点生成相应的增量数据块,发送至各个冗余节点以完成存储冗余块的更新。

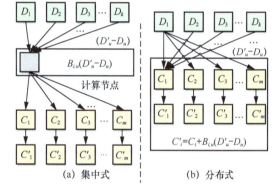

图4.27 集中式和分布式更新策略模型

2)分布式更新策略:考虑到集中式更新策略中可能存在的效率瓶颈问题,即大量计算任务集中在单一节点上,分布式更新策略应运而生。在此模型中,数据节点直接将数据增量发送至所有冗余节点。接收到增量的冗余节点根据既定规则和算法对增量进行编码处理,并将其与原有数据合并,完成更新。

(1)通信成本

同步通信成本的比较结果如图4.28 ~ 图4.31所示。从图4.28中观察到,数据对象越大,端到端传输的数据量也随之增加,导致通信成本上升。而在数据块大小的实验中(如图4.29所示),发现随着数据块的变大,通信成本有所下降。这是因为在相同数据对象大小的条件下,数据块变大会导致数据块数量减少,进而减少了修改数据的总量,使得通信成本降低。

图4.30展示了通信成本与更新数据大小之间的联系。正如预期的那样,数据修改量的增加带来了通信成本的上升,与数据对象大小增长的趋势一致。然而,值得注意的是,不同的更新策略对通信成本的影响程度存在差异。分布式更新由于需要在各节点间建立大量连接,其通信带宽消耗较高,特别是在高度互联的系统中,可能导致显著的通信开销。相比之下,集中式更

新和 EDUA 在通信成本上表现更为接近，尽管 EDUA 略高。导致这一细微差别的原因是 EDUA 在传输增量数据时还需包含传输对象的信息，虽然略微提升了通信成本，但确保了数据传输的准确性和可靠性。

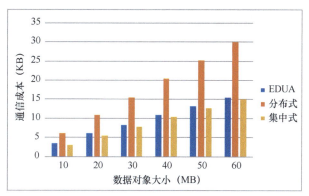

图4.28　不同数据对象大小下通信成本的比较

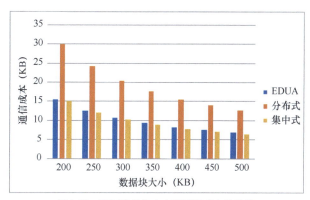

图4.29　不同数据块大小下通信成本的比较

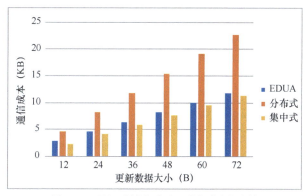

图4.30　不同更新数据大小下通信成本的比较

　　图 4.31 进一步探索了 EBDUA 在不同默认阈值下的通信成本波动。实验模拟了传感云数据被频繁修改的场景，并基于此进行了多轮测试。结果表明，当默认阈值设定为 3 时，通信成本降至最低，显示出通过合理设置阈值，系统能在通信过程中达到经济、高效的目的。此外，与

实时更新相比,其他阈值设置下的通信成本均有所降低,进一步验证了批量更新策略的有效性和优越性。

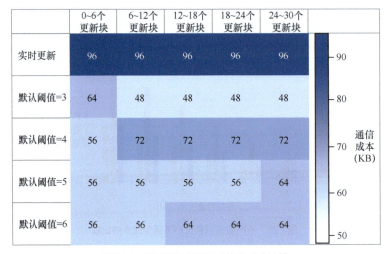

	0~6个更新块	6~12个更新块	12~18个更新块	18~24个更新块	24~30个更新块	
实时更新	96	96	96	96	96	
默认阈值=3	64	48	48	48	48	
默认阈值=4	56	72	72	72	72	
默认阈值=5	56	56	56	56	64	
默认阈值=6	56	56	64	64	64	

图4.31　不同默认阈值下的通信成本比较

（2）同步时间

图 4.32 展示了随着数据对象大小增加,3 种方法的同步时间变化情况。观察结果显示,EDUA 表现最优,其次是分布式,而集中式效率最低。集中式计算模式在数据量增加的情况下,更容易形成瓶颈,影响整体的同步效率。与分布式相比,EDUA 之所以更为高效,归功于其协同计算的能力,大大缩短了更新所需的时间。

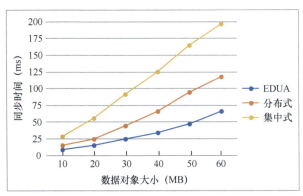

图4.32　不同数据对象大小下同步时间的比较

图 4.33 所示的实验进一步探讨了数据块大小变化对同步时间的影响。可以看到,随着每个数据块的数据量减少,需要更新的数据总量相应减少,进而使得同步时间逐渐降低。不过由于数据块总数固定,因此数据块数量减少意味着相应的冗余块数量增加,这会导致集中式更新策略在处理更多冗余块时同步时间相对较长。

图 4.34 展示了更新数据大小的变化对同步时间的直接影响。可以看出同步时间与更新的数据大小成正比关系。在这一点上,集中式的性能受到更新数据量变化的影响更为显著,更新数据量的增加直接增加了冗余块的更新需求,从而放大了集中式计算节点的处理瓶颈,进一步影

响了同步效率。

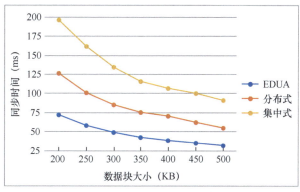

图4.33　不同数据块大小下同步时间的比较

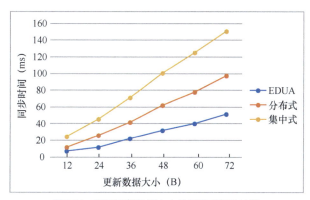

图4.34　不同更新数据大小的同步时间的比较

5．小结

本小节在 4.3.1 小节的研究基础上进行了扩展，提出了云边协同的动态数据同步方法，通过设计的分区策略确保了数据在各存储层的安全性。同时，为了进一步提升数据同步的效率和降低系统能耗，引入了云边协同的数据更新方法，旨在最大化地利用云服务器和边缘服务器的计算资源。这一举措不仅优化了数据同步的流程，还显著提升了系统性能，为传感云数据的安全存储与同步提供了一套更加完善、高效的解决方案。

4.4　前沿方向

近年来，传感云数据的存储问题受到学术界和工业界的持续关注。尽管全球范围内的许多研究人员积极探索此问题，但为了确保数据的安全性，很多解决方案在效率上均有所妥协。边缘计算作为一个新兴的计算范式，凭借其独特的计算和存储能力，为传感云数据存储提供了一个新的解决思路。本章通过深入探索基于边缘计算的传感云数据存储模式，展示了云－边－端协同工作模式的潜在价值。考虑到未来的数据存储发展方向，以下 6 点可以进一步深入研究。

1）自适应编码策略与传感云数据特性。传感云数据的多样性和连续性要求存储和传输策略必须是灵活和高效的。对于不同的数据类型（例如温度、湿度、图像等），选择合适的编码方法可以极大提高存储和传输效率。进一步地，考虑到传感器间的数据关联性，如何利用这些关联性来优化编码（如自适应编码）策略是一个有前途的研究方向。

2）冗余与容错存储。针对冗余存储，不仅要考虑如何在边缘服务器上有效地存储数据，还要考虑如何在可能的设备故障后快速恢复数据。这要求一个动态的冗余管理系统，该系统可以根据边缘网络的变化自动调整冗余级别。

3）边缘服务器之间的数据交换安全。随着边缘计算的复杂性增加，可能会涉及多个边缘服务器之间的数据交互。此时，不仅需要安全的数据传输协议，还需要一种机制来确保数据在交换过程中的真实性和完整性。

4）基于边缘计算的加密策略。传感云数据在传输过程中容易被拦截和篡改。因此，在数据从传感器传输到云服务器之前，就在边缘服务器进行加密是至关重要的。这需要针对边缘服务器的计算能力和存储限制研究特定的加密算法，这些算法应该轻量级，但又足够安全，以抵御潜在的安全威胁。

5）跨平台数据迁移与同步策略。由于物联网设备和传感器的多样性，数据的迁移和同步变得尤为重要。设计高效和可靠的迁移与同步策略，以确保数据的一致性和完整性，是实现真正的跨平台互操作性的关键。

6）数据去中心化存储与安全性。区块链技术为去中心化的数据存储提供了新的可能性。在这种模式下，数据不再集中存储在某个中心服务器上，而是分布在多个节点上，这可以提高数据的韧性和可靠性。同时，这也为数据提供了额外的安全保障，因为攻击者很难同时攻击多个节点。

除了上述提到的研究方向，传感云数据存储领域中还有众多未被深入探索的研究点和潜在的挑战。随着技术的快速发展和日益增长的数据需求，这一领域的问题的复杂性和重要性将会继续提升。确保数据的安全性、可用性和高效性是一个综合性的挑战，它涉及多学科的知识和技能。为了应对这些挑战并推动该领域的创新，学术界、工业界以及其他相关利益方需要加强合作，共同投入资源和智慧，一起努力找到更加优化、安全和可靠的数据存储解决方案。

4.5 本章小结

随着云计算技术问世并普及，其在全球计算领域的重要性和影响力日益凸显。在这样的背景下，本章聚焦于云计算的一个重要应用——云存储。值得注意的是，随着众多大型互联网公司的研发和推广，云存储已经逐渐走进了日常生活，成为许多个人和企业的首选数据存储方式。与此同时，数据安全与存储效率的问题也逐渐浮现，成为行业关注的焦点。近年来，诸如2016年Dropbox的数据泄露事件，以及在2022年和2023年Infosys、Boeing、印度医学研究委员会、Okta、Air Europa和23andMe的数据泄露事件，都进一步强化了公众对于云存储安全性的关注和担忧。这些事件涉及从敏感个人信息到客户财务数据的多种类型的数据泄露，表明云存储安全是一个持续的重大问题，需要企业和组织采取更加强有力的措施，以保护其数据免受未经授权的访问和泄露。

除了安全问题，提高云存储效率也是当前研究的重要方向。传统的云存储模式下，数据同步和资源利用的问题不容忽视。为了解决这些问题，本章创新性地引入了边缘计算模式，并在此基础上设计了一个既安全又高效的云存储系统。边缘计算作为云计算的一种补充，拥有更近终端的处理能力和较低的时延。这使得它能够为终端设备提供更为迅速和高效的服务。本章旨在利用边缘计算的这一优势，设计出一种全新的云存储架构。

具体地说，本章提出了一种基于边缘计算的传感云数据存储框架，该框架充分利用了边缘节点的存储和计算能力，与云服务器协同工作，为用户提供更为安全和高效的数据存储服务。考虑到传感云环境中数据的动态性，还设计了基于边缘计算的动态数据同步存储策略。这种同步策略与传统方法相比，显著降低了通信成本。

云存储是现代云计算领域的关键技术之一，而随着技术的进步和创新，确保其安全性和提高存储效率都是至关重要的任务。本章针对这些问题提出了一系列解决方案和优化策略，为构建更安全、高效的云存储系统提供了有力的理论支撑。

参考文献

[1]　DE VRIENDT J, LAINÉ P, LEROUGE C, et al. Mobile network evolution: a revolution on the move[J]. IEEE Communications Magazine, 2002, 40(4): 104-111.

[2]　LIU F, TONG J, MAO J, et al. NIST cloud computing reference architecture[J]. NIST Special Publication, 2011, 500(2011): 1-28.

[3]　李晖, 孙文海, 李凤华, 等. 公共云存储服务数据安全及隐私保护技术综述 [J]. 计算机研究与发展, 2014, 7: 1397-1409.

[4]　肖亮, 李强达, 刘金亮. 云存储安全技术研究进展综述 [J]. 数据采集与处理, 2016, 03: 464-472.

[5]　SINGH A, CHATTERJEE K. Cloud security issues and challenges: a survey[J]. Journal of Network and Computer Applications, 2017, 79: 88-115.

[6]　HUANG M, LIU A, XIONG N N, et al. A low-latency communication scheme for mobile wireless sensor control systems[J]. IEEE Transactions on Systems, Man, and Cybernetics: Systems, 2018, 49(2): 317-332.

[7]　CHAI Q, GONG G. Verifiable symmetric searchable encryption for semi-honest-but-curious cloud servers[C]//2012 IEEE International Conference on Communications (ICC). Ottawa: IEEE, 2012: 917-922.

[8]　CHATURVEDI K, MATHEUS A, NGUYEN S H, et al. Securing spatial data infrastructures for distributed smart city applications and services[J]. Future Generation Computer Systems, 2019, 101: 723-736.

[9]　PAN J, MCELHANNON J. Future edge cloud and edge computing for internet of things applications[J]. IEEE Internet of Things Journal, 2017, 5(1): 439-449.

[10] WANG T, ZENG J, LAI Y, et al. Data collection from WSN to the cloud based on mobile fog elements[J]. Future Generation Computer Systems, 2020, 105: 864-872.

[11] STEINBERG R. A geometric approach to the representations of the full linear group over a galois field[J]. Transactions of the American Mathematical Society, 1951, 71(2): 274-282.

[12] 李道全, 张玉霞, 魏艳婷. 无线传感器网络源位置隐私保护路由协议 [J]. 计算机技术与发展, 2019, 29(7): 87-92.

[13] XU G, ZHANG Y, SANGAIAH A K, et al. CSP-E2: an abuse-free contract signing protocol with low-storage TTP for energy-efficient electronic transaction ecosystems[J]. Information Sciences, 2019, 476: 505-515.

[14] HUANG M, LIU A, XIONG N N, et al. A low-latency communication scheme for mobile wireless sensor control systems[J]. IEEE Transactions on Systems, Man, and Cybernetics: Systems, 2018, 49(2): 317-332.

[15] LI Z, WILSON C, JIANG Z, et al. Efficient batched synchronization in dropbox-like cloud storage services[C]// ACM/IFIP/USENIX 14th International Middleware Conference. Beijing: Springer Berlin Heidelberg, 2013: 307-327.

[16] WANG H, SHEA R, WANG F, et al. On the impact of virtualization on dropbox-like cloud file storage/synchronization services[C]// 2012 IEEE 20th International Workshop on Quality of Service. Coimbra: IEEE, 2012: 1-9.

[17] QU T, LEI S P, WANG Z Z, et al. IoT-based real-time production logistics synchronization system under smart cloud manufacturing[J]. The International Journal of Advanced Manufacturing Technology, 2016, 84: 147-164.

[18] LU W, CHEN T. New approach to synchronization analysis of linearly coupled ordinary differential systems[J]. Physica D: Nonlinear Phenomena, 2006, 213(2): 214-230.

[19] SCHMIDT P, SIMON J, PAMMER V. An energy efficient implementation of differential synchronization on mobile devices[C]//MOBIQUITOUS'14: Proceedings of the 11th International Conference on Mobile and Ubiquitous Systems: Computing, Networking and Services. London: ICST, 2014: 382-383.

[20] XIANMIN L, HUI W. The model of the active differential data synchronization for the heterogeneous data source integration systems[C]//2007 First IEEE International Symposium on Information Technologies and Applications in Education. Kunming: IEEE, 2007: 572-574.

[21] ZHANG D, CHEN Z, AWAD M K, et al. Utility-optimal resource management and allocation algorithm for energy harvesting cognitive radio sensor networks[J]. IEEE Journal on Selected Areas in Communications, 2016, 34(12): 3552-3565.

[22] GHOBADI A, MAHDIZADEH E H, KEE Y L, et al. Pre-processing directory structure for improved RSYNC transfer performance[C]//13th International Conference on Advanced Communication Technology(ICACT2011). Gangwon: IEEE, 2011: 1043-1048.

［23］WANG T, MEI Y, JIA W, et al. Edge-based differential privacy computing for sensor-cloud systems［J］. Journal of Parallel and Distributed Computing, 2020, 136: 75-85.

［24］CHAN J, DING Q, LEE P, et al. Parity logging with reserved space: towards efficient updates and recovery in erasure-coded clustered storage［C］//Proceedings of the 12th USENIX Conference on File and Storage Technologies. Santa Clara: USENIX Association, 2014: 163-176.

［25］BATTERMANN A, HEINKENSCHLOSS M. Preconditioners for Karush-Kuhn-Tucker matrices arising in the optimal control of distributed systems［C］//Control and Estimation of Distributed Parameter Systems. Basel: Birkhäuser Basel, 1998: 15-32.

［26］BEN-TAL A, NEMIROVSKI A. Robust convex optimization［J］. Mathematics of Operations Research, 1998, 23(4): 769-805.

［27］WANG Y, PEI X, MA X, et al. TA-update: an adaptive update scheme with tree-structured transmission in erasure-coded storage systems［J］. IEEE Transactions on Parallel and Distributed Systems, 2017, 29(8): 1893-1906.

第 5 章　基于边缘计算的传感云资源优化技术

传感云系统由云计算和传感网融合而成，也面临资源优化和管理的挑战[1,2]。传感云系统中物理节点的数量有限，而用户通过云端发起请求服务的数量庞大、种类繁多。当用户发起服务请求时，云端管理系统需要构建虚拟节点。当一个物理节点收到来自多个虚拟节点的占用请求或服务命令时，便会出现耦合问题。这会严重阻碍系统的正常运行，造成物理节点请求死锁、用户服务等待时间长及资源利用率低等诸多问题。边缘计算具有本地部署、靠近用户、低时延等特点，通过将用户的服务请求从云端转移到边缘进行管理，就可以对物理节点资源进行高效和直接管理。然而，建立基于边缘计算的资源优化方法存在如下挑战。

1）耦合资源调度困难。在边缘计算环境中，由于设备数量庞大且任务种类繁多，当多用户同时对传感云系统的物理节点进行操作时，会产生耦合问题[3,4]。如何有效地管理和协调这些设备和任务，以避免耦合问题并确保它们能够高效地运行，已成为一个亟待解决的问题。为了解决这个问题，需要研究和设计高效的算法和管理机制，以实现任务调度、资源分配和负载均衡等功能。

2）资源分布的异构性。边缘计算环境中存在大量异构的设备和资源，这些设备的性能、计算能力、存储能力以及网络连接可能各不相同[5,6]。因此，资源优化方法需要考虑如何有效管理和协调这些异构的资源。

3）低时延要求。边缘计算的一个主要特点是降低了数据传输和处理的时延，以满足实时或低时延应用的需求[7,8]。为了满足这一需求，资源优化方法必须考虑如何在边缘设备上卸载任务，以减少网络时延，并确保及时响应用户需求。

针对上述问题，本章提出通过边缘计算对终端和云端的资源协同管理的方法。该方法可以有效利用边缘层的计算和存储资源，避免系统产生耦合问题，实现云端和边缘端资源的优化配置，提高资源利用率，缩短用户等待服务的时间。同时，该方法还可以为后续研究提供新思路，为传感云系统中基于边缘计算的资源优化研究提供更多可能性。具体而言，本章的主要贡献如下。

1）本章提出了基于边缘存储的传感云低耦合方法。通过在边缘层设计底层节点的数据缓存队列，优先缓存优先级高的节点数据，使得时延敏感任务优先执行。同时，缓存调度较多且消耗计算资源较少的底层节点数据，从而有效降低后续服务的排队时延。实验结果表明，该方法可以显著降低总调度时间，有效地提高系统响应速度。

2）为有效解决传感云系统中耦合任务卸载问题，本章建立了以边缘层与云之间卸载总处理时间最小为目标的模型；证明了该问题为 NP 问题，并提出了云边协同的耦合任务动态卸载方法。该方法对任务进行了分类，并为不同类型的任务设置不同的最大时延容忍时间。同时，考虑边缘层的实时状态，以实现更精确的任务卸载决策。实验结果表明，所提策略不仅能够缩短完成任务卸载的时间，还能减少系统消耗的能量。

3）针对多移动设备任务卸载问题，本章考虑了设备的移动性带来的系统时延和能耗，提出一种基于粒子群优化的任务卸载算法。该算法能确保系统中的传感网设备根据系统环境信息来制定最优的任务卸载决策，降低系统的总服务成本。

5.1　传感云系统中的资源优化问题概述

随着传感网、大数据和人工智能技术的快速发展，传感云系统面临着越来越多的挑战。传感云系统中的资源主要包括计算资源、存储资源和网络资源等。在面对海量数据和高性能计算需求时，如何合理地分配和利用这些资源成为一个重要问题[9,10]。此外，由于传感网设备和应用的多样性，不同的设备和应用有着不同的计算和存储需求，如何实现资源的动态调度和优化配置也是一个重要问题。边缘计算作为一种新型计算模式，在传感云系统中，可以将部分计算任务卸载到边缘设备上，从而减轻云服务器的负担，提高数据处理效率[11,12]。

传感云系统中的资源优化问题主要涉及两大类：资源调度和任务卸载。资源调度问题主要是如何根据任务的需求以及系统的实时状态，合理地分配和利用计算、存储和网络等资源。任务卸载问题则是如何将部分计算任务卸载到边缘设备上，以减轻云服务器的负担，提高数据处理效率。如图 5.1 所示，边缘计算层在传感网层和云计算层之间起到了桥梁作用。边缘计算层不仅可以调度云计算层的计算和存储资源，供传感网层使用，还能收集传感网层传输的数据。根据数据的大小和网络的实时状态，边缘计算层可以选择将数据卸载到边缘计算层或云计算层。这种灵活的卸载机制可以有效地降低数据传输的时延，提高处理效率，同时也可以更好地适应不同设备和应用的计算和存储需求。

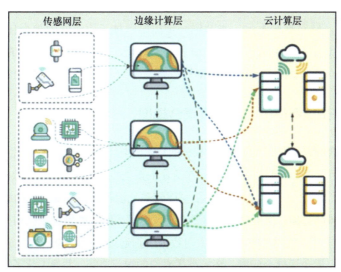

图5.1　传感云系统中的资源优化调度

传感云系统中的耦合资源调度问题，主要涉及如何高效地管理和分配有限的资源。在处理大量同时发生的边缘任务时，这个问题变得尤为关键。每个任务都有其特定的执行需求，如执行时间、资源需求等；同时，这些任务之间可能存在依赖关系，从而进一步增加了问题的复杂性。基于边缘计算的耦合资源调度的目标是找到一种最优的调度策略，以最大限度地减少任务完成时间，提高系统的吞吐量，同时还要确保系统的稳定性和可用性。这个问题的解决需要综合考虑多种因素，如任务的特性、资源的限制条件、网络的状况等[13,14]。

在边缘计算环境中，由于设备的移动性、连接的不稳定性以及计算能力的限制，有些任务可能无法顺利执行。因此，需要将这些任务卸载，并重新分配到其他合适的边缘计算节点上执行。这类问题主要关注在卸载任务后如何重新进行资源调度。与资源调度问题相比，任务卸载问题需要考虑更多的因素，如任务的优先级、节点的可用资源、网络连接状况等。通过有效的任务卸载策略，可以减轻边缘计算节点的负担，提高系统的整体性能和响应速度，从而为用户提供更好的服务体验。因此，基于边缘计算的任务卸载问题在实际的边缘计算环境中具有重要的应用价值和研究意义[15,16]。

在传感云系统中，基于边缘计算的资源优化策略具有重要的应用价值。通过实施合理的资源调度策略和激励机制，可以实现资源的充分利用和优化配置，构建更加高效和安全的传感云系统[17,18]。

5.2 基于边缘计算的耦合资源调度和任务卸载

传感云系统中，用户和底层节点的调度关系错综复杂。用户的权限、优先级各不相同，底层传感器功能各异，同一类型的传感器可能有多个，并且用户请求底层节点的时间也各不相同。针对这些不同的场景，设计一种低时延的耦合问题综合解决方案显得尤为重要。

因此，本节首先提出了基于边缘存储的传感云低耦合模型，并详细阐述了边缘计算的缓存功能。尽管这种模型在一定程度上缓解了耦合问题，但其并未细分耦合任务类别，且未考虑到边缘层的实时状态。针对这些不足，本节进一步提出一种云边协同的耦合任务动态卸载模型。该模型针对不同类型耦合任务设置不同的最大容忍时延，并考虑了边缘层的实时状态。通过采用智能决策算法，可实时地将耦合任务数据卸载到边缘或云端，以获得最短的总运行时间。

5.2.1 基于边缘存储的传感云低耦合模型

针对传感云耦合问题，本小节首先建立相应的数学模型，随后在边缘层设计了底层节点的缓存队列，以优化数据存储和管理。具体而言，本小节介绍的模型将高优先级的节点数据优先存储，确保时延敏感任务能够得到优先执行。同时，存储了调度较多且消耗计算资源较少的底层节点数据，以有效降低后续服务的排队时延。当用户向传感云系统发送请求时，如果缓存队列里存在待请求数据则直接返回结果，如果缓存队列里面不存在所需数据，则通过边缘层向底层发送请求，以获取所需数据。这种方式不仅避免了耦合问题，还提高了系统的响应速度，并最大化了物理节点的利用率。

1. 问题描述

传感云系统中，一个用户同一时刻可能使用多个资源，而一个资源在同一时刻只能被一个用户使用。如果在同一时刻同一个资源被分配给多个用户，就会产生冲突，这就是所说的耦合问题。假设有用户集 X 和资源集 Y，给出带权二分图 $G<V, E>$（$X \cup Y = V, X \cap Y = \phi$），$M<X_i \cup Y_j, E_{ij}>$ 是 G 的一个分配，使 $G^n + 1 = G^n - M$；如此，直到 $G^n = 0$；在此过程中，使得 n 最小。假设完成调度的总时间为 T，目标即最小化 T 值。解决的耦合问题可以描述为一个带权二分图的匹配问题。

　　为了使读者对该问题有更加清晰的认识，以下给出一个实例，如图 5.2 所示。假设有 3 个资源和 4 个用户，其中，资源 A 被用户 2、3、4 调用，资源 B 被用户 1 和 2 调用，资源 C 被用户 2、3、4 调用。各个资源被每个用户占用的时间如图中的邻接矩阵所示。表 5.1 给出了不同资源调度算法在不同运行轮数下的调度结果，分别是先进先出（First In First Out，FIFO）算法、匈牙利（Hungarian，HG）算法、KM（Kuhn-Munkres，KM）算法和本小节提出的扩展的 KM（Extended Kuhn-Munkres，EKM）算法。

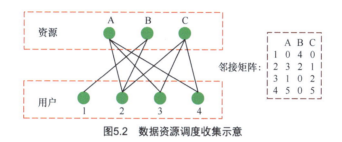

图5.2　数据资源调度收集示意

　　由表 5.1 可知，使用不同的资源调度算法，得到的调度结果差别较大。对于这个例子，本小节所提出的算法只需 9 轮即可完成调度，要明显强于其他算法。

表5.1　不同资源调度算法在不同运行轮数下的调度结果比较

运行轮数	FIFO算法	HG算法	KM算法	EKM算法
1	1→B, 3→A, 3→C	1→B, 2→A, 3→C	1→B, 2→C, 3→A	3→A, 1→B, 2→C
2	1→B, 3→C	1→B, 2→A, 3→C	1→B, 3→C, 4→A	4→A, 1→B, 3→C
3	1→B, 4→A, 4→C	1→B, 2→A, 4→C	1→B, 2→C, 3→A	3→A, 1→B, 2→C
4	1→B, 3→A, 3→C	1→B, 2→C, 3→A	1→B, 2→A, 3→C	2→A, 1→B, 4→C
5	2→A, 2→B, 2→C	2→B, 4→A	2→B, 4→A	2→B, 4→A, 4→C
6	2→A, 2→B	2→B, 4→A	2→B, 4→A	2→B, 4→A, 4→C
7	2→A	4→A	2→A, 4→C	2→A, 4→C
8	4→A, 4→C	4→A	2→A, 4→C	2→A, 4→C
9	4→A, 4→C	4→A	4→A	4→A
10	4→A, 4→C	4→C	4→C	完成
11	完成	4→C	4→C	
12		4→C	完成	
13		4→C		
14		完成		

2. 基于边缘存储的传感云低耦合控制框架

为了解决上述问题，本节提出了一个基于边缘存储的传感云低耦合控制框架，如图 5.3 所示。在该框架中，边缘节点作为上下两层之间的接口，起到中间桥梁的作用。边缘层是由底层传感网中功能较强（较强的移动性和存储能力）的移动节点和靠近边缘的服务器共同构成的虚拟层。

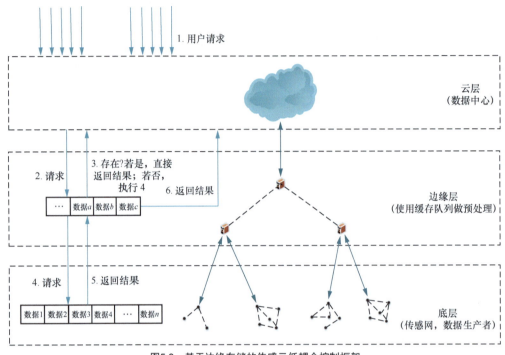

图5.3 基于边缘存储的传感云低耦合控制框架

基于边缘层耦合管理的优势如下。

1）服务配置快。典型的传感云服务是由用户发起服务请求，云服务器需要将请求发送给感知层传感器节点，并配置相关参数，例如感知内容、感知频率等。然而，由于传感云系统的物理限制，云服务器和传感器节点间的通信距离远，且无线通信的稳定性较差，这种直接通信方式不利于提高传感云的响应速度。因此，引入了边缘层，云服务器无须和传感器节点直接通信。而是将请求发给功能强大的边缘层，这可以加快交付速度，并且更加可靠。

2）可信监督。由于传感网的部署范围较广，因此对其进行二次维护难度较大。为此，实时监控传感器节点的状态并确定其感知性能的有效性变得至关重要。通过近终端的边缘层的协助，可以有效地掌握传感器节点的状态，进而提高通信效率。一旦发现异常节点，人们可以进行实时定位和控制，并采取相应的防御措施，从而大幅提高传感云感知层的可靠性。

3）安全隔离。应用层和感知层均易受到不同类型的恶意攻击，且无论哪一层受到攻击，都会对整个传感网系统产生严重影响。例如，如果传感器节点受到妥协攻击，那么感知数据的真实性将影响应用层的服务质量；如果恶意用户匿名发起多项服务，长时间占用传感器，则会大大缩短了传感器节点的使用寿命。边缘层的出现避免了云服务器和传感器节点之间的直接接触，隔离了两者之间的相互影响，使得它们可独立工作。

3. 算法设计思路

为了减轻调度算法的压力，本小节设计了一个缓存队列，可将占用时间最长的用户请求缓存起来。经过初步的分析与测试，缓存队列大小被设置为总进程数的1/4。大量的文献与对问题的深入分析均表明，耦合问题的处理与计算机操作系统中的资源耦合问题极为相似。因此，可以借鉴分治法的思想，将问题分割为等长的处理时间片段。对于每个时间片段，只要取得每个时间片段下二分图的最优、最大匹配，就可以认为最终执行的结果近似为最优结果。显然，在本节所提的问题中，由于大多数情况下 $|X| \gg |Y|$，故分治结果为最优解。

通过在时间片段下循环调用 KM 算法，可以解决二分图的最大匹配问题。然而，由于 KM 算法存在的局限性，可能会出现给定二分图不存在完美匹配的情况。因此，本小节考虑再次采用分治法。首先通过一个改进的 KM 算法，找出给定二分图的一个伪最优完美匹配；然后剔除多余部分，加入一个检测算法，用于检测剩余的未利用资源，并将其分配给用户。

为了将最小代价的资源分配给其相应的用户，可以考虑采用遍历法。在资源检测算法中，加入一个顶标以获取最大权项。此外，为了满足所提出的约束1（见算法5.3），加入一个底标，并采用回溯法，在当前用户无法再占用更多资源的情形下，依次寻找次最优选择。基于边缘存储的传感云低耦合控制算法的结构如图5.4所示。

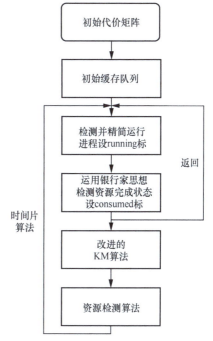

图5.4 基于边缘存储的传感云低耦合控制算法的结构

在时间片算法中，绝大多数的处理时间被浪费到系统的正常运转维护中，即当没有任何一个节点或用户的占用时间结束时，系统实际上并不需要重新安排资源，时间复杂度很大的资源调度算法此时并不需要运行。因此，可以借助银行家算法的思想，在每次时间片中试图将资源分配给相应的用户，并在不成功时回滚，成功地避免系统正常运行中对于调度算法的调用，从而节省 $O(n^3 \times (\sum_{i=1}^{|X|}\sum_{j=1}^{|Y|} E_{i,j} - |X| \times |Y|))$ 的时间。显然，由于 $\sum_{i=1}^{|X|}\sum_{j=1}^{|Y|} E_{i,j} \gg |X| \times |Y|$，本次优化节省了大量时间。同样，这一过程的消耗时间为 $O(|X| \times |Y|)$（单时间片内），消耗时间可忽略。下面给出算法的详细设计。

算法5.1给出了缓存队列算法（Cache Queue Algorithm，CQA）的设计内容。算法的输入是初始的代价矩阵，输出是预处理后的代价矩阵。因为缓存队列的大小受限，在仿真试验中，设置边缘层的缓存能力是底层传感网某一刻产生数据量的 1/4，选择状态值较大的节点数据进行缓存。

算法 5.1　缓存队列算法

输入：代价矩阵；

输出：预处理后的代价矩阵；

1：map = 代价矩阵；

2：设缓存队列大小为 $X/4$；

3：**for** map 中的每个进程 **do**

4：　　在生成代价矩阵的同时获取节点的状态值（优先级 priority，剩余能量 E_{residual} 和到边缘节点的跳数 T_{hop}）；

5：
$$S = \frac{\text{priority}[i]}{\sum\limits_{1}^{|Y|}\text{priority}[i]} + \frac{E_{\text{residual}}[i]}{\sum\limits_{1}^{|Y|}E_{\text{residual}}[i]} + \frac{T_{\text{hop}}[i]}{\sum\limits_{1}^{|Y|}T_{\text{hop}}[i]} ;$$

6：　　对 S 值的大小进行排序；

7：　　基于插入排序算法组建缓存预处理队列；

8：**end for**

　　算法 5.2 给出了扩展的 KM 算法的设计内容。算法输入为经缓存队列后的代价矩阵，输出为总的时间戳以及每轮调用的矩阵情况及资源调用情况。其中，加入对于调度完成状态的检测。当前资源调用进程未运行完毕，将跳过调度分配算法，同时剔除已完成的进程。

算法 5.2　扩展的 KM 算法

输入：经缓存队列后的代价矩阵；

输出：时间戳；每轮调用的矩阵情况及资源调用情况；

1：**while** 进程未全部结束 **do**

2：　　时间戳自增；

3：　　输出时间戳；

4：　　对 map 中进程遍历，寻找完成进程并剔除，设 running 标；

5：　　**if** running

6：　　　　遍历当前分配，尝试分配资源，分配失败则回滚；

7：　　　　设 consumed 标；

8：　　**end if**

9：　　根据 running 标与 consumed 标决定是否跳过分配；

10：　　重置标志；

11：　　使用改进 KM 的算法；

12：　　使用资源检测算法；

13:　　　资源使用接口；

14:　　　当前轮状态输出；

15: **end while**

算法 5.3 给出了资源检测算法（Resource Detection Algorithm，RDA）的设计内容。输入为代价矩阵与当前的分配结果，输出为最终资源分配策略。其中加入了对用户每一次调用资源量的限制，在仿真实验中为总资源量的 1/2。

算法 5.3　资源检测算法

输入：代价矩阵；当前的分配结果；

输出：最终资源分配策略；

1: 定义约束 $Y/2 + 1$；　　// 约束 1

2: **for** map 中的每一个资源 **do**

3:　　设底标 restricts 为 0；

4:　　找到未使用资源；

5:　　设顶标 minTime 为无穷大；

6:　　**for** 每个低于底标的用户 **do**

7:　　　比较顶标，找到最佳用户；

8:　　　**if**（被约束）

9:　　　　设底标为顶标；

10:　　　　回滚；

11:　　　**else**

12:　　　　将用户加入分配，退出；

13:　　　**end if**

14:　　**end for**

15: **end for**

---

4. 算法分析

定理 5.1：设计用户和资源的最优的调度方案是一个 NP 难问题。

证明：第一次分治。通过采用时间片算法，将问题转化为在一个时间片范围内对于二分图 G^n 产生最优分配 $M^n \in G^n$，显然，当 $|Y_i| = |Y|$ 时，M 为最优分配。此次分治采用贪婪方法分划问题，以得出近似最优解，此时时间片长度 n 近似最小。

当 $\max\{Y_i\}$ 有限时，$n \in N^+$ 有限，时间片算法使子问题 p_1 可在多项式时间 $O(n)$ 内约化为问题 p。显然，对于问题 p 向子问题 p_1 的分划是在二项式时间内的，即子问题 p_1 可约化为 p。

由 Y_i 有上界，可知问题 p_1 可以视为在定上界多约束下的 $1 - M$ 二分图组匹配问题，据已知条件，此问题为 NP 完全问题[10]，故而可知 p_1 为 NP 难问题，即 p 为 NP 难问题。

定理 5.2：基于边缘存储的传感云低耦合控制方法时间复杂度同级于 KM 算法。

证明：第二次分治。对于子问题 p_1，采用分治的方法将其拆分成两个问题。首先由二分图 G'' 获得最优匹配 M''，然后采取资源检测算法补充对于剩余资源的利用（在此过程中限制同一用户在同一时间片下对于资源的利用数），获得了两个子问题 p_2 和 p_3。

对于问题 p_2，通过采用 Munkres 对于 KM 算法的改进算法，由已知条件，其时间复杂度可以估计为

$$O(p_2) = O(|X|^2 Y) \tag{5.1}$$

对于问题 p_3，通过对于空余资源的类冒泡排序（在单个时间片下实际体现为最小值获取）获取最优分配方案，并通过回溯法在用户受限时获取次优解。显然，当 n 有限时，此问题为一个时间复杂度的 P 问题。

$$O(p_3) = O(n^3) = O(p_2) \tag{5.2}$$

定理 5.3：基于边缘存储的传感云低耦合控制方法总调度时间最短。

证明：设给定 $M = (m_1, m_2, \cdots, m_m)$ 个用户及 $N = (n_1, n_2, \cdots, n_n)$ 个资源，且权重为 $W = (w_{11}, w_{12}, \cdots, w_{ij}, \cdots, w_{mn})$，缓存队列大小为 K（$K = 1 + N/4$）。

在没有缓存队列的情况下，对于 FIFO 算法来讲，总的服务时间为每个用户所耗费的时间之和：

$$\sum_{i=1}^{m} \max(w_{ij}) \quad (j = 1, 2, \cdots, n) \tag{5.3}$$

对 KM 算法来讲，总的调度时间为每个节点的调度时间总和除以 n：

$$\sum_{i=1}^{m} \sum_{j=1}^{m} \max(w_{ij}) / n \tag{5.4}$$

在设置了缓存队列之后，在最优情况即每次调用都可以调用缓存队列的情况下，总耗费时间的最差时间复杂度为每个用户调用的最大权值和减去 K：

$$\sum_{i=1}^{m} \sum_{j=1}^{m} (w_{ij} - K) / n \tag{5.5}$$

由于缓存中的前几项总会最先被调用，因此实际的总时间和为

$$\sum_{i=1}^{m} \sum_{j=1}^{m} (w_{ij} - nK) / n \tag{5.6}$$

显然，式（5.6）的值最小，所以基于边缘存储的传感云低耦合控制方法总调度时间最短。

定理 5.4：基于边缘存储的传感云低耦合控制方法可以提高资源利用率。

证明：在如图 5.5 所示的最大化资源利用率例子中，图示的红线（虚线）为 KM 算法调用一次所得到的结果，即 $X_0 \rightarrow Y_4$、$X_1 \rightarrow Y_0$、$X_2 \rightarrow Y_1$。显然，在资源 Y_2 仍存在用户等待的情况下并不能被使用，因此出现了资源浪费。此时的资源利用率并非 100%。

通过利用资源检测算法，当检测到资源 Y_2

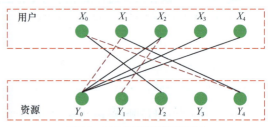

图5.5　最大化资源利用率示意

空闲时，将其分配给用户 X_0，提高了资源利用率。

5. 实验评估

（1）实验参数设置

本节使用 Visual Studio 2017 专业版和 MATLAB 2017 进行了大量实验，以验证提出的解决方案的性能。实验环境和场景参数见表 5.2 和表 5.3。例如，在场景 1 中，用户数为 50，资源数为 10。用户调度的资源关系都是随机产生的。为了测试提出的算法的性能，将基于不同的随机分布进行实验。分布 1 是从 0 到 max 的均匀分布。分布 2 是正态分布，其中 $E(x) = \max/2$ 和 $\mathrm{Var}(x) = 1$。分布 3 是反向正态分布，其中 $p(x) = 1 - p(N(\max/2,1))$。分布 4 是一个稀疏矩阵，其稀疏度为 30%。

表5.2　基于边缘存储的传感云低耦合模型的实验参数设置

参数	场景1	场景2	场景3	场景4	场景5
用户数	50	75	100	150	200
资源数	10	15	20	30	40

表5.3　基于边缘存储的传感云低耦合模型的实验场景分布

分布1	平均分布$U(0, \max)$
分布2	正态分布$N[\max/2, 1]$
分布3	反正态分布$1 - p\{N[\max/2, 1]\}$
分布4	稀疏度为30%的稀疏矩阵
max	10

（2）实验结果分析

为了验证 EKM 算法的有效性，分别和 FIFO 算法、HG 算法、KM 算法进行对比。

图 5.6 展示了 5 个场景中基于分布 1 的 4 种算法平均运行轮数的比较。EKM 算法所获得的轮数比 FIFO 算法低 46.24% ～ 57.31%，比 HG 算法低 24.59% ～ 27.52%，比 KM 算法低 26.59% ～ 57.52%。图 5.7 显示了基于分布 2 的 4 种算法下 5 个场景的平均运行轮数的比较，EKM 算法所获得的轮次比 FIFO 算法低 48.59% ～ 58.15%，比 HG 算法低 24.67% ～ 26.90%，比 KM 算法低 26.39% ～ 28.44%。这是因为，边缘层经过缓存队列的处理，大大缩小了代价矩阵的规模，所以有更快的处理速度。

图5.6　5个场景中基于分布1的4种算法平均运行轮数的比较

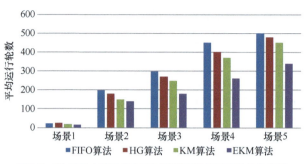

图5.7　5个场景中基于分布2的4种算法平均运行轮数的比较

图 5.8 所示为 5 个场景中基于分布 3 的 4 种算法平均运行轮数的比较。EKM 算法所获得的轮次比 FIFO 算法低 45.38% ～ 57.78%，比 HG 算法低 24.45% ～ 26.62%，比 KM 算法低 25.22% ～ 28.29%。图 5.9 所示为 5 个场景中基于分布 4 的 4 种算法平均运行轮数的比较，EKM 算法所获得的轮次比 FIFO 算法低 46.15% ～ 57.30%，比 HG 算法低 24.04% ～ 26.04%，比 KM 算法低 26.00% ～ 27.27%。这些结果表明，EKM 算法花费了最短的运行时间和运行轮数。原因是这种算法结合了经典 KM 算法和 FIFO 算法的优点，从而可以最大限度地利用资源并实现可持续的资源管理。另外，该算法在边缘层中运行。在缓冲区队列的支持下，边缘层可以进行预处理，从而可以进一步缩短调用时间，提高资源利用率，减少耦合任务的计算。

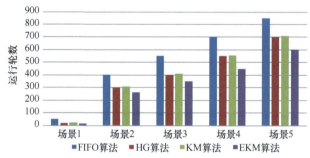

图5.8　基于分布3的4种算法下5个场景平均运行轮数的比较

图5.9　基于分布4的4种算法下5个场景平均运行轮数的比较

6.　小结

本小节主要研究了基于边缘存储的传感云低耦合控制问题。首先，对这个问题进行了形式化的描述，并以一个具体的实例阐述了耦合问题如何影响系统的响应时间。接着，基于几种常见的算法给出了处理这种耦合冲突所需要的时间。之后，提出了基于边缘存储的传感云低耦合控制框架，并在此基础上给出了 3 种算法的设计内容。然后，证明了本小节所述问题是 NP 难问题，并通过实验验证了 EKM 算法比其他 3 种算法（FIFO 算法、HG 算法和 KM 算法）在解决传感云耦合问题方面拥有更好的性能。由此可见，在目前缺乏解决传感云耦合问题的解决方案情况下，本小节提供了一个可行且优异的方案。

5.2.2 云边协同的耦合任务动态卸载模型

传感云系统中，把耦合任务数据卸载到云端进行处理是目前常见的一种方式，通常采取随机博弈方法，在有限的完成时间约束下，在云端实现计算卸载的功能。一些研究人员提出了一种基于交替迭代算法的任务缓存与卸载算法。该算法利用软件定义网络（Software Defined Network，SDN）的思想，研究了超密集网络中的任务卸载问题，将此问题作为一个 NP 难混合整数非线性规划问题来解决。这些办法都不能有效地解决耦合任务卸载问题，因为它们没有细分底层耦合任务类别和考虑边缘层的实时状态[19,20]。针对这个问题，本小节提出一种云边协同的耦合任务动态卸载方法。

1. 耦合任务模型

假设一个由 m 个耦合任务（每个耦合任务由多个传感器用户组成）和 n 台边缘设备组成的网络。该网络分为 n 个小区域，每个区域的传感器都可以到达边缘设备的通信范围。每台边缘设备具有存储空间 C_n，用于存储与特定计算服务（如数据库）相关联的耦合任务数据，以及可应用于处理从用户卸载应用数据的最高频率 f_n 的 CPU。每台边缘设备做出决策：如何在每个时隙 t 卸载不同的任务。

传感网中的耦合任务可分为 4 类：A 类为低计算负载的低流量耦合任务，B 类为低计算负载的高流量耦合任务（如视频流应用），C 类为高计算负载的低流量耦合任务（如依据温湿度监控数据建模），以及 D 类是高计算负载的高流量耦合任务（用于对象识别的视频处理）。边缘设备 n 必须确定有多少任务将在边缘层处理，而其余任务转移到云层处理。将 b_n^t 设置为表示在边缘设备上处理的任务比例的连续决策变量。

$$b_n^t = x_{ibcmp} \tag{5.7}$$

其中，i 表示不同耦合任务的类型，b、c、m 和 p 分别表示系统的带宽、CPU、内存和功耗情况。如果将耦合任务 i 发送到边缘层，则变量 b_n^t 的值为 1，否则为 0。设 $b^t = \{b_1^t, b_2^t, \cdots, b_i^t\}$ 表示一段时间内所有边缘设备的任务卸载决策。

边缘设备根据加载的耦合任务数动态调整 CPU 的速度：

$$E_i = \eta + kb_n \tag{5.8}$$

如果 η 是静态功率，无论工作量是多少，只要边缘设备 n 运行卸载任务，η 就存在。k 是边缘设备以最大速度 f_n 处理任务时的单位能耗。

2. 问题定义

假设耦合任务实时产生的数据量为 Q_i（单位为 bit），边缘层处理数据的速率是 v_1（单位为 bit/s），本地和云端之间的数据传输速率是 v_2（单位为 bit/s），云层处理数据的速率是 v_3（单位为 bit/s）。再假设耦合任务要求处理数据的时间限定条件为 T（单位为 s），同时考虑当前边缘层的 CPU、内存、带宽和剩余电量的限制。目标是通过做出的卸载决策来最大程度地减少计算处理时间。以数学方式描述表示如下。

$$\min \frac{1}{n}\sum_{i=1}^{n} T_i \quad i=1,\cdots,n \tag{5.9}$$

$$\text{s.t.} \quad \sum b^i c_i < C_n \tag{5.9a}$$

$$E_i < E_{\max}^j \quad j=1,\cdots,4 \tag{5.9b}$$

$$T_i < T_{\max}^j \quad j=1,\cdots,4 \tag{5.9c}$$

其中，有

$$T_i = \min\left(T_i^{\mathrm{f}}, T_i^{\mathrm{c}}\right) \tag{5.10}$$

$$T_i^{\mathrm{e}} = Q_i / v_1 \tag{5.11}$$

$$T_i^{\mathrm{c}} = Q_i / v_2 + Q_i / v_3 \tag{5.12}$$

其中，T_i 是指在边缘层或云层上各种耦合任务生成的数据处理时间。C_n 表示边缘设备的最大存储量，c_i 表示耦合任务 i 的存储空间，E_i 表示耦合任务 i 的能耗。$E_{\max}^j$ 和 $T_{\max}^j$ 分别是最大能耗和系统最大时延的约束。式（5.9a）限制来自单台边缘设备的存储容量。式（5.9b）和式（5.9c）限制分别施加到每台边缘设备的最大能耗和时延。

为了让读者对该问题有更加清晰的认识，下面给出一个实例，如图 5.10 所示。基于边缘层当前的 CPU、内存、带宽和剩余电量，边缘层可以选择将耦合任务的数据卸载到本地或云端。假设边缘设备的每个资源都有以下 4 种范围状态（0～25%，26%～50%，51%～75%，76%～100%），依据边缘层状态处于不同范围可以改变卸载决策。因此，系统具有 $4^4 = 256$ 个可能的状态，每个状态都需要针对每个耦合任务进行二进制决策。图 5.10 所示为针对 4 种类型的耦合任务的卸载策略。图中，彩色正方形表示边缘层处理耦合任务的情况，C 表示边缘层总 CPU 容量，M 表示边缘层总内存容量，BW 表示总带宽，BA 表示边缘层总能量。

对于类型 A，大部分数据在边缘层卸载，这是因为低流量耦合任务生成的数据较小且易于管理，将数据卸载到边缘层将获得更好的性能。此外，如果剩余电池电量少于 25%，则数据将被卸载到云中。对于类型 B，在边缘层中卸载了超过 1/2 的传感器数据。高流量耦合任务产生的数据量巨大，将数据卸载到云中必须要满足带宽较高的需求。对于类型 C，在边缘层中卸载了大约 1/2 的传感器数据，因为在计算负载低的低流量耦合任务中，如果内存容量小于 25%，则数据将被卸载到云端。对于类型 D，由于在具有高计算负载的高流量耦合任务中，如果带宽大于 25%，则数据将被卸载到云中，因此在边缘层中卸载的传感器数据不到 1/2。

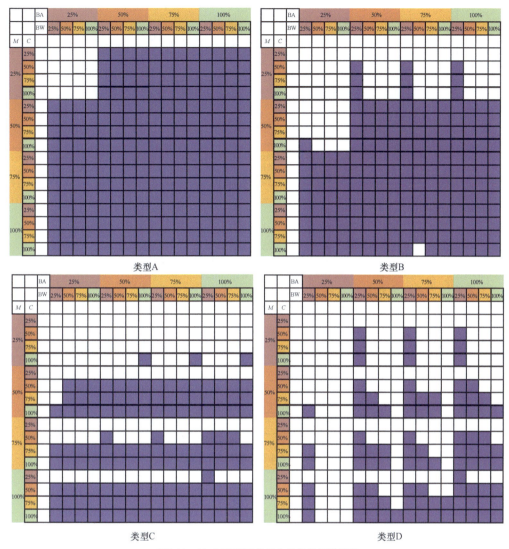

图5.10　针对4种类型的耦合任务的卸载策略

3. 云边协同的耦合任务动态卸载架构

图 5.11 所示为由传感网层、边缘层和云层构成的云边协同的耦合任务动态卸载架构。传感网层由不同类型的传感器组成。这些传感器具有不同的功能，如温度监测、智能机器人服务等。在架构中，边缘计算平台作为云服务器和边缘设备的桥梁，起着连接的作用。在数据卸载过程中，边缘设备也充当决策节点，选择合适的耦合任务数据在边缘层或云层进行卸载。

在此架构中，边缘层的功能有以下两点。一是识别不同类型的耦合任务，以获得不同类型的时延限制。边缘层获取耦合任务运行时的资源（CPU、内存、带宽和功耗），并使用 LibSVM 获取分类结果。二是将分类结果返回到云层。当边缘层识别传感网耦合任务的类型时，它有可能在一段时间内估计时延和计算消耗。基于分类结果，该功能根据系统的实时性条件，保证了所有任务在云端或边缘层卸载时的智能动态性。

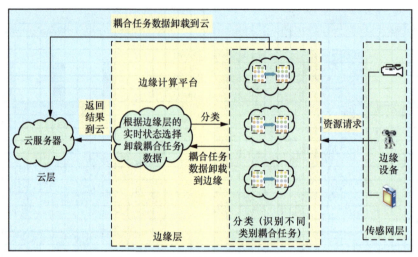

图5.11　云边协同的耦合任务动态卸载架构

4. 云边协同的耦合任务动态卸载方法

云边协同的耦合任务动态卸载方法的流程如图 5.12 所示。

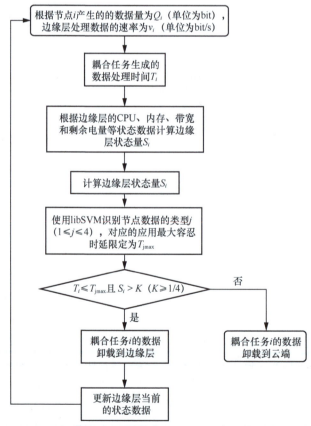

图5.12　云边协同的耦合任务动态卸载方法的流程

下面给出云边协同的耦合任务动态卸载算法（Dynamic Switching Algorithm，DSA）（见算法 5.4）设计的详细过程。算法的输入是耦合任务编号和边缘层实时状态值（CPU、内存、带宽和功耗）等。libSVM 用于根据系统状态和耦合任务需求识别不同类型的耦合任务，并设置最大容忍延迟。根据分类结果，每个耦合任务都将计算 T_i 和 S_i 的值。如果 T_i 小于 T_{max}^j 并且 S_i 的值大于 K，则耦合任务 i 将被卸载到边缘层，否则将其卸载到云层。符号 j 表示不同类型的耦合任务（$1 \leqslant j \leqslant n$），而 K 表示边缘设备的状态值。每次分配后更新边缘层的资源池，最后输出卸载结果。此外，在 LibSVM 中，交叉验证是通过使用五折交叉验证来执行的，并将五折交叉验证结果取平均值，以获得较好的分类结果。

该算法的详细设计步骤见算法 5.4。其中，C_i 表示任务 i 占用的边缘层 CPU 容量，M_i 表示任务 i 占用的边缘层内存容量，BW_i 表示任务 i 占用的带宽，BA_i 表示任务 i 消耗的能量，C 表示边缘层总 CPU 容量，M 表示边缘层总内存容量，BW 表示总带宽，BA 表示边缘层总能量。

算法 5.4　云边协同的耦合任务动态卸载算法

输入：耦合任务数 n，M_i，C_i，BW_i，BA_i，M，C，BA，BW，K，T_{max}^j，$b^t = \{0, 0, \cdots, 0\}$；
输出：卸载结果；

1：**for** $1 \leqslant i \leqslant n$ **do**；
2：　　$T_i = Q_i / v_1$；
3：　　$S_i = M_i / M + C_i / C + BW_i / BW + BA_i / BA$；
4：　　基于 libSVM 算法识别耦合任务的类型 j（$1 \leqslant j \leqslant 4$），对应的耦合任务最大容忍时延限定为 T_{max}^j，范围为 1 ~ 10s；
5：　　　**if** $T_i < T_{max}^j$ **&&** $S_i > K$ **then**
6：　　　耦合任务 i 的数据卸载到边缘层；
7：　　　**else**
8：　　　耦合任务 i 的数据卸载到云层；
9：　　　**end if**
10：　每次进行耦合任务卸载的分配后，更新边缘层当前的状态数据；
11：**end for**

上述的耦合任务的类型包括 4 种，每一种耦合任务的时延设置各有不同。对于低流量耦合任务而言，其产生的数据量小，对实时性要求高，故设置为 1s；对于高流量耦合任务而言，产生的数据量较大，对实时性要求高，故设置为 3s；对于流量低计算量大的耦合任务而言，其需求是利用数据进行分析，相对而言数据量较小且对于实时性要求低，故设置为 5s；对于流量高计算量大的耦合任务而言，其需要精准的模型计算，数据量较大，对于实时性要求低，故设置为 10s。以上设置考虑了不同耦合任务类型的特点，对于不同类型的耦合任务设置不同的最大容忍时延，具体的设置值也可以根据系统的实际情况和用户的需求进行调整。

5. 算法分析

定理 5.5：设计最优卸载问题是一个 NP 难问题。

证明：假设一个由 m 个耦合任务（每个耦合任务由多个传感器构成）和 n 个边缘设备组成的系统。为了获得更短的时延，每个耦合任务都应该做出一个决策：耦合任务要么在云层卸载，要么在边缘层卸载。这样把问题转化为两个子问题。子问题 p_1 是指每个耦合任务决定是否在云层卸载。子问题 p_2 是指每个耦合任务是否在边缘层上卸载。子问题 p_1 是一个一对多的二分图的最优匹配问题，这是一个已被证明的 NP 难问题[10]。所以，设计一个最优卸载算法是 NP 难问题。

定理 5.6：LibSVM 算法使用一对一方法对不同类型任务进行分类，比一对多方法更快。

证明：一对一方法（支持向量机）是在两类样本之间设计一个基本的支持向量机，因此需要 $K(K-1)/2$ 个支持向量机，平均每个类有 $2l/K$ 个数据。一对多方法（支持向量机）在训练阶段将一类样本分为一类，将其余的样本分为另一类，从而构造出 K 个支持向量机，平均每个类里面有 l 个数据。用 d 次多项式求解此问题，其复杂度分别为 $\dfrac{k(k-1)}{2}O\left(\left(\dfrac{2l}{k}\right)^d\right)$ 和 $KO(l^d)$。

易得

$$\frac{k(k-1)}{2}O\left(\left(\frac{2l}{k}\right)^d\right) < KO(l^d) \tag{5.13}$$

所以，LibSVM 算法使用一对一方法对不同类型进行分类，比一对多方法更快。

定理 5.7：DSA 的时间复杂度为 $O(n^2)$。

证明：在算法 5.4 中的第 2 行和第 3 行，算法的基本操作执行次数为 n 次，时间复杂度为 $O(n)$；第 4 行，LibSVM 算法的时间复杂度为 $O(n^2)$；第 5 行~第 11 行，基本操作是比较（第 5 行），执行次数为 n 次，时间复杂度为 $O(n)$；n 是耦合任务的个数。综上所述，该算法的时间复杂度为 $O(n^2)$。

定理 5.8：DSA 的处理时间小于全部在云层或边缘层卸载耦合任务的处理时间。

证明：假设耦合任务个数为 n，在云层运行时间主要为传输时间 t_i，（假设云计算能力足够强，处理时间不计，只计算传输时间）云层的处理时间记为 T^c。

$$T^c = \sum_{i=1}^{n} T_i^c = \sum_{i=1}^{n} t_i^{\text{cloud}} \tag{5.14}$$

边缘层的时延主要是从底层到边缘层的传输时间 $t_{\text{physics-edge}}^i$ 和数据处理时间 $t_{\text{processing}}^i$，而边缘层的处理时间记为 T^f。

$$T^f = \sum_{i=1}^{n} T_i^f = \sum_{i=1}^{n} (t_{\text{physics-edge}}^i + t_{\text{processing}}^i) \tag{5.15}$$

使用 DSA，时延记录为 T，因为 T_i 根据算法 5.4 选择的时间是 T_i^c 和 T_i^f 中最短的处理时间，故

$$T = \sum_{i=1}^{n} T_i = \sum_{i=1}^{n} \min\left(T_i^f, T_i^c\right) \tag{5.16}$$

易得

$$\begin{cases} T < T^f \\ T < T^c \end{cases} \tag{5.17}$$

因此，通过 DSA 得到的处理时间最短。

6. 实验评估

为了验证 DSA 的性能，本小节进行了大量仿真实验。首先，模拟生成一个由 9 台边缘设备覆盖的 600m × 600m 区域。每台边缘设备的通信半径设置为 150m。总面积分为 9 个区域。实验的参数和值如表 5.4 所示。此外，所有算法都在相同的环境中运行。

表5.4　验证DSA性能实验的参数和值

参数	值
耦合任务类型数量（个）	4
耦合任务数量（个）	450
边缘节点数量（个）	25
云服务器数量（台）	1
边缘服务器功率f_n（W）	10
耦合任务i的CPU功率需求（W）	[0.1,0.5]
边缘服务器存储容量（GB）	[100,1024]
单位能耗（J）	[20,50]
数据传输功耗（kW/h）	1
通信功耗（kW/h）	[0,3]
带宽（Mbit/s）	[100,200]

在本实验中将 DSA 与以下两个基准算法进行比较。一个是全部在云层卸载（Offloading on the Cloud-layer，OC）算法，此算法要求将所有任务都卸载到云层，然后将结果传输回设备或用户。另一个是全部在边缘层卸载（Offloading on the Edge-layer，OE）算法，此算法要求将所有任务都卸载到边缘层。当大量任务同时涌入边缘层时，其他任务将等待边缘层完成现有任务后再执行；边缘层充当边缘中心，然后将结果传输回设备或用户。而在 DSA 中的边缘层充当预处理中心，以处理部分任务，然后将其他任务卸载到云层，最后将聚合结果传输到设备或用户。

为了获得更有说服力的结果，类似的实验进行了 10 次，并选择了 3 个评估指标：处理时间、能耗和边缘层存储容量。处理时间主要包括数据计算和数据传输的时间。处理时间是重要的评估指标，处理时间短表明该系统可以有效处理大量数据，且可以有效避免耦合任务堆积。选择能耗作为评估指标之一，是为了表明该算法不仅可以实现较短的处理时间，而且在传感网系统中能耗较低。当边缘层存储容量不断提高时，更多的耦合任务可以被卸载到边缘层。图 5.13 所示为验证 DSA 性能实验的初始网络，初始时总耦合任务数量为 450 个，边缘节点的数量为 9 个。使用 LibSVM 算法得到的分类结果如图 5.14 所示，类型 A、类型 B、类型 C 和类型 D 的数量分别为 120 个、110 个、110 个、110 个。

图 5.15 所示为 100 个时隙内 3 种算法平均处理时间的比较，其中 K 的值设置为 1/4。当时隙增加时，平均处理时间随之增加。随着耦合任务的增加，处理时间也变得越来越长。与其他算法相比，DSA 的处理时间最短。分析可知，DSA 的平均处理时间分别比 OC 算法低

10.69% ～ 66.90% 和比 OE 低 8.17% ～ 47.85%。图 5.16 所示为 100 个时隙内 3 种算法平均功耗的比较，其中 K 的值设置为 1/4。分析显示，对于 20 ～ 100 个时隙，DSA 的平均功耗分别比 OC 算法低 3.76% ～ 9.59% 和比 OE 算法低 4.07% ～ 11.8%。显然，60 个时隙的平均功耗较高。在 60 ～ 100 个时隙中，由于系统已达到稳定状态，因此平均能耗值没有显著增长。与其他算法相比，DSA 的平均功耗最低。

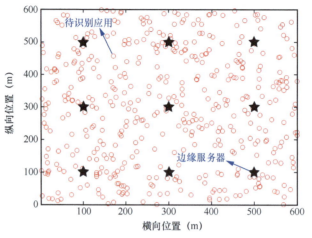

图5.13　验证DSA性能实验的初始网络

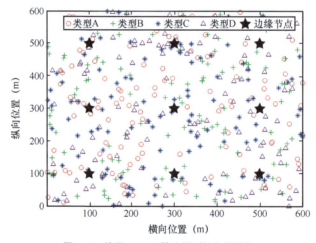

图5.14　使用LibSVM算法得到的分类结果

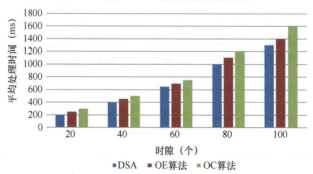

图5.15　100个时隙内3种算法平均处理时间的比较

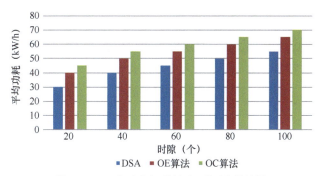

图5.16 100个时隙内3种算法平均功耗的比较

图 5.17 和图 5.18 所示为 3 种算法的平均处理时间和平均功耗，其中 3 种算法的边缘层的存储容量不同，K 的值被设置为 1/4。当边缘层具有更多存储容量时，将选择更多耦合任务在该层上运行，平均处理时间也同时增加。与其他算法相比，DSA 的处理时间最短。原因如下：对于一个耦合任务，边缘层的处理时间可能比云层更长，因为边缘层的数据计算时间比云层的总处理时间还要长。DSA 在云层和边缘层之间选择最短的处理时间，从而获得最短的处理时间。进一步的分析表明，DSA 的平均功耗比 OC 算法低 39.5%～78.5%，也比 OE 算法低 8.17%～40.6%。此外，在不同的实验中更改了 BW 的值，结果表明，与 BW 为 100Mbit/s 的 DSA 相比，BW 为 200Mbit/s 的 DSA 可以实现更短的处理时间和更低的平均功耗。

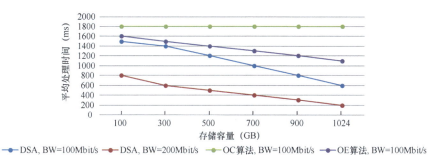

图5.17 不同存储容量下3种算法平均处理时间的比较

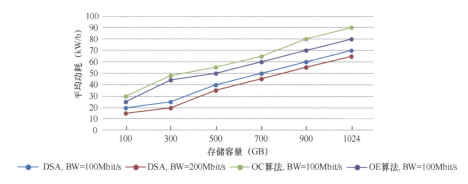

图5.18 不同存储容量下3种算法平均能耗的比较

7. 小结

本小节提出了一种云边协同的耦合任务动态卸载算法。该算法首先将边缘层当前的 CPU、内存、带宽和剩余电量等状态数据作为输入变量，并计算出每个耦合任务处理完成的时间和边缘层状态量；然后利用 LibSVM 算法识别耦合任务的类型，根据类型判定该耦合任务处理完成的时间条件；最后根据边缘层的情况判定边缘层的状态量条件，共同决定该耦合任务的数据是卸载在边缘层还是云层。该算法根据不同耦合任务类型的特点，对于不同类型的耦合任务设置不同的最大容忍时延，并且考虑了边缘层的实时状态，利用智能决策算法把耦合任务实时卸载到边缘层或云层，以获得最短的总运行时间，同时有效地减少了系统的能耗。

5.3 基于边缘计算的任务卸载与激励机制

上述解决耦合任务卸载问题的方案没有考虑用户的移动性以及多边缘服务器的情况。服务商通常不愿意让其所属的传感网设备无偿贡献资源并参与模型训练，这会导致模型训练无法进行[21,22]。因此，设计合理的激励机制来吸引设备，这对于大规模传感网系统的运行十分重要[23,24]。本节从实际应用场景出发，综合考虑云服务器、边缘服务器、传感网设备三者之间的架构和服务关系，设计适用于传感网中基于边缘计算的分层激励机制。首先在云服务器与边缘服务器之间建立基于斯塔克尔伯格模型（Stackelberg Model），由云服务器向边缘服务器支付奖励，边缘服务器根据云服务器的总支付奖励制定决策。边缘服务器之间是非合作的博弈，当一个边缘服务器达到了纳什均衡，即使其他服务器改变了策略，该服务器的策略也是最优的。在边缘服务器与设备之间，由于边缘服务器的收益不足以支持其支付所有设备的奖励情况，边缘服务器会将奖励分多个训练轮次延迟发放给设备。同时考虑设备收益遗憾值和时间遗憾值，在边缘服务器与设备之间的联盟中，最大化联盟效益的同时应该最小化设备的收益遗憾值和时间遗憾值。在激励机制的设计中，根据传感网应用中不同角色的利益，在保证各方利益的基础上，激励设备投入更多高质量的数据用于训练[25,26]。

5.3.1 多边缘任务卸载

在边缘计算中，任务卸载是指计算任务从终端设备卸载到边缘层或云层。由于边缘服务器资源和计算能力有限，计算复杂的任务应卸载到云层进行处理。利用边缘服务器的资源可以减少终端设备自身的计算负担，从而节省能耗、加快计算速度[27,28]。任务卸载有 3 个重要部分：任务卸载决策、卸载的任务量以及哪些计算任务应该卸载。任务卸载的流程如图 5.19 所示，任务卸载第一步需要判断本地设备的请求服务是否合法，若不合法则在本地进行计算；只有当服务是合法的，才会进行下一步判断，即边缘服务器是否有可用的资源。若边缘层有可用的资源，则根据设计的算法方案进行资源分配、更新服务器参数、任务卸载；若没有可用资源，则在本地计算。

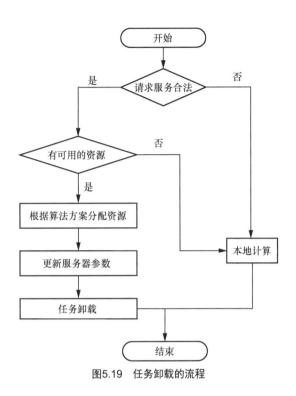

图5.19　任务卸载的流程

如图 5.20 所示，按照任务的卸载情况，任务卸载可分为以下 3 种情况。

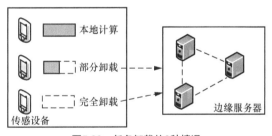

图5.20　任务卸载的3种情况

1）本地计算（无须卸载至服务器）：全部计算任务由本地设备完成。

2）部分卸载：部分计算任务由本地设备进行处理，剩下的任务卸载到边缘层，由边缘服务器进行处理。

3）完全卸载：全部计算任务由边缘服务器处理。

通过对近几年任务卸载方案的对比和分析，按照算法的设计思路和应用技术，可以将任务卸载方案分为两类：基于启发式算法的任务卸载方案和任务智能卸载方案。基于启发式算法的任务卸载方案主要是先确定一个优化目标，再通过设计启发式算法来接近最优解。该方案主要从 3 个优化目标开展研究工作：最小化时延、最小化能耗、权衡时延和能耗。任务智能卸载方案可以分为两类：考虑数据隐私、不考虑数据隐私。该方案主要是通过人工智能相关技术来训练卸载模型，从而设计卸载方案，同时应用联邦学习（Federated Learning，FL）模型解决基于启发式算法的任务卸载方案中存在的隐私数据等问题。基于边缘计算的任务卸载方案的具体分类情况如图 5.21 所示。

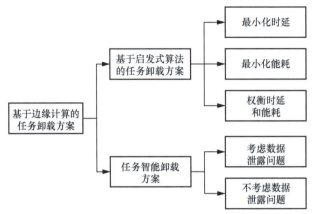

图5.21　基于边缘计算任务卸载方案的分类情况

5.3.2　基于边缘计算的多移动设备任务卸载方法

在传感网中，底层设备的计算能力、存储能力有限，无法完成计算复杂的任务。根据传统云计算模式，移动传感网设备（简称移动设备）可以将任务卸载到具有强大计算能力的云服务器执行。然而云服务器通常距离移动设备较远，增加了任务卸载过程的通信成本和时延。为此，本节引入边缘计算来辅助移动设备执行任务，减少移动设备与云服务器的通信次数，降低任务卸载过程中系统的时延和通信成本。但是边缘服务器的网络覆盖能力有限，只能在一定区域范围内提供服务。再加上底层设备在运行期间可能会在不同的边缘服务器服务区域内移动，此时设备如何制定卸载决策是新的挑战。

在实际的传感网应用中，边缘服务器的服务区域是交叉的，即移动设备的所在位置可以连接多个不同的边缘服务器。设备的卸载决策需要根据系统信息（设备本地和不同边缘服务器的任务队列，设备和不同边缘服务器的能量情况等）来制定。在云计算模式中，设备的移动性不会影响设备与云服务器之间的连接，所以基于云计算的任务卸载方法没有考虑设备的移动性，但将这类方法直接应用在边缘计算中是不可行的，其无法制定最优卸载决策，且会导致高时延、高成本、系统资源浪费等问题。

针对上述问题，本小节对多移动设备任务卸载问题进行研究，考虑了设备的移动性带来的系统时延和能耗，提出基于粒子群优化的任务卸载（Task Offloading based on PSO，TOPSO）算法，确保系统中的移动设备可以根据系统环境信息来制定最优的任务卸载决策，降低系统总服务成本。

1. 系统模型

基于边缘计算的多移动设备任务卸载的系统模型如图 5.22 所示。该系统模型中有 $M = \{1, 2, \cdots, m\}$ 台边缘服务器、$N = \{1, 2, \cdots, n\}$ 台移动设备，其中边缘服务器不仅可以提供缓存服务，还可以执行计算任务，且边缘服务器之间相互连接，而移动设备通过基站与边缘服务器进行通信。

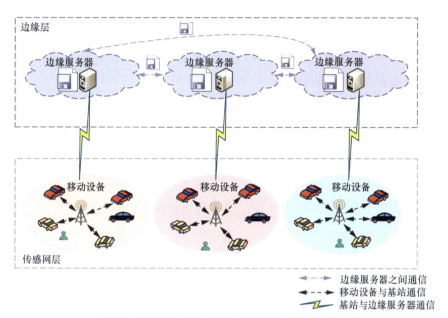

图5.22　基于边缘计算的多移动设备任务卸载的系统模型

由于移动设备在边缘服务器的服务区域内进行移动，所以需要考虑处理相应移动设备的配置文件，确保在互相连接的边缘服务器之间传输，这样可以减少边缘服务器上缓存的配置文件数量，从而为更多的移动设备提供服务。卸载决策包括移动设备（本地计算节点 l）、边缘服务器（边缘节点 M），所有的计算节点都可以用 $\overline{M} = M \cup l$ 来表示。为了简化系统，假设每台移动设备的卸载决策是在每个时隙 t 结束后做出的，需要考虑 $T = \{1, 2, \cdots, t\}$ 时间内的服务成本。

移动设备的某些任务可以卸载到边缘服务器和云服务器上。针对每台移动设备 $k \in N$，用集合 $Q_k = \{q_{k,1}, q_{k,2}, \cdots, q_{k,q}\}$ 来表示它的任务。

（1）移动设备的卸载决策

在每个时隙 t，对于移动设备 k 可以用一个二进制向量 $\boldsymbol{X}_k^t$ 来表示当前时隙 t 的卸载决策，如式（5.18）所示。

$$\boldsymbol{X}_k^t = \left[x_{k,1}^t, x_{k,2}^t, \cdots, x_{k,M}^t, x_{k,l}^t \right]^{\mathrm{T}} \tag{5.18}$$

对于二进制卸载决策向量 $\boldsymbol{X}_k^t$，有式（5.19）和式（5.20）的约束：

$$\sum_{j \in \overline{M}} x_{k,j}^t = 1 \, \forall t, k \tag{5.19}$$

$$x_{k,j}^t \in \{0,1\} \forall t, k, j \tag{5.20}$$

对于所有的移动设备，可以用向量 $\boldsymbol{X}^t = \left[X_1^t, X_2^t, \cdots, X_M^t \right]^{\mathrm{T}}$ 来表示它们的卸载决策。同时，假设一个任务在时隙 t 上只能在唯一的计算节点上执行。

（2）系统的时延

多移动设备系统中的时延主要包括移动设备与边缘服务器之间的文件传输时延、边缘服务器之间的文件传输时延、移动设备和边缘服务器的计算时延。

在系统中，移动设备与边缘服务器之间、边缘服务器之间的通信通过基于 IEEE 802.11 标准的无线接入信道进行，例如 Wi-Fi 的工作频段为 2.45GHz。根据香农定理可以把节点 a 至节点 b 信道间的传输速率 $V_{a,b}$ 表示为式（5.21）：

$$V_{a,b} = \mathrm{BW}\log\left(1 + \frac{P_\mathrm{s}}{P_\mathrm{n}}\right) \tag{5.21}$$

其中，BW 是带宽，P_s 是平均信号功率，P_n 是平均噪声功率。

用 D_k、η 表示设备 k 的任务数据量和处理 1bit 数据所需的周期频率，传输时延由任务发送至边缘服务器或云服务器的上传时延 $T_{\mathrm{trans,upload}}^t$ 和结果从服务器返回到设备的下载时延 $T_{\mathrm{trans,download}}^t$ 两部分组成。为了简化系统时延的计算方式，假设 $T_{\mathrm{trans,upload}}^t = T_{\mathrm{trans,download}}^t$。

假设处理设备 k 的边缘服务器 i 上的配置文件大小等于设备 k 的任务量大小 D_k，处理 1bit 数据所需的周期频率也相同，故在边缘服务器之间传输配置文件的时延 $T_{\mathrm{trans,edge}}^t$ 可以用由式（5.22）表示。

$$T_{\mathrm{trans,edge}}^t = \sum_{k \in N}\sum_{j \in M} \frac{D_k \eta}{V_{i,i'}} x_{k,j}^t \tag{5.22}$$

因此，总传输时延 T_{trans}^t 可以由式（5.23）表示。

$$\begin{aligned}
T_{\mathrm{trans}}^t &= T_{\mathrm{trans,edge}}^t + T_{\mathrm{trans,upload}}^t + T_{\mathrm{trans,download}}^t \\
&= \sum_{k \in N}\sum_{j \in M} \frac{D_k \eta}{V_{i,i'}} x_{k,j}^t + 2\sum_{k \in N}\sum_{j \in M} \frac{D_k \eta}{V_{k,j}} x_{k,j}^t
\end{aligned} \tag{5.23}$$

移动设备和边缘服务器都存在计算时延，然而云服务器计算能力很强，所以忽略云服务器的计算时延。本地计算时延式（5.24）表示，边缘服务器计算时延由式（5.25）表示。

$$T_{\mathrm{comp,local}}^t = \sum_{k \in N} \frac{D_k \eta}{f_k} x_{k,l}^t \tag{5.24}$$

$$T_{\mathrm{comp,edge}}^t = \sum_{k \in N}\sum_{i \in M} \frac{D_i \eta}{f_i} x_{k,i}^t \tag{5.25}$$

因此，计算时延 T_{comp}^t 可由式（5.26）表示。

$$\begin{aligned}
T_{\mathrm{comp}}^t &= T_{\mathrm{comp,local}}^t + T_{\mathrm{comp,edge}}^t \\
&= \sum_{k \in N} \frac{D_k \eta}{f_k} x_{k,l}^t + \sum_{k \in N}\sum_{i \in M} \frac{D_i \eta}{f_i} x_{k,i}^t \\
&= \sum_{k \in N}\left(\frac{D_k \eta}{f_k} x_{k,l}^t + \sum_{i \in M} \frac{D_i \eta}{f_i} x_{k,i}^t \right)
\end{aligned} \tag{5.26}$$

（3）系统的能耗

多移动设备系统中的能耗主要由两部分组成：计算能耗和传输能耗。计算能耗需考虑边缘服务器空闲状态和工作状态时的能耗。假设边缘服务器和移动设备以最大的 CPU 频率处理任务，同时在空闲时选择最小的 CPU，且设备拥有一个最大能耗限制 $E_{\max}$。

针对设备 k，计算能耗可以用式（5.27）表示。

$$E_{\text{comp,local}}^t = \sum_{k \in N} \{\xi_k^t \cdot (1 - x_{k,l}^t) + D_k \cdot \eta \cdot \gamma_k \cdot x_{k,l}^t\} \tag{5.27}$$

其中，ξ_k^t 表示设备 k 静态状态下的能耗，γ_k 表示设备 k 每单位 CPU 周期的能耗。

针对边缘服务器 i，计算能耗可以用式（5.28）表示。

$$E_{\text{comp},i}^t = \sum_{i \in M} \sum_{k \in N} \{\xi_i^t \cdot (1 - x_{N_k,i}^t) + D_i \cdot \eta \cdot \gamma_i \cdot x_{N_k,i}^t\} \tag{5.28}$$

其中，ξ_i^t 表示边缘服务器 i 静态状态下的能耗，γ_i 表示边缘服务器 i 每单位 CPU 周期的能耗。

所以，计算能耗可以用式（5.29）表示。

$$E_{\text{comp}}^t = E_{\text{comp,local}}^t + E_{\text{comp},i}^t \tag{5.29}$$

传输能耗则由任务发送至边缘服务器或云服务器的上传能耗 $E_{\text{trans,upload}}^t$ 和结果从服务器返回到设备的下载能耗 $E_{\text{trans,download}}^t$ 两部分组成。为了简化传输能耗的计算方式，假设 $E_{\text{trans,upload}}^t = E_{\text{trans,download}}^t$，故传输能耗 E_{trans}^t 可以由式（5.30）表示。

$$E_{\text{trans}}^t = E_{\text{trans,upload}}^t + E_{\text{trans,download}}^t = 2 \sum_{k \in N} P_k \cdot T_{\text{trans,upload}}^t \tag{5.30}$$

其中，P_k 表示设备 k 的发射功率。

由此，在时隙 t 的系统能耗可以用式（5.31）表示为

$$E^t = E_{\text{comp}}^t + E_{\text{trans}}^t \tag{5.31}$$

2. 问题定义

假设在 M 个边缘服务器的服务范围内有 N 台移动设备在工作。考虑到移动设备的移动性，为了充分利用边缘服务器资源，就要为这 N 台移动设备各自的任务集合 Q_k 分配合理的执行位置。本小节多移动设备任务卸载研究的目标是尽可能地利用边缘服务器资源，降低卸载过程中的时延和能耗，从而降低系统的总服务成本。

综合考虑系统的时延和能耗，为了最小化系统总服务成本，可以用式（5.32）表示。

$$\min \sum_{t=1}^T \{(T_{\text{trans}}^t + T_{\text{comp}}^t) + \omega \cdot \sum_{i \in M} (E^t - E_{\max})\} \tag{5.32}$$

$$\text{s.t.} \quad \sum_{j \in M} x_{k,j}^t = 1 \, \forall t,k \tag{5.32a}$$

$$x_{k,j}^t \in \{0,1\} \, \forall t,k,j \tag{5.32b}$$

$$0 \leqslant P_{N_k} \leqslant P_{\max}, \forall k \qquad (5.32c)$$

$$0 \leqslant P_i \leqslant P_{i,\max}, \forall i \qquad (5.32d)$$

$$0 \leqslant f_{N_k} \leqslant f_{\max}, \forall k \qquad (5.32e)$$

$$0 \leqslant f_i \leqslant f_{i,\max}, \forall i \qquad (5.32f)$$

其中，式（5.32a）和式（5.32b）确保了在时隙 t 设备的任务只可以在一个计算节点上运行；式（5.32c）～式（5.32f）保证了移动设备和边缘服务器的平均发射功率和 CPU 频率不超过最大值；ω 是权重系数。

3. 基于边缘计算的多移动设备任务卸载算法

在基于边缘计算的多移动设备任务卸载算法设计中，关键问题是将多移动设备任务卸载研究问题建模，从而转化为寻找全局最优解。粒子群优化（Particle Swarm Optimization，PSO）是一种模拟鸟类觅食行为的随机优化算法。该算法把每只鸟抽象成一个没有质量和体积的质点，用来代表优化问题中的可行解。然而，PSO 算法容易陷入局部最优解。针对上述问题，使用模拟退火算法（Simulated Annealing Algorithm，SAA）来帮助 PSO 算法跳出局部最优解。

假设每台移动设备在移动过程中的卸载决策是在每个时隙 t 结束后做出的，考虑 $T = \{1, 2, \cdots, T\}$ 时间内的服务成本。为了简化系统，假设粒子群中的粒子表示每台移动设备的卸载决策集。为了描述粒子的速度，用 $V = \{v_1, v_2, \cdots, v_k\}$ 来表示配置文件的迁移趋势，即移动设备连接对应服务器的趋势。类似地，用 $D = \{d_1, d_2, \cdots, d_k\}$ 来表示粒子的位置，D 的维度和移动设备的数量相同，且 d_k 的值为整数，表示边缘服务器的编号。如果 $d_k = 0$，则表示设备 k 在设备本地执行任务。

每个粒子都有一个最佳位置，而粒子群中所有的粒子有一个全局最优位置。用 $P_{id} = \{P_1, P_2, \cdots, P_s\}$ 来表示一次迭代过程中的最优位置，表示该粒子的位置是使系统总成本最小的卸载决策。针对粒子群也有一组全局的最优位置，用 $G_{id} = \{G_1, G_2, \cdots, G_s\}$ 表示。

将卸载问题按照 PSO 模型建模，将系统中所有移动设备连接边缘服务器的决策抽象为无质量、无体积的粒子。每个粒子都有两个属性，即速度和位置：粒子速度指的是分配边缘服务器的趋势，粒子位置指的是边缘服务器编号。其中，粒子维度是系统中移动设备的数量。为了解决模型容易陷入局部最优解的问题，可以设计一个收缩因子来调整迭代过程中的粒子速度和粒子位置，并且引入 SAA 来调整和更新系统的全局最优解。收缩因子 φ 可以由式（5.33）表示：

$$\varphi = \frac{2}{|2 - c - \sqrt{c^2 - 4c}|} \qquad (5.33)$$

其中，$c = c_1 + c_2$，并且满足 $c > 4$。

每次迭代时，根据粒子的最后速度和其他粒子的信息来更新粒子的速度。用式（5.34）来更新粒子 s 的速度，式（5.35）来更新粒子 s 的位置：

$$V[s+1] = \varphi \cdot (V[s] + c_1 \cdot r_1 \cdot (P[s] - D[s]) + c_2 \cdot r_2 \cdot (P[s] - D[s]) \tag{5.34}$$

$$D[s+1] = D[s] + V[s+1] \tag{5.35}$$

基于粒子群优化的任务卸载（TOPSO）算法如算法 5.5 所示。

算法 5.5　基于粒子群优化的任务卸载算法

输入：粒子群大小 S；最大迭代次数 maxsize；最大能耗约束 E_{max}；学习因子 c_1、c_2；

输出：所有设备卸载决策 X^t；

1：初始化：粒子的位置 V 和速度 D、系统服务成本 $P(T)$、全局最优位置 P_{id}、粒子群最优位置 G_{id}；

2：计算收缩因子 φ；

3：**for** $s = 1$ to maxsize **do**

4：　　更新粒子速度 $V[s+1]$；

5：　　更新粒子位置 $D[s+1]$；

6：　　更新粒子的最优位置 $P_{id} = D[s+1]$；

7：　　计算系统服务成本 ΔP；

8：　　**if** $P^s(T) < P^{s-1}(T)$ **then**

9：　　　　更新粒子的全局最优位置 $G_{id} = D[s]$；

10：　　　计算系统服务成本差值 $P^s(T)$；

11：　　　$\xi = \dfrac{|\mathrm{e}^{\Delta P}|}{P^s(T)}$；

12：　　　**if** $\Delta P < 0$ or $\xi >$ random $(0,1)$ **then**

13：　　　　　更新粒子位置 $D[s+1]$；

14：　　　**end if**

15：　　**end if**

16：　　$s \leftarrow s + 1$

17：**end for**

18：**return** X^t

本算法用 $P(T)$ 来表示系统服务成本，每次迭代中的 $P(T)$ 都会改变，目标是找到最小成本 $P(T)$ 及其相应的卸载策略。为了寻找全局的最优位置，本算法采用了 SAA 的关键思想，如第 11 ~ 14 行所示。如果满足式（5.36）中的 $\Delta P < 0$ 或者满足式（5.37），则在下一次迭代前，用式（5.38）更新粒子的位置：

$$\Delta P = P^{s-1}(T) - P^s(T) \tag{5.36}$$

$$\frac{|e^{\Delta P}|}{P^s(T)} > \mathrm{random}(0,1) \tag{5.37}$$

$$\boldsymbol{D}[s+1] = P_{\mathrm{id}} + (\tau \cdot \varepsilon - 1) \tag{5.38}$$

每次迭代后，粒子群中的都粒子可以得到一个新的速度和位置，并得到预计的系统服务成本 $P^s(T)$。系统根据最小的服务成本 $P^s(T)$ 并记录下最优的卸载决策到 P_{id} 中，将全局的最优卸载决策记录到 G_{id} 中。

4. 算法分析

定理 5.9：设计多移动设备最优任务卸载算法是一个 NP 难问题。

证明：多移动设备最优任务卸载算法是在满足边缘服务器和移动设备最大能耗约束的情况下，使得系统总成本最小的最优解。该问题可以看作经典的最大基数装箱问题，而最大基数装箱问题就是一个 NP 难问题[10]。

因此，设计多移动设备最优任务卸载算法是一个 NP 难问题。

定理 5.10：TOPSO 算法的系统成本小于寻找最近的边缘服务器算法和仅在本地设备上执行任务算法的成本。

证明：系统成本包括计算时延、传输时延和能耗约束。计算时延包括传感网设备和边缘服务器计算任务的时延，传输时延包括边缘服务器和移动设备之间的传输时延以及边缘服务器之间的传输时延。而如果所有移动设备都只选择本地设备执行计算任务，由于移动设备的计算能力有限，因此计算时延会大大增加。但是，在工业传感网场景中，移动设备的物理大小、存储容量和能耗不足以支持其完成复杂的计算密集型任务，所以上述部分任务需要卸载至边缘服务器或云服务器上。如果所有移动设备都选择最近的边缘服务器放置配置文件，则极有可能发生以下情况：当多个移动设备同时接入同一个边缘服务器时，边缘服务器的能耗将迅速增加。综上所述，TOPSO 算法理论上综合利用了设备和边缘服务器计算能力，故其系统成本小于寻找最近的边缘服务器算法和仅在本地设备上执行任务算法的成本。

定理 5.11：TOPSO 算法的时间复杂度是 $O(S \cdot \mathrm{maxsize} \cdot T)$。

证明：对于粒子群优化算法，粒子群大小 S 在每一次迭代中是固定的。用 maxsize 来表示最大迭代次数，T 表示每一轮的计算时间。所以，粒子群优化算法的时间复杂度是 $O(S \cdot \mathrm{maxsize} \cdot T)$。TOPSO 算法是基于粒子群优化算法的，故 TOPSO 算法的时间复杂度是 $O(S \cdot \mathrm{maxsize} \cdot T)$。

5. 仿真实验评估

（1）仿真环境设置

在本研究中，所有的实验都是在仿真环境下进行的，并模拟一个 1000m × 1000m 的边缘服务器覆盖的区域，由 16 台边缘服务器提供服务，每个边缘服务器的通信半径为 200m，可以保证该区域被边缘服务器完全覆盖。详细的实验配置如表 5.5 所示。

表5.5 TOPSO算法的实验配置

项目	配置
操作系统	Windows 10
内存（GB）	8
CPU	Intel Core i7
编程语言	Python
粒子群数量（个）	25
边缘服务器数量（台）	16
移动设备数量（台）	100
带宽（GHz）	2
任务的数据量（Mbit）	[5, 50]
处理1bit数据所需的周期（cycle/bit）	[800, 1500]
移动设备的CPU频率（GHz）	[1, 5]
边缘服务器的CPU频率（GHz）	[6, 10]
平均信号功率（W）	10^{-8}
平均噪声功率（W）	10^{-9}
最大能耗（J）	1000
系数	$10^{-2.5}$

本实验将 TOPSO 算法与其他 5 个基准算法进行了比较。第一个是最优枚举协同任务卸载（Optimal Enumeration Collaborative Computation Offloading，OECCO）算法，该算法列举了所有可能的边缘服务器和移动设备的卸载决策组合，以找到满足目标的最优解。第二个是全部在移动设备本地执行任务的算法，称为 OL（Only Local）算法。该算法将设备所有的任务都由本地执行，而边缘服务器不执行任何任务。第三个是近似协同任务卸载（Approximation Collaborative Computation Offloading，ACCO）算法。该算法采用贪婪策略进行卸载决策，使边缘服务器或移动设备的总开销达到最小。第四个是寻找最近的边缘服务器（Finding the Nearest Edge，FNE）算法。该算法指所有的计算任务由边缘服务器执行，移动设备在边缘服务器的服务区域内移动，而移动设备不执行任何任务。第五个是基于遗传模拟退火的粒子群优化（Genetic SA-based PSO，GSP）算法。该算法将遗传算法（Genetic Algorithm，GA）的遗传操作和 SAA 的接收规则集成到 PSO 算法中。

（2）仿真结果及分析

图 5.23 展示了 TOPSO、ACCO 和 OECCO 这 3 种算法在每个时隙的平均服务成本。TOPSO 算法的平均服务成本在前 10 个时隙中迅速下降，随后其平均服务成本与最优算法 OECCO 算法十分接近。ACCO 算法的平均服务成本是 3 种算法中最高的。相比之下，TOPSO 算法接近最优算法。为了进一步分析 TOPSO 算法的收敛性，将 TOPSO 算法与传统的 PSO 算法进行了比较。

图 5.24 展示了 TOPSO 算法与传统的 PSO 算法的平均服务成本随迭代次数的变化情况，其中边缘服务器数量为 16 台，移动设备的数量为 50 台，所有设备任务的总数量为 250 个，每个任务的数据量为 5Mbit。从图 5.24 可以看出，TOPSO 算法在前 10 次迭代中收敛较快，最终比传统 PSO 算法的平均服务成本更低。实验表明，随着迭代次数的增加，TOPSO 算法收敛速度快于传统的 PSO 算法，并在大约 25 次迭代时得到全局最优解。

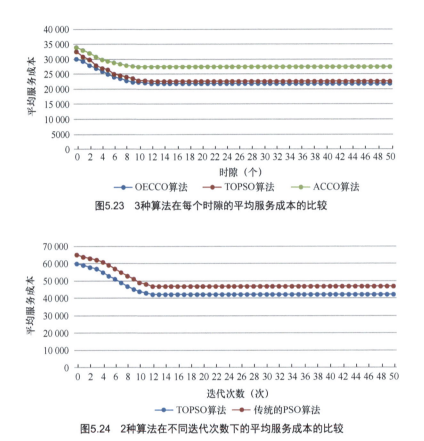

图5.23　3种算法在每个时隙的平均服务成本的比较

图5.24　2种算法在不同迭代次数下的平均服务成本的比较

　　图 5.25 展示了 TOPSO 算法与 FNE、GSP、OL 算法的平均能耗随迭代次数的变化情况。从图中可以看出，随着迭代次数的增加，各个算法的平均能耗变化不明显，这是各个算法的特性所导致的。对于 OL 算法而言，其平均能耗不随迭代次数的变化而变化，因为 OL 算法不是寻找最优解的过程。对于 FNE 算法而言，其平均能耗在降低是设备的移动性导致每个边缘服务器所需要执行的任务数量不一致，从而对于每个边缘服务器来说能耗是变化的。对于 GSP 算法和 TOPSO 算法来说，平均能耗开始时变动较小而后不变是由于已经接近了一个最优决策下的平均能耗，故平均能耗波动较小。

　　图 5.26 展示了在不同最大能耗限制的情况下 4 种算法的平均服务成本情况，其中边缘服务器数量为 16 台，移动设备的数量为 50 台，所有设备任务的总数量为 250 个，每个任务的数据量为 5Mbit。从图 5.26 可以看出，在不同的边缘服务器最大能耗限制条件下，TOPSO 算法都保持最小的平均服务成本；FNE 算法和 GSP 算法具有十分接近的平均服务成本；而 OL 算法受移

动设备的自身能耗限制影响,其平均服务成本较大。实验结果表明,TOPSO算法在这4种算法中性能最优。

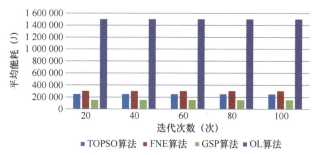

图5.25　4种算法在不同迭代次数下的平均能耗的比较

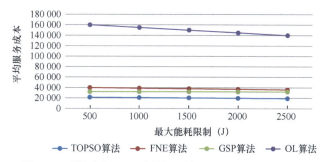

图5.26　4种算法在不同最大能耗限制下的平均服务成本的比较

6. 小结

本小节主要研究了基于边缘计算的多移动设备任务卸载问题,考虑到设备的移动性以及边缘服务器之间的配置文件传输,并将上述过程产生的时延和能耗计入系统的成本,将任务卸载问题转化为优化问题,并提出了基于粒子群优化的任务卸载算法。与现有任务卸载研究相比,该系统模型更贴近实际情况,可以应用在传感网平台。实验结果表明,与ACCO算法相比,本小节提出的TOPSO算法更接近最优解。从平均服务成本上看,TOPSO算法具有比OL算法、FNE算法和GSP算法更好的性能。

5.3.3　基于边缘计算的分层激励方法

基于边缘计算的分层激励机制的方式是用金钱激励设备投入更多高质量的数据用于训练,进一步提高多移动设备任务卸载的效率。如图5.27所示,设备投入数据用于模型训练,将模型参数发送给边缘服务器;边缘服务器对模型参数的质量进行评估后,按照奖励发放方法支付奖励金额给设备。

1. 系统模型

如图5.28所示,本小节系统由 $M = \{1, 2, \cdots, M\}$ 台边缘服务器、$N = \{1, 2, \cdots, N\}$ 台移动设备

和一台远程云服务器 c 组成。为了简化系统模型，不考虑边缘服务器和设备动态加入系统的情况，确保系统中没有边缘服务器和设备离开训练或者新加入训练。

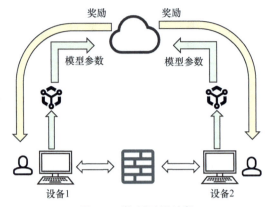

图5.27　激励机制的流程

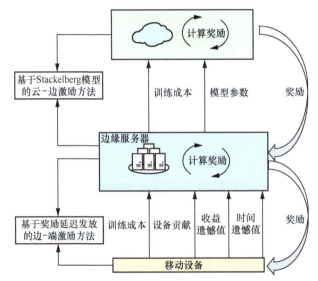

图5.28　基于边缘计算的分层激励机制的系统模型

（1）移动设备的贡献

在传感网应用中，设备投入自身的数据参与联邦学习训练，经过本地训练后上传模型参数给服务器。对于设备 k，若其投入数据量为 d_k 和数据质量为 q_k 的数据用于训练，可以用 $a_k(r)$ 来表示在第 r 轮训练后设备对全局模型性能的贡献，且 $a_k(r) \geqslant 0$。同时，可以在边缘服务器上进行沙盒模拟实验，从而估计设备对全局模型的贡献。激励机制是为了刺激设备投入更多高质量的数据用于模型训练，而不关注设备对系统产生贡献的程度值的具体计算方式。所以，在研究激励机制时，不关心 $a_k(r)$ 值的产生方法，只是将其作为方法的输入。

（2）移动设备的成本

针对移动设备 k，其贡献数据用于训练会有两方面的成本：计算成本和通信成本。用 c_k^{comp}

和 c_k^{comm} 来表示在训练中单位数据量消耗的计算成本和通信成本。因此，设备 k 在第 r 轮训练中贡献了 $x_k(r)$ 大小的数据用于训练，其在该轮训练中的计算成本和通信成本分别为：$c_k^{\text{comp}} x_k(r)$、$c_k^{\text{comm}} x_k(r)$。

（3）边缘服务器的成本

针对边缘服务器 i，可以用 c_i^{comp} 和 c_i^{comm} 来表示在训练中单位数据量消耗的计算成本和通信成本。因此边缘服务器 i 在第 r 轮训练中贡献了 $p_i(r)$ 大小的模型参数量用于训练，其在该轮训练中的计算成本和通信成本分别为 $c_i^{\text{comp}} p_i(r)$ 和 $c_i^{\text{comm}} p_i(r)$。

（4）移动设备的效用函数

对于移动设备 k，它在第 r 轮训练结束时刻收到来自边缘服务器的收益报酬可以表示为 $u_k(r)$。然而，由于边缘服务器的总预算有限，会存在不足以支付所有设备奖励的情况，故边缘服务器分多个轮次将奖励发放给设备。在每一轮训练结束后，设备 k 都能够从边缘服务器拿到的收益需要按照所有设备奖励中的占比计算，可以用式（5.39）表示。

$$\widetilde{u_k(r)} = \frac{u_k(r)}{\sum\limits_{k=1}^{N} u_k(r)} B(r) \tag{5.39}$$

其中，$B(r)$ 是边缘服务器在第 r 轮训练结束后的总预算报酬。

而设备 k 的效用函数与设备因为自己贡献所得到的收益报酬 $u_k(r)$ 以及对联盟做出的贡献 $a_k(r)$ 相关，故所有设备的效用函数可以用式（5.40）表示。

$$U_k = \frac{1}{R} \sum_{r=1}^{R} \sum_{k=1}^{N} \{a_k(r) u_k(r)\} \tag{5.40}$$

（5）边缘服务器的效用函数

在研究边缘服务器和设备之间的激励方法的关系时，需要考虑设备投入的数据质量和数据量的问题。然而，在研究云服务器和边缘服务器之间的激励方法的关系时，因为边缘服务器从设备接收到的模型参数已经达到了相似的质量，所以在这个阶段只考虑边缘服务器投入的模型参数数据量。

故对于边缘服务器 i，它收到来自云服务器的收益报酬可以用 $u_i(p_i, P_{M \setminus \{i\}})$ 表示，其效用函数用式（5.41）表示。

$$U_i(p_i, P_{M \setminus \{i\}}) = \frac{p_i(r)}{\sum\limits_{i=1}^{M} p_i(r)} \beta - c_i^{\text{comm}} p_i(r) - c_i^{\text{comm}} p_i(r) \tag{5.41}$$

其中，$P_{M \setminus \{i\}}$ 表示除了边缘服务器 i 的其他边缘服务器投入的模型参数数据量情况；β 表示云服务器发放的总奖励值。

云服务器的效用函数是全局模型精度的增加减去支付给边缘服务器的奖励。而云服务器的全局模型精度是关于边缘服务器投入模型参数的数据量的凸函数，故云服务器的效用函数可以用式（5.42）表示。

$$U(\beta) = \lambda f(P) - \beta \tag{5.42}$$

其中，$f(P)$ 是关于模型参数数据量的凸函数；λ 是模型系数。

（6）移动设备的收益遗憾值

边缘服务器的总预算有限会导致边缘服务器的已有收益不足以支付所有设备奖励的情况，即对于设备而言，其目前收到的来自边缘服务器的收益与其本应该收到的收益之间存在差值。为了在每一轮训练结束后都能够更好地了解到设备还有多少收益未得到，将这个差值定义为设备收益遗憾值，用 $R_k(r)$ 表示。在每一轮训练结束后，根据式（5.43）更新设备的收益遗憾值。

$$R_k(r+1) = \max(R_k(r) + c_k^{\text{comp}} x_k(r) - u_k(r), 0) \tag{5.43}$$

当训练没开始时，收益遗憾值为 0，即 $R_k(0) = 0$。训练开始后，$R_k(r)$ 值越大，说明设备 k 未收到的收益报酬越多。

（7）移动设备的时间遗憾值

本小节还考虑了在设备等待边缘服务器支付给其全部应得到的收益中产生的等待时间。将设备等待全部收益的时间定义为移动设备的时间遗憾值，用 $T_k(r)$ 表示。在每一轮训练结束后，根据式（5.44）更新设备的时间遗憾值。

$$T_k(r+1) = \max(T_k(r) + h_k(r) - u_k(r), 0) \tag{5.44}$$

其中，$h_k(r)$ 是一个判断函数，当收益遗憾值不为 0，则时间遗憾值会增加，并且增加的部分与设备 k 参与训练做出的贡献的平均成本有关。用式（5.45）来表示 $h_k(r)$：

$$h_k(r) = \begin{cases} \overline{c_k^{\text{comp}} x_k(r)}, & R_k(r) > 0 \\ 0, & R_k(r) > 0 \end{cases} \tag{5.45}$$

其中，$\overline{c_k^{\text{comp}} x_k(r)}$ 是设备 N_k 参与训练做出的贡献的平均成本。

（8）最小化移动设备的收益遗憾值与时间遗憾值

在研究边缘服务器和移动设备之间的激励机制时，应该考虑设备的收益遗憾值和时间遗憾值的变化，并且最小化两者的数值。为了更好地捕捉两者的动态变化情况，可以用 l_2 - 标准技术来公式化收益遗憾值和时间遗憾值。同时为了在求导运算时简便运算，省去了 $\sqrt{\cdot}$ 运算，并把整个公式乘以 1/2，但这些操作不会改变 l_2 - 标准的性质。对设备 k 的收益遗憾值和时间遗憾值运用 l_2 - 标准公式化，其李雅普诺夫函数可以用式（5.46）来表示。

$$L(r) = \frac{1}{2} \sum_{k=1}^{N} [R_k^2(r) + T_k^2(r)] \tag{5.46}$$

随着训练的进行，$L(r)$ 会根据设备的收益遗憾值和时间遗憾值而改变，所产生的偏移 Δ 可以表示为

$$\Delta = \frac{1}{R}\sum_{r=1}^{R}\left[L(r+1)-L(r)\right]$$

$$= \frac{1}{2R}\sum_{r=1}^{R}\sum_{k=1}^{N}\left[R_k^2(r+1)+T_k^2(r+1)-R_k^2(r)-T_k^2(r)\right]$$

$$\leq \frac{1}{R}\sum_{r=1}^{R}\sum_{k=1}^{N}[R_k(r)c_k^{\text{comp}}x_k(r)-R_k(r)u_k(r)+\frac{1}{2}(c_k^{\text{comp}}x_k(r))^2-c_k^{\text{comp}}x_k(r)u_k(r)+$$

$$\frac{1}{2}u_k^2(r)+T_k(r)h_k(r)-T_k(r)u_k(r)+\frac{1}{2}h_k^2(r)-h_k(r)u_k(r)+\frac{1}{2}u_k^2(r)]$$

$$\leq \frac{1}{R}\sum_{r=1}^{R}\sum_{k=1}^{N}\{u_k^2(r)-u_k(r)[R_k(r)+c_k^{\text{comp}}x_k(r)+T_k(r)+h_k(r)]\}$$

（5.47）

偏移变量 Δ 在边缘服务器和设备之间的训练过程中应该尽可能地减小，这样能够有效激励设备投入更多高质量数据用于训练，并且保障激励方法的公平性。

2. 问题定义

在基于边缘计算的分层激励机制研究中，考虑在云服务器与边缘服务器、边缘服务器与设备组成的两层框架中设计两种激励方法，且两种激励方法有不同的目标。

（1）云服务器和边缘服务器组成的云–边框架

在该框架中，将云服务器和边缘服务器建模为 Stackelberg 模型，目标是使得系统中的所有边缘服务器都找到最优的决策，并达到纳什均衡，而达到纳什均衡的条件是对于所有边缘服务器 i，式（5.48）都成立：

$$U_i(p_i^*, P_{M\setminus\{i\}}^*) \geq U_i(p_i, P_{M\setminus\{i\}}^*)$$

（5.48）

其中，p_i^* 是边缘服务器 i 的最优策略（最优投入的模型参数数据量）；$P_{M\setminus\{i\}}^*$ 是所有除了边缘服务器 i 的最优策略集合。

同时，在边缘服务器达到纳什均衡时，另一个目标是最大化云服务器的效用。对于云服务器而言，在任意给定的奖励总值和边缘节点之间存在唯一的纳什均衡，因此云服务器可以选择最优奖励总值 β 来最大化其效用值。云服务器的目标函数可以用式（5.49）表示。

$$U(\beta) = \lambda f\left(\sum_{i}^{M}p_i^*\right)-\beta$$

（5.49）

（2）边缘服务器和移动设备组成的边–端框架

在该框架中，目标是最大化边缘服务器和移动设备这个集体的效用值，同时还需要最小化设备的收益遗憾值和时间遗憾值，即最大化 $\omega U_k-\Delta$，ω 是一个正则化项。由此，边–端框架的激励方法的目标函数可以建模为

$$\max \frac{1}{R}\sum_{r=1}^{R}\sum_{k=1}^{N}\{u_k(r)[\omega a_k(r)+R_k(r)+c_k^{\text{comp}}x_k(r)+$$

$$T_k(r)+h_k(r)]-u_k^2(r)\}$$

（5.50）

$$\text{s.t. } \sum_{k=1}^{N}\widetilde{u_k(r)} \leq B(r), \forall r$$

（5.50a）

177

$$\widetilde{u_k(\mathrm{r})} \geqslant 0, \forall k,r \qquad (5.50\mathrm{b})$$

3. 基于边缘计算的分层激励算法

本小节的系统模型由云服务器、边缘服务器、移动设备组成。根据本小节的系统模型，在基于边缘计算的分层激励机制研究中，考虑云服务器与边缘服务器、边缘服务器与设备组成的两层框架中运用不同的激励算法。针对云服务器与边缘服务器组成的云－边框架设计基于 Stackelberg 模型的云－边激励算法（Cloud-edge Incentive Algorithm，CEIA）；针对边缘服务器与移动设备组成的边－端框架设计基于奖励延迟发放的边－端激励（Delay Reward based on Edge-end Incentive，DREEI）算法。

（1）基于 Stackelberg 模型的云－边激励算法

将云服务器与边缘服务器建模为 Stackelberg 模型，该博弈分为两个阶段。第一个阶段是云服务器制定奖励总额；第二个阶段是边缘服务器确定训练投入的模型参数量。在博弈过程中，云服务器是领导者，边缘服务器是跟随者。而边缘服务器之间是非合作博弈，在云服务器制定了奖励总额之后，边缘服务器各自根据奖励总额以及其他服务器的决策信息来制定自身的策略（投入多少用于训练的模型参数数据）。对于边缘服务器而言，制定最优的决策就是选择投入多少模型参数数据量以使其可以获得最大的效用。该方法通过利用 Stackelberg 模型来寻找云服务器和边缘服务器的一个平衡策略，以最大化各自效用。

在基于 Stackelberg 模型的云－边激励算法中一定存在纳什均衡。当达到纳什均衡后的策略才是稳定的，这时任何参与者都不会去改变策略。在云服务器给出了总支付奖励后，边缘服务器可以根据总支付奖励和其他边缘服务器的信息计算自己的最优策略值 p_j^*。

算法 5.6 给出了云－边激励算法的设计，其中求解边缘服务器之间达到纳什均衡的最优策略值和云服务器的支付总奖励值的具体步骤如下。

算法 5.6 云－边激励算法

输入：每个边缘服务器的计算成本 $c_i^{\mathrm{comp}} p_i(r)$ 和通信成本 $c_i^{\mathrm{comm}} p_i(r)$；

输出：边缘服务器的最优策略集合 $P^*=\{P_1^*,P_2^*,\cdots,P_M^*\}$、收益集合 $\{U_i\}$ 以及云服务器效用 $U(\beta)$；

1：**for** 边缘服务器 j to M **do**

2：　　计算有关于 β 的最优策略集合 $p_j^* = \dfrac{(M-1)\beta}{\sum\limits_{i=1}^{M}(c_i^{\mathrm{comp}}+c_i^{\mathrm{comm}})}\left(1-\dfrac{(M-1)(c_i^{\mathrm{comp}}+c_i^{\mathrm{comm}})}{\sum\limits_{i=1}^{M}(c_i^{\mathrm{comp}}+c_i^{\mathrm{comm}})}\right)$；

3：**end for**

4：令 $\partial U(\beta)/\partial\beta=0$，联立 P^* 可求解云服务器总支付奖励 β；

5：**for** 边缘服务器 M_j to M **do**

6：　　将 β 带入 p_j^* 求 P^*；

7：　　计算 $U_i(p_i, P_{M\setminus\{i\}})$；

8：**end for**

9：计算 $U(\beta)$ ；

10：**return** $P^*, U_i(p_i, P_{M \setminus \{i\}}), U(\beta)$

（2）奖励延迟发放的边 - 端激励算法

在奖励延迟发放的边 - 端激励算法中，考虑收益遗憾值和时间遗憾值，对于新加入训练的设备 k 而言，其收益遗憾值 $R_k(0) = 0$ ，时间遗憾值 $T_k(0) = 0$ 。

边 - 端激励算法的目标是最大化这个集体的效用且同时最小设备的遗憾值，证明该目标函数的最大值可以求解设备的理论收益值，并根据该值计算设备的实际收益值。

算法 5.7 给出了基于奖励延迟发放的边 - 端激励算法的设计。首先根据目标函数求得每一轮所有设备的理论收益值 $u_k(r)$ ，并根据 $u_k(r)$ 可以求出设备实际收益值 $\widetilde{u_k(r)}$ 。同时，计算下一轮训练设备的收益遗憾值 $R_k(r+1)$ 和时间遗憾值 $T_k(r+1)$ 。

算法 5.7　基于奖励延迟发放的边 - 端激励算法

输入：正则化项 ω ；边缘服务器的总支付奖励 $B(r)$ ；计算成本 c_k^{comp} ；设备贡献值 $a_k(r)$ ；收益遗憾值 $R_k(r)$ ；时间遗憾值 $T_k(r)$ ；

输出：所有设备实际收到的收益集合 $\{\widetilde{u_k(r)}\}$ ；

1：初始化 $u_{\mathrm{temp}}(r) = 0$ ；

2：**for** N_k to N **do**

3：　　计算 $u_k(r) \leftarrow \dfrac{1}{2}[\omega a_k(r) + R_k(r) + c_k^{\mathrm{comp}} x_k(r) + T_k(r) + h_k(r)]$ ；

4：　　更新 $u_{\mathrm{temp}}(r) = u_{\mathrm{temp}}(r) + u_k(r)$ ；

5：**end for**

6：**for** k to N **do**

7：　　计算 $\widetilde{u_k(r)}$ ；

8：　　计算 $R_k(r+1)$ ；

9：　　计算 $T_k(r+1)$ ；

10：**end for**

11：**return** $\{\widetilde{u_{N_k}(r)}\}$

---

4. 实验评估

（1）仿真环境设置

本小节所有的实验都是在仿真环境下进行的，并模拟一台云服务器、多台边缘服务器和多台移动设备构成的系统。云服务器的效用函数中的 $f(P)$ 设置为：$f(P)=ln(1+P)$。详细的实验配置如表 5.6 所示。

表5.6　基于博奕的云边协同卸载激励算法的实验配置

项目	配置
操作系统	Windows 10
内存（GB）	8
CPU	Intel Core i7
编程语言	Python
云服务器的模型系数 λ	10
边缘服务器的通信成本	(0, 2]
边缘服务器的计算成本	(0, 2]
设备的通信成本	0.01
设备的计算成本	0.01
设备数量（台）	100

在基于 Stackelberg 模型的云－边激励算法中，测试了在不同条件下边缘服务器达到纳什均衡的边缘服务器的收益情况以及云服务器达到 Stackelberg 均衡的总支付奖励和效用值情况。

（2）仿真结果及分析

首先针对一个云服务器、两个边缘服务器的情况进行基于纳什均衡的实验。设置 $c_1^{comm}=1$、$c_2^{comm}=1$、$c_2^{comm}=3$，并研究边缘服务器的通信成本对激励算法的影响。图 5.29 展示了在不同边缘服务器的通信成本的情况下两个边缘服务器达到纳什均衡的参数数据量情况。当边缘服务器 A 的通信成本从 0.5 增加至 2.5 时，边缘服务器 A、B 达到纳什均衡的最优策略是分别贡献 0.595、0.177 和 0.223、0.155 的模型参数数据量。可以发现随着通信成本的增加，边缘服务器投入的模型参数数据量在减少。

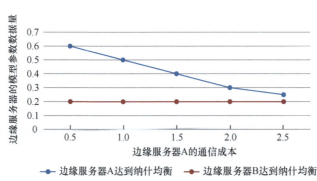

图5.29　通信成本对边缘服务器的模型参数数据量的影响

如图 5.30 所示，在增加边缘服务器 A 的通信成本的同时，云服务器的总支付奖励、云服务器的效用值、边缘服务器的效用值都呈下降趋势。这是因为当其他成本不变，边缘服务器的通信成本增加时，其投入训练的模型参数数据量会减少，根据边缘服务器的效用函数可知，边缘服务器的效用值会降低。针对云服务器而言，当边缘服务器投入的模型参数数据量减少，其总支付奖励也会减少，最终云服务器的效用值也会减小。

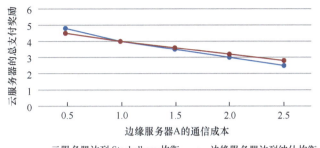

图5.30　通信成本对云服务器总支付奖励和服务器效用值的影响

随后，针对一台云服务器、多台边缘服务器的情况进行基于 Stackelberg 模型的实验。图 5.31 展示了边缘服务器数量对云服务器的总支付奖励的影响。当边缘服务器数量增加时，云服务器会投入更多的奖励总额用于激励边缘服务器参与训练。图 5.32 展示了边缘服务器数量对云服务器效用值、边缘服务器平均效用值的影响。可以看到，由于边缘服务器数量增加，云服务器投入的总支付奖励增加，云服务器的效用值在增加，而边缘服务器的平均效用值在降低。这说明在边缘服务器之间发生了更多的竞争，而更多的竞争使得每台边缘服务器从云服务器获得的收益会变少。

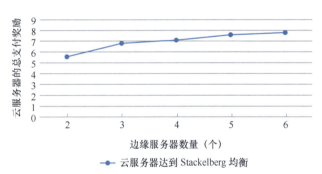

图5.31　边缘服务器数量对云服务器的总支付奖励的影响

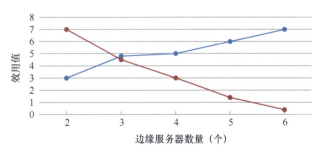

图5.32　边缘服务器数量对云服务器效用值、边缘服务器平均效用值的影响

5. 小结

本小节深入探讨了基于边缘计算的分层激励机制，创新性地提出了将云服务器、边缘服务器、移动设备分为两层激励框架的方案。针对云服务器与边缘服务器之间的框架，本节建模为 Stackelberg 模型，当云服务器发布总支付奖励后，边缘服务器会制定相应的决策。通过求解，可以得出每个边缘服务器在达到纳什均衡时的最佳策略（投入训练的模型参数数据量）。而对于边缘服务器与移动设备之间的框架，本节考虑到边缘服务器的总收益可能不足以支付所有设备的情况，将奖励分多个训练轮次发放给设备。实验结果表明，本方案能够在确保云服务器、边缘服务器、移动设备的利益情况下，有效激励设备投入更多高质量的数据用于训练。

5.4 前沿方向

传感云系统中基于边缘计算的资源优化策略一直是计算领域的热点问题。随着技术的不断进步和需求的演进，相关的一系列前沿方向引起了人们的注意，这些前沿方向旨在应对传感云系统中基于边缘计算环境的挑战，并提高资源优化的效率。以下详细介绍一些基于边缘计算的资源优化的前沿方向，以期展望未来的发展趋势。

（1）边缘决策资源优化

随着边缘计算的迅速发展，在边缘节点上进行智能决策的重要性日益凸显。系统需要实时监测边缘节点的资源使用情况和各项性能指标，并自动调整资源分配策略。这种自适应算法能够预测未来需求，快速适应变化，并提高系统的自我修复能力，从而增强系统的稳定性和、灵活性和适应性，减少因手动干预不及时而造成的损失。例如，在智能制造领域，通过在边缘节点上实施资源优化决策，可以实时调整生产线的资源配置，提高生产效率和质量。在智能交通领域，通过监测道路交通状况并自动调整交通信号灯的时长，可以缓解交通拥堵并提高道路使用效率。未来的研究将聚焦于开发更加智能、高效和自适应的优化算法和决策模型，以更好地满足边缘计算的需求。

（2）跨边缘资源协同

随着边缘计算的进一步发展，跨边缘资源协同成为一个前沿的研究方向。它的主要目标是整合和协同使用不同边缘节点的资源，从而提高资源利用率，增强系统的性能和稳定性。在跨边缘资源协同中，任务可以在不同的边缘节点之间自由迁移，以动态地满足不断变化的需求。这种迁移可以是基于计算需求的迁移，比如将计算密集型任务迁移到具有更多计算资源的边缘节点上；也可以是基于网络状况的迁移，比如将数据传输任务迁移到具有更好网络连接的边缘节点上。通过这种自由的迁移机制，跨边缘资源协同能够实现更高效的资源利用和更优的性能表现。由于不同边缘节点上的资源类型和配置可能各不相同，因此需要进行统一的资源管理和调度。这需要进一步发展跨边缘的协议、标准和通信机制，以便实现不同边缘节点之间的协同和互操作。

（3）强化学习和智能代理

随着边缘计算的进一步发展，强化学习和智能代理技术将在资源分配中发挥越来越重要的作用。这些技术可以用于训练智能代理，使其能够自主决定资源分配策略，从而大大减少手动干预，提高系统的智能性和效率。在资源分配中，智能代理可以使用强化学习算法来学习如何根据实时情况、历史数据和用户需求做出最佳的资源分配决策。例如，智能代理可以根据系统的负载情况、用户的需求变化以及历史资源的利用率等信息，自主调整资源分配策略。通过强化学习和智能代理的结合，可以构建一个更加智能化、高效和自适应的边缘计算系统。智能代理可以通过强化学习算法不断优化自身的决策能力，从而更好地满足系统的需求。

（4）跨云边端一体化

随着边缘计算的进一步发展，未来的资源分配策略可能会往跨云边端一体化发展。这意味着任务可以在云、边缘和终端之间无缝迁移，以满足不同层次的需求。跨云边端一体化将需要更多的标准化和协作，以实现资源的动态分配和管理。在跨云边端一体化的资源分配策略中，云、边缘和终端将共同构成一个协同工作的系统。任务可以在这个系统中动态迁移，以实现更高效的资源利用和更好的性能表现。

综上所述，传感云系统中基于边缘计算的资源优化的前沿方向涉及智能决策、资源协同、自适应计算、安全性和隐私保护、强化学习以及跨云边端一体化等。这些方向将推动云边端计算环境的不断发展和创新，以满足不断变化的需求并提高计算资源的利用效率。随着技术的不断进步，可以预见云边端资源分配策略将继续演化，为未来的数字化世界带来更多的便利和效益。

5.5　本章小结

本章深入研究了传感云系统中基于边缘计算的资源优化问题。首先，介绍了传感云系统的背景，其中云计算和传感网技术的结合催生了传感云系统，但也带来了资源管理的挑战。在这个背景下，探讨了基于边缘计算的解决方案，这些方案有望提高资源的利用效率，并降低时延、提升性能，为传感云系统的进一步发展提供了有力的支持。其次，提出了耦合资源调度和任务卸载问题。为了应对资源之间的紧密耦合和不均衡分布，提出了两个重要的模型：一是基于边缘存储的传感云低耦合模型，旨在通过边缘存储减少资源的耦合，提高资源利用率；二是云边协同的耦合任务动态卸载模型，引入了云边协同以更好地协调任务的动态卸载，充分利用边缘和云计算资源。接着，探讨了任务卸载和激励机制。介绍了多边缘任务卸载问题，提出了基于博弈理论的云边协同卸载激励算法，以鼓励设备参与任务卸载，并提供高质量数据，从而提高资源利用率。最后，展望了基于边缘计算的资源优化的一些前沿方向，以期进一步提高对计算资源的利用率。

参考文献

[1] WANG T, ZHANG G, LIU A, et al. A secure IoT service architecture with an efficient balance dynamics based on cloud and edge computing[J]. IEEE Internet of Things Journal, 2019, 6(3): 4831-4843.

[2] ZHAO J, LIU Y, GONG Y, et al. A dual-link soft handover scheme for C/U plane split network in high-speed railway[J]. IEEE Access, 2018, 6: 12473-12482.

[3] CHATZOPOULOS D, FERNANDEZ B C, KOSTA S, et al. Offloading computations to mobile devices and cloudlets via an upgraded NFC communication protocol[J]. IEEE Transactions on Mobile Computing, 2019, 19(3): 640-653.

[4] 曾建电, 王田, 贾维嘉, 等. 传感云研究综述[J]. 计算机研究与发展, 2017, 54(5): 925-939.

[5] 崔勇, 宋健, 缪葱葱, 等. 移动云计算研究进展与趋势[J]. 计算机学报, 2017, 40(2): 273-295.

[6] 施巍松, 张星洲, 王一帆, 等. 边缘计算: 现状与展望[J]. 计算机研究与发展, 2019, 56(1): 69-89.

[7] 周悦芝, 张迪. 近端云计算: 后云计算时代的机遇与挑战[J]. 计算机学报, 2019, 42(4): 677-700.

[8] 曹芷晗, 卢煜成, 赖思思, 等. 基于边缘计算的传感云研究进展[J]. 软件学报, 2019, 30(Suppl.(11)): 40-50.

[9] 赵梓铭, 刘芳, 蔡志平, 等. 边缘计算: 平台、应用与挑战[J]. 计算机研究与发展, 2018, 55(2): 327-337.

[10] 梁玉珠, 梅雅欣, 杨毅, 等. 一种基于边缘计算的传感云低耦合方法[J]. 计算机研究与发展, 2020, 57(3): 639-648.

[11] 宁振宇, 张锋巍, 施巍松. 基于边缘计算的可信执行环境研究[J]. 计算机研究与发展, 2019, 56(7): 1441-1453.

[12] WANG T, LU Y, CAO Z, et al. When sensor-cloud meets mobile edge computing[J]. Sensors, 2019, 19(23): 1-17.

[13] WANG T, LUO H, ZHENG X, et al. Crowdsourcing mechanism for trust evaluation in CPCS based on intelligent mobile edge computing[J]. ACM Transactions on Intelligent Systems and Technology, 2019, 10(6): 1-19.

[14] 梅雅欣, 沈雪微, 赵丹, 等. 传感云中基于边缘计算的差分数据保护方法[J]. 北京邮电大学学报, 2020, 43(4): 1-6.

[15] 彭维平, 熊长可, 贺军义, 等. 边缘计算场景下车联网身份隐私保护方案研究[J]. 小型微型计算机系统, 2020, 41(11): 2399-2406.

[16] 施巍松, 孙辉, 曹杰, 等. 边缘计算: 万物互联时代新型计算模型[J]. 计算机研究与发展, 2017, 54(5): 907-924.

[17] 邱磊, 蒋文贤, 李玉泽, 等. 基于边缘计算与信任值的可信数据收集方法[J]. 软件学报, 2019, 30(Suppl.(11)): 71-81.

[18] IMTEAJ A, THAKKER U, WANG S, et al. A survey on federated learning for resource-constrained IoT devices[J]. IEEE Internet of Things Journal, 2021, 9(1): 1-24.

[19] 杨强. AI 与数据隐私保护: 联邦学习的破解之道[J]. 信息安全研究, 2019, 5(11): 961-965.

[20] TANG J, LIU A, ZHAO M, et al. An aggregate signature based trust routing for data gathering in sensor networks[J]. Security and Communication Networks, 2018, 2018: 1-30.

［21］ MACHIDA F, ZHANG Q, ANDRADE E. Performability analysis of adaptive drone computation offloading with fog computing［J］. Future Generation Computer Systems, 2023, 145: 121-135.

［22］ WANG H, XU H, HUANG H, et al. Robust task offloading in dynamic edge computing［J］. IEEE Transactions on Mobile Computing, 2021, 22(1): 500-514.

［23］ LI G, CAI J. An online incentive mechanism for collaborative task offloading in mobile edge computing［J］. IEEE Transactions on Wireless Communications, 2019, 19(1): 624-636.

［24］ LIU Y, XU C, ZHAN Y, et al. Incentive mechanism for computation offloading using edge computing: a Stackelberg game approach［J］. Computer Networks, 2017, 129: 399-409.

［25］ CHEN X, JIAO L, LI W, et al. Efficient multi-user computation offloading for mobile-edge cloud computing［J］. IEEE/ACM Transactions on Networking, 2016, 24(5): 2795-2808.

［26］ DINH T Q, TANG J, LA Q D, et al. Offloading in mobile edge computing: task allocation and computational frequency scaling［J］. IEEE Transaction on Communications, 2017, 65(8): 3571-3584.

［27］ CHEN M, HAO Y. Task offloading for mobile edge computing in software defined ultra-dense network［J］. IEEE Journal on Selected Areas in Communications, 2018, 36(3): 587-597.

［28］ NING Z, DONG P, KONG X, et al. A cooperative partial computation offloading scheme for mobile edge computing enabled internet of things［J］. IEEE Internet of Things Journal, 2018, 6(3): 4804-4814.

第6章　基于边缘计算的传感云信任评价机制

传感云正面临着多样化的安全挑战，其中内部攻击尤为突出。由于攻击者持有内部权限，他们得以利用这些权限实施恶意操作，对传感云进行操控或者泄露敏感数据，从而严重威胁到传感云的安全性和稳定性。就应对内部攻击的威胁来说，信任评价机制是一个非常有效的策略。该机制的核心在于通过评估实体的行为表现或实体间的信任信息，判断哪些实体是可信的。鉴于传感云的部署规模不断扩大，构建一个健全且高效的信任评价机制显得尤为关键，这将对保障传感云的安全性和稳定性具有重要意义。

尽管信任评价机制在缓解传感云内部攻击问题上具有显著效果，但在实际应用过程中，该机制仍面临着一系列挑战。以下是传感云中信任评价机制所面临的主要挑战。

1）传感网中的存储、计算和通信等资源相对有限，这制约了复杂信任评价机制的部署与实施。这些资源的限制使得在满足传感云需求的同时，实施全面且有效的信任评价机制变得尤为困难。

2）现有的信任评价机制主要聚焦于实体的行为层面进行信任评价，却往往忽视了数据的内在完整性和准确性。这种局限性可能导致恶意实体通过生成错误数据来误导用户决策，进而引发严重的安全风险。因此，如何在信任评价机制中充分考虑数据的质量，是当前面临的一个重要挑战。

3）在传感数据的传输过程中，数据的安全性也面临着严重威胁。攻击者可能利用技术手段对传输中的数据进行篡改或恶意接收，从而破坏数据的完整性和真实性。这要求信任评价机制必须具备强大的数据传输安全保障能力，以确保数据的安全、可靠。

4）恶意用户或服务提供商可能故意提供虚假信息或篡改数据，以干扰信任评价机制的正常运行。这种行为旨在误导评估结果，破坏信任评价机制的公正性和准确性。因此，如何有效识别和防范恶意行为，是保障信任评价机制有效性和可靠性的关键所在。

为了有效应对上述挑战，本章提出一种基于边缘计算的信任评价机制。该机制的核心目标是构建一个稳定、可靠的平台与服务接入点，旨在为传感云提供一个既安全又高效的服务环境，并同步实现信任评价机制的构建、管理与维护功能。具体而言，本章的主要研究工作聚焦以下3个关键方面。

1）设计一种基于边缘计算的分层信任评价机制模式。该模式旨在将信任评价机制中资源消耗较大的部分转移到边缘层，从而显著提升资源的利用率，确保在有限的资源条件下实现高效且可靠的信任评价。

2）搭建边缘网络和边缘平台两大组成部分，以解决数据层次内部攻击的检测难题。其中，边缘网络协助传感网建立起底层网络的信任评价机制，确保底层网络的安全稳定；而边缘平台负责在每个检测周期对底层网络收集的传感数据进行深入分析，以准确检测可能存在的数据层次内部攻击，从而保障数据的完整性和准确性。

3）利用移动边缘节点构建边缘层，对底层传感器进行细粒度的信任评价。在这一过程中，重点关注移动边缘节点的服务质量、移动距离以及多个移动边缘节点之间的协作等问题，以确保评价结果的准确性和有效性，同时提升整个系统的运行效率和稳定性。

综上所述，本章首先介绍现有传感云信任评价机制存在的局限性，并据此创新性地提出一种基于边缘计算的传感云信任评价机制框架。该框架由分层信任评价机制、数据层次内部攻击检测机制以及基于移动边缘节点的信任评价机制三大核心机制构成。借助边缘计算技术的优势，该框架将信任评价机制中资源消耗较大的部分转移到边缘层，从而实现资源的高效利用与优化配置。同时，该框架致力于构建一个安全、高效且可信的环境，确保传感云能够持续提供准确、可信的传感数据，并进一步发掘其潜在的应用价值。通过这一系列的创新措施，不仅为传感云的稳健运行提供了坚实的技术支撑，更为其可持续发展奠定了坚实的基础。展望未来，这一信任评价机制框架有望为传感云领域的安全与信任问题提供全新的解决方案，推动传感云技术的广泛应用与深入发展。

6.1　传感云中的信任评价机制优化概述

在移动自组织网络（Mobile Ad Hoc Network，MANET）、云计算、传感网及传感云等复杂多变的网络环境中，信任评价机制作为一种有效的安全机制得到广泛应用。其核心目的在于对网络中实体间的信任程度进行精准量化和深入评估，从而为网络安全提供坚实的保障[1,2]。与传统的加密和认证等安全手段相比，信任评价机制的轻量化和高效性有效弥补了传统安全机制的不足之处[3]。该机制赋予了网络实体出色的辨别能力，使其能够准确判断其他实体的信任状态，从而智能调整自身的交互策略，实现网络负载均衡，并提高网络的风险抵御能力。此外，信任评价机制还作为一种网络结构优化的重要手段，通过对网络资源的综合评估和排序，降低数据传输失败率，提高传感网的稳定性[4]。另外，信任评价机制可以确定可信赖的实体和资源，从而提供更好的服务质量，提升用户体验[5]。

传感云中的信任评价机制的优化问题主要聚焦于两大核心挑战：一个是解决传感网资源的消耗问题，另一个是数据层次内部攻击的检测难题。基于边缘计算的传感云框架如图6.1所示[6]，其中边缘层作为底层传感网与云层之间的关键衔接点，发挥着至关重要的作用。边缘层不仅能够承载信任评价机制中资源消耗较大的部分，实现资源的高效利用，而且能够实施数据层次内部攻击的检测，为传感云的安全运行提供有力保障。通过充分发挥边缘层的桥梁作用，我们能够进一步优化传感云中的信任评价机制，提升网络的安全性和性能。

在深入探讨传感网中信任评价机制的优化问题时，本节主要聚焦两大核心方向：第一，致力于降低信任评价机制对传感网资源的消耗；第二，着力提升信任评价机制的可拓展性，以有效应对日益多样化的内部攻击威胁。鉴于传感网的存储、计算等资源方面的局限性，部署过于复杂的信任评价机制不仅会干扰其正常工作，还可能缩短其使用寿命。因此，解决这一问题需全面权衡多种因素，包括但不限于实时性、准确性及可拓展性等，以确保信任评价机制在传感网中的高效、稳定运行。

图6.1 基于边缘计算的传感云框架

为了实现对数据层次内部攻击的有效检测，本章深入研究了传感数据的空间相关性和时间相关性。这种相关性可归因于物理传感器的位置分布、检测目标的独特特征以及检测区域的具体特点等因素[7]。鉴于传感网在处理大规模数据分析任务时的局限性，本章考虑将这些任务转移至计算和存储能力更为强大的设备上进行处理。在这一背景下，边缘计算技术发挥着举足轻重的作用。它能够承担数据层次内部攻击的检测工作，并对异常传感器的状态进行持续监测，从而确保传感网的安全与稳定运行。

6.2 基于边缘计算的信任评价机制

在传感云中，信任评价机制扮演着保障系统安全性与可靠性的核心角色[8]。随着科技的飞速进步和应用场景的日益丰富，信任评价机制也在持续演进。目前，传感云中的信任评价机制主要分为行为层次的信任和数据层次的信任两个阶段。然而，随着边缘计算的引入，信任评价机制的发展迎来了一个崭新的阶段，开启了更多的可能性。

在传感云中，行为层次的信任是通过深入分析和评估设备或用户的行为模式，来判定其是否值得信赖。这一机制的核心在于对传感器使用情况、工作状态以及用户行为的持续监控与精准分析[9]。在评估过程中，设备的稳定性和可靠性以及用户的信用等级是重要的参考指标，用以判定是否将其纳入信任体系。然而，随着传感云应用场景的日益丰富和覆盖面的不断拓宽，单纯依赖行为层次的信任评价机制已难以全面保障传感云的安全性与可靠性。因此，需要进一步探索和完善数据层次的信任机制，以应对日益复杂多变的安全挑战。

数据层次的信任主要依据数据的完整性、准确性和可信度等核心要素进行。通过对传感器收集的数据进行严格验证与检验，能够筛选出可靠的数据源供应商和数据消费者，从而有效减少恶意的数据层次内部攻击和不可靠数据对传感云的不良影响，进而提升整个传感云的安全性和可靠性。随着边缘计算的引入，边缘节点具备了更为复杂和深入的数据分析和处理能力。这也意味着信任评价机制需要进行相应的改进，以适应边缘计算环境中传感数据高效、精准的分析处理需求。为此，需要积极引入先进的数据分析与机器学习技术，构建更为精确、高效的算法与模型，以加强数据层次的信任评价机制，从而确保传感云能够为用户提供更加可靠、高效的服务。

6.2.1　基于边缘计算的分层信任评价机制

鉴于传感器在存储、计算、能量等方面的固有局限，而建立稳健的信任评价机制往往伴随着对网络资源的显著消耗，这可能直接对传感网的性能和寿命产生不利影响。更为复杂的是，随着内部攻击类型的持续演进和增多，传感网中的信任评价机制也面临着日益严峻的复杂性挑战。因此，为了有效缓解信任评价机制对传感网资源的压力，并提升其可扩展性，本节特别设计了一种基于边缘计算的分层信任评价机制。该机制的核心策略在于减少推荐/间接信任的次数，延长信任检测周期，从而减轻网络负担。同时，将数据层次攻击检测、全局信任状态分析、边缘节点监测等关键任务转移至边缘层执行，这不仅能够利用边缘层强大的计算和存储能力，还能更加贴近实际场景，实现更为精准和高效的信任评价。

1.　问题描述

传感网由一系列存储空间有限、计算能力弱的传感器构成，其主要任务是进行相关传感数据收集。若在传感网内部部署过于复杂的信任评价机制，不仅会对传感网的运行寿命产生潜在的负面影响，还可能对正常的传感数据收集工作造成干扰。

2.　传感网实例

传感网由多个簇结构构成，这些簇结构展现出卓越的数据采集和传感器管理能力。簇结构指的是那些能够高效管理同一区域内多个相邻传感器的结构，或是通过多个相邻传感器协同工作实现监控功能的结构。每个簇结构均由簇头和簇内传感器组成，这些传感器协同合作，共同完成一系列任务。将多个簇结构进行有机组合，能够实现能耗较低的复杂网络功能，从而提升传感网的整体性能。本小节采用了多簇头结构，这种结构不仅方便簇内传感器的管理，还实现了簇头之间的相互监督。Ho 等人提出了一种减少路由循环、延长网络寿命的阶梯扩散算法[10]。本节对此算法进行了一些改动，使传感器可以向同层和上层传感器传输数据。

3.　基于边缘计算的分层信任评价机制框架

本小节提出了一种基于边缘计算的传感云分层信任评价机制框架，该框架由传感网、边缘层、云层和用户层 4 个核心部分组成，如图 6.2 所示。在此框架中，边缘层扮演着举足轻重的角色，其具备 3 个主要功能。首先，边缘层作为云层与传感网之间的信任缓冲区，主要负责采集网络状态证据、详细记录服务细节以及监控服务参数 3 个部分的任务，以确保数据的完整性和准确性。其次，边缘层承担数据预处理、临时存储、小规模计算以及向云层提供服务等任务，有效减轻了云层的处理负担，提升了整体处理效率。最后，边缘层具备虚拟化能力和节点任务分配机制，将物理传感器的虚拟化从云层转移至边缘层，进一步提升了系统的灵活性和可拓展性。对于传感云信任评价机制的建立，边缘层有以下 3 个方面的优势。

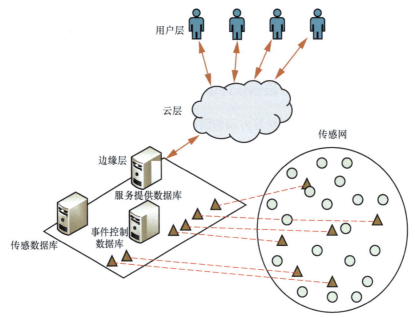

图6.2　基于边缘计算的传感云分层信任评价机制框架

1）实时获取整个传感网的信任状态，为决策提供及时、准确的信息支持。

2）通过执行数据分析任务，边缘层能够发现较为隐蔽的数据层次内部攻击，并帮助恢复误判的传感器，有效保证传感器的可信度。

3）边缘层通过收集证据和服务记录，为建立云服务提供商和传感网服务提供商（Sensor Network Service Provider，SNSP）之间的信任关系提供了有力支持。

边缘层配备了 3 个主要数据库，分别是传感数据库、事件控制数据库和服务提供数据库。传感数据库临时存储来自传感网的实时数据，这些数据为数据分析任务提供了丰富的数据源；事件控制数据库则专注于对传感网异常进行判断，及时发现并处理潜在的安全风险；服务提供数据库则主要为云服务提供商提供数据服务，并对服务参数进行监控，确保服务质量和性能达到最佳状态。

4. 算法设计

基于边缘计算的传感云分层信任评价机制，其核心架构可被明晰地划分为 3 层。第一层聚焦传感器间观测值的精确采集与直接信任的高效计算，此过程对计算资源的需求相对较低；第二层则负责对一系列异常事件做出迅速且精准的反应，这些异常事件包括但不限于路由的频繁失败、数据转发时间的异常延长、新旧信任值之间的显著差值等；第三层致力于数据的深度处理与分析，包括计算传感网的全局信任状态、挖掘并应对较为隐蔽的数据层次内部攻击、恢复因误判而失效的传感器等。以下从 4 个方面阐述基于边缘计算的分层信任评价机制的算法设计。

（1）传感器间的直接信任

在传感器交互的复杂过程中，诸多行为特征为目标的信任状态评价提供了重要依据。然而，收集的特征越多，信任评价机制的实现就越困难。因此，信任评价机制的构建必须审慎考虑诸如能耗和网络负载等实际限制条件。本节选择丢包率、路由失败率和转发时延作为传感器信任状态评价的核心指标。

丢包率定义为在一个通信周期内，接收方丢失数据包数量占总发送数据包数量的比例，它可以用来表明传感器状态或传感器是否被俘获。路由失败率即在一段时间内接收方丢弃路由包数量占发送方路由包总数的比例，对于判断网络的整体运行状况具有重要价值。转发时延（$\text{Delay}_{\text{forwarding}}$）指的是数据从进入中继传感器至被转发的时间间隔，它是传感器已被捕获的一种证据。源传感器可以依据这些关键证据建立对合作传感器的直接信任关系。值得注意的是，传感器行为的观测值往往会受到环境和网络负载变化的影响，呈现出波动特性。因此，在直接信任计算中加入历史信任值（$\text{Trust}_{\text{history}}$）来减少因环境波动导致的正常传感器误判，并避免不必要的网络资源浪费。直接信任的计算方法如式（6.1）所示。

$$\text{Trust}_{\text{direct}} = \left(w_1 \text{Trust}_{\text{packet}} + w_2 \text{Trust}_{\text{history}}\right) \times \text{Delay}_{\text{forwarding}} \tag{6.1}$$

其中，$\text{Delay}_{\text{forwarding}}$ 表明可能发生了严重的安全问题，它被认为是中继传感器修改了数据包。当时间间隔大于阈值时，$\text{Delay}_{\text{forwarding}}$ 的值设置为 0，否则设置为 1。如果发生 $\text{Delay}_{\text{forwarding}}$ 异常，则 $\text{Trust}_{\text{direct}}$ 的值为 0。否则，$\text{Trust}_{\text{direct}}$ 的值由 $\text{Trust}_{\text{packet}}$ 和 $\text{Trust}_{\text{history}}$ 进行加权计算。其中，$w_1 + w_2 = 1$。

为了有效降低传感器在数据传输过程中的能耗，需要在确保有效信任检测的前提下，尽可能延长信任检测周期。然而，延长检测周期可能导致信任值变得陈旧，无法准确反映传感器当前的信任状态。此时，可通过式（6.2）来减少 $\text{Trust}_{\text{history}}$ 的权重。

$$w_2 = \text{real}_1 \times \text{Period}_{\text{network}} \times \exp\left(-\text{real}_2 \times \text{Period}_{\text{network}}\right) \tag{6.2}$$

其中，$\text{Period}_{\text{network}}$ 是指上一次更新至当前时刻的时间间隔，real_1 和 real_2 是初始化时设置的两个实数。

（2）传感器间的综合信任

在这一层级中，当源传感器检测到相邻传感器呈现异常状态时，它会主动向其他可信的相邻传感器发起请求，以获取对该异常传感器的推荐信任值。同时，源传感器会将此异常信息上报至边缘层，由边缘层负责对该区域内每个传感器的信任状态进行深入分析。若经过分析，该异常传感器被判定为恶意传感器，边缘层会迅速通知相应的簇头对该传感器实施隔离措施，以确保整个传感网的安全与稳定运行。

传感网中的异常分为 3 类，即路由失败率异常、转发时延异常和信任差值异常。路由失败在传感网中虽属常见现象，但当其在特定的时间内的路由失败率超过阈值时，则被视为一种异常。同样，当转发时延超过规定的阈值时，便会引发转发时延异常。此外，若新旧信任值之间的差值超出了合理范围，则构成信任差值异常。当这些异常发生时，推荐信任会被触发，其计算公式如式（6.3）所示。

$$\text{Trust}_{\text{recommendation}} = \sum_{i \in \text{set(neighbor)}} w_{i(i,j)} \times \text{Trust}_{(j,k)} \qquad (6.3)$$

其中，set(neighbor) 代表源传感器所信任的相邻传感器集合；$\text{Trust}_{(j,k)}$ 则是传感器 j 对传感器 k 的信任值，这一信任值因相邻传感器不同而有所差异。为了降低低性能的传感器对整体信任评价的影响，我们引入了一套机制。具体而言，首先将源传感器的信任表从小到大进行排序，随后利用等差级数方法为每个相邻传感器的信任值分配权重，计算方式如式（6.4）所示。

$$w_{i(i,j)} = \frac{i}{\sum_1^n i} = 2 \times \frac{i}{n(n+1)} \qquad (6.4)$$

其中，i 为传感器在有序信任表中的位置，n 为 set(neighbor) 中的传感器数量。

具体而言，$\text{Trust}_{\text{recommendation}}$ 仅为源传感器提供了一个参考性的意见。源传感器的最终信任值是由 $\text{Trust}_{\text{direct}}$ 和 $\text{Trust}_{\text{recommendation}}$ 共同决定的，计算公式如式（6.5）所示。在此过程中，$\text{Trust}_{\text{direct}}$ 的权重大于 $\text{Trust}_{\text{recommendation}}$，且 $w_3 + w_4 = 1$。

$$\text{Trust}_{\text{synthesis}} = w_3 \times \text{Trust}_{\text{direct}} + w_4 \times \text{Trust}_{\text{recommendation}} \qquad (6.5)$$

（3）边缘层的数据分析

边缘层的数据分析工作涵盖 3 种核心类型。第一，依托信任表、历史传感数据和网络拓扑，边缘层负责执行误判传感器的恢复操作，并检测那些较为隐蔽的数据层次内部攻击。第二，结合信任表、推荐信任表、历史传感数据和网络拓扑结构，边缘层将进行详尽的传感网异常分析，旨在识别并检测潜在的恶意传感器或恶意推荐传感器。第三，基于信任表和传感数据之间的相关性分析，边缘层将对传感器的可信度进行严密监测。

为确保数据的实时性和准确性，传感器会在特定时间间隔内，将信任表的变化值连同传感数据一并传送至边缘层。同时，在完成推荐信任计算后，源传感器也会将推荐表与传感数据发送至边缘层。边缘层将定期对这些数据进行深度分析，全面评估每个传感器的全局信任状态，以便及时发现并处理误判传感器和较为隐蔽的数据层次内部攻击。此外，基于这些全局信任状态的分析，边缘层还能对网络状态进行预测，如网络负载的变动趋势、传感器的剩余能量等，从而为网络的优化与管理提供有力支持。

一些恶意传感器会故意提供错误的传感数据，进而误导用户做出错误的决策。由于这些恶意传感器在与其他传感器通信时能够表现出正常的行为模式，因此它们更难被及时发现和识别。在同一区域或同一簇内，通常存在数据相关现象，例如，来自同一地理位置的多个传感器所提供的传感数据往往呈现出相似性；来自不同地理位置的多个传感器的传感数据则呈现出渐进性的变化；而来自多个移动传感器的传感数据则可能会表现出轨迹相关性。边缘层作为数据处理的关键环节，具备同时处理多个传感器数据的能力。通过深入分析数据的变化趋势、容错区间、相似轨迹等关键指标，边缘层可以有效地判断是否存在恶意传感器。由于边缘层与传感网之间的距离较近，因此检测较为隐蔽的数据层次内部攻击时，其反应时延相对较小，能够更迅速地做出响应。为了进一步提高检测的准确性和效率，可以利用多路操作技术来分析不同传感器的传感数据，该技术的操作流程如图 6.3 所示。

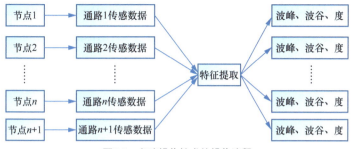

图6.3　多路操作技术的操作流程

本小节主要考虑在相同地理位置上执行相同功能的传感器，计算公式如式（6.6）所示。

$$
\text{Array} = \begin{cases} \text{Count}_{\text{crest}} \bigcup \text{degree}, \dfrac{X_{i-1}-X_i}{Y_{i-1}-Y_i} > 0 \\[3mm] \text{Count}_{\text{trough}} \bigcup \text{degree}, \dfrac{X_{i-1}-X_i}{Y_{i-1}-Y_i} < 0 \end{cases} \tag{6.6}
$$

在设计过程中，使用数组来存储传感数据曲线的波峰、波谷和度。式（6.6）中，$\text{Count}_{\text{crest}}$ 表示波峰，其值被标记为 1；$\text{Count}_{\text{trough}}$ 表示波谷，其值被标记为 -1；X_{i-1} 和 X_i 分别为第 $i-1$ 个检测周期的检测值和第 i 个检测周期的检测值，Y_{i-1} 和 Y_i 分别为第 $i-1$ 个检测周期的时间值和第 i 个检测周期的时间值；degree 为度，表示相邻两个传感数据之间的变化量。波峰 / 波谷的判定依据在于一个正 / 负值之后出现两个连续的负 / 正值。特别是当传感数据的变化为 0 时，依旧维持其当前的波峰/波谷状态。在每个时间点，数组将记录传感数据的相应状态值以及对应的度值。

与簇中心的传感器相比，簇边缘的传感器与其他传感器的通信频率较低，可以在传感网中对这类传感器设置较短的检测周期。同时，边缘层具备在较短周期内扫描和分析该类传感器的信任状态的能力。

（4）传感网服务提供商和云服务提供商之间信任关系的建立

传感网服务提供商与云服务提供商之间建立起了双向的信任关系。一方面是云服务提供商对传感网服务提供商的信任关系，相信其能够提供可靠、准确的传感数据服务。另一方面是传感网服务提供商对云服务提供商的信任关系，确信其能够安全、高效地处理和分析这些数据。

1）云服务提供商对传感网服务提供商的信任关系。云服务提供商对传感网服务提供商所提供的数据质量有着严格的要求，期望数据未篡改、完整、及时、精确等。然而，服务消费者在实际应用中可能并不要求服务提供商完全满足这些标准，而是根据具体需求有所侧重。因此，专业化的服务提供商推荐机制显得尤为重要，它可以根据消费者的特定需求，精准推荐合适的服务提供商。在这一背景下，边缘计算为解决上述问题提供了有效方案。基于边缘计算的可信第三方可以从以下 3 个方面来确保传感网服务提供商的可靠性，计算公式如式（6.7）所示。

$$
\text{Trust}_{\text{SNSP}} = w_5\text{Trust}_{\text{service}} + w_6\text{Trust}_{\text{WSN}} + w_7\text{Trust}_{\text{CSP}} \tag{6.7}
$$

其中，$\text{Trust}_{\text{service}}$ 是对传感网服务提供商服务参数的信任值。

在服务开始之前，传感网服务提供商与云服务提供商将共同商定一系列服务参数标准，以确保服务的顺利进行。然后，边缘层将在服务期间对这些关键服务参数进行实时监控，并将实际值与标准值进行细致对比。若被监测的服务参数值在合理范围内，则相应参数的记录为1，否则为0。最后，通过服务参数的不同权重值来计算 $\text{Trust}_{\text{service}}$。$\text{Trust}_{\text{WSN}}$ 是对传感网的信任值，基于其在服务过程中记录的异常信息来确定。若传感网在运行过程中频繁出现异常，其信任值将相应降低。$\text{Trust}_{\text{CSP}}$ 由边缘层中其他云服务提供商的服务记录信息综合得出，确保选择的云服务提供商具备高度的可靠性和稳定性。对云服务提供商的选择需经过两个步骤：一般推荐（R_{general}）和相似推荐（R_{similar}）。首先，将服务记录中包含被请求参数的云服务提供商纳入候选列表。接着，R_{general} 会根据服务记录中多余参数的个数，将候选云服务提供商放入不同的集合中，并在不同的集合中分别计算每个传感网服务提供商的信任值。最后，根据不同集合之间信任值的变化规律，将异常的云服务提供商从候选列表排除。R_{similar} 是一种最优选择策略，服务消费者可以根据自身的期望来选择策略。$\text{Trust}_{\text{CSP}}$ 由这些经过严格选定的云服务提供商共同计算得到。在此计算过程中，w_5、w_6 和 w_7 为3个权重值，在初始化时根据服务消费者需求进行设定，且 $w_5 + w_6 + w_7 = 1$。$\text{Trust}_{\text{service}}$、$\text{Trust}_{\text{WSN}}$ 和 $\text{Trust}_{\text{CSP}}$ 的值在0到1之间。

2）传感网服务提供商对云服务提供商的信任关系。传感网服务提供商期望云服务提供商所提供的服务能够达到一系列高标准，包括可靠性、安全性、友好性、可控性、稳定性等。在构建对云服务提供商的信任关系时，传感网服务提供商依赖边缘层对这些关键指标进行实时监控。传感网服务提供商对云服务提供商的信任关系由两部分组成，计算公式如式（6.8）所示。

$$\text{Trust}_{\text{CSP}} = w_8 \text{Trust}_{\text{service1}} + w_9 \text{Trust}_{\text{SNSP}} \tag{6.8}$$

其中，$\text{Trust}_{\text{service1}}$ 与 $\text{Trust}_{\text{service}}$ 类似，均是对云服务提供商服务参数的信任值；$\text{Trust}_{\text{SNSP}}$ 则是基于一系列选定的传感网服务提供商的评估结果计算得出的，这些传感网服务提供商的选择过程与 $\text{Trust}_{\text{CSP}}$ 类似。

在评价过程中，边缘层将负责收集并保存一段时间内的服务记录，以便进行后续的信任值计算。w_8 和 w_9 为两个权重值，在初始化时根据服务消费者的需求进行设定，且 $w_8 + w_9 = 1$。$\text{Trust}_{\text{service1}}$ 和 $\text{Trust}_{\text{SNSP}}$ 的值在0到1之间。

5. 算法分析

定理 6.1： $\text{Period}_{\text{network}}$ 的值越大，它收敛到 $\text{Trust}_{\text{packet}}$ 的速度越快。

证明： 首先，对公式进行函数求导，检查其变化趋势。然后，求出该函数的下降区域。最后，选择合适的下降区域来设置 $\text{Period}_{\text{network}}$ 的值。

$$\begin{aligned} w_2' &= \left(\text{real}_1 \times \text{Period}_{\text{network}} \times \exp\left(-\text{real}_2 \times \text{Period}_{\text{network}} \right) \right)' \\ &= \text{real}_1 \times \left(1 - \text{real}_2 \times \text{Period}_{\text{network}} \right) \times \exp\left(-\text{real}_2 \times \text{Period}_{\text{network}} \right) \end{aligned} \tag{6.9}$$

由 $w_2' = 0$ 可得

$$\text{Period}_{\text{network}} = \frac{1}{\text{real}_2} \tag{6.10}$$

可以发现，当 $\text{Period}_{\text{network}}$ 大于 $1/\text{real}_2$ 时，曲线下降。前半部分曲线急剧下降，后半部曲线稳定下降。为了得到理想的结果，real_2 的值可以设置在 $[0.7,1]$ 之间。根据 $\text{Period}_{\text{network}}$ 值的不同，可以将不同的权重值赋给 $\text{Trust}_{\text{history}}$。

定理6.2： 少量恶意推荐传感器不能确定 $\text{Trust}_{\text{recommendation}}$ 的值。

证明： 源传感器中最受信任的传感器的权重值最大，为 $\frac{2}{n+1}$。信任表中两个相邻传感器的权重值之差为 $\frac{2}{n(n+1)}$。当 n 属于 $[2,3,\cdots,n]$ 中时，对应的最大权重值为 $\left[\frac{2}{2+1},\frac{2}{3+1},\cdots,\frac{2}{n+1}\right]$。$n$ 越大，每个传感器的权重值越小。

6. 实验评估

（1）实验参数设置

本小节的实验平台为 MATLAB R2017，网络协议采用阶梯扩散算法。在传感网构建方面，建立了 6 个簇结构，并且随机部署了超过 300 个簇内传感器。每个簇结构被划分为 3 层，外层的传感器数量多于内层。在每个簇结构中，簇头可以同时接收来自 6 个传感器的传感数据包。从传感网到边缘层的最大时延被设置为 7 个通信周期。这些参数设置如表 6.1 所示。

表6.1 基于边缘计算的分层信任评价机制的实验参数设置

参数	值
簇结构数量（个）	6
簇头数量（个）	36
簇内传感器数量（个）	300
簇结构层数量（层）	3
最大时延（个通信周期）	7

（2）实验结果分析

信任评价机制可分为周期更新和非周期更新两种类型。在非周期更新机制中，传感器在检测到异常行为时会对相邻传感器的信任状态进行实时更新。然而，这种更新方式存在若干缺陷，例如对簇边缘的传感器关注太少、传感器信任状态陈旧等，难以及时检测到恶意传感器。相对而言，周期更新机制则是传感器在固定周期结束时统一更新其相邻传感器的信任值。尽管周期更新也存在一些不足，比如占用存储和计算资源过多、降低网络通信性能等，但更能保证传感网的可信状态。因此，本节的实验设计基于周期更新机制。

为了优化资源利用，边缘计算被用来延长内层传感器的信任更新周期，从而避免不必要的资源浪费，如图 6.4 所示。实验结果统计了传感网各层的信任更新次数，并且网络负载随着数据产生的传感器数量的增加而提升。

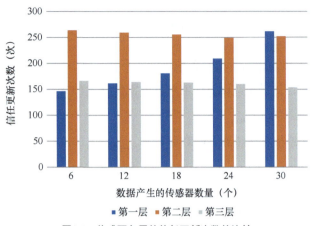

图6.4 传感网各层的信任更新次数的比较

图 6.5 展示了不同更新机制下的信任更新次数的比较。通过这些实验结果进行深入分析，可以得出以下 3 条关键信息。

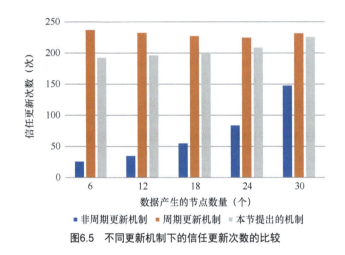

图6.5 不同更新机制下的信任更新次数的比较

1）对于非周期更新机制，随着更多传感器被选中用于数据传输，信任更新次数逐渐增加。

2）对于周期更新机制，其信任更新次数在测试期间保持相对稳定的状态。然而，值得注意的是，在 x 轴上从 6 到 24 区间信任更新次数有所下降，原因是直接信任更新减少了周期更新次数。

3）就本节所设计的算法而言，当延长更新周期时，其优势愈发明显。在传感网出现拥塞的情况下，频繁的路由失败会使网络传输能力显著下降，从而导致信任更新次数增加。与传统的周期更新机制相比，本节设计的算法能够通过减少不必要的信任更新次数来节省网络能量，从而有效维护网络性能。

恶意传感器的检测是一项至关重要的任务，它可以从底层的传感网和边缘层两个层面进行。由于边缘层处理数据存在一定的时延，相较于传感网而言稍长，因此，将边缘层中的恶意传感器检测视为辅助手段。图 6.6 展示了本节所设计算法的所需检测轮数的变化。在实验过程中，特别设定了在初始化阶段，将恶意传感器放置在网络的不同层次上，这一设置会比在机制运行过程中添加恶意传感器所耗费的时间要多。实验结果表明，除了最外层传感器，检测恶意传感器所需的轮数随着网络负载的增加而呈现出加快的趋势。这是因为当网络负载增大时，传感器之间的数据交互更为频繁，信任状态的更新也随之加速。

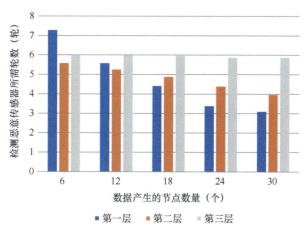

图6.6　网络不同层次上检测恶意传感器所需轮数的比较

在图 6.7 中，将恶意传感器随机部署于 3 层结构之中，此时展现的下降趋势更为直观、显著。虽然本节所涉及的算法在检测轮数方面确实存在一定程度的时延问题，但是可以充分发挥边缘计算的优势，基于一些数据分析工作（较为隐蔽的数据层次内部攻击检测和监测值异常检测）来准确获取传感网的整体信任状态。

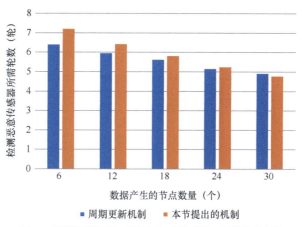

图6.7　不同更新机制下的检测恶意传感器所需轮数的比较

7．小结

随着传感云规模的不断壮大，其安全问题也逐渐受到人们的关注。尤其是在底层结构中，传统的安全机制在面对内部攻击时显得力不从心。同时，传感云中还缺乏一个可靠的第三方来建立传感网服务提供商和云服务提供商之间的信任关系。为了弥补这些安全漏洞，并解决信任评价机制对传感网资源消耗过大的问题，本节设计了一种基于边缘计算的分层信任评价机制。在传感网中，传感器之间建立起直接信任关系和推荐信任关系。边缘层则负责对数据进行更细粒度的分析，不仅能监测整个网络的信任状态，还能有效检测较为隐蔽的数据层次内部攻击，并恢复因误判而被隔离的传感器。此外，边缘层还扮演着可信第三方的角色，对传感网服务提供商和云服务提供商之间的信任关系进行评价。实验结果表明，这种基于边缘计算的分层信任评价机制在降低能耗、保障位于簇边缘的传感器性能以及维护网络信任状态等方面具有显著优势。同时，它还能有效检测隐蔽的数据层次内部攻击，提升了传感云的整体安全性。这一创新性的信任评价机制为传感云的安全发展提供了有力支持。

6.2.2　基于边缘计算的数据层次内部攻击检测

就目前的研究资料表现，研究人员主要关注行为层次的内部攻击检测，而对数据层次的内部攻击检测关注较少。本节将重点探讨数据层次内部攻击的检测方法。在数据层次内部攻击的过程中，虽然恶意传感器在与其他传感器通信时表现正常，但会通过提供有偏差的数据来诱导用户做出错误决策。数据层次的攻击检测作为信任评价机制的一个重要延伸，其核心目标在于确保传感数据的可信性。然而，这类检测需要基于大量数据的分析，无疑会消耗更多的传感网资源（计算、存储等），从而影响传感网的整体性能和寿命。考虑到传感网的资源限制，数据层次攻击检测不适合直接建立在资源有限的传感网中。

1. 基本场景

（1）冗余数据场景

该场景下，为了获得更准确和可靠的监测值，许多传感网会在相同区域部署大量的传感器用于收集目标信息，传感器的监测值显示出一定的冗余相关性。静态网络中，传感器冗余相关性的划分由网络拓扑和传感器身份确定。动态网络中，传感器冗余相关性的划分由具有较大通信半径和方向判断功能的底层边缘设备确定。底层的边缘设备或簇头也可以将监测区域划分成不同的块，便于收集和计算网络拓扑信息。

（2）参数曲线特征场景

该场景下，传感器的监测值在相同或不同的区域显示出一些物理曲线特征，例如声音对时间的线性模型、辐射对距离的衰减模型、温度对湿度的变化模型等。静态网络中，可以从网络参数中获取传感器的位置信息，这些位置信息用于依据某一特征曲线计算期望监测值。通过将这些期望值与实际值进行比较，确定哪些传感器出现异常。动态网络中，传感器之间的位置信息是相对的，由传感器记录并传输到边缘层或由底层边缘设备进行采集。确定目标位置后，可以计算出该监测区域内各传感器的期望值。

（3）数据验证场景

该场景下，目标按照规定的路线移动或者具有不变的特征，抑或是目标存在时间内会做一些重复动作或者具有相同状态。静态网络中，受信任目标经常出现在监测区域，检测系统通过对传感器监测值与已知监测值的比较，发现恶意传感器。与静态网络相比，动态网络需要解决的问题较多，例如传感器的位置、传感数据的及时性、暂态拓扑关系等。监控区域的较小划分是一个很好的解决方案，在划分区域中，传感器信息和网络拓扑结构很容易被底层边缘设备或簇头收集和确认。

2. 数据层次内部攻击检测系统架构

本小节在基于边缘计算的分层信任评价机制的基础上，继续运用基于边缘计算的思路来解决数据层次内部攻击检测的问题，其系统架构如图6.8所示。本小节采用分层信任评价机制保证传感器行为层次的可信，在这种情况下，数据层次内部攻击检测才有意义。数据层次内部攻击检测是在边缘平台中进行的，由冗余数据、参数曲线特征和数据验证3个基本场景组成。

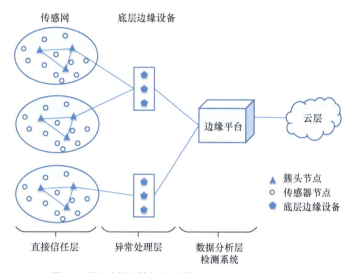

图6.8 基于边缘计算的数据层次内部攻击检测系统架构

3. 数据层次内部攻击检测系统

在信任评价机制设计中，越来越多的数据分析和信息提取任务被放在上层进行，即使这会带来时延问题。随着网络和硬件技术的进步，时延问题可以得到解决。在设计数据层次内部攻击检测系统之前，有必要使用信任评价机制来保证底层数据的可靠性。在6.2.1小节所述的分层信任评价机制的基础上，本小节将检测系统分为3层，如图6.9所示。在传感网中，传感器监测其他传感器的行为证据，并进行直接信任计算。此外，传感器还将其信任列表和拓扑列表上传到上层。边缘层由两部分组成：底层边缘设备和边缘平台。底层边缘设备的主要功能包括收集传感器的信任列表和拓扑信息、进行初步决策、传递边缘平台的信息。底层边缘设备可以存储传感器信任列表、网络状态信息和拓扑，这些信息用于初步决策并被发送到边缘平台。边缘平台可以执行一些数据处理任务，进行周期更新或异常处理以及网络信任状态分析。

4. 算法设计

设计基于边缘计算的数据层次内部攻击检测算法时，首先通过数据分析，找出每个检测周期的离群值；然后通过分析传感器的历史信任状态和未来信任状态来确定这些传感器是否恶意。由于内部攻击并非时时刻刻发生，检测周期的设置应由网络管理者决定。检测周期越短，资源消耗越大。但是，边缘平台不在传感网中，因此不会给传感网带来负担。以下通过3种基本场景说明该算法的具体设计。

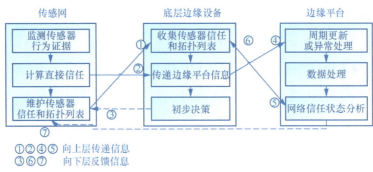

图6.9　数据层次内部攻击检测系统的设计

（1）冗余数据场景的检测理论

冗余数据场景的检测理论以趋势相似度分析（Trend Similarity Analysis，TSA）为基本计算单元，以恶意传感器提取（Malicious Sensor Extraction，MNE）为主体。趋势相似度分析是由周期检测触发的，会随机检测少量的冗余传感器。恶意传感器提取是由底层网络异常和趋势相似度分析触发的，当空闲时间超过阈值时也会执行。数据压缩通常可以在传感网中完成。但是，当检测周期到来时，所有传感数据应该被上传到上层，而不是聚合的传感数据。当然，数据聚合传感器（Sink Sensor，SS）可以先找到传感数据的中心值，然后根据数据距离中心值的偏离程度来聚合传感数据。

在趋势相似度分析中，为每个冗余传感器设置一个数组 $Array_{trend}$，这个数组记录传感数据的变化趋势和一些相关参数。$Array_{trend}$ 采用 FIFO 结构，它只存储一定检测周期内的传感信息。$Array_{trend}$ 有 5 个主要部分，分别是冗余传感器的身份、两个连续检测时间点传感数据变化量、状态值（波峰、波谷或中间状态）、错误容忍度（为避免临时故障或错误数据影响波峰和波谷记录）。

式（6.11）中，$Trend_{grade}$ 表示两个相邻检测时间点的监测值变化率。当错误容忍度设置为 2 时，如果 $Trend_{grade}$ 值在当前检测时间点为负值，接下来两个检测时间点为正值，那么在 $Array_{trend}$ 中将对应的状态值设为 –1（波谷）。如果 $Trend_{grade}$ 值在当前检测时间点为正，接下来两个检测时间点为负，那么将对应的状态值设置为 1（波峰）。否则，状态值设置为 0（中间状态）。当状态值为 1 或 –1 时，如果下一个检测时间点 $Trend_{grade}$ 值仍然为 0，则状态值保持不变。Y_2 和 Y_1 是一个传感器的两个相邻检测时间点值，X_2 和 X_1 是对应的两个检测时间点。$Y_2 - Y_1$ 是监测值的变化量。在检测期间，首先对比每个传感器数据波峰 / 波谷出现的时间是否相同或相近。然后对比波峰 / 波谷处监测值是否相同或相近。如果某些波峰 / 波谷出现在不同的时间，或者在同一波峰 / 波谷的监测值有较大的差值，那么恶意传感器提取被触发。

$$Trend_{grade} = \frac{Y_2 - Y_1}{X_2 - X_1} \tag{6.11}$$

恶意传感器提取查找每个检测时间点存在的离群值，设置数组 $Array_{monitoring}$ 来存储每个检测时间点的一些中间结果，如表 6.2 所示。Value0 列存储冗余传感器在某个检测时间点的监测值。

Value1 列存储传感器传感数据和其他冗余传感器传感数据的总偏离值，计算如式（6.12）所示。Value2 列存储传感器在有序 Value1 序列中的序号，选择有序 Value1 序列中的第一个值作为基准值。Value3 列存储异常值的不同水平，例如正常（0）、可容忍（1）和异常（2）。

表6.2　每个监测时间点的中间结果

名字	Value0	Value1	Value2	Value3
传感器ID	监测值	总偏离值	序号	水平

每个冗余传感器的总偏离值通过式（6.12）计算得到。Data_i 是需要得到总偏离值的传感器监测值，Data_k 为冗余传感器监测值之一，n 为冗余传感器个数。为了减少公式中计算资源的消耗，首先将最小值到最大值之间的间隔划分为许多相等部分。然后，对每个部分中的传感器数量进行计数，并判定包含大多数传感器的多个连续部分为基准区间。最后，如果传感器的值超出了基准区间，则认为它是离群值。如果正常传感器数量大于恶意传感器数量，则 Value1 中的最小值更有可能来自正常传感器。总偏离值较大的传感器视为异常传感器，并在 Value3 中记录其"水平"值。Vaule3 的设置目的是降低错误判断率，较小的阈值会导致太多的误判，而较大的阈值会错失机会。

$$\text{Deviation}_i = \sum_{k=1}^{n}|\text{Data}_i - \text{Data}_k| \tag{6.12}$$

由于可能存在暂时的网络或传感器故障，需要进行多次离群值检测。式（6.13）中 A 是所有冗余传感器监测值的初始矩阵。传感器数量为 n，检测周期数为 m。在矩阵 A 的离群值检测中，将监测值转换 Value3 中对应的"水平"值。一个简单转换矩阵的例子是 A'。有不少方法可以判定一个传感器是否恶意，以下列举 3 种。方法 1：检查传感器之前的记录是否为连续的离群值，如果是，则认为其是恶意传感器。方法 2：计算一定检测周期内该传感器离群值的比例，如果比例值大于阈值，则判定其为恶意传感器。方法 3：如果传感器在前一两个检测时间点有离群值，将重点关注接下来几个时间点的检测结果，判断其是否处于连续异常状态。

$$A = \begin{bmatrix} a(1,1) & a(1,2) & a(1,3) & \cdots & a(1,m) \\ a(2,1) & a(2,2) & a(2,3) & \cdots & a(2,m) \\ a(3,1) & a(3,2) & a(3,3) & \cdots & a(3,m) \\ \vdots & \vdots & \vdots & & \vdots \\ a(n,1) & a(n,2) & a(n,3) & \cdots & a(n,m) \end{bmatrix}$$
$$\rightarrow A' = \begin{bmatrix} 0 & 1 & 0 & \cdots & 0 \\ 2 & 2 & 1 & \cdots & 2 \\ 0 & 0 & 1 & \cdots & 0 \\ \vdots & \vdots & \vdots & & \vdots \\ 1 & 1 & 0 & \cdots & 0 \end{bmatrix} \tag{6.13}$$

（2）参数曲线特征场景的检测理论

在参数曲线特征场景中，边缘平台需要对目标及其特征有一定了解，例如声音在空气中的传播速度、信号在不同距离上的衰减、溶质在不同溶剂中的扩散速度等。此外，传感器在监测区域的位置可以通过底层边缘设备获得。在静态网络中，底层边缘设备可以直接检测和记录整个网络的拓扑结构和传感器位置。在动态网络中，底层边缘设备需要首先建立一个相对的网络拓扑，并且通过方向感知和距离感知来计算每个传感器的位置。每个传感器的期望监测值可以通过传感器在监测区域的相对位置来计算。然后将期望监测值与实际监测值进行比较，检测出异常传感器。最后，通过分析传感器在一定检测周期内的整体状态来确定哪些是恶意传感器。

当检测周期到达时，基于参数曲线特征的数据层次内部攻击检测算法（见算法 6.1）被执行。在监控区域，通过传感器的路由列表或信任列表来记录传感器之间的连接状态 $Table_{connection}$。底层边缘设备通过接收信号强度指示（Received Signal Strength Indication，RSSI）来计算其到每个传感器的距离，并存储在 $Table_{distance}$。基于 $Table_{connection}$ 和 $Table_{distance}$ 可以得到监控区域内的相对网络拓扑 $Topology_{relative}$，该拓扑用于计算目标位置范围。本小节选择 3 个传感器来定位目标的位置范围。首先，两个传感器定位目标可能的位置范围，第三个传感器确定目标的最终位置范围。如果目标位置始终位于一个范围内，且该范围内的目标位置数量占总数量的比例大于阈值，则将该位置范围的中心设置为目标位置。在确定目标最终位置后，根据特征曲线计算各传感器的期望监测值。如果期望监测值与实际监测值的差值大于阈值，则判定传感器为异常并计入 $Array_{abnormal}$。

算法 6.1　基于参数曲线特征的数据层次内部攻击检测算法

输入：目标曲线特征、真实监测值、传感器数量、每个传感器的感知信息；
输出：异常传感器集合；

1：获取传感器的连接信息、距离信息，计算网络相对拓扑结构信息；
2：**while** 目标的位置众数小于阈值 **do**
3：　　**for** 还有定位组未计算 **do**
4：　　　　根据定位组计算目标位置范围；
5：　　　　**if** 目标位置范围存在 **then**
6：　　　　　　该位置范围次数 +1；
7：　　　　**else**
8：　　　　　　在数组中记录该位置范围并设定其次数为 1；
9：　　　　**end if**
10：　　**end for**
11：　　计算每个位置范围所占比例并选择最大比例作为位置众数；
12：**end while**
13：根据得出的目标位置计算每个传感器的期望监测值；
14：**if** 真实监测值与期望监测值的差值大于阈值 **then**
15：　　将该传感器记录为异常状态；
16：**end if**

恶意传感器的确认手段与冗余数据场景相似。如果恶意传感器的比例较大，则会出现一些无效的组合或许多有效的目标位置范围。在这种情况下，传感器的验证应由网络管理员或边缘平台进行。

（3）数据验证场景的检测理论

对于数据验证场景，还需要得到相对的网络拓扑。目标的固定属性被边缘平台所知。当目标出现在监测区域时，传感器将其监测值发送到边缘平台。边缘平台比较固定属性值和来自传感器的真实监测值。如果两值之间的差值超过阈值，该传感器被认为是异常的。当检测周期到来时，边缘平台将扫描来自传感网的感知数据流，找到监测结果正确的传感器。然后根据目标的状态和网络拓扑结构，找到所有能够监测到目标的传感器。有两个例子可以解释这个场景：第一个是目标在固定的路线上移动，第二个是属性固定的目标在监控区域内自由移动。对于第一个例子，边缘平台可以知道哪些传感器在固定线路中。对于第二个例子，基于 $Topology_{relative}$，边缘平台可以预见哪些传感器可以监测到目标。基于目标固定属性的数据层次内部攻击检测算法如算法 6.2 所示。$Array_{abnormal}$ 中有两种类型的传感器：一种是即使目标已经进入监测范围，传感器也不会向边缘平台发送监测值；另一种是传感器将监测值发送到边缘平台，但真实监测值与固定属性的差值超出阈值。恶意传感器的确认手段与冗余数据场景相似。

算法 6.2　基于目标固定属性的数据层次内部攻击检测算法

输入：目标固定属性、真实监测值、传感器数量、每个传感器的感知信息；

输出：异常传感器集合；

1：获取传感器的连接信息、距离信息，计算网络相对拓扑结构信息；

2：获取可以监测到目标的传感器；

3：**if** 真实监测值与固定属性的差值大于阈值 **then**

4：　　将该传感器记录为异常状态；

5：**end if**

---

5. 实验评估

（1）实验参数设置

本小节通过 MATLAB R2017 对基于边缘计算的数据层次内部攻击检测算法的 3 个场景进行了仿真实验。根据数据特性，模拟产生了大量数据来测试。在实验中，有 3 个簇结构对应 3 个场景。在冗余数据场景中，有 6 种类型监测值，每种类型监测值由 20 个传感器监测。在参数曲线特征场景中，有 3 种类型监测值，每一种监测值由 20 个传感器监测。在数据验证场景中，设计了固定路线和固定属性两个实验，每个实验由 20 个传感器组成。

（2）实验结果

1）在冗余数据场景中，实验分为两个阶段：异常传感器检测和恶意传感器确认。

如图 6.10（a）所示，在异常传感器检测阶段，恶意传感器数量和基准区间对恶意传感器的正确判断率具有一定的影响。在这一阶段，每一种监测值都有一个容错间隔长度（$Length_{interval}$）。

在本实验中，测试了 6 种基准区间（Interval$_{base}$），并设置与 Interval$_{base}$ 的最大距离为 6 个 Length$_{interval}$。实际监测值与 Interval$_{base}$ 距离越远，恶意传感器的正确判断率越高。原因是恶意传感器的判断缺失随着距离的增大而增大。恶意传感器比例越大，恶意传感器的正确判断率越低。原因是更多的恶意传感器影响 Interval$_{base}$ 的判断，正常传感器被判定为异常。当恶意传感器的比例超过 50% 时，认为网络是严重瘫痪的。当然，用于区分恶意传感器的阈值对正常传感器的错误判断率有一定的影响，如图 6.10（b）所示。随着阈值的增大，正常传感器的错误判断率降低。原因是异常传感器检测的灵敏度随着阈值的降低而增大，从而导致对正常传感器的误判。在检测到异常传感器后，对恶意传感器进行判定。在实验中，保存 20 个检测时间点的传感器状态信息。当传感器在一个检测时间点内被检测为异常传感器时，设置为 1，否则设置为 0。首先，检查传感器之前的 3 次记录，以确定它是否处于持续的异常状态。如果发生这种情况，则认为是恶意传感器。其次，计算传感器的异常状态所占比例。如果比例值大于 20%，则为恶意传感器。最后，如果传感器在前一两个检测时间点出现异常，则在接下来的几个周期内继续关注其状态，判断其是否处于持续的异常状态。

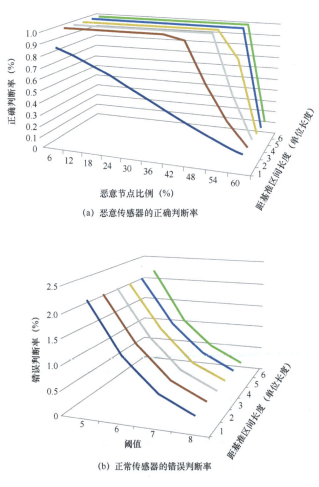

（a）恶意传感器的正确判断率

（b）正常传感器的错误判断率

图6.10　冗余数据场景中的数据层次内部攻击检测实验

2）在参数曲线特征场景中，实验也分为两个阶段：异常传感器检测和恶意传感器确认。

对于参数曲线特征场景，恶意传感器比例和组数会影响异常传感器的检测。在异常传感器检测中，将一次执行的组数分别设置为3、4、5、6、7、8。如图6.11（a）所示，当组数增加时，普通传感器的错误判断率降低。原因是当恶意传感器比例较低时，恶意传感器的影响随着参与传感器数量的增加而减小。但是，组数越多，消耗的计算资源就越多。随着恶意传感器比例的增加，对目标位置的误判会越来越多，从而导致普通传感器的误判。当组数固定时，可以发现恶意传感器正确判断率会随着恶意传感器比例的增加而降低，如图6.11（b）所示。在检测到异常传感器后，对恶意传感器进行判定。恶意传感器的确认手段与冗余数据场景相似。

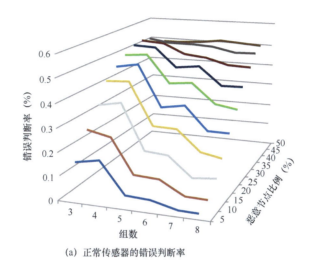

（a）正常传感器的错误判断率

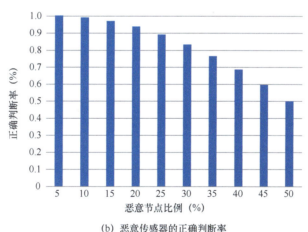

（b）恶意传感器的正确判断率

图6.11 参数曲线特征场景中的数据层次内部攻击检测实验

3）数据验证场景的实验如下。

对于固定路线实验，一些用于确定异常传感器的信息如表6.3所示。在同一检测时间点，有3个目标出现在场景中。当目标在固定路线中移动时，这些路线中的传感器会将其监控值（目标、时间）发送到汇聚传感器或底层边缘设备。当然，当检测周期到达时，边缘平台可以获取

这些数据并存储到 $Array_{real}$ 中。边缘平台知道这些路线信息，并将目标的状态信息（目标）和目标到达传感器的时间存储到 $Array_{expected}$ 中。为了检测异常传感器，将同一检测时间点的 $Array_{real}$ 和 $Array_{expected}$ 进行对比，并记录两个数组之间的所有不同值。如表 6.3 所示，编号为 7 的传感器为异常传感器或故障传感器。恶意传感器的确认与冗余数据场景相似。

表6.3　固定路线实验的异常传感器确认信息表

名字	线路	$Array_{expected}$	$Array_{real}$	检测时间点
目标1	线路1	1,2,7,12,15,19	1,2,12,15,19	1
目标2	线路2	13,14,10,6,7,4	13,14,10,6,4	1
目标3	线路3	5,10,11,8	5,10,11,8	1

对于固定属性实验，一些异常传感器的确认信息如表 6.4 所示。在不同的检测时间点，有 3 个目标出现在监测区域。当底层边缘设备获得这些目标信息时，会消耗一些网络资源。当目标出现在底层传感网时，传感器将发送监测值给汇聚传感器或底层边缘设备。边缘平台存储这些固定属性。当一个目标出现时，底层边缘设备会定位目标并找到它周围的传感器。目标的固定属性和传感器的 ID 存储在 $Array_{expected}$ 中。为了检测异常传感器，将同一检测周期的 $Array_{real}$ 和 $Array_{expected}$ 进行对比，并记录两个数组之间的所有不同值。例如，编号为 10 的传感器是一个异常或故障传感器。恶意传感器的确认与冗余数据场景相似。

表6.4　固定属性实验的异常传感器确认信息表

名称	$Array_{expected}$	$Array_{real}$	检测时间点
目标1	1,2,3,4,5,6,7,8	1,2,3,4,5,6,7,8	1
目标2	9,10,11,12,13,14,15,16	9,11,12,13,14,15,16	2
目标3	17,18,19,20	17,18,19,20	3

6. 小结

信任评价机制是确保传感云安全的关键手段。数据层次内部攻击是其面临的一种重要威胁。在现有的研究中，针对数据层次内部攻击的检测方法相对较少。由于数据层次内部攻击需要进行更多的数据分析，因此在传感网中实现起来较为困难。为了应对数据层次内部攻击，本节基于边缘计算和分层信任评价机制，设计了 3 种场景中的数据层次内部攻击检测方法。这些方法可以灵活组合，以满足更复杂的场景需求。本节分别在 3 个场景中进行了实验，验证了这些方法在一定程度上可以发现数据层次内部攻击。

6.3　基于移动边缘节点的信任评价机制

本节介绍一种基于移动边缘节点的信任评价机制，框架如图 6.12 所示。传感云通过在边缘层引入移动边缘节点，将信任评价任务从底层传感器转移到移动边缘层，以提高数据质量和传感云的可信性[11]。此框架有效地解决了传感云中传感器资源有限、云层获取信任评价信息困难、传感器获取评价信息困难等问题。

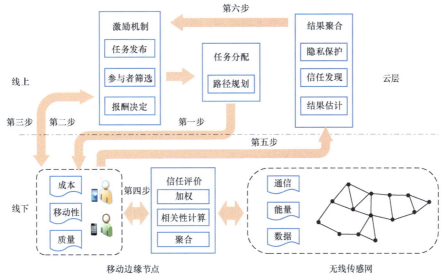

图6.12 基于移动边缘节点的信任评价机制的框架

该框架中，信任评价机制的具体执行步骤如下。

第一步，云层向移动边缘节点发布任务，并附带相应的网络拓扑结构和传感器位置信息。第二步，移动边缘节点收到任务后，根据自身的信任评价质量、活动范围和信任评价成本，向云层报告投标信息。第三步，云层根据投标情况选择合适的移动边缘节点来执行任务，并将任务分配给相应的移动边缘节点。第四步，移动边缘节点开始执行任务，通过移动来收集传感器信息并对传感器进行信任评价。第五步，当移动边缘节点完成任务的执行后，将信任评价结果报告给云层。第六步，云层根据所有移动边缘节点报告的信任评价结果，执行结果聚合机制，得到每个传感器的最终信任评价结果。这些结果将用于指导后续任务的分配和激励机制的实施。

基于以上过程，传感云能够有效地评估传感器的可信任程度，并根据评价结果调整任务分配和激励机制，以提高传感云的性能和可信度。

但是，移动边缘节点的引入也带来了3个问题。第一，由于难以确定移动边缘节点的实际信任评价服务质量，云层无法确定成本。第二，基于移动边缘节点的信任评价机制导致云层无法获取每个传感器的详细信任评价，此外，传感器之间的多跳间接评价方式也会导致评价准确性降低和能耗增加。第三，基于移动边缘节点进行信任传递的方案存在时延较高、时效性较弱的问题。

本节着重解决移动边缘节点的服务质量（激励机制）问题、信任评价机制问题以及信任评价传递效率（路径规划）问题。

6.3.1 移动边缘节点的激励机制

为了鼓励移动边缘节点对传感云中的传感器进行信任评价，本小节提出基于拍卖的激励机制和基于服务质量的激励机制[12]。基于拍卖的激励机制建立在个体理性的假设基础上，确保移动边缘节点能以与其信任评价能力相符的成本上传评价结果，同时最大限度地减少传感网服务提供商的支出。基于服务质量的激励机制在基于拍卖的机制基础上进行了进一步设计，根据移动边缘节点上传的评价结果确定每个节点的报酬。借助该机制，鼓励移动边缘节点诚实地执行信任评价任务并上传准确的评价结果。

通过上述两种激励机制，可以促使移动边缘节点积极参与信任评价工作，从而提高整个传感云的效果。

1. 问题定义

假设有 n 个移动边缘节点想参与信任评价。$F = \{f_1, f_2, \cdots, f_n\}$ 是移动边缘节点的总集合。$Q = \{q_1, q_2, \cdots, q_n\}$ 是移动边缘节点的真实信任评价质量总集合，其中 $q_i \in [0,1]$。假设某传感器的真实信任状况为 $d_0 \in \{-1, 1\}$，其中，$d_0 = -1$ 代表该传感器为恶意传感器，$d_0 = 1$ 代表该传感器为正常节点。移动边缘节点 f_i 的信任评价结果为 d_i，则 q_i 是 $d_i = d_0$ 的概率。这里假设评价质量与移动边缘节点的内在特性有关。因此，对于任何移动边缘节点，q_i 都是一个与被评估的传感器无关的常数。q_i 的值越高，信任评价的质量越好。$AR = (\text{area}_1, \text{area}_2, \cdots, \text{area}_n)$ 是移动边缘节点的活动范围集合，每个 area_i 包括移动边缘节点当前的所在位置和移动半径。为简单起见，本节假设每个移动边缘节点的活动范围都为圆形，而移动边缘节点的目的就是访问活动范围内的所有传感器。

移动边缘节点的信任评价能力由信任评价质量和活动范围一同决定，如式（6.14）所示。

$$a_i = F(q_i, r_i) \tag{6.14}$$

其中，r_i 是移动半径，$a_i \in [0,1]$ 且函数 F 对于 q_i 和 r_i 单调递增。

当移动边缘节点投标时，它们需要向云层上传它们的报价 bid_i，$\text{bid}_i = \{q_i, \text{area}_i, b_i\}$ 是一个三元组，包括了移动边缘节点的信任评价质量、活动范围和投标价格。其中，b_i 是投标价格。

对云层来说，$P = \{p_1, p_2, \cdots, p_n\}$ 是云层需要向每个移动边缘节点支付的报酬集合。当移动边缘节点未能参与信任评价时，p_i 为 0。由于 p_i 的值与移动边缘节点的信任评价能力 a_i 和移动边缘节点上传的投标价格 b_i 有关，该值也可写作 $p_i(a_i, b_i)$。由此，移动边缘节点执行信任评价任务的收益如式（6.15）所示。

$$u_i = p_i(a_i, b_i) - c_i \tag{6.15}$$

其中，u_i 为移动边缘节点执行信任评价的收益，c_i 为移动边缘节点执行信任评价的真实成本。

2. 基于拍卖的移动边缘节点激励机制算法实现

基于拍卖的移动边缘节点激励机制由用户选择机制和报酬决定机制两部分组成，两部分的算法分别对应算法 6.3 和算法 6.4。

在算法 6.3 中，云层根据移动边缘节点上传的投标信息依次选择信任评价能力 / 投标价格的比值最高的移动边缘节点，并测试移动边缘节点能否满足信任评价覆盖范围的要求。

算法 6.3　用户选择机制算法

输入：移动边缘节点集合 F，用户上传信息集 BID，每个传感器的被评价次数 x；

输出：参与信任评价的移动边缘节点集合 S；

1：　将 S、P 置为空；

2：　**while** S 中移动边缘节点的活动范围无法覆盖每个传感器 x 次 **do**

3：　　　令 u 为 F 中有最大 $\dfrac{a_i}{b_i}$ 值的移动边缘节点；

4：　　　**if** u 的活动范围内的传感器都已被 S 中的节点评价了 x 次

5：　　　　　将 u 从 F 中移除；

6：　　　**else**

7：　　　　　将 u 加入 S 并将 u 从 F 中移除；

8：　　　**end if**

9：　**end while**

10：**return** S

在算法 6.4 中，对于选择的每个移动边缘节点，云层将其从 S 中删除，并选择其他移动边缘节点加入，直到可以访问所有节点为止（第 1 行～第 10 行）。这些节点组成集合 S'。最后，根据 S' 中的最大报价 / 能力比值，决定每个移动边缘节点的报酬（第 11 行～第 12 行）。

算法 6.4　报酬决定机制算法

输入：移动边缘节点集合 F，用户上传信息集 BID，每个传感器的被评价次数 x，参与信任评价机的移动边缘节点集合 S；

输出：移动边缘节点的报酬集合 P；

1：　**for** S 中的每个移动边缘节点 f_i

2：　　　$S' = S \setminus \{f_i\}$；

3：　　　**while** S' 中移动边缘节点的活动范围无法覆盖每个传感器 x 次 **do**

4：　　　　　令 u 为有 $F \setminus \{f_i\}$ 中最大 $\dfrac{a_i}{b_i}$ 值的移动边缘节点；

5：　　　　　**if** u 的活动范围内的传感器都已被 S' 中的节点评价了 x 次

6：　　　　　　　将 u 从 F 中移除；

7：　　　　　**else**

8：　　　　　　　将 u 加入 S' 并将 u 从 F 中移除；

9:　　　　　**end if**

10:　　　**end while**

11:　　　$p_i = \max\limits_{j \in S'} \dfrac{a_i}{a_j} \times b_j$

12:　　　将 p_i 加入 P；

13: **end for**

14: **return** P

3. 基于服务质量的移动边缘节点激励机制算法实现

对于每个 F 中的移动边缘节点，$E = \{e_1, e_2, \cdots, e_n\}$ 代表移动用户的努力程度，其中 $e_i \in \{1, 0\}$，$e_i = 1$ 代表移动边缘节点努力执行信任评价任务，$e_i = 0$ 代表移动边缘节点没有努力执行信任评价任务，而是仅依靠猜测向云层上传了信任评价结果。因此，每个移动边缘节点的信任评价质量可以被重新写，如式（6.16）所示。

$$q_i = e_i q_i + (1 - e_i) \times 0.5 \tag{6.16}$$

当移动边缘节点努力执行信任评价任务时，移动边缘节点成功判断传感器是否可信的概率为 q_i；反之，移动边缘节点成功判断传感器是否可信的概率为 0.5。

每个移动边缘节点执行信任评价所需的成本也可以被重新定义，如式（6.17）所示。

$$c_i = e_i c_i \tag{6.17}$$

当 $e_i = 0$ 时，移动边缘节点执行信任评价的成本为 0，因为移动边缘节点不用移动或与传感器进行通信。当 $e_i = 1$ 时，移动边缘节点执行信任评价的成本为原有的成本。

基于服务质量的移动边缘节点激励机制可以分为用户选择机制、数据聚合机制和报酬决定机制 3 个部分。首先，移动边缘节点上传投标信息给云层，云层根据这些信息选择信任评价任务的节点。然后，当所有节点完成信任评价后，将结果上传到云层。在云层，执行数据聚合机制来得到最终的信任评价结果。最后，云层根据节点的投标信息和信任评价结果来决定报酬。

这里的用户选择机制与算法 6.4 相同。参与信任评价的节点会在其活动范围内对传感器进行信任评价，并将结果报告给云层。云层会通过数据聚合机制来获取各传感器的最终信任评价结果。数据聚合机制算法的过程如算法 6.5 所示。

算法 6.5　数据聚合机制算法

输入：移动边缘节点上的信息集 BID，参与信任评价的移动边缘节点集合 S，移动边缘节点上传的数据集合 $(\hat{d}_1, \hat{d}_2, \cdots, \hat{d}_k)$；

输出：信任评价的最终结果 $D = \{d_1, d_2, \cdots, d_m\}$；

1：**for** 传感器网络中的每个传感器

2：　　　$d_{c,j} = \text{sig}\left(\displaystyle\sum_{i:f_i\in S, n_j\in N} \left(q_i d_{i,j} \right) \right);$

3：**end for**

4：**return** $D = \left(d_{c,1}, d_{c,2}, \cdots, d_{c,m} \right)$

为了准确地计算每个传感器的信任值，移动边缘节点会多次上传信任评价结果，并通过信数据聚合机制进行综合计算。该机制的目的是根据移动边缘节点的信任评价能力，得出最终的评价结果，以确保评估的精确性。

对于每个参与信任评价的移动边缘节点，上传的投标信息包括了自身的移动范围。云层根据这些信息决定每个移动边缘节点需要访问哪些传感器。每个移动边缘节点的信任评价结果可以记作 $\hat{d}_i$，$\hat{d}_i = \left(d_{i,1}, d_{i,2}, \cdots, d_{i,m} \right)$ 是一个数组，$d_{i,j}$ 代表移动边缘节点 f_i 对传感器 n_j 的信任评价结果。当移动边缘节点 f_i 认为传感器 n_j 是恶意传感器时，$d_{i,j} = -1$。当移动边缘节点 f_i 认为传感器 n_j 是正常节点时，$d_{i,j} = 1$。若移动边缘节点 f_i 没有对传感器 n_j 进行信任评价，则 $d_{i,j} = 0$。根据移动边缘节点上传的信任评价结果与之前上传的信任评价质量，云层可以获取所有传感器的信任评价结果 $D = \left(d_{c,1}, d_{c,2}, \cdots, d_{c,m} \right)$。

根据信任聚合的结果，云层可以决定每个移动边缘节点的报酬。基于服务质量的报酬决定机制算法如算法 6.6 所示。

算法 6.6　基于服务质量的报酬决定机制算法

输入：移动边缘节点集合 F，移动边缘节点上传信息集合 BID，参与信任评价机制的移动边缘节点集合 S，移动边缘节点上传的数据集合 $\{d_{1,1}, d_{1,2}, \cdots, d_{1,m}\}$；

输出：移动边缘节点的报酬集合 P；

1：　　**for** S 中的每个移动边缘节点 f_i

2：　　　　　将 $S \setminus f_i$ 作为输入，运行算法 6.4，得到结果 S'；

3：　　　　　$\hat{p}_i = \max\limits_{j\in S'} \dfrac{a_i}{a_j} b_j$；

4：　　　　　$\text{ac}_i = \dfrac{\displaystyle\sum_{j:d_{i,j}=d_{c,j}, d_{i,j}\in\hat{d}_i} \left| d_{i,j} \right|}{\displaystyle\sum_{j:d_{i,j}\neq 0, d_{i,j}\in\hat{d}_i} \left| d_{i,j} \right|}$；

5：　　　　　**if** $\text{ac}_i \geqslant q_i$

6：　　　　　　　$p_i = \hat{p}_i$；

7：　　　　　**else if** $q_i > \text{ac}_i > 1/2$

8: $$p_i = \left(\frac{2}{2q_{i_i} - 1} \text{ac}_i + \frac{1}{1 - 2q_i} \right) \hat{p}_i \; ;$$

9:　　　**else**

10:　　　　$p_i = 0$;

11:　　　**end if**

12: **end for**

13: **return** $P = (p_1, p_2, \cdots, p_k)$

对于每个参与信任评价的移动边缘节点，云层会将其上传的信任评价结果与自身获取的信任评价结果进行对比。云层通过计算这些节点的信任评价正确率来判断其上传的信任评价质量是否相符。显然，移动边缘节点的信任评价正确率越高，说明其所上传的信任评价质量越好。基于这种情况，移动边缘节点应该获得更多的报酬。故定义移动边缘节点的报酬如式（6.18）所示。

$$p_i = \begin{cases} \dfrac{a_i}{a_j} \times b_j, & \text{ac}_i \geqslant q_i \\[3mm] \left(\dfrac{2}{2q_{i_i} - 1} \text{ac}_i + \dfrac{1}{1 - 2q_i} \right) \times \dfrac{a_i}{a_j} \times b_j, & 1/2 < \text{ac}_i < q_i \\[3mm] 0, & \text{ac}_i \leqslant 1/2 \end{cases} \tag{6.18}$$

其中，ac_i 是云层获得的移动边缘节点 f_i 的信任评价正确率。

当移动边缘节点的信任评价正确率大于等于上传的信任评价质量时，移动边缘节点获得最高的报酬。当移动边缘节点的信任评价正确率大于 $1/2$ 并小于上传的信任评价正确率时，移动边缘节点获得部分报酬。若移动边缘节点的信任评价正确率小于 $1/2$，则报酬为 0。

4. 算法复杂度分析

在基于拍卖的移动边缘节点激励机制中，移动边缘节点选择机制的复杂度为 $O(n^2)$，报酬决定机制的复杂度为 $O(n^3)$，故其算法复杂度为 $O(n^3)$，n 是移动边缘节点数量。

在基于服务质量的移动边缘节点激励机制中，算法 6.3 的时间复杂度是 $O(n^2)$，算法 6.6 的时间复杂度是 $O(n^3)$。同时，算法 6.5 的时间复杂度由传感网中的传感器数量决定，即 $O(m)$。因此，基于服务质量的移动边缘节点激励机制算法复杂度是 $O(\max(n^3, m))$，n 是移动边缘节点的总数量，m 是传感器数量。

5. 实验评估

（1）实验参数设置

本实验采用的仿真工具为 MATLAB 2017，表 6.5 为实验参数。对移动边缘节点的不同行为对其报酬的影响和激励机制的鲁棒性两个方面进行了相关实验。

表6.5　移动边缘节点的激励机制算法的实验参数

参数	值
范围面积（m）	100 × 100
传感器数量（个）	1000
移动边缘节点数量（个）	5000
移动边缘节点活动半径（m）	[10, 30]
投标报价范围（m）	[1,100]

（2）实验结果

图 6.13 展示了移动边缘节点的信任评价质量对移动边缘节点报酬的影响。当移动边缘节点上传的信任评价质量与其实际信任评价质量的差值增大时，传感网服务提供商支付给移动边缘节点的报酬逐步减少至 0。而当移动边缘节点使用上传的信任评价质量对传感器进行信任评价时，移动边缘节点获得的报酬最多。同时，信任评价质量越高，移动边缘节点获得的报酬越高。

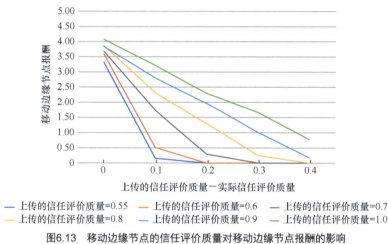

图6.13　移动边缘节点的信任评价质量对移动边缘节点报酬的影响

图 6.14 和图 6.15 分别展示了移动边缘节点是否努力执行信任评价任务，移动边缘节点是否上传真实信任评价结果对移动边缘节点报酬的影响。显然，当移动边缘节点不努力执行信任评价任务或上传虚假信任评价结果时，传感网服务提供商付给移动边缘节点的报酬明显减少。

图 6.16 展示了移动边缘节点的不同行为对移动边缘节点收益的影响。这里的收益是指移动边缘节点获得的报酬减去移动边缘节点执行任务的成本。与正常执行信任评价任务相比，降低服务质量、不努力执行任务、上传虚假数据等行为都会减少移动边缘节点的收益。同时，随着成本参数的提高，降低服务质量和上传虚假数据的收益越来越低。该结果有力说明了本小节提出的激励机制能有效激励移动边缘节点诚实地执行信任评价任务并上传结果。

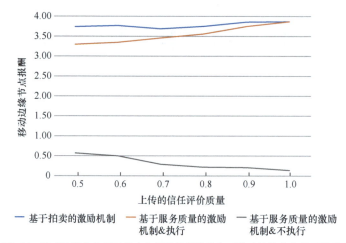

图6.14　移动边缘节点是否努力执行信任评价任务对移动边缘节点报酬的影响

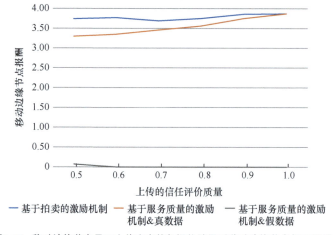

图6.15　移动边缘节点是否上传真实信任评价结果对移动边缘节点报酬的影响

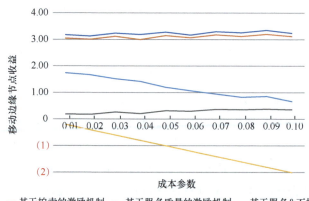

图6.16　移动边缘节点的不同行为对收益的影响

　　图 6.17 展示了传感器的被评价次数对最终信任评价结果的影响。显然，随着传感器的被评

价次数增加,信任评价的错误率降低。这说明可以通过增加传感器的被评价次数来增加激励机制的鲁棒性。

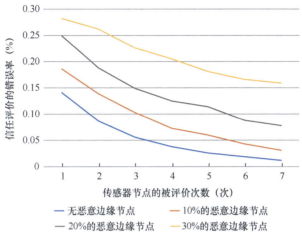

图6.17 传感器的被评价次数对最终信任评价结果的影响

6. 小结

自私的移动边缘节点存在上传过高的信任评价成本或降低信任评价质量,以及不执行信任评价任务等问题。本节设计了基于拍卖的移动边缘节点激励机制和基于服务质量的移动边缘节点激励机制,这两种激励机制可用来保证移动边缘节点诚实地执行信任评价任务。通过对提出的激励机制进行实验评估,结果表明,与不诚实地执行信任评价任务的移动边缘节点相比,诚实执行信任评价的移动边缘节点获得的收益是前者的数倍。通过上述的两种激励机制,云端能获取较为准确的传感器信任评价结果,确保传感云的安全。

6.3.2 基于移动边缘节点的传感器信任评价机制

本节介绍一种基于移动边缘节点的传感器信任评价机制,该机制利用移动边缘节点的移动性,对传感云中底层传感器进行细粒度的信任评价,并且采用概率图模型来表示传感器之间的信任关系[13]。

移动边缘节点直接与目标传感器通信,可获取其能量状态和数据内容等信息。基于通信行为、能量状态和数据内容等因素,移动边缘节点可以推断出单个传感器的可信度,并将信任评价结果上传给云层进行综合汇总。

1. 概率图模型

概率图模型可以被用来表示传感器之间的关系。如图6.18所示,传感器j获取真实世界信息的能力如式(6.19)所示。

$$\mathbb{P}\left(x_j = \theta\right) = P_j \tag{6.19}$$

其中,x_j是传感器j获取的数值,θ是信息的真实值,P_j为传感器j检测到世界真实状态θ的概率。

传感器 i 对传感器 j 的积极影响 P_{ij} 如式（6.20）所示。

$$\mathbb{P}\left(x_j = \theta \mid x_i = \theta\right) = P_{ij} \tag{6.20}$$

其中，P_{ij} 表示已知传感器 i 和传感器 j 对某事物的观测结果同为 θ 的概率。

传感器 i 对传感器 j 的消极影响 Q_{ij} 如式（6.21）所示。

$$\mathbb{P}\left(x_j = \theta \mid x_i \neq \theta\right) = Q_{ij} \tag{6.21}$$

其中，Q_{ij} 表示已知传感器 i 对某事物的观测结果不为 θ、传感器 j 对某事物的观测结果为 θ 的概率。

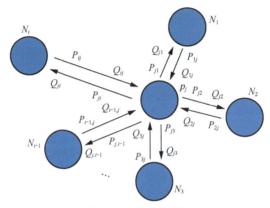

图6.18　概率图模型

2．算法设计

（1）数据信任

假设在时隙 t，传感器 j 的数据收集能力的分布期望如式（6.22）所示。

$$\mathbb{E}\left(D_j^t\right) = d_j^t \tag{6.22}$$

方差如式（6.23）所示。

$$\mathbb{V}\left(D_j^t\right) = \tau_j^t \tag{6.23}$$

当移动边缘节点访问传感器时，它可获取传感器及其邻居的数据收集情况，并计算它们相互之间的影响。假设在时隙 $t+1$，传感器 i 对传感器 j 的积极和消极影响的期望分别为 $\mathbb{E}\left(P_{ij}^{t+1}\right) = p_{ij}^{t+1}$ 和 $\mathbb{E}\left(Q_{ij}^{t+1}\right) = q_{ij}^{t+1}$。方差分别为 $\mathbb{V}\left(P_{ij}^{t+1}\right) = \tau_{ij,p}^{t+1}$ 和 $\mathbb{V}\left(Q_{ij}^{t+1}\right) = \tau_{ij,q}^{t+1}$。因此，传感器 j 在时隙 $t+1$ 更新的数据信任如式（6.24）所示。

$$\mathbb{E}\left(T_j^{t+1}\right) = \frac{\dfrac{T_j^t}{\tau_j^t} + \sum\limits_{i \in N_i} \dfrac{p_{ij}^{t+1}}{\tau_{ij,p}^{t+1}} + \sum\limits_{i \in N_i} \dfrac{q_{ij}^{t+1}}{\tau_{ij,q}^{t+1}}}{\dfrac{1}{\tau_j^t} + \sum\limits_{i \in N_i} \dfrac{1}{\tau_{ij,p}^{t+1}} + \sum\limits_{i \in N_i} \dfrac{1}{\tau_{ij,q}^{t+1}}} \tag{6.24}$$

其中，N_i 是传感器 j 的邻居集合，i 是传感器 j 的邻居。

（2）通信信任

通过访问目标传感器及其邻居传感器，移动边缘节点可以获取它们的通信情况。由于传感器的通信行为在时空上会有相关性，因此通过比较目标传感器与其邻居传感器的通信行为，移动边缘节点可以判断目标传感器的通信信任情况。

假设在时隙 t，传感器 j 的通信信任的分布期望如式（6.25）所示。

$$\mathbb{E}\left(C_j^t\right) = c_j^t \tag{6.25}$$

方差如式（6.26）所示。

$$\mathbb{V}\left(C_j^t\right) = \delta_j^t \tag{6.26}$$

通信行为在特定时间内的波动如式（6.27）所示。

$$c_j^{\Delta t} = \omega \times \exp\left[-\frac{\mathrm{num}\left(p_j^{\Delta t}\right) - \overline{\mathrm{num}\left(p_j\right)}}{2\sigma^2}\right] \tag{6.27}$$

其中，$\mathrm{num}\left(p_j^{\Delta t}\right)$ 是传感器 j 在 Δt 时间内的发包数，而 $\overline{\mathrm{num}\left(p_j\right)}$ 是传感器 j 在每段 Δt 时间内的平均发包数，该数据可以通过访问传感器 j 的邻居得到；σ 是噪声的方差。

于是，传感器 j 更新的期望如式（6.28）所示。

$$\mathbb{E}\left(C_j^{t+\Delta t}\right) = \frac{\dfrac{c_j^t}{\delta_j^t} + \dfrac{c_j^{\Delta t}}{\sigma^2}}{\dfrac{1}{\delta_j^t} + \dfrac{1}{\sigma^2}} \tag{6.28}$$

3. 实验评估

（1）实验参数设置

本小节所采用的仿真工具为 MATLAB 2017。100 个传感器被随机部署在 100m×100m 的平面上，每个传感器的通信范围是 15m。恶意传感器执行黑洞攻击和假数据攻击。所有实验结果都是 100 次实验的平均结果。

（2）实验结果

图 6.19 所示为信任评价机制对正常传感器与恶意传感器的通信情况进行信任评价的结果。在每次迭代中，正常传感器发送 15 个包来维护路由，并设置随机事件源以模拟真实环境。在第 15～25 次迭代时，恶意传感器进行黑洞攻击，丢弃所有数据包。第 25 次迭代之后，攻击停止，恶意传感器恢复正常的行为。在第 15 次迭代时，恶意传感器开始攻击后，其信任值突然下降，在第 25 次迭代后，恶意传感器的通信信任值逐渐上升。研究结果验证了信任评价机制能有效辨别恶意传感器。

图 6.20 所示为信任评价机制对正常传感器和恶意传感器进行数据信任的评价结果。每个传感器的原始数据信任值由 1000 次数据收集行为迭代产生，服从均值为 0.9 的 Beta 分布。此后，每个传感器每次迭代采集 20 次数据。在第 0～25 次迭代中，恶意传感器收集的所有数据都是

错误的。数据收集行为在第 25 次迭代之后恢复正常。从图中可以看出，恶意传感器的信任值在第 0 次迭代时开始下降，在第 25 次迭代时开始反弹，与恶意传感器执行攻击的时段一致。实验结果验证了该信任评价机制能有效辨别执行假数据攻击的传感器。

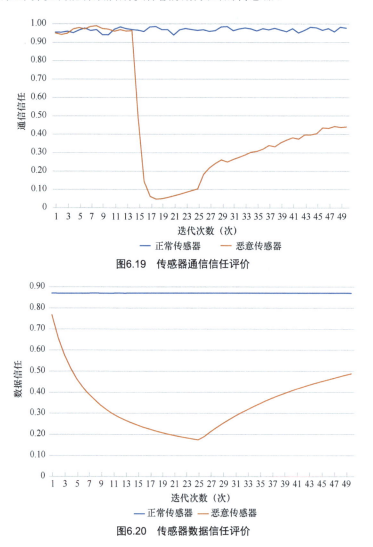

图6.19　传感器通信信任评价

图6.20　传感器数据信任评价

图 6.21 所示为基于移动边缘节点的信任评价机制与分布式信任评价机制[14]的能耗对比。在分布式信任评价机制中，传感器获取远端传感器的信任值需要通过多跳的方式进行信任传递。而在基于移动边缘节点的信任评价机制中，传感器可以通过与移动边缘节点进行通信，获取远端传感器的信任值。将源传感器与目标传感器之间的通信跳数作为参数，随着跳数的增加，分布式信任评价机制的能耗也同步增加，而基于移动边缘节点的信任评价机制的能耗基本不变。实验结果验证了本小节提出的信任评价机制能有效降低传感网的能耗。

图 6.22 所示为分布式信任评价机制与基于移动边缘节点的信任评价确信度对比。信任传递的确信度是指某传感器获取其他传感器信任评价的可信度。直觉上说，两个传感器之间的通信跳数越大，信任传递的确信度越低，因为信任传递路径上的每一个传感器是否可信都是不确定的。

通过将源传感器与目标传感器之间的跳数作为输入，实验研究了分布式信任评价与基于移动边缘节点的信任传递的确信度。当跳数增加时，分布式信任评价的确信度显著降低，而基于移动边缘节点的信任评价确信度保持不变。实验结果证明本小节提出的基于移动边缘节点的信任评价机制能有效降低信任传递的不确定性。

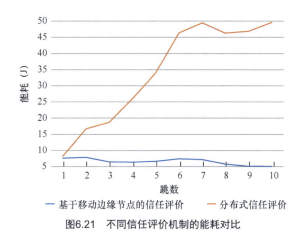

图6.21　不同信任评价机制的能耗对比

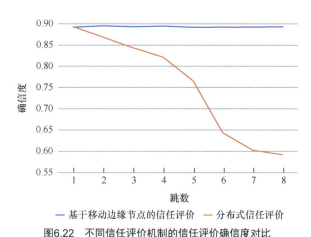

图6.22　不同信任评价机制的信任评价确信度对比

4. 小结

为了甄别传感云中的恶意传感器，降低信任评价的能耗，并提高信任评价的正确率，本小节提出了一种基于移动边缘节点的传感云信任评价机制，该机制中采用了概率图模型来表示传感器间的信任关系。移动边缘节点通过获取传感器的通信和数据收集信息判断传感器是否可信。通过实验，证明了基于移动边缘节点的传感云信任评价机制能有效甄别恶意的传感器，降低信任评价能耗，从而提高信任评价的确信度。

6.3.3　移动距离无限的边缘节点路径规划算法

在一些传感网应用场景中，由于网络覆盖范围相对有限，单个移动边缘节点的移动能力足以全面覆盖整个网络区域。鉴于此，可以合理地将移动边缘节点的移动距离视作近乎无限，以简化分析和处理过程。

1. 问题定义

在 $L \times L$ 的平面上，有 m 个传感器被随机部署。为了确保对所有传感器进行准确的信任评价，一个移动边缘节点被赋予任务。鉴于移动边缘节点的能量供应充足，我们假设其能量为无限。在进行信任评价时，移动边缘节点必须与每个传感器建立直接通信联系，这要求移动边缘节点必须位于传感器的通信范围内。为了提升信任评价的效率，需要优化移动边缘节点的移动路径，使其总移动距离尽可能短。因此，该问题可以转化为一个优化问题：在确保与所有传感器建立直接信任评价关系的前提下，寻找一种策略来最小化移动边缘节点的移动距离。

2. 具体实例

针对该问题，可以将其分解为以下 3 个核心步骤进行详细分析。

1）在构建的网络拓扑结构中，移动边缘节点需要明确哪些传感器作为中继传感器是必要的访问对象。这些中继传感器将起到桥梁作用，确保移动边缘节点能够与整个网络中的每个传感器建立起直接的信任评价关系。如图 6.23（a）所示，通过选择并访问 p_0、p_1、p_2 所在的位置，移动边缘节点能够实现与整个网络中所有节点建立直接信任评价关系。此步骤的关键在于如何精确地确定最小数量的中继传感器，这实质上等同于求解一个最小支配集问题。

2）在确定了中继传感器的集合后，问题转化为如何规划移动边缘节点的访问路径，以最小化其移动距离。这实际上是一个典型的旅行商问题，需要我们在满足所有访问要求的前提下，寻找一条最短的遍历路径。

3）传统的方法通常在解决前两步问题后会结束。然而，经过深入观察和分析，我们发现通过增加中继传感器的数量，可以进一步减少移动边缘节点的移动距离。如图 6.23（b）所示，尽管访问 p_0、p_1、p_2 已经能够实现与所有传感器的通信，但增加 p_3、p_4 作为额外的中继传感器后，不仅仍然能够满足与所有传感器建立直接信任评价关系，还得到一条更短的移动路径，且可以证明路径 $\overline{p_1 p_2 p_4 p_3}$ 的长度小于 $\overline{p_0 p_1 p_2}$ 的长度。

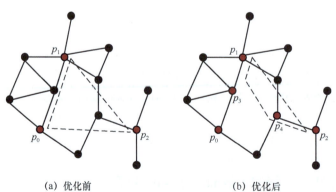

(a) 优化前   (b) 优化后

图6.23 最小化移动边缘节点的移动距离策略问题示意

3. 算法设计

本小节针对移动边缘节点的信任评价任务，提出了一种经过优化的边缘节点移动算法。该算法旨在最小化移动边缘节点的移动距离，同时确保移动边缘节点与每个传感器之间能够建立直接且准确的信任评价关系。相较于现有的算法，算法 6.7 所示的优化后的边缘节点移动算法在减少移动边缘节点执行信任评价时的移动距离方面展现出了显著的优势。这一优化不仅提高了评价效率，还有效降低了信任评价信息传递的时延，为构建更加高效、可靠的传感网信任体系提供了有力支持。

算法 6.7　优化后的边缘节点移动算法

输入：网络拓扑 G，移动边缘节点的位置 b；

输出：移动边缘节点要访问的传感器集合 V；

1：使用贪心算法获取网络的最小支配集 D；

2：使用贪心算法规划移动边缘节点在 D 上的移动路径，生成访问路径队列 Q；

3：　**for** Q 中每个传感器 q_i

4：　　　**if** p_{i+1} 与 p_{i+2} 分别在 $p_{i+1}p_{i+2}$ 与 p_ip_{i+1} 组成的有向线段同侧

5：　　　　　将 p_{i+3} 加入凸多边形 C_n；

6：　　　**else**

7：　　　　　$n=n+1$，$p_{i+2}p_{i+3}$ 加入新凸多边形 C_n；

8：　　　**end if**

9：　**end for**

10：**for** 每个凸多边形 C_j

11：　　　寻求 C_j 中支配的节点大于等于 C_j 的凸包，并将其中的传感器加入移动边缘节点要访问的传感器集合 V；

12：**end for**

13：**return** 移动边缘节点要访问的传感器集合 V

算法 6.7 包括以下 3 个步骤，旨在优化移动边缘节点的移动路径，同时确保与每个传感器建立直接的信任评价关系。

1）运用贪心算法，依次找出传感器网络中度最大的传感器，并将其作为移动边缘节点需要访问的中继传感器。其中，度是指和该传感器直接相连的边的数量。例如，在图 6.24（a）中，节点 p_0 至 p_{12} 的度分别为 3、5、3、1、3、2、3、4、3、1、2、3、1。因此，首先，算法选择 p_1 作为首个中继传感器，同时将与 p_1 相邻的传感器移除，网络拓扑变为图 6.24（b）。然后，继续选择度最大的传感器作为中继传感器，并将与其相连的传感器移除，直至所有传感器均被处理完毕。

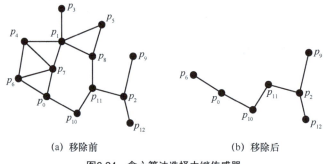

(a) 移除前　　　　　　　　　(b) 移除后

图6.24　贪心算法选择中继传感器

2）在步骤1）选择的中继传感器集合中，该算法进一步采用贪心算法找出与移动边缘节点距离最短的传感器。例如，在图6.25（a）中，移动边缘节点初始位于 p_1 处，此时 p_1 与 p_2 的距离为4，p_1 与 p_3 的距离为6，p_1 与 p_4 的距离为7，p_1 与 p_5 的距离为6。因此，移动边缘节点在访问 p_1 后将访问 p_2，将 p_2 加入移动边缘节点的待访问队列，并将 p_1 从网络拓扑中删除。此时，剩余中继传感器如图6.25（b）所示，此过程持续进行，直至所有传感器都被加入待访问队列。

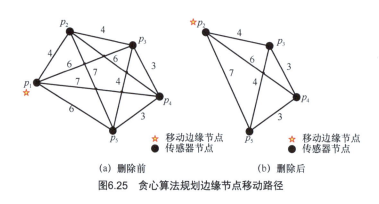

(a) 删除前　　　　　　　　　(b) 删除后

图6.25　贪心算法规划边缘节点移动路径

3）在生成一个待访问队列后，移动边缘节点根据理论"三角形内凸壳的周长比三角形的周长短"和理论"多边形内凸壳的周长比多边形的周长短"对待访问队列进行优化。例如，在图6.26（a）中，移动边缘节点在 p_1 处，将要访问 p_2、p_3 等中继传感器。显然，$\{p_1, p_2, p_3, p_4\}$ 这4个点能构成凸多边形。根据下述理论"多边形内凸壳的周长比多边形的周长短"，只要在 $\{p_1, p_2, p_3, p_4\}$ 构成的凸多边形中找到一些能够组成凸壳的传感器，且它们的度与原多边形相同，则移动边缘节点能够缩短移动路径。例如，在图6.26（b）中，移动边缘节点选择 p_1、p_5、p_6、p_3、p_4 作为中继传感器以缩短访问的路径。

4．实验评估

（1）实验参数设置

本实验所采用的平台为MATLAB 2017，将对优化后的边缘节点移动算法进行了全面而深入的实验研究。这些实验旨在从不同角度评估算法的性能和效果。作为对比，优化前的边缘节点移动算法是指仅依赖贪心算法来选择中继传感器并规划移动路径的算法。此外，还引入了RAO

等人提出的中心化最小支配集覆盖算法[15]作为另一个参照点。该算法的核心思想在于运用蚁群算法来求解最小支配集问题，随后将求解结果作为旅行商问题的输入，进一步求解以优化移动路径。

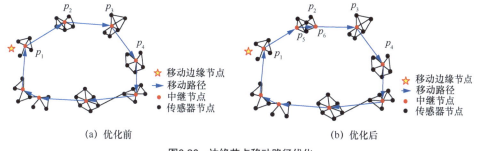

（a）优化前　　　　　　　　　　　　　　　（b）优化后

图6.26　边缘节点移动路径优化

（2）实验结果

图 6.27 和图 6.28 展示了在不同通信距离和传感器数量条件下，3 种算法在边缘节点移动距离方面的对比结果。显然，优化后的边缘节点移动算法相较于优化前的边缘节点移动算法，在降低移动边缘节点的移动路径方面表现出显著优势。优化后的边缘节点移动算法作为一种近似算法，虽然无法获得问题的精确解，但能够在合理范围内提供近似最优的解决方案。而中心化的最小支配集覆盖算法基本可以获得最小支配集问题和旅行商问题的最优解。因此，中心化的最小支配集覆盖算法获得了最小的移动距离。实验结果充分表明，优化后的边缘节点移动算法相较于优化前的边缘节点移动算法，在降低移动边缘节点的移动距离方面取得了显著成效。

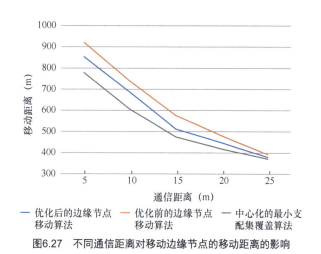

图6.27　不同通信距离对移动边缘节点的移动距离的影响

图 6.29 和图 6.30 展示了不同通信距离和传感器数量条件下，中心化的最小支配集覆盖算法和优化后的边缘节点移动算法在运行时间方面的差异。经过对比分析，可以清晰地看出，优化后的边缘节点移动算法在运行效率上明显优于中心化的最小支配集覆盖算法，能够显著减少运行时间。这一优势不仅体现在处理大规模传感器网络时的高效性上，还体现在对各种通信距离的适应性上。

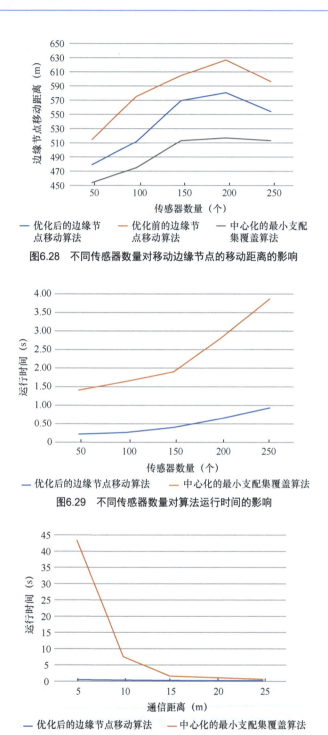

图6.28　不同传感器数量对移动边缘节点的移动距离的影响

图6.29　不同传感器数量对算法运行时间的影响

图6.30　不同通信距离对算法运行时间的影响

　　优化后的边缘节点移动算法涵盖了中继传感器选择、路径规划以及优化 3 个步骤。在图6.31 中，将优化后获得的传感器集合作为旅行商问题的输入，并采用了与中心化最小支配集覆盖算法相同的蚁群算法进行求解。实验结果显示，相较于使用中心化最小支配集覆盖算法选择中继传感器，优化后的边缘节点移动算法选择中继传感器能够更有效地缩短边缘节点的移动距离。

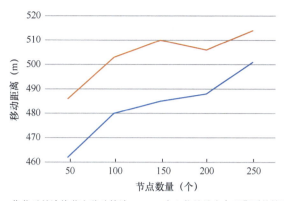

图6.31　优化后的边缘节点移动算法的有效性

5. 小结

为了有效缩减信任评价传递的时延，并确保移动边缘节点能与每个传感器建立直接的信任评价关系，本节在传感云中存在单个移动距离无限的边缘节点的设定下，设计了一种优化后的边缘节点移动算法。与现有算法相比，优化后的边缘节点移动算法将最小支配集问题和旅行商问题巧妙地结合，并发现通过访问更多的传感器，可以进一步缩短边缘节点的移动距离。实验结果充分验证了该算法在缩短边缘节点移动路径方面的有效性，进而显著降低了信任评价传递的时延。

6.3.4　移动距离受限的边缘节点路径规划算法

在绝大多数情况下，传感云系统中的移动边缘节点的移动范围有限，不足以覆盖整个网络[16]。因此，必须考虑放弃对部分传感器进行直接信任评价的措施。

1. 问题定义

假设有 n 个固定的传感器 $S = \{s_1, s_2, \cdots, s_n\}$ 和 m 个移动边缘节点 $F = \{f_1, f_2, \cdots, f_m\}$ 随机出现在 $L \times L$ 的二维平面。每个移动边缘节点最大的移动距离为 $D = \{D_1, D_2, \cdots, D_m\}$，实际移动距离为 $d = \{d_1, d_2, \cdots, d_m\}$。为简单起见，假设每个移动边缘节点和固定传感器都有相同的通信距离 r，每个移动边缘节点以恒定的速度移动。为了提高信任评价的准确性并减少信任评价的能耗，需要规划每一个边缘节点的移动路径，并在给定的移动距离限制下尽可能增大直接信任评价的概率。假设获取每个传感器的信任评价需要 $H = \{h_1, h_2, \cdots, h_n\}$ 跳通信，该问题可以被转换为如何确定每个边缘节点的移动路径以最小化信任评价的通信总传输跳数，如式（6.29）所示。

$$\min z = \sum_{i=1}^{n} h_i$$

$$\text{s.t.} \quad d_j \leqslant D_i, \forall f_i \in F \tag{6.29}$$

本小节考虑边缘节点的移动路径规划问题，以减少信任评价的总传输跳数。如图6.32所示，移动边缘节点的移动性允许其移动至传感器网络中的红色节点位置，这些节点被称为中继传感器。中继传感器周围的绿色传感器可以被移动边缘节点通过一跳通信建立信任评价，这类传感器被称为直接信任传感器。反之，移动边缘节点不能通过一跳通信建立直接信任评价的传感器被称为间接信任传感器。基于移动边缘节点的信任评价问题就是要尽量增加直接信任评价的概率，并减小间接信任评价的传递链条。显然，通过调整边缘节点的移动路径，可以使信任评价的总传输跳数最小化，从而降低网络的能耗。此问题被称为移动信任评价问题。

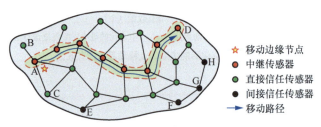

图6.32　移动信任评价问题

2. 问题分析

理论6.3：求解移动信任评价问题中移动边缘节点的最优移动路径是一个NP完全问题。

证明：当移动边缘节点的数量 $m=1$，通信半径 $r=0$ 的时候，该问题可转化为旅行商问题，这是一个已知的NP完全问题。当 $m \neq 1$ 和 $r \neq 0$ 时，该问题可以在 $O(n^2)$ 的时间内转化为旅行商问题。任何一个可以在多项式时间内转化为NP完全问题的问题都是NP完全的。因此，该问题是NP完全问题。

3. 算法设计

在算法6.8所示的单移动边缘节点移动路径规划算法中，首先对每个传感器计算 $w = \left| \mathrm{Nb}(s_i) \right|^{\alpha} / \mathrm{Dis}\left(\mathrm{Pos}(f_{\mathrm{cur}}), \mathrm{Pos}(s_i) \right)^{\beta}$，并寻找具有最大 w 的传感器，其中 α、β 是可调节的参数。然后，计算选择的传感器和移动边缘节点之间的距离，并决定是否将选择的传感器加入空集 Vis。

算法6.8　单移动边缘节点移动路径规划算法

输入：传感器集合 S，空集 Vis，移动边缘节点的移动距离限制 d；

输出：中继传感器集合 Vis；

1: **while** S 不为空 **do**

2: 　　寻找有最大 w 的传感器 s_i；

3: 　　**if** 移动边缘节点访问 s_i 后，移动距离小于 D

4: 　　　　将 s_i 加入 Vis；

5:	从 S 中移除 s_i 以及 $\mathrm{Nb}(s_i)$;
6:	更新移动边缘节点的当前位置;
7:	**else**
8:	将 S 中移除 s_i;
9:	**end if**
10:	**end while**

如图 6.33 所示，移动边缘节点的初始位置为 $\mathrm{Pos}(f_{\mathrm{ini}})$，即图中正方形部分。移动边缘节点当前的位置为 $\mathrm{Pos}(f_{\mathrm{cur}})$，即图中五角星部分。每个固定传感器当前的位置为 $\mathrm{Pos}(s_i)$，即图中圆圈部分。$\mathrm{Dis}(\mathrm{Pos}(f_{\mathrm{cur}}),\mathrm{Pos}(s_i))$ 代表移动边缘节点当前位置和传感器 s_i 之间的欧几里得距离，$\mathrm{Dis}(\mathrm{Pos}(f_{\mathrm{ini}}),\mathrm{Pos}(s_i))$ 是移动边缘节点初始位置和传感器 s_i 之间的欧几里得距离。$\mathrm{Nb}(s_i)$ 为 s_i 的邻居。在图 6.33（a）中，位于 $\mathrm{Pos}(f_{\mathrm{ini}})$ 的移动边缘节点通过计算并选择值最大的 $w=\left|\mathrm{Nb}(s_i)\right|^{\alpha}/\mathrm{Dis}(\mathrm{Pos}(f_{\mathrm{cur}}),\mathrm{Pos}(s_i))^{\beta}$ 来决定先访问传感器 A。在访问完传感器 A 后，从传感器集合 S 中删除传感器 A 和它的邻居传感器 B、C。此时，传感器 E 的邻居数减少到 2。根据更新后的信息，在图 6.33（b）和图 6.33（c）中分别访问传感器 F 和传感器 I，最后返回初始位置，如图 6.33（d）所示。在本例中，每个传感器都可以由移动边缘节点直接进行信任评价。然而，在大多数情况下，由于移动距离约束，移动边缘节点无法与所有传感器建立直接信任评价。

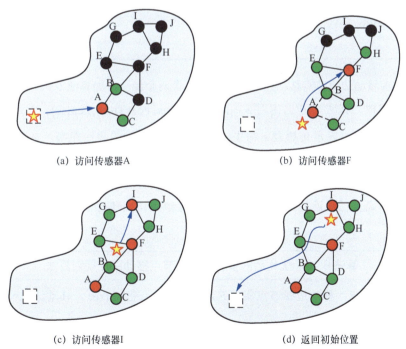

(a) 访问传感器A　　　　　　　　　(b) 访问传感器F

(c) 访问传感器I　　　　　　　　　(d) 返回初始位置

图6.33　单移动边缘节点移动路径规划算法示意

当移动边缘节点由于移动距离限制无法访问传感器 s_i 时，将 s_i 从集合 S 中删除不会影响最终结果。

直觉上说，多移动边缘节点的移动路径规划可以看成对多个单移动边缘节点进行移动路径规划。算法 6.9 所示的多移动边缘节点移动路径规划算法是对算法 6.8 的拓展。算法 6.9 的时间复杂度为 $O(m \times n^3)$，其中 m 为移动边缘节点的数量，n 为传感器的数量。但是，如果移动边缘节点与传感器之间的距离太长，那么移动边缘节点可能会浪费过多的能量去访问权值最大的传感器。为了进一步提高算法的性能，本小节优化了多移动边缘节点的移动策略。

算法 6.9　多移动边缘节点移动路径规划算法

输入：传感器集合 S，移动边缘节点集合 F，空集 Vis，移动边缘节点的移动距离限制 D；

输出：中继传感器集合 Vis；

1:　**for** 每个移动边缘节点 $f_j \in F$

2:　　**while** S 不为空 **do**

3:　　　　寻找有最大 w 的传感器 s_i；

4:　　　　**if** 移动边缘节点访问 s_i 后，移动距离小于 d_j

5:　　　　　　将 s_i 加入 Vis；

6:　　　　　　从 S 中移除 s_i 以及 $\mathrm{Nb}(s_i)$；

7:　　　　　　更新移动边缘节点的当前位置；

8:　　　　**end if**

9:　　**end while**

10:　**end for**

优化后的多移动边缘节点移动路径规划算法包含两个步骤，如算法 6.10 所示。第一步是建立传感器的生成树，算法 6.10 也使用 $w = \left| \mathrm{Nb}(s_i) \right|^\alpha / \mathrm{Dis}(\mathrm{Pos}(\mathrm{Tree}), \mathrm{Pos}(s_i))^\beta$ 作为权重。其中，$\mathrm{Dis}(\mathrm{Pos}(\mathrm{Tree}), \mathrm{Pos}(s_i))$ 表示传感器 s_i 与生成树中传感器之间的最短距离。如果选择一个传感器并将其添加到生成树中，那么将该传感器及其邻居从剩余的传感器集合 S 中删除。第二步是规划移动边缘节点的移动路径，让其访问生成树中的传感器。每个移动边缘节点都采用贪心算法来访问距离自己最近的传感器。在移动边缘节点访问传感器后，将传感器从生成树中移除。

算法 6.10　优化后的多移动边缘节点移动路径规划算法

输入：传感器集合 S，移动边缘节点集合 F，空集 Vis，空集 Tree，移动边缘节点的移动距离限制 D；

输出：中继传感器集合 Vis；

1:　　将一个随机的传感器 s_r 加入 Tree ，从 S 中删除 s_r ；

2:　　**while** S 不为空 **do**

3:　　　　寻找有最大 w 的传感器 s_i ；

4:　　　　将 s_i 加入 Tree ；

5:　　　　从 S 中移除 s_i 以及 $\mathrm{Nb}(s_i)$ ；

6:　　**end while**

7:　　**for** 每个移动边缘节点 $f_j \in F$

8:　　　　**while** f_j 的移动距离小于 d_j **do**

9:　　　　　　寻找集合 Tree 中距离 f_j 最短的传感器 s_k ；

10:　　　　　　**if** 移动边缘节点访问 s_k 后，移动距离小于 d_j

11:　　　　　　　　将 s_k 加入 Vis ；

12:　　　　　　　　从 Tree 中删除 s_k ；

13:　　　　　　　　更新移动边缘节点的当前位置；

14:　　　　　　**end if**

15:　　　　**end while**

16: **end for**

---

4. 实验结果

（1）实验设置

本实验采用的仿真平台为 MATLAB 2017。实验中，100 个传感器被放置在 100m² 的二维平面内，每个传感器以及移动边缘节点的通信距离都是 15m。

（2）实验结果

实验对单移动边缘节点算法、基于最小生成树的移动边缘节点算法[17]（简称基于最小生成树的算法）和集覆盖算法[18]之间的信任评价总传输跳数进行比较。另外，实验中也考虑了移动边缘节点的移动距离约束和通信半径对信任评价传输跳数的影响。在基于最小生成树的单移动边缘节点算法中，首先根据传感器的邻居数和传感器距离生成树的比值建立生成树，生成树中树枝的总长度小于移动边缘节点的移动路径长度限制。然后在移动边缘节点访问生成树后，删除传感器及其邻居节点。在覆盖集算法中，首先选择整个网络的最小支配集，然后利用贪心算法对集合中的点进行访问。

从图 6.34 可以看出，在移动边缘节点通信半径一定的情况下，随着移动距离限制的增加，3 种算法的信任评价总传输跳数也相应增加。然而，无论边缘节点的移动距离限制如何，与以移动边缘节点为根的生成树算法和集覆盖算法相比，单移动边缘节点移动算法的总传输跳数是最小的。从图 6.35 可以看出，在边缘节点移动距离限制条件下，信任评价总传输跳数不随传感器与通信距离的增大而增大。不考虑通信距离，与以移动边缘节点为根的生成树算法和集覆盖算法相比，单移动边缘节点移动算法具有最小的信任评价总传输跳数。

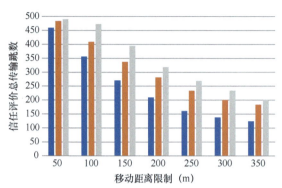

图6.34　不同移动距离限制对信任评价总传输跳数的影响

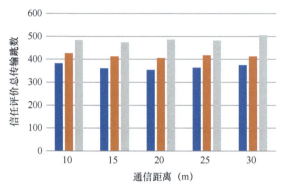

图6.35　不同通信距离对信任评价总传输跳数的影响

图 6.36 和图 6.37 展示了不同参数的不同数值对总传输跳数的影响。其中，参数 α 决定邻居数量在权重 ω 中的比例，参数 β 决定传感器与移动边缘节点的距离在权重 ω 中的比例。图 6.36 展示了不同 α 值对信任评价总传输跳数的影响。当 $\alpha = 0.5$ 时，在通信距离为 10m、15m、20m 和 30m 的情况下，信任评价总传输跳数达到最高点。当 $2.5 \geqslant \alpha \geqslant 1$ 时，α 的数量的影响似乎不明显。因此，在 $2.5 \geqslant \alpha \geqslant 1$ 的条件下，该算法可以获得更好的结果。图 6.37 展示了不同 β 值对信任评价总传输跳数的影响。显然，随着 β 的减少，信任评价的总传输跳数都相应减少。因此，较小的 β 值可以获得更好的结果。

图 6.38 和图 6.39 比较了优化后的多移动边缘节点算法、多移动边缘节点算法、基于最小生成树的移动边缘节点算法和集覆盖算法之间的信任评价总传输跳数。其中，每个移动边缘节点的移动距离限制为 100m，二维平面包含 100 个传感器。α 和 β 的值都是 1。图 6.38 所示为上述 4 种算法在不同移动边缘节点数量下的信任评价总传输跳数。可以看出，随着移动边缘节点数量的增加，信任评价总传输跳数相应减少。同时，与基于最小生成树的移动边缘节点算法和集覆盖算法相比，无论移动边缘节点数量是多少，优化后的多移动边缘节点算法、多移动边缘节

点算法都能获得更好的结果。图 6.39 所示为不同通信距离下 4 种算法的信任评价总传输跳数。当移动边缘节点的通信半径从 10m 增加到 15m 时，信任评价总传输跳数逐渐增加。当移动边缘节点的通信距离从 15m 增加到 30m 时，信任评价总传输跳数逐渐减少。当移动边缘节点的通信距离从 15m 增加到 30m 时，优化后的多移动边缘节点算法可以达到最好的效果。

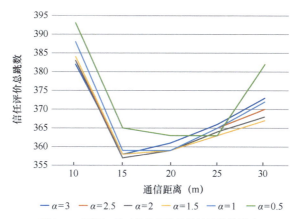

图6.36　不同 α 值对信任评价总传输跳数的影响

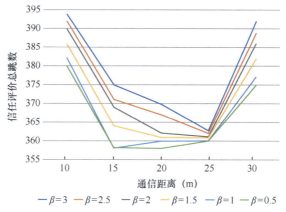

图6.37　不同 β 值对信任评价总传输跳数的影响

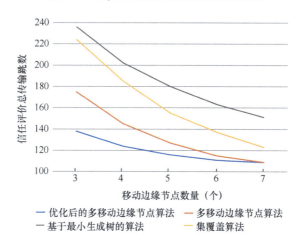

图6.38　不同移动边缘节点数量对信任评价总传输跳数的影响

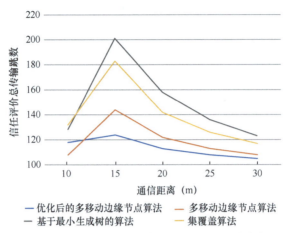

图6.39　多移动边缘节点的不同通信距离对信任评价总传输跳数的影响

5．小结

为了提高信任评价的准确率和降低信任评价的能耗，本小节在边缘节点移动距离受限的假设下，分别讨论了单移动边缘节点的移动路径规划和多移动边缘节点的移动路径规划。在多移动边缘节点的路径规划中，使用移动边缘节点与其邻居的距离比作为构造生成树的权重。实验结果表明，与传统的方法相比，本小节提出的单移动边缘节点算法和多移动边缘节点算法能有效降低信任评价的总传输跳数，进而提升信任评价的准确率，降低传感网的能耗。

6.4　前沿方向

边缘计算在传感云中占据核心地位，承担着数据存储、处理和分析等关键任务，并能有效满足信任评价机制中对高资源消耗部分的需求。传感云在实际运行中仍面临诸多挑战，如传感器资源有限、高效的数据层次内部攻击检测方法缺乏、时延较大等问题。为应对这些挑战，本章通过构建边缘计算平台以及引入移动边缘节点两种方式，对传感云的信任评价机制进行了全面完善。与现有方法相比，本章所提出的设计在降低信任评价能耗和提高评价准确性方面展现出了显著优势。通过边缘计算平台的搭建，实现了对传感器数据的实时处理与分析，有效提升了服务效率；而移动边缘节点的引入，则进一步增强了系统的灵活性和可扩展性，使其能够更好地适应传感云动态变化的环境。尽管本章在完善传感云信任评价机制方面取得了积极进展，但仍有一些前沿方向需要进一步深入研究。

（1）传感器信任评价结果聚合问题

通过集成人工智能算法，包括机器学习、深度学习和强化学习，移动边缘节点的信任评价机制可望得到进一步的改进。这些算法具备强大的特征提取和模型训练能力，能够构建更为准确和稳定的信任评价模型，实现自动化、智能化的信任评价和优化。这一系列的改进将极大地提升移动边缘节点服务的可靠性和安全性，从而推动移动边缘计算的持续进步和广泛应用。

具体而言，我们可建立一个深度神经网络模型，将传感器的历史数据和环境信息作为训练和优化信任评价模型的基础。这种方法将使得模型能够捕获更多元化、更具价值的特征信息，进而提高信任评价的精确度和鲁棒性。此外，强化学习算法同样可用于优化和调整传感器的信任评价结果。通过与环境进行持续的交互学习，强化学习算法能够寻找到最优的行动策略，并据此调整信任评价模型中的参数。这将使得传感器能够在各种复杂环境下做出恰当的决策，从而提高传感云的整体安全性能。通过不断地与环境交互学习和自我优化，传感器的信任评价能力将得到显著提升，进一步夯实安全传感云的基础。

（2）移动边缘节点相互之间的信任评价

通过引入区块链技术，可以构建出高效且可靠的移动边缘节点信任评价机制，进而显著增强传感云的安全性和可靠性。未来的研究应聚焦于如何将这一机制在实际应用中落地并持续优化，以期进一步提升传感云的性能和效率。

区块链技术作为一种去中心化的分布式账本技术，以其公开、透明、不可篡改等特性，在构建信任评价机制方面展现出巨大潜力。借助区块链的分布式共识机制，可以确保移动边缘节点的评价数据真实、可靠，从而大幅增强评价结果的可信度。为实现移动边缘节点间的信任评价，我们可充分利用智能合约的执行机制。当移动边缘节点完成某项任务或提供服务时，其他节点可基于实际表现对其进行评价，并将评价结果记录于区块链之上。智能合约的自动执行功能将确保评价过程的公正性与透明性，进而构建出稳健的节点间信任评价机制。然而，值得注意的是，区块链技术在数据存储和计算方面存在一定的时延，这可能对传感云的实时性造成一定影响。为解决这一问题，我们考虑采用一系列优化技术，如闪电网络等，以提升传感云的性能与效率。

（3）针对多目标的移动边缘节点路径优化问题

通过设计合理的移动边缘节点部署策略、引入中心控制器以及优化算法，可以有效地解决移动边缘节点路径优化问题，并在减小信任评价传递时延的同时提高信任评价的准确率。为了处理多目标问题，可以采用多目标优化算法和学习算法等方法，以获得更为有效的移动路径方案。

根据移动边缘节点的分布和需求，可以选择合适的传感器位置，以最大化移动边缘节点能够覆盖的区域。通过这种方式，信任评价的总传递跳数可以减少，从而降低评价传递的时延。为了提高信任评价的准确性，可以引入一个中心控制器来收集和维护移动边缘节点的信任信息，从而有效地进行信任评价，并将结果传递给需要的传感器。通过引入集中式信任评价机制，能够提高准确性，并降低整体信任评价所需的总传输跳数。针对多目标的边缘节点移动路径优化问题，有两种解决方案。一种是利用多目标优化算法（如遗传算法和粒子群优化算法），另一种方法是采用学习算法（如强化学习算法）。

（4）建立信任恢复机制

为了解决信任评价机制中暂时性异常状态被误认为恶意成员的问题，可以采用结合数据分析和验证方案的方法。通过这种方法，可以较准确地判断传感云成员是否为恶意成员，避免错误评价暂时性异常状态的传感云成员。这种方法可以提高信任评价机制的准确性和可靠性，保护传感云免受恶意成员的损害。

具体而言，可以通过收集和分析传感云成员的行为数据来判断是否存在异常状态。建立基于历史数据的模型，用来识别正常的行为模式和异常的行为模式。通过数据分析，可以有效地区分暂时性异常状态和恶意行为，进而采取相应措施。验证方案可以通过已知信息验证"恶意成员"的真实性。采用账户和身份验证以及权限管理等方法来验证传感云成员的身份和权限。对于暂时异常状态的传感云成员，可以根据其正常的身份和权限来判断是否属于恶意成员。

（5）将传统安全机制与信任评价机制进行有效组合

传统的安全机制可以在服务和系统层面提供更高的安全性。在数据安全方面，广泛应用的加密和数字签名技术可以确保数据的机密性和完整性。在服务安全方面，身份认证和访问控制机制可以验证用户身份真实性，并管理系统的访问权限。在系统安全方面，防火墙和入侵检测技术可用于预防未经授权的访问和网络攻击。同时，采用入侵检测系统可以实时监测和评估系统的运行状态，及时发现并处理潜在的安全威胁，确保评价系统的正常运行。这些综合措施能够有效提升信任评价机制的数据安全性和完整性。

6.5　本章小结

在传感云系统中，传感器通过有线或无线通信技术实现与用户、云以及其他物联网系统的互联互通。然而，随着网络连通性的提升，传感云面临的网络攻击风险亦相应增大。单个传感器若出现故障或被恶意操控，极有可能对整个传感云的稳定性构成严重威胁，甚至导致系统崩溃。为应对这一挑战，业界提出了信任评价机制，旨在动态监控与评价传感器的行为，进而有效识别并剔除恶意传感器。然而，当前信任评价机制的实施效果并不理想。传统的密码学安全策略在面对网络环境的不确定性和复杂性时，其有效性大打折扣，难以有效应对传感云中的安全挑战。同时，现有的信任评价机制在能耗降低、服务效率提升和应对数据层次内部攻击等方面亦存在诸多不足。为克服这些局限性，本章提出一种基于边缘计算的解决方案。

针对传感云信任评价机制在传感网资源能耗过大的问题，本章提出了一种基于边缘计算的分层信任评价机制。该机制通过减少推荐 / 间接信任的次数并延长信任检测周期，有效降低了能耗并提升了服务效率。在此机制中，全局信任状态分析、误判传感器恢复、边缘传感器监测等关键任务均被转移至边缘层执行，从而显著优化了资源利用。进一步地，鉴于现有传感云信任评价机制在应对数据层次内部攻击方面的局限性，本方案将数据分析任务下沉至边缘层，并部署底层边缘节点负责执行监测任务。此举主要针对冗余数据、数据曲线特征和数据验证等三类数据层次内部攻击，实现了更为精准及时的防御。相较于中心化信任评价机制，基于边缘计算的信任评价机制因其更接近底层传感器，故能更准确地获取传感器的细粒度信任评价，进而提高间接信任评价的可靠性。此外，为解决云层在选择移动边缘节点时难以得知移动边缘节点的真实信任评价和确定成本的问题，以及自私的移动边缘节点可能降低信任评价服务质量的问题，本章还提出了基于拍卖的移动边缘节点激励机制和基于服务质量的移动边缘节点激励机制。这两种激励机制协同作用，不仅确保了传感云能以较低成本获得相对较高的移动边缘节点服务质量，还保障了信任评价的准确性，为传感云的安全、稳定运行提供了有力支持。

综上所述，本章针对传感云信任评价机制在能耗、服务效率和应对数据层次攻击等方面存在的问题，提出了基于边缘计算的传感云信任评价机制。该机制通过引入移动边缘节点和构建分层信任评价机制，对传感云中信任评价机制进行了全面而有效的优化。这一创新性的解决方案不仅显著降低了传感网的资源消耗，提升了服务效率，还有效增强了系统对数据层次内部攻击的防御能力。

参考文献

[1] WANG T, LI Y, CHEN Y, et al. Fog-based evaluation approach for trustworthy communication in sensor-cloud system[J]. IEEE Communications Letters, 2017, 21(11): 2532-2535.

[2] AHMED A, ABU BAKAR K, CHANNA M I, et al. A survey on trust based detection and isolation of malicious nodes in ad-hoc and sensor networks[J]. Frontiers of Computer Science, 2015, 9: 280-296.

[3] GOVINDAN K, MOHAPATRA P. Trust computations and trust dynamics in mobile adhoc networks: a survey[J]. IEEE Communications Surveys & Tutorials, 2011, 14(2): 279-298.

[4] AHMED A, BAKAR K A, CHANNA M I, et al. Energy-aware and secure routing with trust for disaster response wireless sensor network[J]. Peer-to-Peer Networking and Applications, 2017, 10: 216-237.

[5] GUO J, CHEN R, TSAI J J P. A survey of trust computation models for service management in internet of things systems[J]. Computer Communications, 2017, 97: 1-14.

[6] WANG T, ZHANG G, BHUIYAN M Z A, et al. A novel trust mechanism based on fog computing in sensor-cloud system[J]. Future Generation Computer Systems, 2020, 109: 573-582.

[7] ZHANG G, WANG T, WANG G, et al. Detection of hidden data attacks combined fog computing and trust evaluation method in sensor-cloud system[J]. Concurrency and Computation: Practice and Experience, 2021, 33(7): 1-1.

[8] JIANG J, HAN G, ZHU C, et al. A trust cloud model for underwater wireless sensor networks[J]. IEEE Communications Magazine, 2017, 55(3): 110-116.

[9] PRABHA V R, LATHA P. Enhanced multi-attribute trust protocol for malicious node detection in wireless sensor networks[J]. Sādhanā, 2017, 42(2): 143-151.

[10] HO J H, et al. A ladder diffusion algorithm using ant colony optimization for wireless sensor networks[J]. Information Sciences, 2012, 192: 204-212.

[11] 王田, 沈雪微, 罗皓, 等. 基于雾计算的可信传感云研究进展[J]. 通信学报, 2019, 40(3): 170-181.

[12] WANG T, LUO H, ZHENG X, et al. Crowdsourcing mechanism for trust evaluation in CPCS based on intelligent mobile edge computing[J]. ACM Transactions on Intelligent Systems and Technology (TIST), 2019, 10(6): 1-19.

[13] WANG T, LUO H, JIA W, et al. MTES: an intelligent trust evaluation scheme in sensor-cloud-enabled industrial internet of things[J]. IEEE Transactions on Industrial Informatics, 2019, 16(3): 2054-2062.

[14] JIANG J, HAN G, WANG F, et al. An efficient distributed trust model for wireless sensor networks[J]. IEEE Transactions on Parallel and Distributed Systems, 2014, 26(5): 1228-1237.

[15] RAO J, WU T, BISWAS S. Network-assisted sink navigation protocols for data harvesting in sensor networks[C]//2008 IEEE Wireless Communications and Networking Conference. Las Vegas: IEEE, 2008: 2887-2892.

[16] WANG T, LUO H, ZENG X, et al. Mobility based trust evaluation for heterogeneous electric vehicles network in smart cities[J]. IEEE Transactions on Intelligent Transportation Systems, 2020, 22(3): 1797-1806.

[17] KIM D, UMA R N, ABAY B H, et al. Minimum latency multiple data mule trajectory planning in wireless sensor networks[J]. IEEE Transactions on Mobile Computing, 2013, 13(4): 838-851.

[18] MA M, YANG Y, ZHAO M. Tour planning for mobile data-gathering mechanisms in wireless sensor networks[J]. IEEE transactions on vehicular technology, 2012, 62(4): 1472-1483.

第7章　基于边缘计算的传感云可信服务选择技术

随着技术的进步和数据需求的日益增长，传感网受到了各种应用领域广泛的关注。无论是智能交通、健康监测、精准农业、工业自动化，还是城市基础设施管理，实时、高效且节能的数据传输都已成为关键需求。但这些应用领域的传感器网络常常被部署在特定和复杂的环境中，如森林、山区或地下，数据传输往往面临着多路径干扰、低传输速率等物理层面的挑战，其数据的安全性与可靠性也成为大家关注的焦点。此种情境下，基于边缘计算的传感云可信服务显得尤为关键。它能够增强系统的整体安全性，同时为数据传输和处理提供一个低时延、高利用率的解决方案。边缘计算不仅提高了网络的能效，还为整个系统赋予了更大的灵活性和扩展性。总的来说，基于边缘计算的传感云可信服务选择策略，为各个应用领域提供了一种高效、安全且可靠的数据处理和传输方法。这种方法确保了数据可以在离其生成地更近的地方得到快速而有效的处理，从而大大增强了整个系统的韧性和稳定性，满足了现代应用对于数据处理的迫切需求。

本章将重点探讨基于边缘计算的传感云可信服务选择。首先，介绍基于虚拟力的传感云可信数据收集服务的路径选择，在数据收集过程中更高效地应对恶意节点攻击和确保数据的真实性。其次，着眼于基于边缘计算的传感云可信服务环境，介绍如何利用边缘计算提供安全、高效且可信的服务，同时对数据提供足够的保护。具体包括以下 3 个方面的内容。

1）为了确保为传感云系统提供可信的数据服务，本章提出一种基于虚拟力的传感云可信数据收集服务。这种服务在传统移动数据收集方法的基础上，综合考虑传感器节点可信性的因素，基于节点的可信评估，通过节点虚拟力所规划的路径来进行可信数据的收集。

2）针对传感云中可信服务环境的问题，本章提出基于边缘计算的传感云可信服务环境，把传感云的可信评估分为实体内部的节点可信性评估和实体之间的服务可信性评估，确保无线传感器的可靠性和不同服务提供商之间的信任关系。其中，实体内的可信性评估主要解决无线传感器节点可信的问题，以通信、能量等因素衡量信任链的可信度。实体之间的可信度主要解决传感云用户（Sensor Cloud User，SCU）、云服务提供商（CSP）、传感网服务提供商（SNSP）之间可信服务问题。3 个实体之间存在多对多关系，不同实体之间的信任关系可以为可信服务的选择提供保障。

3）针对传感云中数据安全的问题，本章提出基于边缘计算的数据信任安全方案，设计了基于边缘计算、信任评价机制和传统加密数字签名相结合的可信数据安全方案。信任评价机制主要用于确保数据来源的可靠性，在检测恶意用户方面也占有重要位置。边缘计算主要用于承载信任评价机制、管理传感云和作为服务接入点。加密数字签名方案主要是为了保护用户的隐私数据以及检测数据传输过程的完整性。

围绕基于边缘计算的传感云可信服务选择，本章为读者提供了一系列实际应用策略和方法。随着传感网在各个领域的广泛应用，如何保障数据的实时性、可靠性和安全性变得至关重要。基于边缘计算的传感云可信服务为此提供了一个全新的视角和解决方案。通过本章，我们希望能帮助读者更好地理解这一技术，同时也希望激发更多的研究人员和从业者关注和探索此领域。在数字化和智能化的浪潮中，基于边缘计算的传感云可信服务将为未来的创新和应用奠定坚实的基础。

7.1 传感云系统中的可信服务概述

随着传感网技术的迅猛发展，传感器网络和云计算技术的结合推动了传感云系统的快速普及。传感云系统作为一种高度智能化的系统，不仅可以收集大量的数据，还可以通过边缘计算和分析实现数据的智能处理。传感云中的数据源主要来自物理层，物理层通过不同类型的传感器设备获取物理数据。大部分感知数据在物理层汇总后，通过基站上传到云服务器。云服务器负责数据管理，如数据融合，数据存储等，为用户提供相关的服务。用户可以通过操作虚拟感知层中的虚拟节点发起服务请求。本节根据传感云的数据流向，将可信服务划分为四大类：数据源可信度、数据传输可信度、数据管理可信度以及数据服务可信度。

（1）数据源可信度

传感器设备通过感知物理对象为传感云提供源数据，如温度、湿度、气体浓度等。由于大部分监控对象所处的环境恶劣，以及传感器设备自身的物理特性，因此传感器设备容易遭到损坏，这为恶意者提供了方便的攻击条件，且难以被二次维护。传感云受攻击的方式多种多样，如物理干涉、节点捕获攻击、节点复制攻击，这些攻击为数据源可信度带来极大的挑战等。节点捕获攻击指恶意者捕获传感器设备且进一步分析设备中的数据，这容易造成密钥泄露等问题。节点复制攻击指恶意者在捕获正规节点后，将节点的身份信息注入一个恶意设备，该设备在通过身份认证等保护措施后，可进行窃取机密数据或破坏数据传输等恶意操作。恶意攻击不仅影响了感知数据的真实性、完整性和可用性，还对传感云底层网络的正常运行造成极大的破坏。因此，确保传感云数据源的可信是非常有必要的。

（2）数据传输可信度

感知数据的传输分为两个阶段：感知节点间的数据转发阶段和感知数据的上传阶段。感知数据传输过程中，会受到阻塞攻击、时序攻击、转发攻击、路由攻击等恶意攻击，这些攻击常出现在感知节点间的数据转发阶段，也存在于数据上传阶段。阻塞攻击通过频繁地发送请求，占用信道，使得感知数据无法正常地传输。时序攻击可通过分析加解密算法来预测获取密钥的时间和解密数据分组需要的密钥数量等。转发攻击指在通信认证阶段，破坏证书的有效性。路由攻击通过制造路由环，导致有效数据无法被正常地交付给基站。采用提高数据通信可信度的相关技术可以防止数据在传输过程被监听和泄露，同时保护数据不被篡改或破坏，从而确保数据的完整性和可用性。

（3）数据管理可信度

感知数据的管理分为 3 个部分：感知数据敏感度管理、感知数据共享管理、感知数据存储管理。由于种类多样化和应用领域的不同，感知数据的敏感度也存在差异。此外，数据的来源、产生时间、感知地点等因素也会影响数据的敏感度。例如，在传感云定位应用中，虽然定位感知节点监测目标对象的移动路径被定义为敏感数据，但是部分普通数据同时被上传到了云服务器，从而增加了系统的工作负载。而对于智能医疗传感器感知的健康数据，存在监测区域内的数据都是具有高度敏感度的。因此，如何定义敏感数据、潜在敏感数据及普通数据，对感知数据的敏感度有极大影响。此外，在感知数据被融合或组合后，同样需要定义敏感数据的等级。这给感知数据敏感度管理带来了挑战。

在传感云应用中，感知数据存储在外部存储器，即云服务器，这增加了数据泄露的风险。因为用户没有直接管理感知数据的权力，无法限制云服务管理者对数据的操作，即使数据被替换、篡改或删除，用户也无法干预。同时，云服务管理员不仅要防止管理人员自身的不当行为对数据造成影响，还要确保用户对感知数据的访问权限是合理的，以保护数据免受恶意用户非法访问或窃取。因此，设计便捷、清晰且灵活的数据访问机制，为用户提供透明的数据访问接口，以实现感知数据的合理利用和存储，是传感云安全必不可少的部分。

（4）数据服务可信度

传感云服务存在数据访问可信和个体差异性可信。云计算和传感器网络的结合为用户提供了按需服务的数据共享平台，但是也为数据的敏感度来挑战。在不同的传感云应用领域中，用户类型不同，其数据访问权限存在差异，即使是相同等级的用户，其对数据访问的权限也可能不一样。例如，在医疗看护领域，医生有权限查看其负责患者的病历，患者只能查阅自身的医疗数据，而不同医生可查看的患者群体的数量和病历内容也存在差异。因此，在保证传感云服务质量的同时，如何保护用户数据的敏感度同样需要关注。传感云服务类型和服务对象的差异，也会导致传感云服务安全需求存在差异，而单一的安全保护配置无法保障多样化服务的安全需求。否则会浪费传感云系统资源，也影响所有用户的安全。因此，根据传感云服务类型、服务模型等因素，综合考虑服务特性、复杂度、可扩展性等特点，设计弹性和灵活的差异性保障机制，是保护传感云安全的发展趋势。

对于传感云系统的可信服务，传感网收集的数据是基础。因此，在通过安全通信收集敏感和关键数据时，避免数据被误导或伪造至关重要。本节进一步将传感云可信数据收集的相关研究分为4类：可信数据研究、可信服务研究、可信虚拟化研究、可信操作研究。

（1）可信数据研究

文献 [1] 研究了医疗传感云中的数据管理问题。为了实现灵活、弹性的安全机制，保护用户数据的敏感度，该文献设计了一个新颖的数据保护框架，以提高数据完整性和良好的访问性，并讨论了基于属性加密（Attribute-based Encryption，ABE）方法的两个缺陷。一方面，虽然 ABE 方法可以在没有存储服务器的情况下加密数据，但是只要持有密码就可以访问数据，而当数据查看机制被更改后，那些没有权限查看数据的人就可以查看数据。另一方面，ABE 方法虽然有两部分——密钥和访问结构管理，但谁设计访问结构、谁产生和分配密钥却无法确定。为了解决这些问题，该文献采用对称密码学和 ABE 方法加密数据。该方法先随机生成一个对称密钥加密文件，然后采用 ABE 方法加密该文件，最后将加密的文件和对称密钥加密文件被同时存储在云服务器，为客户提供可靠的数据分享服务。

为了解决智能网关应用、大数据管理问题，文献［2］提出建设异构云计算中心来提供不同种类的云服务以及信息管理和大数据分析服务，并在智能网关的安全方面，采用基于身份的加密和基于身份的签名方案来保护数据安全。图 7.1 展示了基于身份的加密方法框架。在该加密方法中，可信度较高的第三方管理私钥生成器（Private Key Generator，PKG），生成主密钥（mk）和公共参数（params），params 负责通知相关的参与人员。PKG 根据接收者认证（ID_{rec}）、mk 和 params，为 ID_{rec} 的人员提炼出相应的私钥。发送方将密文、ID_{rec} 和 params 一起发送给接收方。接收方通过收到的私钥解密密文。

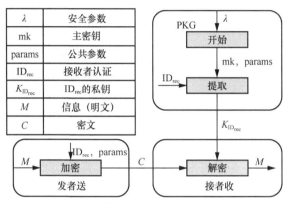

图7.1　基于身份的加密方法框架

（2）可信服务研究

文献［3］提出终端用户均需要认证才能加入应用。然而，大部分已有的认证方案的应用规模较小且存在较大的时延，不适用于传感云系统。计算的引入同样需要被考虑。因此，该文献采用基于传感云多层认证机制为多用户提供可靠的应用服务。该多层认证机制是基于文献［4］的一个增强版本。其中，响应者和终端用户均通过云服务器进行认证，采用了椭圆曲线数字签名算法和椭圆曲线赫尔曼密钥交换算法。基于传感云多层认证机制有 3 个阶段。第一阶段为初始化阶段，实现密钥生成和分配。第二阶段为注册阶段，用户向云服务器发送注册请求，包括注册信息和用户 ID 对应的公钥加密信息。第三阶段为认证阶段，基于身份的签名方案如图 7.2 所示，主要包括 4 个阶段：初始化、密钥提取、签名生成和签名验证。在初始化阶段，私钥生成器心 PKG 输入安全参数 λ，生成主密钥 mk 和公共参数 params，其中公共参数会在系统中公开。在密钥提取阶段，签名者通过其身份 ID_{sig} 向 PKG 请求私钥，PKG 基于身份信息生成签名者的私钥 $K_{ID_{sig}}$，从而实现基于身份的私钥分发。在签名生成阶段，签名者使用私钥 $K_{ID_{sig}}$ 和公共参数 params 对信息 M 进行签名，生成签名 δ。最后，在签名验证阶段，验证者通过签名者的身份 ID_{sig} 和公共参数 params 对签名 δ 进行验证，如果签名合法，则验证通过。该方案

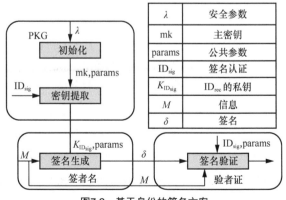

图7.2　基于身份的签名方案

的核心优势在于通过身份信息生成私钥，从而简化了 PKG 中的公钥管理，显著提高了系统的便捷性和效率。文献 [5] 通过认证和访问控制机制，采用基于身份的加密认证来简化密钥分配和认证过程，基于身份的加密则使用独特的公钥识别认证和签名验证，从而大大降低了密钥管理的复杂性；同时，因为用户的身份是唯一的，当一个身份产生时，则对应分配一个虚拟传感器节点和虚拟传感器节点组；用户层和虚拟传感层各有 PKG。

（3）可信虚拟化研究

传感云系统中，虚拟化给安全带来新的挑战。在文献 [6] 和文献 [7] 中，通过虚拟化工具跟踪数据的传播路径和实现点对点的通信。从软设施的角度，这些方法为传感云系统的安全建设提供了一种新思路。文献 [8] 利用云计算的软件定义层，提出了一种事件响应的虚拟云计算系统，其原型如图 7.3 所示。与传统的云计算模式相比，该系统不仅可以在软件定义层处理数据，还可以在近端网络实现数据处理，从而增强了实时类应用的可靠性和安全性。该系统借鉴了雾计算的思想，降低了传感云系统对云层的依赖，为传感云系统防御来自云端的攻击提供了新思路。

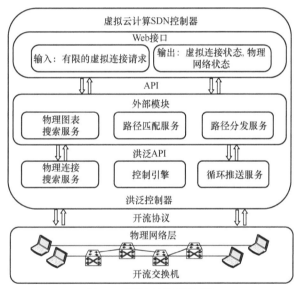

图7.3 虚拟云计算系统原型

（4）可信操作研究

加强安全认证机制和提高系统鲁棒性是目前解决恶意使用系统问题的主要研究方向。文献 [9] 提出了结合可信技术的软件定义网络（SDN）架构的方案。该方案在没有任何可信的第三方信任域之间，设计了一种自治系统的身份认证协议，用于验证安全协议和系统，保证了协议的安全性，还可以提供完整的安全测试。文献 [10] 提出了一种附加加密信道和认证算法来保护无人机安全，该加密方法为保护合法用户信息提供了新思路。另外，文献 [11] 提出了一种容错云——拜占庭容错云。拜占庭容错云是在云计算环境下构建的一种强大的系统容错框架，当资源提供者出现故障的时候，包括任意的行为失误，系统都能正常运行。文献 [12] 在驾驶辅助系统绝对安全的背景下，提出能容忍任何子系统出现故障的启发式任务分配和其搭建的软件容错框架，可以较好地实现系统的容错功能，提高了传感云系统在车载网领域的安全性。

通过对传感云可信研究的调研和分析，我们发现远程的云服务器与终端、节点之间的距离相对较长,因此云计算无法为终端、节点提供有效且直接的管理,这会导致安全漏洞。因此,关于传感云可信数据收集访问的研究还有待深入。我们将在接下来的章节中进一步探讨基于边缘计算的传感云系统中可信数据收集服务和传感云可信服务的重要性以及实现方式。

7.2 基于虚拟力的传感云可信数据收集服务

传感网和移动应用的飞速发展对云基础设施和底层传感网提出了更加严苛的要求,例如高安全性、低时延、低能耗和高可靠性等。因此,移动边缘计算应运而生,它是一个靠近物理或数据源头并融合网络、计算、存储和应用能力的分布式开放平台,能够就近提供边缘智能服务。对于普通的节点,单个计算路径节点消耗的能量较多,同时会出现计算能力不足的问题。本小节利用移动边缘节点作为移动节点,根据节点的虚拟力作用,快速生成完整的可信数据收集路径,有效保证移动节点的移动路径的实时性。

由于底层传感器网络所处的环境复杂,更容易受到攻击,所收集的数据并不完全可信。这会给上层的数据保护和应用带来威胁。在底层的传感器网络中,攻击可分为两类:内部攻击和外部攻击。现有的文献和研究表明,传感网底层网络的内部攻击对系统的危害大于外部攻击。虽然加密认证和路由协议的安全机制可以有效抵御外部攻击,但它们对内部攻击几乎没有效果。信任评估是一种有效且轻量级的应对内部恶意节点攻击的方法,成为计算机安全的重要组成部分。

同时,我们也发现在现有的传感网系统中,底层的普通节点的计算能力、存储容量、通信能力和能量都十分有限。此外,传统的移动数据收集器在数据收集过程中会访问大部分的底层节点,不仅时延很高、节点能耗大,而且收集到的数据大部分是来自恶意节点的数据。针对上述问题,本节提出一种基于虚拟力的传感云可信数据收集(Virtual Force Data Collection,VFDC)方法。这种技术在传统移动数据收集方法的基础上,综合考虑传感器节点可信因素,基于节点可信评估,通过节点虚拟力所规划的路径来进行可信数据的收集。

7.2.1 问题描述与规则定义

基于第 6 章对传感云系统中节点的信任评估,可以获取节点的准确的信任值。在此基础上,本小节提出一种将节点的信任值映射到物理学中的力的作用,同时在模型中将节点的移动路径模拟为一条带磁性的软绳,利用节点的信任值映射的虚拟力来推动移动边缘节点的移动路径的移动,最终生成一条可信度更高的数据收集路径。下面将对节点信任值映射的虚拟力场景和虚拟力规则定义进行详细的解释和说明。

1. 虚拟力场景描述

移动边缘节点的数据收集路径如图 7.4 所示,每个簇中的节点分为可信节点和不可信节点。五角星代表移动边缘节点,它负责沿着规划好的移动路径收集节点的可信数据。簇内的簇头根据节点的行为和自身的特征计算节点的信任值。在每个簇内,根据节点的信任值选举可信的节点为簇头节点,给定一条任意的初始路径经过大部分的簇头节点。移动边缘节点沿着给定的路径移动,同时收集可信节点的数据。

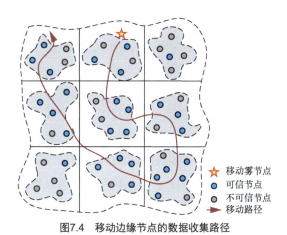

图7.4　移动边缘节点的数据收集路径

　　在虚拟力场景中,移动边缘节点的路径被模拟成一根带磁性的软绳,可信节点被赋予吸引力,不可信节点被赋予排斥力,通过吸引力与排斥力相互作用的合力来将"软绳"推向可信度更高的区域,同时远离不可信区域,从而缩短移动距离,实现高效收集可信数据的目的,同时尽可能减少节点的能耗。

2. 虚拟力规则定义

　　基于节点的信任评估,移动边缘节点可以避开不可信节点进行移动式数据收集。然而,在进行路径规划的过程中,本节并不只考虑单个节点,而是综合考虑一片区域的总体信任情况,同时兼顾数据时效性的要求(在有限的移动距离内尽量移动到可信度高的区域)。下面将详细描述节点信任值对应的作用力和路径规划规则的定义。

　　定义 7.1:节点信任值和虚拟力的关系。当节点的信任值 $T_c > 5$ 时,节点被定义为可信节点,并被赋予吸引力;当节点的信任值 $T_c \leqslant 5$ 时,节点被定义为不可信节点,被赋予排斥力;同时节点被赋予的作用力的大小与节点的信任值 T_c 成正比,T_c 值越大,吸引力越大;T_c 的值越小,排斥力就越大。移动路径周围的节点的力的作用点为节点在路径曲线上的投影点,吸引力的方向由作用点指向节点,排斥力的方向则指向节点反方向,使得移动边缘节点在节点可信虚拟力的作用下能够始终沿着可信度最高的路线区域移动。图 7.5 所示为一个簇内移动路径节点的虚拟力作用示意,其中包含吸引力和排斥力,路径曲线上的点是作用在移动路径周围节点的虚拟力的投影点。

　　定义 7.2:节点的力的合成。路径曲线上位于曲线同一侧(或两侧)同一直线上的多个节点的作用力进行代数合成,方向为合力的吸引力或排斥力的方向。移动路径节点投影点所受虚拟力(包括吸引力和排斥力)可表示为

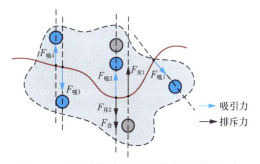

图7.5　一个簇内移动路径节点的虚拟力作用示意

$$F_v = \left(\sum_{i=1}^{p} F_a + \sum_{j=1}^{q} F_r \right) \cdot k \qquad (7.1)$$

其中，p、q 分别表示同一直线位置上可信节点和不可信节点的个数；F_a、F_r 表示单个节点的吸引力与排斥力，数值上等于信任值 T_c，k 为调节系数，F_v 为路径上投影点所受的合力。

根据式（7.1），可以计算出路径上节点投影点的虚拟力的合力 F_v，这个合力由一个（或多个）共线的吸引力与排斥力组成，方向即合力方向。根据节点信任值映射的虚拟力的具体描述和规则定义，将节点的具体的信任值与物理学的虚拟力的作用相关联，利用节点的虚拟力中的吸引力和排斥力的合力决定初始移动路径中合力的作用方向，以此将初始的移动路径推向可信度更高的区域。考虑移动路径长度限制的因素，该过程要通过改变吸引力与排斥力的大小来不断迭代实现（故初始路径并不是十分重要），直到最终输出满足数据时限性要求（规定时间内的移动距离限制）的数据收集路径。对于节点可信值在某段时间不变，即合力作用的结果不变的情况，可以在合力作用模型中加入调节参数 k，用以改变合力的大小来达到数据时限性的要求。在所有传感器节点的虚拟合力的作用下形成规划路径，移动边缘节点沿着规划路径进行移动。网络中的大部分节点可以通过单跳传输将数据送到移动边缘节点，而少数可信节点则通过多跳传输的方式将数据送到最近的移动边缘节点，以实现可信的数据收集。

7.2.2　可信数据收集路径算法设计与分析

基于节点的可信任评估，利用节点信任值映射的虚拟力的合力可以生成移动边缘节点的可信数据收集路径。具体的做法是首先将节点的信任值与节点所受物理学的力的大小相结合，相同的信任值对应同等大小的作用力，形成初始移动路径。然后将节点受到的作用力进行合成，根据合力的大小使得初始移动路径对应进行移动。同时对于模拟的带磁性的软绳模型，在路径算法限定邻近节点的移动范围内，不断迭代，最终生成一条可信度更高的可信数据收集路径。如图 7.6 所示，在网络稳定后，节点被分为多个独立的簇，在一片网络区域中，给定一条初始移动路径；在此基础上，根据节点的信任值映射的虚拟力的作用不断推动初始路径移动，直到达到规定的移动路径距离限制，即生成一条可信度最高的移动路径。基于此路径，移动边缘节点收集节点的可信数据。

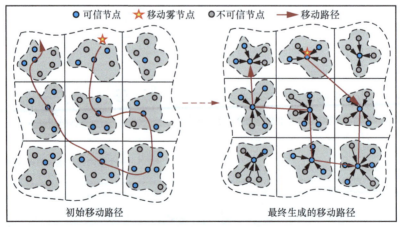

图7.6　基于可信虚拟力的移动路径规划

基于虚拟力作用的可信数据收集路径算法设计如算法 7.1 所示。该算法根据节点的位置决定节点的信任评估方法，并根据节点的信任值计算初始路径上节点的移动距离。算法的输入为节点的位置坐标和节点自身状态相关的参数，算法的输出为可信度最高的移动路径的坐标。

算法 7.1 基于虚拟力作用的可信数据收集路径算法

输入：节点的位置坐标 x、y；节点 ID 编号；初始丢包率 T_p；节点初始能量值 E；移动路径初始位置坐标 R_x、R_y，移动时间 time；

输出：可信度最高的移动路径的坐标；

1： **while** time! = 0 **do**

2：   **for** n = 1: length (R_x)// 依次计算路径上的每个点，并计算路径上的点和固定传感器节 // 点的邻居关系

3：   **for** i = 1: node.count

4：   **if** 节点到移动路径节点的距离＜移动路径节点通信距离
                标识 node 为直连节点

5：   **for** j = 1: node.count

6：   **if** 节点到移动路径节点的距离＞移动路径节点通信距离

7：   **for** k = 1: node.count

8：   **if** 当前节点到相邻节点的距离＜节点通信距离 && 该节点与移动节点直接通信，将该节点的编号写入当前节点的邻居关系中 // 计算信任值

9： **if** 当前 node 与当前路径节点直接相连

10：   根据 node 的丢包率等信息计算直接信任；

11： **else**

12：   根据邻居关系计算间接信任；
// 根据信任值移动

13：   **for** 每一个节点

14：   根据信任值计算引力 $F = K \times \dfrac{T_{\text{value}}}{D^2}$；

15：   **for** i = 1: count // 迭代次数，根据自己指定路径节点每次会移动（迭代次数×单次移动距离）// 的长度计算合力向量方向、大小

16：   Node.x = Node.x + x 方向移动距离；

17：   Node.y = Node.y + y 方向移动距离；

18：   **end for**

19： **end while**

算法 7.1 利用实验中的节点的位置坐标计算节点的具体移动距离和方向，并在初始路径上的基础上生成最终的节点移动路径的坐标。移动边缘节点根据最终的移动路径的坐标进行移动，以访问簇头节点收集可信的数据。

1. 算法复杂度分析

在本小节提出的基于边缘计算的可信数据收集模型中主要有两个关键的计算任务，即节点的信任值计算和虚拟力的路径生成。对于节点信任值的计算，在最理想的情况下，所有簇头节点均可以相互通信，算法时间复杂度为 $O(n^2)$；在最坏的情况下，所有节点都要通过信任传递获取信任值，此时双链路信任值计算的时间复杂度为 $O(n^3)$。在基于虚拟力的可信数据收集路径的生成中，基于获得的节点信任值，只需要考虑节点与初始路径节点的关系并且计算位移，因此时间复杂度为 $O(n^2)$。所以，基于虚拟力作用的可信数据收集路径算法的时间复杂度为 $O(n^3)$。

2. 实验评估

为了验证所提算法的性能，本小节利用 MATLAB 2018a 构建网络仿真平台，并进行了大量的实验。实验中的主要参数和值如表 7.1 所示。传感云系统由两个传感网系统、一个云层和一个基站节点组成，每个传感网系统都有一个边缘计算平台，云层位于传感网的顶部。底层节点独立分簇且靠近基站节点，用户节点位于云层的下层。假设移动边缘节点从选定的起始点开始以均匀的速度移动，并且可以调整速度和通信半径。节点的最小能量阈值设置为节点初始能量的 1/1000，最小分组接收阈值为节点的数据阈值的 2/1000。在给定无交叉的初始路径之后，根据本小节提出的算法在指定的移动距离内生成具有最大信任值的路径。

表7.1　基于虚拟力作用的可信数据收集路径算法仿真实验的参数和值

参数	值
区域大小（长×宽）(m×m)	300×300
最大节点数量（个）	100
最大簇头数量（个）	30
边缘节点到云端传输时间（ms）	16
数据传输速率（bit/s）	$2×10^6$
最大通信范围（m）	30

（1）不同节点数量的路径比较

为了更加直观地展现所提算法的性能，实验选取了 13 个稀疏分布的节点沿着移动路径来分割虚拟的磁性软绳。基于这些节点，根据计算的信任值获得的虚拟力每次移动半个单位的距离，运行 10 个时间单位得到规定距离的移动路径。然后对包含 30 个密集分布的节点的初始路径情况进行了实验。图 7.7 和图 7.8 分别展示了两次实验中初始路径（Initial Path）、可信路径（Trusted Path）、可信的节点（Trustworthy Node）和不可信的节点（Untrustworthy Node）的具体结果。与初始路径相比，新生成的路径更短，并且更接近可信的节点。上述实验表明，所提出的基于虚拟力的可信数据收集路径算法可以将移动路径推到可信区域，远离不可信区域，从而有效地收集可信数据。

（2）不同恶意节点比例的比较

为了验证信任评估算法的有效性，本小节的实验通过在网络中部署一定比例的恶意节点来模拟节点的内部攻击，这些模拟节点主要是自私节点。实验假设接收和发送数据包的节点所消耗的能量是相同的。每一轮数据收集分别计算簇内节点的能耗和簇头节点的能耗。如图 7.9 所示，可以看出，随着恶意节点的比例由 20% 增加到 80%，基于指数的信任和声誉评估系统

（Exponential-based Trust and Reputation Evaluation System，ETRES）算法的网络能耗迅速增加。尤其是当网络中恶意节点的比例达到 40% 左右时，此算法的能耗增长相当快。基于信任的信念评估机制（Belief based Trust Evaluation Mechanism，BTEM）算法的能耗增长趋势与 ETRES 算法十分相似，两者都远大于本小节所提出的 VFDC 算法。与此同时，通过实验结果，VFDC 算法的能耗在不同的恶意节点占比情况下只是略有升高，但是总体的消耗稳定在 45% 以下。这表明该算法具有较好的鲁棒性和稳定性，可以有效抵御来自节点内部的恶意攻击。

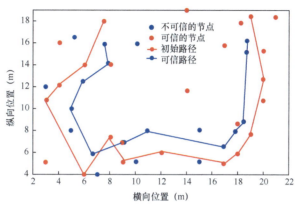

图7.7　13个稀疏分布的节点的路径

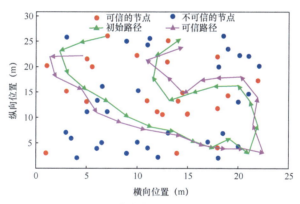

图7.8　30个密集分布的节点的路径

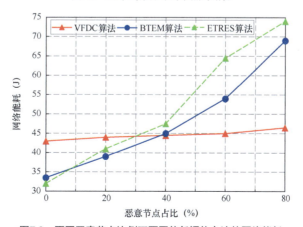

图7.9　不同恶意节点比例下不同信任评估方法的网络能耗

从图 7.10 可以看到，当网络中恶意节点的比例达到 50% 左右时，节点信任值会快速降低，这也反映了采用信任评估方法的可信性。ETRES 算法和 BTEM 算法的结果走势类似，当网络恶意节点的比例较高时，节点信任值下降到中立的水平（信任值为 5，也是节点的初始值）以下。但是在恶意节点占比为 60% 左右时，VFDC 算法显示出十分明显的优势。

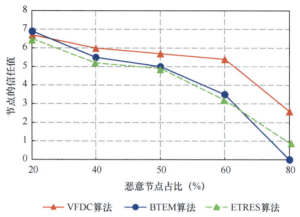

图7.10　不同恶意节点比例下不同信任评估方法的节点信任值

（3）平均距离与检测率的比较

为了从数据上直观地说明所提算法的有效性，本实验计算了不同时间（轮次）下可信路径上的点与可信节点和不可信节点之间的距离，如图 7.11 所示。随着初始路径的迭代（实验时间的增加），新产生的可信路径距离不可信节点的距离快速扩大。距离可信节点的曲线虽然比较平缓，但是距离却是在慢慢缩小。通过这个实验也说明，所提算法可以通过力的作用把移动路径推向可信的区域，并远离不可信的区域。如图 7.12 所示，随着移动路径的迭代次数（时间）的增加，信任评估算法对恶意节点的识别率也相应增加。协作应用的信任模型（Trust Model for Collaborative Application，CTRUST）算法对恶意节点的识别率与 VFDC 算法相似，但略低，特别是在网络运行的初期，识别率远低于 VFDC 算法。与 BTEM 算法相比，VFDC 算法对恶意节点的识别率的优势显著。

针对传感云系统中节点内部存在的恶意攻击导致数据不可信的问题，本小节通过对节点的信任值进行评估，将信任值与物理学中的力结合，并将节点的信任值映射为节点受到的虚拟力。同时，将移动节点的初始路径模拟成带有磁性的软绳，赋予可信节点以吸引力，并赋予不可信节点以排斥力。通过计算初始移动路径上节点所受虚拟力的合力，将初始移动路径推向可信度更高的区域。最后，移动边缘节点就可以根据规划好的移动路径收集可信的数据。大量的仿真实验表明，VFDC 算法可以有效应对节点内部的恶意攻击，同时可以产生可信的数据移动路径，从而在保证数据可信性的同时实现了有效的数据收集。

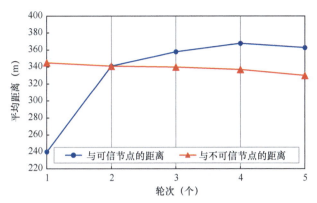

图7.11　不同轮次不可信路径上的点与不同节点的距离

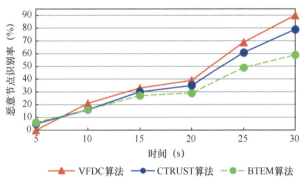

图7.12　不同时间下不同信任评估方法的恶意节点的识别率

7.3　基于边缘计算的传感云可信服务选择研究

在 7.2 节中，我们深入探讨了基于虚拟力的传感云可信数据收集服务，突出了传感云在数据收集方面的优势。然而，仅拥有可信的数据收集服务并不能完全满足整体的可信服务需求。为了构建一个全面可信的传感云环境，还需要考虑服务的整体可信性和数据信任安全性。因此，本节将重点讨论基于边缘计算的传感云可信服务，特别是可信服务环境和数据信任安全方案的实现与优化。

在传感云系统环境中，存在两种服务实体：服务消费者和服务提供商。服务消费者向系统发送服务请求并支付一定的费用，系统会根据服务请求选择服务提供商向消费者提供服务。然而，由于恶意实体的存在，使得服务并不完全可信。恶意服务消费者可能会进行许多不适当的行为，如恶意占用资源、诽谤、提供虚假反馈和滥用服务等。恶意网络服务提供商可能会人为编译或篡改传感器数据，从而造成不可估量的损失。此外，SNSP 的传感器数据也可能会因被盗而遭受损失，因为 SNSP 在云数据中心失去了对这些数据的控制权，很可能受到恶意 CSP 的攻击。

为了保障传感云的服务质量并提高服务效率，必须建立传感云的可信服务机制，而边缘计算模式正好可以派上用场。一方面，边缘节点位于数据源和云数据中心之间，任何请求或者服务都会经过边缘节点，边缘节点层可以执行相应的安全机制，如可信评估机制。另一方面，边缘节点层提供了较好的隐私保护机制，在将用户服务请求上传至云数据中心之前，可以通过边缘节点对服务请求进行直接处理，以实现对一些敏感数据的保护与隔离。因此，设计基于边缘计算模式的安全和可信服务评估结构对传感云系统的安全性至关重要。

7.3.1 基于边缘计算的传感云可信服务环境

在传感云中，CSP 有两个身份：服务提供商和服务消费者。作为服务提供商，CSP 为服务消费者提供基础设施、平台和应用服务。例如，SNSP 通过云技术管理传感网，SNSP 或用户将数据存储到云中，或请求云提供一些集成应用服务。作为服务消费者，CSP 需要从 SNSP 获取传感器数据，并将这些数据转换为集成的应用服务。总之，SNSP 和 CSP 可以同时是服务提供商和服务消费者。SCU 只能是三者关系中的服务消费者。

基于边缘计算的传感云中，边缘平台提供本地或小批量服务，而云提供基于多个分布式边缘平台的全局或大批量服务。换句话说，对于本地或小批量服务，服务消费者应该在边缘平台上获得，而不用去云上请求。当服务消费者的需求被提交时，边缘平台或云会寻找相应的服务来满足这些需求。

1. 可信服务环境框架概述

1）记录准则。记录准则是服务信息的细粒度抽象，它根据服务提供商的服务内容和服务消费者的服务需求，尽可能高效地生成参数和参数级别。每个参数都有几个级别，用于区分服务提供商的服务能力。

2）信任评估。信任评估由本地信任和全局信任两部分组成。本地信任既与服务参数监控有关，也与 SCU 反馈有关。边缘计算平台可以分为边缘网络和边缘平台两部分，实现了对服务的参数监控，验证了 SCU 反馈的有效性。只有当反馈与监视的服务参数一致时，此服务信息才用于更新参数信任表。如果反馈严重偏离监控参数，SCU 会得到存储在 SCU 信任表中的不良记录。全局信任是基于本地信任表计算的。本地（边缘）或全局（云）信任表的更新由时间因素或异常触发。

3）服务选择。服务选择对于找到合适的服务提供商来满足服务消费者的不同需求起着重要的作用，这取决于记录标准和信任评估。边缘计算是一种可信的第三方计算，可以由政府或公司管理。此外，由于边缘计算具有一定的存储和计算能力，可以在边缘平台上建立一些类似于云的安全机制。云从边缘平台获取服务提供商或服务消费者的信任信息，从全局角度计算服务提供商或服务消费者的综合信任。

可信服务的步骤如下：第一步，SCU 在边缘平台上访问传感云；第二步，SCU 通过网络或应用程序发布自己的需求，这些需求被发送到云端或在边缘平台上处理；第三步，在边缘平台或云中确定替代服务提供商的列表；第四步，从本地参数信任表或全局信任列表中获取这些服务提供商的信任值；第五步，选定的服务提供商向 SCU 提供服务。

2. 边缘平台功能概述

边缘网络由一些底层边缘设备（移动边缘节点、网关和簇头）连接起来，这些设备用于监视物理传感器并完成一些网络任务。边缘平台由一些强大的边缘设备（边缘服务器和工作站）组成，用于处理存储、计算和分析任务。在应用传感云服务之前，用户需要输入身份证、用户名、家庭住址等重要信息进行注册。当用户访问传感云服务时，边缘平台通过 MAC 地址或其他技术验证其身份。边缘平台的几个功能如下。

1）收集服务消费者的需求。服务消费者在请求传感云服务之前，应在边缘平台中发布其需求。需求中的参数与列表中的参数（$P_1, P_2, P_3, \cdots, P_n$）被存储到提供服务的所有参数的列表中。此外，此参数将显示给所有服务提供商。

2）匹配需求与服务。边缘平台分析服务消费者的需求并形成参数后，通过开放平台（Open API）从云端或本地找到并呈现多个合适的服务提供商。这些服务提供商能够满足服务消费者的需求，但在价格、补充业务、信任值、距离和服务水平等方面存在差异。通过服务之间的互补性对比和服务提供商之间的竞争，使服务提供商和用户的利益最大化。

3）监控服务参数。过滤恶意或不真实的反馈。在服务过程中，相关的服务参数被定期监控并记录到列表（$P_1, P_2, P_3, \cdots, P_n$）中。此记录用于过滤恶意或不真实的反馈，并表示服务的稳定性。如果此反馈通过验证，它将被存储到服务记录数据库"-DBrecord"中。此外，当记录过多时，该记录将被用于更新相应参数的信任值，并删除旧记录以保证信任值的实时性。

4）监督传感网的状态。边缘平台可以从边缘网络中获取传感网的信任信息，为服务消费者提供了丰富的信任证据。此外，边缘平台通过监控被控制的物理系统、传感器和执行器的值，来监控传感器的信任状态，并密切关注传感器信任值的变化趋势。当出现异常时，边缘平台应记录并解释原因。

5）防御恶意攻击。边缘平台可以作为一个服务缓冲区来实现一些安全机制，以防御恶意攻击。例如，洪泛攻击通常是拒绝服务攻击，通过消耗网络带宽或系统资源使网络或计算机无法提供正常服务。引入边缘平台后，链路请求被优先且均衡地分配到边缘服务器上，减轻了云服务器的负担，及时终止了来自不可信源的链路，避免了网络拥塞。

3. 记录准则定义

边缘平台中主要有 3 种类型的表：参数级别表、参数信任表和服务记录表。参数级别表用于记录参数和参数级别的信息，在云中更新并与边缘平台共享。参数信任表用于在本地存储与参数级别对应的参数的信任值。服务记录表存储良好的最近服务记录（需求、服务提供商和评估信息），这些记录必须通过验证。

参数级别设置如表 7.2 所示，其中包含两个因素：参数和参数级别。服务提供商在使用传感云服务之前，需要根据参数级别表注册其服务参数和参数级别。如果有一些服务变更，服务提供商应提交变更说明。同时，利用 SCU 需求中的参数和参数层次设计了参数层次表。

表7.2 参数级别设置表

参数	参数级别1	参数级别2	参数级别3	参数级别4
精度（km）	1.0	0.6	0.3	0.1
更新时间（s）	60	40	20	10
覆盖城市数量（座）	100	70	40	10
价格	高	中	平均	低

参数级别表如表 7.3 所示，表中的每个服务提供商都有一个由注册时间决定的标识号 S-ID。边缘平台可以根据参数和参数级别在参数级别表中查找服务提供商。为了减少查找的数量，应该建立许多查找模板来处理重复 / 相似的需求。对于参数级别表的不可预知的变化，如服务提供商的增加、参数级的变化和服务参数的关闭等，只需要维护常用的模板即可。

表7.3 参数级别表

参数	参数级别1	参数级别2	参数级别3	参数级别4
精度	S1	S2, S3, S4	S5, S6	S7
更新时间	S7, S5	S6, S3	S4, S3	S1
覆盖城市数量	S3, S4	S1, S2	S6, S7	S5
价格	S3, S4	S5, S7	S2, S6	S1

参数信任表如表 7.4 所示，表中的结构与参数级别表相似，只是内容不同（SID：TrustID）。TrustID 是一个参数级别对应的参数信任值。由于参数信任表位于边缘平台中，它可能只包含部分参数级别表。在参数信任表中，服务提供商的每个参数可以具有与其参数级别相对应的多个信任值。简言之，参数信任分为参数级信任。此表可以帮助 SCU 找到所有满足要求的可信服务提供商。

表7.4 参数信任表

参数	参数级别1	参数级别2	参数级别3	参数级别4
精度	(S1: 1)	(S3: 0.9)	(S3: 0.8)	NaN
更新时间	(S1: 1)	(S1: 1)	(S1: 0.8)	NaN
覆盖城市数量	(S1: 0.9)	(S1: 1)	(S1: 1)	(S1: 1)
价格	(S1: 0.9)	(S1: 0.2)	(S1: 0)	(S1: 0)

在当前服务结束后，SCU 被要求反馈详细或一般性的评论。边缘平台根据服务过程中的参数监控决定是否接受该评论。如果接受，此评论将被存储在边缘平台中，以更新参数信任表。如果此评论被接受且为肯定，则服务记录将被存储到服务记录表中，以便在服务选择中应用。当信任更新周期到来时，这些评论信息用于更新不同参数级别对应的参数的信任值。

服务记录表是参数级别表的缩小版本，只有在服务记录中出现新参数时才会放大。当地人在习俗、认知和环境等方面的相似性，使得他们更容易被信任，因此将其应用于满足基于服务记录的服务选择。一段时间后，旧记录将被删除，所有服务记录都被存储在边缘平台中。

4. 信任评估问题描述

服务提供商参数的信任值是服务选择的基础，而服务消费者参数的信任值则受多种因素的影响，如实时监控参数和服务消费者的反馈。监测参数根据不同的业务需求而变化，包括云数据处理、云数据传输、传感器数据收集、传感器网络生存期等。信任评估分为云计算中的全局信任值和边缘平台中的本地信任值两部分。也就是说，服务消费者可以在边缘平台上基于参数信任值选择服务提供商。此外，服务提供商的全局信任值是一个综合的参考指标，因为服务提供商可能无法满足不同地区的需求。

每个参数有多个级别。参数级别的信任值计算如式（7.2）所示。服务消费者的反馈决定了信任值的有效性。参数信任值计算是基于其各个层次的，如式（7.3）所示。

（1）参数级别信任值

每个参数有多个级别，参数级别信任值按式（7.2）计算。

$$\text{Trust}_{\text{level}} = \frac{\text{Success}}{\text{Fault} + \text{Success} + 1} \tag{7.2}$$

其中，Success 是在特定时期内的总成功 / 正确次数，Fault 是在特定期间的总故障 / 错误次数。

（2）参数信任值

参数信任值按式（7.3）计算。

$$\text{Trust}_{\text{parameter}} = \frac{1}{2} \left\{ \sum_{i=1}^{J} \frac{1}{J} \text{Trust}_{\text{level}}^{i} \right\} + \frac{1}{2} \text{Trust}_{\text{level}}^{\max} \tag{7.3}$$

其中，$\text{Trust}_{\text{level}}^{\max}$ 是一个参数的最大级别，该级别由服务提供商在参数级别表中注册和保证；J 是该参数除最高级别外其他级别的数量；$\text{Trust}_{\text{level}}^{i}$ 表示第 i 个级别的参数级别信任。

（3）本地信任值

要获得服务提供商的本地信任值，按式（7.4）计算。

$$\text{Trust}_{\text{local}} = \sum_{i=1}^{N} w_i \text{Trust}_{\text{parameter}} \tag{7.4}$$

其中，N 是一个服务提供商的参数。此外，权重 w_i 的和为 1。

（4）服务提供商信任值

服务提供商信任值按式（7.5）计算。

$$
\begin{cases}
\text{Trust}_{\text{provider}} = \sum_{i=1}^{M} \frac{1}{M} \text{Trust}_{\text{local}}^{i}, & \frac{\text{Number}_{\text{itval}}}{M} > \text{Threshold}_1 \\
\text{Trust}_{\text{provider}} = \sum_{i=1}^{m} \frac{1}{m} \text{Trust}_{\text{local}}^{i}, & \frac{\text{Number}_{\text{itval}}}{M} > \text{Threshold}_2 \\
\text{例外,} & \text{其他}
\end{cases}
\tag{7.5}
$$

其中，M 是本地信任值的数量。对这些本地信任值进行排序，并计算最大信任的数量 $\text{Number}_{\text{itval}}$。如果 $\text{Number}_{\text{itval}} / M >$ Threshold₁（例如 80%），则会考虑所有本地信任值；如果 $\text{Number}_{\text{itval}} / M >$ Threshold₂（例如 60%），则只考虑最大值中的本地信任值。其中，m 等于最大信任值的数量 $\text{Number}_{\text{itval}}$，其他条件将触发信任验证程序，并找出其发生的原因。

（5）服务消费者信任值

服务消费者信任值按式（7.6）计算。

$$\text{Trust}_{\text{local}} = w_1 \times \text{Trust}_{\text{old}} + w_2 \times \text{Trust}_{\text{new}} \tag{7.6}$$

其中，$\text{Trust}_{\text{old}}$ 是服务消费者的旧信任值；$\text{Trust}_{\text{new}}$ 是服务消费者的新信任值，是从反馈和监控值的比较中得到的新的信任状态；w_1 和 w_2 是两个权重值，w_2 更大，w_1 和 w_2 的和为 1，这些权重值由管理者决定。如果服务消费者的信任值长期较低，他的反馈将永远不会再被接受。

一个服务消费者可能在传感云中扮演其他角色。例如，SNSP 和 CSP 既是服务提供商又是服务消费者。这种差异在不同的信任值计算式中列出。SNSP 的全局信任值基于 3 个部分，如式（7.7）所示。

$$\text{Trust}_{\text{SNSP}} = w_3 \times \text{Trust}_{\text{provider}} + w_4 \times \text{Trust}_{\text{consumer}} + w_5 \times \text{Trust}_{\text{WSN}} \tag{7.7}$$

其中，$\text{Trust}_{\text{WSN}}$ 是 WSN 的信任状态，由边缘网络监控。异常越多，$\text{Trust}_{\text{WSN}}$ 的值就越低。$w_3 + w_4 + w_5 = 1$，这些权重值由管理者决定。

CSP 的全局信任值基于两个部分，如式（7.8）所示。

$$\text{Trust}_{\text{CSP}} = w_6 \times \text{Trust}_{\text{provider}} + w_7 \times \text{Trust}_{\text{consumer}} \tag{7.8}$$

其中，$w_6 + w_7 = 1$，这些权重值由管理者决定。一个实体在传感云服务中可能有两个角色。因此，对于局部信任值和全局信任值的计算都应该考虑这种情况。

（6）权重调整

在初始情况下，基于边缘计算的传感云可信服务环境的实现方法将为权重指定相同的值。例如，在式（7.9）中，w_1 和 w_2 都是 0.5；在式（7.10）中，权重都是 1/3。根据以下公式动态调整权重值。

$$\begin{cases} w_i + \dfrac{|m-n|}{m+n}, & m > n \\[2mm] w_i + \dfrac{|m-n|}{m+n}, & m < n \end{cases} \tag{7.9}$$

$$\begin{cases} \text{返回初始值}, & \exists w_i > 1 \text{或} \sum\limits_i w_i > 1 \\[2mm] w_{\text{history}} = 1 - \sum\limits_i w_i, & \text{其他} \end{cases} \tag{7.10}$$

其中，m 是 T 组分大于阈值的次数，n 是期间 T 组分小于阈值的次数。当 $\exists w_i > 1$ 或 $P_i w_i > 1$ 时，所有权重值返回初始值。在其他情况下，使用历史信任值作为参考因素。

5. 服务选择算法设计

服务选择算法有两种：第一种是基于本地信任的服务选择算法，第二种是基于服务记录的服务选择算法。服务选择主要由本地信任决定。如果本地信任值和全局信任值之间的差值超过阈值，则将服务提供商设置为备选方案。如果服务提供商没有有效的本地信任值，SCU 应该接受其全局信任值。

下面是第一种算法的步骤。

步骤 1：服务消费者将其需求填充到应用程序中，应用程序将需求抽象为参数集和参数级别集。

步骤 2：应用程序将服务消费者的需求发送到边缘平台。

步骤 3：从参数集和参数级别集中选择一个项目，以找到满足要求的相应服务提供商，并将其添加到服务提供商集中。一直持续该步骤直到检索到所有项目。

步骤 4：从服务提供商集中选择公共服务提供商。

步骤 5：根据本地信任值和全局信任值的差值，确定第一候选集和第二候选集。根据服务消费者的需求，如信任值（由 SCU 需求中参数的信任值计算得出）、成本、负载平衡和价格等，对候选服务集进行排序。

步骤 6：SCU 根据这些排序列表选择高信任、低成本、低负载和低价格的服务提供商。当然，如果没有适合的候选服务提供商或者 SCU 接受全局搜索，那么可以根据参数级别表来选择其他服务提供商。

第二种算法（见算法 7.2）倾向于寻找相似的服务记录，这有助于 SCU 在选择其他服务记录的基础上做出决策。当大量 SCU 同时使用同一服务提供商提供的服务时，服务提供商的服务能力可能无法满足这些用户的需求。边缘平台应将额外的负载转移给其他受信任的服务提供商，以更好地保持服务提供商之间的平衡。另外，边缘平台还需要展示和推荐新的服务提供商。

算法 7.2　基于服务记录的服务选择算法

输入： 服务消费者的要求，参数级别表，参数信任表；

输出： $\text{Array}_{\text{first}}$，$\text{Array}_{\text{second}}$，$\text{List}_{\text{global}}$；

1：将服务消费者请求集合 $\text{set}(\text{Req}_1, \text{Req}_2, \text{Req}_3, \cdots, \text{Req}_n)$ 发送到边缘平台；

2：初始化数组 $\text{Array}_1 = U(\text{SP}_s)$；// 包含所有服务提供商，$U$ 是全集符号

3：**for** $i = 1: \text{length}_{\text{set}}$ **do**

4：　**if** $\text{set}(i) \in \text{Table}_{\text{parmeter-level}}$ **then** // 如果参数级别表中含有集合元素 $\text{set}(i)$

5：　　$\text{SP}_s \rightarrow \text{Array}_2$；// 将满足要求的服务提供商放到集合 Array_2

6：　　$\text{Array}_1 = \text{intersect}(\text{Array}_1, \text{Array}_2)$；// 取两个集合的交集

7：　**end if**

8：**end for**

9：**if** $\text{Array}_1 = \varphi$ **then**

10：　减少 set 的次数并重新开始算法；

11：**else**

12：获取数组 Array_1 中服务提供商 SP_s 的全局信任值，并把它们存储到集合 $\text{List}_{\text{global}}$；

13： **end if**

14： **for** i=1: $\text{length}_{\text{Array}_1}$ **do**

15： **if** $\text{Array}_1[i] \in \text{local}_{\text{SP}}$ **then**

16： **if** $|\text{List}_{\text{global}}[i]\text{-}\text{Trust}_{\text{local}}[\text{SP}_i]| > \text{Threshold}$ **then** // 如果服务提供商的全局信任值与本地
// 信任值的差值超过阈值

17： 存储服务提供商 SP_i 到集合 $\text{Array}_{\text{second}}$；

18： **else**

19： 存储服务提供商 SP_i 到集合 $\text{Array}_{\text{first}}$；

20： **end if**

21： **end if**

22： **end for**

下面是算法 7.2 的步骤。

步骤 1：服务消费者将其需求提交到应用程序中，应用程序将需求抽象为参数和参数级别集，并将需求发送给边缘平台。

步骤 2：从参数和参数级别表中选择一项参数要求，并选择符合请求的相应服务提供商。

步骤 3：从服务提供商集合中选择公共服务提供商。

步骤 4：根据本地信任值与全局信任值之间的差值确定第一候选集和第二候选集。这些集中候选者根据服务消费者的需求进行分类，例如信任值、成本、负载平衡和价格等。

步骤 5：服务消费者根据这些标准选择高信任、低成本、低负载、低价格的服务提供商。当然，如果服务提供商或服务消费者不接受全局搜索，则服务消费者可以基于参数级别表选择服务提供商。

6. 实验评估

本实验基于 MATLAB R2016B 平台进行，参数和值的设置如表 7.5 所示。本实验的基本场景包括一个云平台和 4 个边缘平台，云平台位于场景中央，而 4 个边缘平台位于 4 个不同的方向。在这个体系结构中，云平台的参数级别表是主表，而 4 个边缘平台的表是副本，参数信任级别和服务记录级别信息被存储在边缘平台。当执行这一体系结构时，需要对这些表进行查询。我们在参数级别表上进行了一些实验，分析了参数和参数级别数量对查询效率的影响。如果一个参数级别表中的参数太多，会导致更多无效的查询，从而延长服务时间，如图 7.13 所示。当然，如果 SCU 的需求中包含更多参数，无效查询的数量将减少。参数级别对查询效率的影响如图 7.14 所示。同样，参数级别越多，无效查询的数量也会增加。因此，我们可以将参数级别表划分为子参数级别表。较大的子参数级别表用来存储频繁查询的参数和参数级别，较小的子参数级别表用来存储不经常被查询的参数信息，以提高查询的准确性。

表7.5 服务选择算法实验的参数和值

参数	值
云平台数量（个）	1
边缘平台数量（个）	4
参数级别表数量（个）	5
参数信任表数量（个）	4
服务记录表数量（个）	4
服务参数数量（个）	6~20
服务参数级别数量（个）	1~10

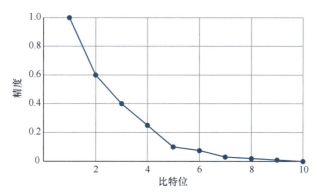

图7.13 不同参数数量对查询效率的影响

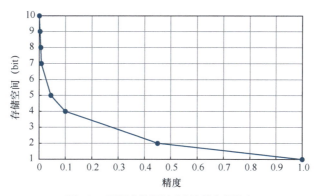

图7.14 不同参数级别对查询效率的影响

7.3.2 基于边缘计算的数据信任安全方案

数据安全对传感云至关重要，尤其是对私有数据信息的保护，因为私有数据的完整性和真实性直接影响云计算的结果。底层的传感网会面临多种安全威胁，而来自内部攻击的安全威胁无法通过传统的安全方法来防御，例如加密/解密、身份验证等。因此，如何检测这类安全威胁，并设计适合资源受限终端的数据安全策略是一项具有挑战性的任务。因此，本小节提出了一种基于信任的传感网数据安全方案。在此方案中，我们首先采用了基于 Beta 函数的信任模型来评估用户的信任度；然后使用椭圆曲线密码学（Elliptic Curve Cryptography，ECC）加密算法加密用户的原始数据，以确保其相对可见；接着使用安全哈希算法 1（Secure Hash Algorithm 1，SHA-1）对用户的加密数据和信任值进行签名；最后，通过大量的仿真实验对提出的数据安全方案进行了评估。

1. 信任模型问题描述

通过信任模型，我们可以实现第一个设计目标：允许用户根据通信记录评估其邻居节点的可信度。我们采用基于 Beta 函数的信任模型，它假设一个二进制事件的概率分布遵循 Beta 分布。

Beta 分布是指在区间 (0,1) 中定义的一组连续概率分布。这些分布之间的关系是：当 $n=1$ 时，Beta 分布可以近似为二项分布。由于计算复杂度和存储空间较低，且只记录和计算合作或不合作的次数，适合于资源受限的终端用户之间的交互行为。

二项分布的 $Bin(n, k)$ 表示为 n 次重复伯努利试验中 k 次成功的概率。具体表述为式（7.11）。

$$Bin(n, k) = C(n, k) p^k (1-p)^{n-k} \tag{7.11}$$

其中，$C(n, k) = \dfrac{\prod\limits_{i=1}^{n} i}{\prod\limits_{i=1}^{k}\prod\limits_{j=1}^{n-k} i \times j}$，$P$ 为成功概率。

采用二项分布来描述用户 i 和用户 j 之间的相互作用，包括合作或不合作。因此，我们假设两个用户的交互是 $(a+b)$ 次，其中 a 和 b 分别表示合作和不合作的次数。合作概率表示用户 i 对用户 j 的信誉度，定义为 p，如式（7.12）所示，可用二项分布计算。

$$f(p) = Bin(a+b, a) = \frac{\prod\limits_{i=1}^{n} i}{\prod\limits_{i=1}^{k}\prod\limits_{j=1}^{n-k} i \times j} p^a (1-p)^b \tag{7.12}$$

由于 $f(p)$ 是信誉 p 的概率分布函数，其最大值作为用户的信任值，表示为式（7.13）。

$$T_{i,j} = f(p)' = Bin(a+b, a)' = \left[\frac{\prod\limits_{i=1}^{n} i}{\prod\limits_{i=1}^{k}\prod\limits_{j=1}^{n-k} i \times j} p^a (1-p)^b \right]' \tag{7.13}$$

其中，T_{ij} 表示用户 i 对用户 j 的信任值。当 $T_{ij}=1$ 时，表示用户 i 和用户 j 之间的所有交互都是合作的；否则，$T_{ij}=0$ 表示所有交互都是非合作的。该信任值表示在用户 j 上没有任何间接信任信息的直接信任值，也就是说通常情况下，在传感云中，所有用户的信任值都是相同的，并且所有用户都是正常的。

假设每个用户的初始信任值为 0.5，a 和 b 的初始信任值为 5。如果所有用户的初始信任值都设置得更高，这将促使恶意用户伪造新的入侵检测码重新接入网络。反之，如果信任值较低，用户之间不存在信任关系，就需要较长的初始化时间来建立节点间的协作关系。在初始化阶段，

如果 a 和 b 太小，则节点 i 和节点 j 之间的交互很少，信任值容易受到干扰。例如，当发生干扰时，交互失败是由非恶意节点引起的，信任值的评估会在很大程度上受到影响。如果 a 和 b 的值较大，则需要明显增加历史权重，从而最终影响后续的信任评估，并且信任值的合成需要较长的时间。因此，a 和 b 通常被设置为 5。

用户的行为会随着时间的推移而改变。以前受信任的用户可能会受到攻击者的攻击；或者恶意用户可能会先表现良好以获得较高的信任值，再在一段时间内实施不良行为。为了考虑这些更复杂的情况，我们需要在信任评估过程中添加一个时间因素。一般说来，最近的观察应该比很久以前的观察有更高的权重。换句话说，我们正逐渐忘记先前的观察。

假设在信任值的第 m 个计算周期中，$a(m)$ 和 $b(m)$ 分别表示合作和不合作的数量。传感器节点 i 对传感器节点 j 的信誉度定义为 $p(m)$，考虑到信息的及时性，当前信任值计算周期内的交互信息应获得较大的权重。

因此，引入了老化加权因子（w_{aging}），其范围为 $(0,1)$。它能有效地检测出恶意节点。这些恶意节点会先进行合作行为，再利用初始信誉度对网络进行破坏。因此，基于式（7.13），将当前直接信任值表示为式（7.14）。

$$T_{i,j} = \frac{a(m) + w_{\text{aging}} \times \sum_{i=1}^{m-1} a(i)}{a(m) + w_{\text{aging}} \times \sum_{i=1}^{m-1} a(i) + b(i) + b(m)} \tag{7.14}$$

其中，$w_{\text{aging}} \times \sum_{i=1}^{m-1} a(i)$ 是在上一个计算周期中传感器节点 i 到传感器节点 j 之间老化后的交互总数。这样可以有效地减少存储空间。每个邻居节点只需要存储两个号码。

2. 加密和数字签名算法设计

尽管用户依赖 CSP 或边缘服务提供商（Edge Service Provider，ESP）来存储和处理其数据，但可能不希望 CSP 或 ESP 在没有权限的情况下随意访问数据。这就要求加密模块不仅能够确保用户数据的安全性，使没有加密密钥的人无法访问数据的明文，还能使用户验证数据的完整性，以及允许 CSP 或 ESP 在有限的数据明文知识的情况下执行计算服务。

为了满足这些要求，我们采用经典的 ECC 作为基本加密方案，并支持对加密数据的搜索。此外，我们还采用安全哈希算法 2（Secare Hash Algrothm2，SHA-2）进行数据完整性验证。我们使用表 7.6 所示的符号。

表7.6　加密和数字签名算法的符号列表

参数	意义
S	云服务器
TTP	可信第三方
pk_i	用户公钥
sk_i	用户私钥

参数	意义
KeyGen(k)	产生公钥私钥函数
Enc	加密函数
Dec	解密函数
sign(sk$_i$, m)	数字签名函数
Design(pk$_i$, S)	验证数字签名函数

在这个阶段，TTP 考虑新用户身份，如果新用户身份有效的，则 TTP 使用 KeyGen(k) → (pk$_i$, sk$_i$) 为用户生成公钥 pk$_i$ 和私钥 sk$_i$。在加密私有数据生成阶段，使用数据签名加密算法（见算法 7.3），数据所有者首先在将信任值外包给云服务器之前，生成一个随机数 n_1，并用其密钥作为 sign(sk$_i$, n_1) 进行签名，然后用云服务器的公钥作为 Enc(pk$_s$, sign(sk$_i$, n_1)) 进行加密，发送给云服务器。云服务器一旦接收到消息，就先对消息进行解密，然后通过验证签名接收 n_1。如果云服务器已经准备好接收要外包的文件，则生成另一个随机数 n_2，并将其密钥作为 sign(sk$_i$, $n_1\|n_2$) 对 $n_1\|n_2$ 进行签名，然后将其用授权人（Delegator）的公钥作为 Enc(pk$_i$, sign(sk$_i$, $n_1\|n_2$)) 进行加密，并发送给授权人。授权人一旦接收到消息，就对其进行解密并验证签名，接收 n_1' 和 n_2'。如果接收到的 n_1' 与发送的 n_1 相等，则将生成加密的信任值 $E(M)$ 作为 Enc(pk$_r$, M)。本阶段进行加密私有数据完整性检查，使用数据完整性核对算法（见算法 7.4），收到 $E(M)$ 并签名 sk$_i\|E(M)\|n_1\|n_2$ 后，云服务器进行如下操作。

1）通过设计 (pk$_i$, sign(k_i, $E(M))\|n_1\|n_2$)) 使用数据所有者 pk_i 的公钥对接收到的签名 sign(sk$_i$, $E(M)\|n_1\|n_2$) 进行验证，并接收消息 $E(M)'\|n_1'\|n_2'$。

2）检查 $E(M)' = E(M)$，$n_1' = n_1$ 和 $n_2' = n_2$。如果其中一个未保存，则不存储 $E(M)$，并向数据所有者用户 i 发送"错误"消息。如果可以，则存储 $E(M)$。

3）解密信任值生成阶段，数据接收方在接收到来自云服务器的加密信任值之前，首先生成一个随机数 n_3，并以其密钥作为 sign(sk$_r$, n_3) 对其进行签名，然后以云服务器的公钥作为 Enc(pk$_i$, sign(sk$_i$, n_3)) 对其进行加密，并发送给云服务器。云服务器收到消息后，对消息进行解密，然后通过验证签名接收 n_3'。如果云服务器准备将加密后的信任值发送给数据接收方，则首先生成另一个随机 n_4，对 $E(T_{ij}\|n_3\|n_4$) 进行签名，其密钥为 sign(sk$_i$, $E(T_{ij}\|n_3\|n_4$))。然后，用数据接收方的公钥 Enc(pk$_i$, sign(sk$_i$, $E(T_{ij}\|n_3\|n_4$))) 对其进行加密，并发送给数据接收方。数据接收器一旦接收到消息，对其解密并验证签名，并接收 n_3' 和 n_4'。如果接收到的 n_3' 等于发送的 n_3，则它生成信任值 $T_{ij} = $ Dec(sk$_r$, $E(T_{ij}$))。

算法 7.3　数据签名加密算法

输入：数据所有者密钥对 (pk$_i$, sk$_i$)，服务器密钥对 (pk$_e$, sk$_e$)，明文数据 M；

输出：明文数据 M 加密文本；

1：产生随机数 n_1；

2：$\text{sign}(\text{sk}_i,\ n_1)$；

3：将 $\text{Enc}(\text{pk}_s, \text{Sign}(\text{sk}_i, n_1))$ 发送给服务器 edge；

4：$n_1 = \text{DeSign}\Big(\text{Dec}\big(\text{Enc}(\text{pk}_s, \text{sign}(\text{sk}_i, n_1)), \text{sk}_e\big), \text{pk}_i\Big)$；

5：产生随机数 n_2；

6：$\text{sign}\big(\text{sk}_e, n_1 \| n_2\big)$；

7：将 $\text{Enc}\big(\text{pk}_i, \text{sign}(\text{sk}_e, n_1 \| n_2)\big)$ 发送给数据所有者；

8：$n_1' = \text{Design}\Big(\text{Dec}\big(\text{Enc}(\text{pk}_i, \text{sign}(\text{sk}_e, n_1 \| n_2)), \text{sk}_i\big), \text{pk}_e\Big)$；

9：**if** $n_1' = n_1$ **then**

10：　　$\text{E}(M) = \text{Enc}\big(M, \text{pk}_i\big)$；

11：　　将 $E(M)$、$\text{sign}\big(\text{sk}_i, E(M), n_1 \| n_2\big)$ 发送给服务器 edge；

12：**else**

13：　　核对服务器并返回步骤 1；

14：**end if**

算法 7.4　数据完整性核对算法

输入：数据所有者密钥对 $(\text{pk}_i, \text{sk}_i)$，服务器密钥对 $(\text{pk}_e, \text{sk}_e)$，密文 M，信任值；
输出：明文数据 M，数据所有者信任值；

1：$E(M)' \| n_1' \| n_2' = \text{Design}\Big(\text{pk}_i, \text{sign}\big(\text{sk}_i, E(M) \| n_1 \| n_2\big)\Big)$；

2：**if** $E(M)' = E(M)$，$n_1' = n_1$，$n_2' = n_2$

3：　　$T = \sum\limits_{k=1}^{n} w_k T_{ki}$；

4：　　**if** $T >= \text{Th}_1$ **then**

5：　　　　存储 T 和 $E(M)$；

6：　　　　执行信任决策；

7：　　**else**

8：　　　　数据所有者不可信，向全网广播 ID；

9：　　**end if**

10：　　**else**

11：　　核对数据所有者并返回算法 7.3；

12：　　**end if**

3. 决策模块分析

基于用户之间的信任值，当前用户可以对数据所有者进行全面的信任评估。在这项工作中，边缘平台能够设置不同的阈值，如 th_1、th_2、th_3。当数据所有者的信任值低于 th_1 时，系统会将其标记为恶意用户，从而自动截获用户发送的消息。因此，用户将其数据存储在信任值大于等于 th_1 的云服务器或边缘平台中；且只允许信任值大于等于 th_2 的用户对其加密数据进行搜索，允许信任值大于等于 th_3 的用户进行各种类型的数据服务。当用户信任值大于或等于 th_3 时，边缘平台或云服务器将在数据存储、搜索和更新方面信任用户。

4. 实验评估

用户 i 是普通用户，用户 j 扮演两个角色：普通用户和泄露用户。它们的共同邻居用户 k 是普通用户。通过用户 i 和用户 j 之间的交互，用户 i 评估用户 j 的信任值。当用户 j 是正常节点时，与用户 i 的交互是合作的。设 $(a(m),b(m))$ 为 $(1,0)$。一旦节点 j 是妥协节点，它将执行非合作行为，那么 $(a(m),b(m))$ 是 $(0,1)$。来自用户 k 的第三方推荐是肯定的。如图 7.15 所示，在没有完整性矛盾攻击的情况下，对于正常节点，该框架中的信任值随着交互的增加而增加。未受攻击的妥协节点的信任值随着交互次数的增加而减小。然而，如图 7.16 所示，使用完整性矛盾的恶意攻击，情况变得非常糟糕。信任值偏离正常轨迹，甚至缺失信任值。这是因为信任评估模型不能抵抗完整性矛盾的恶意攻击，信任值可能发生变化，甚至被破坏。信任值是信任评估的结果，一旦信任值出现问题，就不再建立连接。虽然利用相关技术可以恢复少量丢失的信任值，但如果存在大量的信任值问题，系统将被认为是不可靠的，并面临大量的用户损失。

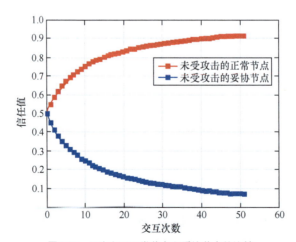

图7.15 无攻击下正常节点和妥协节点的比较

如图 7.17 所示，我们在原有信任模型的基础上，在信任值部分增加了加密和数字签名算法。与原有的信任模型和数字签名模型相比，该模型能有效防御完整性矛盾的恶意攻击，从而大大减少了信任值的丢失和失真现象。另外，与原有模型相比，该模型对普通用户的信任值要低得多。用户的信任值在不断降低的实验结果表明，本小节所提出的信任模型更符合信任值难得、易失的规则。图 7.18 说明了随着明文数量的增加，各种加密算法的时间。非对称加密算法（RSA 加密算法）和 ECC 加密算法都随着明文数量的增加而增加。显然，当明文数量相对较少时，对称密码算法更为有效。当用户发送文件时，文件头将包含文件所有者的信任值。由于文件头中包含的信息很少，因此建议使用 RSA 加密算法加密。文件的内容使用非对称加密算法加密。因此，ECC 更适用于具有低时延、多数据量和实时性的方案。

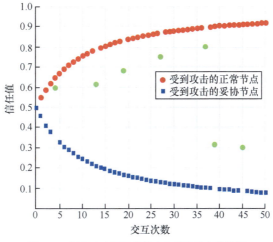

图7.16 恶意攻击下正常节点和妥协节点的比较

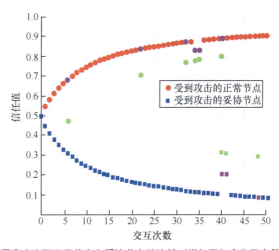

图7.17 恶意攻击下正常节点和妥协节点的比较（增加了加密和数字签名算法）

图 7.19 展示了明文数量对资源消耗的影响。RSA 加密算法和 ECC 加密算法的资源消耗都随着明文数量的增加而增加。但是，ECC 加密算法的增长非常缓慢，几乎保持一条直线。此外，在相同条件下，ECC 加密算法需要较少的资源消耗。因此，ECC 加密算法更适合存储资源有限的底层网络。图 7.20 展示了安全级别对密钥长度的影响。随着安全级别的提高，RSA 加密算法密钥的长度呈指数趋势增长，而 ECC 加密算法呈线性增长，这表明在密钥长度相同的情况下，ECC 加密算法的安全级别始终高于 RSA 加密算法。

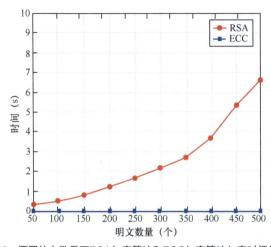

图7.18　不同的文数量下RSA加密算法和ECC加密算法加密时间的比较

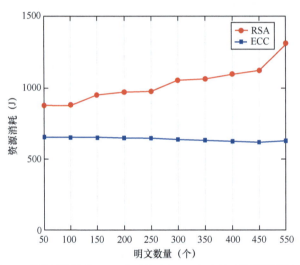

图7.19　不同明文数量下RSA加密算法和ECC加密算法资源消耗的比较

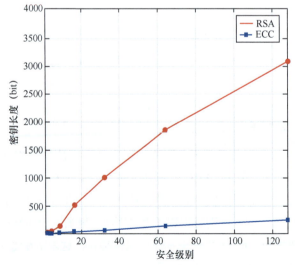

图7.20　不同安全级别下RSA加密算法和ECC加密算法密钥长度的比较

7.4　前沿方向

在当前的技术环境下，可信度量和评估显得非常关键，尤其是涉及分布式系统、云计算、传感网和边缘计算等领域。在这些领域中，我们面对的不仅是单一的设备或系统，而是一个错综复杂、动态变化的网络环境。硬件级别的锚定技术，例如可信平台模块（Trusted Platform Module，TPM），为系统提供了一个初始的安全基线。这种技术可以确保从硬件开始，整个系统的每一个部分都是可信的。再结合静态和动态分析，共同为系统提供了全方位的安全防护。AI 技术也为可信度量提供了新的研究方向。例如，通过使用机器学习模型，可以自动识别出异常行为或潜在威胁，而不需要人为的干预。随着技术的快速进步和新型威胁的不断出现，可信度量的方法和技术也需要不断更新和改进。此外，新的技术，例如区块链和零知识证明，也为可信度量带来了新的研究机会和挑战。以下是有关可信服务的一些建议的研究和发展方向。

（1）可信度量与评估

可信度量和评估是一个关键的研究领域，特别是在现代的分布式系统、云计算、传感网和边缘计算环境中。它关注如何度量、评估和验证一个系统或服务的信任度和安全性。可信度量是为了确定一个系统或组件的特定属性或特性的值。在安全领域，可信度量通常是指从根（硬件或固件级别）开始，度量系统组件的完整性并验证它们是否处于一个可信状态。

随着越来越多的数据和应用被迁移到云或边缘环境，保证这些系统和数据的安全性变得越来越重要。可信度量和评估提供了一种方法，确保这些环境在设计、部署和运行时都是安全和可信的。很多可信度量的解决方案依赖硬件锚定。这样的模块提供一个安全的起点，可以进行可信度量。可信评估可能包括静态分析（在运行前检查代码或系统配置）和动态分析（在系统运行时检查其行为）。持续监视和记录系统的行为，以及进行定期审计，是确保系统安全和可信的关键。

随着系统和应用变得越来越复杂，进行全面和准确的可信度量和评估也变得更加困难。随着新的攻击技术和策略不断出现，这就需要不断更新和改进可信度量和评估的方法。如利用 AI 和机器学习自动检测异常行为、预测威胁和改进评估方法；使用区块链作为一个不可变和可验证的日志，增强系统的可信度；零知识证明是一种允许一方（证明者）向另一方（验证者）证明一个声明为真，而无须揭示任何有关该声明的具体信息的方法。这些方法有助于在不牺牲隐私的情况下进行可信评估。

（2）契约技术与服务层次协议

在数字化的世界中，服务水平协议（Service Level Agreement，SLA）和契约技术的应用逐渐成为企业服务的核心。它们在确保提供的服务达到或超过客户的期望中扮演着关键角色。

首先，我们需要理解为什么契约技术在现代 IT 环境中越来越重要。传统的软件开发和服务提供方法往往在产品或服务交付后才会发现不符合预期的问题，而契约技术则让开发者在设计阶段就能预知潜在问题，从而提前进行调整。通过为软件或服务设计明确的契约，开发者可以确保它们在各种条件下都能可靠地工作，从而大大提高了软件和服务的稳定性和可靠性。SLA

和契约技术的结合，特别是在云和边缘计算环境中，为企业带来了很多的益处。例如，企业可以利用契约技术为其云服务自动生成 SLA，并根据实时的服务性能数据自动调整这些 SLA，确保服务始终达到或超过客户的期望。这种自适应的方法不仅提高了服务的灵活性和可靠性，还为企业节省了大量的人力和资源。

另外，区块链技术的引入为 SLA 和契约技术带来了革命性的变革。传统的 SLA 通常需要人工验证和执行，而基于区块链的"智能契约"则可以自动执行和验证，确保服务提供商和服务消费者都能得到公平的待遇。而随着传感网的发展，越来越多的设备连接到网络，形成了一个复杂的服务提供环境。在这种环境中，如何为跨多个设备和服务的交互定义和验证 SLA 成为一个巨大的挑战。契约技术在这里可以发挥其强大的作用，帮助企业定义明确的交互规则，并确保这些规则在实际操作中得到遵守。

总体来说，随着 IT 环境的复杂化和服务需求的多样化，SLA 和契约技术的结合为企业带来了前所未有的机会和挑战。企业需要认识到这些技术的价值，并充分利用它们，确保在快速变化的数字化世界中始终保持竞争力。

（3）AI 驱动的安全分析

边缘计算所带来的带宽优化、时延减少和数据处理局部性的增强无疑为当今的网络环境带来了革命性的改变。但正如前所述，这种计算方法也带来了新的安全隐患。随着安全领域的复杂性逐渐增加，传统的安全解决方案开始显得力不从心。AI 驱动的安全分析为解决这一问题提供了新的视角和方法。

AI 技术，尤其是机器学习和深度学习，具有极高的数据处理速度。当网络被攻击或出现异常时，AI 可以快速识别并做出反应，从而降低威胁造成的潜在损害。此外，AI 技术可以对网络流量和用户行为进行模式识别，预测未来可能出现的威胁，并为网络管理员提供前瞻性的安全建议。传统的安全工具往往基于固定的规则或已知的攻击模式来识别威胁。然而，随着黑客技术的不断进步，新的攻击策略层出不穷。AI 技术可以自动学习和适应新的威胁模式，为安全防御提供动态更新的策略。尽管 AI 驱动的安全分析非常有前景，但它也面临如下一些挑战。

1）数据质量。AI 模型的效果很大程度上依赖输入数据的质量。不准确或已篡改的数据可能导致模型做出错误的决策。

2）隐私问题。为了训练和优化安全模型，AI 需要大量的数据，这可能涉及用户的私人信息。因此，如何在不侵犯用户隐私的前提下进行数据分析是一个重要问题。

3）误报和漏报。尽管 AI 可以大大提高威胁检测的准确性，但误报和漏报仍然是一个问题。这可能导致不必要的干预或遗漏真正的威胁。

随着 AI 技术的不断进步和普及，预计将有更多的安全工具和平台开始采用 AI 驱动的方法。此外，随着量子计算、神经形态计算等新技术的发展，AI 在安全分析领域的应用也将进一步加深。企业或组织需要不断更新和优化自己的安全策略，以应对不断变化的网络环境和安全威胁。在面对日益复杂的安全威胁时，AI 驱动的安全分析提供了新的武器。通过深度学习和其他 AI 技术，企业或组织可以更有效地识别、响应和预测威胁，确保数据和资源的安全。但与此同时，也需要关注 AI 带来的挑战和隐私问题，确保在提高安全性的同时，不损害用户的隐私和权益。

7.5　本章小结

随着信息爆炸时代的到来，我们面临如何高效、安全地处理大规模数据的挑战。本章专注于传感器网络中数据的感知、收集与安全性问题，结合边缘计算技术，提出了基于边缘计算的传感云可信数据收集服务的新的解决方案，它强调用户体验、稳定性、数据安全与隐私，并具备强大的可扩展性，为读者展现了一套系统的解决方案。这种技术不仅满足了当前数据收集的需求，还为未来的技术进步和数据增长做好了准备。同时，本章结合物理学的概念，采用虚拟力的方法，使移动数据收集器能够更有效地应对节点内部的恶意攻击，并确保收集到的数据是可信的。在此基础上，本章还设计了一个基于边缘计算平台的信任评价机制，通过过滤恶意实体，为服务消费者提供可信服务选择。最终，结合信任评价机制、边缘计算和传统的加密数字签名，为读者展现了一个综合的传感云可信服务选择的安全方案。

参考文献

[1]　LOUNIS A, HADJIDJ A, BOUABDALLAH A, et al. Secure and scalable cloud-based architecture for e-health wireless sensor networks[C]// 2012 21st International Conference on Computer Communications and Networks (ICCCN). Munich: IEEE, 2012: 1-7.

[2]　BAEK J, VU Q H, LIU J K, et al. A secure cloud computing-based framework for big data information management of smart grid[J]. IEEE Transactions on Cloud Computing, 2015, 3(2): 233-244.

[3]　BUTUN I, EROL-KANTARCI M, KANTARCI B, et al. Cloud-centric multi-level authentication as a service for secure public safety device networks[J]. IEEE Communications Magazine, 2016, 54(4): 47-53.

[4]　BUTUN I, WANG Y, LEE Y S, et al. Intrusion prevention with two-level user authentication in heterogeneous wireless sensor networks[J]. International Journal of Security & Networks, 2012, 7(2): 107-121.

[5]　BANAIE F, SENO S A H. A cloud-based architecture for secure and reliable service provisioning in wireless sensor network[C]//2014 4th International Conference on Computer and Knowledge Engineering (ICCKE). Mashhad: IEEE, 2014: 96-101.

[6]　LUCA G D, CHEN Y. Visual IoT/robotics programming language in pi-calculus[C]// 2017 IEEE 13th International Symposium on Autonomous Decentralized System (ISADS). Bangkok: IEEE, 2017: 23-30.

[7]　LOMOTEY R K, PRY J C, CHAI C. Traceability and visual analytics for the internet-of-things (IoT) architecture[J]. World Wide Web-internet & Web Information Systems, 2017(4): 1-26.

[8]　GARGEES R, MORAGO B, PELAPUR R, et al. Incident-supporting visual cloud computing

utilizing software-defined networking[J]. IEEE Transactions on Circuits & Systems for Video Technology, 2017, 27(1): 182-197.

[9] ZHOU R, LAI Y, LIU Z, et al. A security authentication protocol for trusted domains in an autonomous decentralized system[J]. International Journal of Distributed Sensor Networks, 2016(4): 1-13.

[10] YOON K, PARK D, YIM Y, et al. Security authentication system using encrypted channel on UAV network[C]//2017 First IEEE International Conference on Robotic Computing (IRC). Taichung: IEEE, 2017: 393-398.

[11] ZHANG Y, LYU M R. QoS-aware byzantine fault tolerance[M]. QoS Prediction in Cloud and Service Computing. Springer, Singapore, 2017: 105-120.

[12] BHAT A, SAMII S, RAJKUMAR R. Practical task allocation for software fault-tolerance and its implementation in embedded automotive systems[C]//2017 IEEE Real-Time and Embedded Technology and Applications Symposium (RTAS). Pittsburgh: IEEE, 2017: 87-98.

第8章　基于边缘计算的传感云隐私与安全技术

随着传感云技术在众多领域的广泛应用，随之而来的数据安全问题备受瞩目[1-3]。传感云系统的固有特性，诸如物理层传感器易遭访问、通信过程存在暴露风险，以及数据远程存储的不可控性等，带来了诸多安全挑战。同时，联网设备数量的激增，使得传感云系统更易成为分布式拒绝服务攻击（Distributed Denial of Service，DDoS）、中间人攻击（Man-in-the-middle Attack）等网络安全威胁的目标，进而干扰系统的正常运作。此外，对于传感云系统中的传感器实时产生的巨量数据，尽管云端集中存储提升了系统的存储能力并优化了用户访问体验，但也导致用户丧失了对数据的直接控制权。这些数据往往包含个人隐私、企业机密，甚至国家机密，一旦遭到非法访问或泄露，后果不堪设想。因此，对数据进行脱敏和加噪处理、对用户身份进行匿名化，以及对用户行为进行审计等措施，成为确保数据安全和用户隐私保护的关键所在。本章将深入剖析传感云系统面临的隐私与安全问题，并提出行之有效的解决策略与建议，主要概括为以下5点。

1）从传感云数据分类和虚拟化两个角度深入探讨传感云系统中存在的安全问题，介绍包括认证、加密、访问控制在内的多种常见的传感云安全技术。

2）介绍一种基于旋转的虚假轨迹生成算法，该算法通过将真实轨迹旋转特定角度来生成虚假轨迹，从而保护传感网节点的隐私，同时针对旋转角度的选取做了进一步分析。

3）介绍一种基于边缘计算的传感云数据分层存储框架，并引入一种分层检索的混合加密机制，实现了保护隐私的传感云数据安全存储和查询方法。

4）介绍一种基于边缘计算的传感云数据组合共享机制，实现传感云数据的安全共享及隐私保护。

5）介绍包括虚拟化建设、可信计算和评估、容错、数据存储和恢复在内的4个传感云安全技术的前沿方向，为读者后续研究工作的开展提供一定的参考。

8.1　传感云系统安全概述

本节将重点关注基于数据类型的传感云安全挑战，同时也将深入探讨传感器网络与云计算结合所引发的新型安全和隐私问题，特别是与虚拟化相关的安全难题。通过深入分析这些问题，本节将提出有效的应对策略和建议，以确保传感云系统的安全性和可靠性。

8.1.1　传感云系统中的安全问题

本小节从两个角度探讨传感云系统中的安全问题：一是基于数据分类的安全问题，二是基于虚拟化的安全问题。

1. 基于数据分类的安全问题

按照数据的流程，传感云的安全问题可以分为数据生成、数据传输、数据管理和数据服务4 个阶段。文献 [4] 中提出了一个详细的传感云实现框架，如图 8.1 所示。结合此框架中的数据流程，对传感云的安全问题的 4 个阶段描述如下。

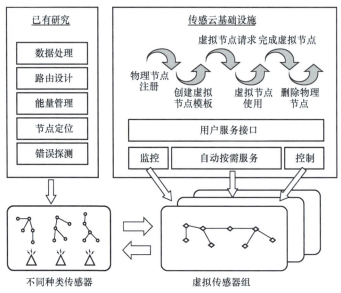

图8.1　传感云实现框架

1）数据产生阶段。该阶段发生在图 8.1 所示的不同种类传感器和虚拟传感器组中，传感器节点常在无人监管的环境中运作，容易受到物理攻击。这些攻击可能包括物理干扰、节点劫持和伪设备攻击等[5,6]。

2）数据传输阶段。此阶段涵盖节点间的数据交互和从基站到云端的数据传输。在这个过程中，通信安全可能受到多种攻击的威胁，如阻塞攻击、时序攻击、重放攻击和路由攻击等[7,8]。

3）数据管理阶段。此阶段需要考虑如何定义敏感数据以及如何对数据进行分类和存储，以防止数据被关联攻击。数据存储问题也很重要，数据存于云端可能增加安全和隐私泄露的风险，因此需要明确的安全策略和隐私保护机制[9-12]。

4）数据服务阶段。该阶段发生在图 8.1 所示的用户服务接口中，数据的安全共享和访问是核心因素。不同用户应有不同的数据访问权限，以防止越权访问。同时，服务和用户需求的多样性使得差异化的安全措施变得越来越关键，需要设计个性化、分层次的安全保障机制。

2. 基于虚拟化的安全问题

与传统的传感器网络和云计算系统相比，传感云系统在物理传感器层和云层之间引入了一个全新的虚拟传感层，为用户提供可视化服务。该虚拟传感层具有三大特性：虚拟性、异构性和实时性。这三大特性衍生了三类安全问题，即软设施安全、对象可信与数据共享安全和隐私保护[13-15]。

1）软设施安全问题主要关注系统的整体和逻辑安全，目的是确保攻击者或恶意用户无法破坏系统或影响其他用户的服务。为解决这一问题，需要综合运用多种安全策略，包括但不限于防火墙、入侵检测系统等。

2）对象可信问题涉及多个不同的服务提供商。因此，需要评估各服务商的可信度，避免选择可信度低的服务提供商。此外，还需要定义和管理用户之间的可信关系，并确保第三方软件的可信性，可以通过使用数字签名、加密等技术来增强安全性。

3）数据共享安全和隐私保护问题。传感云系统中的数据通常包含大量敏感信息，如个人位置和健康状态等。因此，必须确保数据共享的安全性，防止数据泄露或非授权访问，这关乎个人隐私、企业声誉和系统的完整性。解决这一问题可以采取的措施包括数据加密、访问控制和匿名化处理等。

8.1.2　传感云安全技术

本小节将简要介绍几种常用的传感云安全技术，包括认证机制、加密机制、访问控制机制、预防与探测机制，以及可信计算与评估机制。

1. 认证机制

认证机制在传感云系统中的作用是验证系统内各实体的身份，以确保只有通过合法性认证的实体才能够访问系统中的数据。这主要涉及对物理节点、虚拟节点和用户层的认证。

1）物理节点认证：在物理传感层中，每个物理节点都必须在网络中注册，并被分配一个独一无二的身份标识。网络会监测节点数量和身份标识的变化，以识别新节点的加入或旧节点的失效。如果节点出现异常行为（如被捕获或控制、非法节点的加入等），物理传感层应能迅速识别并处理这些异常节点。

2）虚拟节点认证：在虚拟传感层，虚拟传感器节点的生命周期始于用户请求服务，结束于用户撤销服务。虚拟节点作为连接用户和物理节点之间的桥梁，其安全认证机制对于保障数据和服务安全至关重要。

3）用户层认证：用户层的安全认证机制主要用于验证用户身份。考虑到不同用户可能有不同的访问权限，采用多级认证机制可以在保障高质量服务的同时，确保数据安全。目前，虽然有多种认证方法，如静态密码、短信验证码和双因素认证等，但并非所有方法都适用于传感云系统。因此，相较于传统网络，传感云系统更容易遭受攻击[16]。

2. 加密机制

加密机制通过特定的加密算法将原始信息数据转换成密文的形式，确保未经授权的用户即使获得了密文，也无法解读其内容。只有输入正确的密钥，原始数据才能被恢复和显示。加密机制在数据安全中扮演着关键角色[17, 18]。加密过程包括信息的加密和解密操作。目前主要的加密算法可分为对称加密和非对称加密两类。

1）对称加密：在这类算法中，通信双方使用相同的密钥进行数据的加密和解密，因此需要涉及密钥的协商和交换。

2）非对称加密：在这类算法中，通信双方使用不同的密钥。一般来说，公钥用于加密数据，而私钥则用于解密。每个用户拥有一个独一无二的私钥，而公钥则是公开的。

文献[19]针对云计算环境中的数据流模型，提出了一个数据流安全框架，如图8.2所示。在这个框架中，数据在传感云系统的3层中流动，每层的数据操作都有其特点。其中，感知层的主要任务是感知物理世界、收集数据，然后将数据聚合、压缩和过滤之后传递给网关。网关会对数据进行哈希校验，保证其在上传至云服务器时的完整性。对于有较高安全需求的应用，可以将敏感数据在本地加密存储，其余数据上传至云服务器。

文献[20]进一步提出了数据隐私保护和审计隐私保护的概念。其中，数据隐私保护着重关注用户数据的隐私，包括对用户信息、数据访问和操作记录的保护。而审计隐私保护则侧重于保护关键数据聚合结果的隐私，例如在静态数据计算或多项式方程输出过程中的隐私保护。

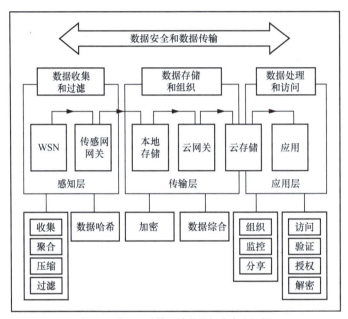

图8.2　基于云计算环境的数据流安全框架

3. 访问控制机制

在传感云系统中，访问控制机制起着至关重要的作用。它涉及主体（如用户或进程）对客体（如文件或数据）的访问权限，以及它们对系统资源的使用。该机制的核心目标是确保合法用户能够正常访问受保护的网络资源，同时阻止未经授权的实体进行访问和防止用户越级访问。访问控制机制主要分为自主访问控制（Discretionary Access Control，DAC）和强制访问控制（Mandatory Access Control，MAC）。其中，自主访问控制允许用户对自己创建的对象（如文件、数据等）进行控制访问，并允许他们将这些对象的访问权限授予其他用户。这种类型的访问控制更多地依赖用户的决策和自由度。而强制访问控制则是由系统实施的一种更严格的访问控制形式。在这种模式下，访问权限并非由资源的拥有者控制，而是根据系统中预先制定的安全策略和规则来进行管理。用户对其创建的对象的访问操作受系统规则的严格限制。

当前的访问控制策略存在多种不同的模型，包括基于对象的访问控制模型、基于任务的访问控制模型以及基于角色的访问控制模型。由于基于角色的访问控制（Role-based Access Control，RBAC）模型在传感云安全防护中被广泛应用，已成为该领域的研究热点之一[21,22]。

4．预防与探测机制

预防和探测机制在传感云系统中扮演着重要角色该机制通过设计一系列规则和特征点来监测系统内对象的行为，从而识别和预防攻击。目前，常见的攻击类型主要分为被动攻击和主动攻击两种。被动攻击主要涉及对用户或节点信息的收集，而不是直接访问。例如，攻击者可能通过信道监听或非法复制文件等方式获取感知数据和用户信息。由于被动攻击通常难以被察觉，因此预防措施显得尤为重要。而主动攻击旨在篡改、伪造或中断系统。其中，篡改操作可能会破坏传感云系统的完整性，例如修改感知数据、替换虚拟传感层中的程序或修改审计结果等。伪造操作会破坏系统服务的真实性，例如在感知层放置伪节点、在传输信道中插入伪数据或在系统中植入后门。中断系统的典型手段如拒绝服务攻击，可能导致传感云系统无法正常运作。当系统遭受攻击时，不仅要检测和定位攻击，还需要采取补救措施来保护数据和系统的完整性，包括实时监控、异常行为检测、入侵检测系统和快速响应机制等。通过这些措施，传感云系统可以更有效地应对各种安全威胁，确保数据和服务的安全。

当前，针对传感云安全的研究主要聚焦于开发预防机制，但这些机制仍不够完善。为了进一步加强传感云的安全性，可以借鉴传感器网络和云计算中关于独立探测和防御的研究。例如，文献 [23, 24] 探讨了传感网中的入侵检测系统，强调了其作为工具、方法和资源的综合体，旨在识别、评估并报告入侵行为的重要性。防火墙是系统的第一道防线，入侵检测系统作为第二道防线，能在第一道防线失败后发挥警报的作用。此外，文献 [25, 26] 对云计算中的入侵检测和防御系统（Intrusion Detection and Prevention System，IDPS）以及警报管理技术进行了探索，并提供了一种具有分类和审查功能的入侵检测方法。

5．可信计算与评估机制

可信计算与评估是指通过特定的方法计算对象的可信度，进而评估该对象的工作模式。在传感云系统的底层，由于不同类型的传感器网络来自不同的提供商，其可信度往往存在差异。因此，评估传感云系统中服务提供商的可信度是确保传感云安全的基础。此外，在传感云系统运行期间，对系统组成模块的可信计算和评估同样不可或缺，例如传感云底层物理节点是否可信，是否影响数据的完整性、可用性和有效性等。当前关于可信计算和评估的研究中，主要的挑战是缺乏统一的可信评估标准，这导致评价体系的可用性较差。在复杂的传感云系统中，设计一套既实用又有效的可信计算与评估方案对于抵御恶意攻击至关重要。

8.2　基于边缘计算的传感云节点轨迹隐私保护方案

如今，智能手机已成为我们日常生活的重要组成部分，其中基于位置服务（Location based Service，LBS）在提供便利的同时，也给隐私保护带来了挑战。用户轨迹记录了用户在一段时间内的位置序列，包含大量的时空信息，若不加以保护将会导致用户隐私的泄露。以共享单车应用为例，在用户使用共享单车期间，手机软件（App）会不断获取用户位置以防用户骑出运营区。如果没有设置合理的保护措施，这些位置序列可能会向运营商透露用户的详细住址、工作地点、通勤习惯等隐私信息，从而对用户个人隐私造成严重的威胁。

本小节介绍一种基于边缘计算的传感云节点轨迹隐私保护方案[27]，旨在确保传感云系统正常运行的同时保护传感器节点的轨迹隐私。该方案的系统架构如图 8.3 所示，由用户、边缘服务器和 LBS 服务器组成。其中边缘服务器是用户和 LBS 服务器之间的中介，由用户的空闲本地服务器组成，这能够保证用户对边缘服务器具有完全的物理控制权。以下是该方案的工作步骤。

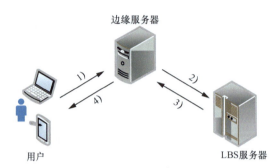

图8.3 基于边缘计算的传感云节点轨迹隐私保护方案的系统架构

1）位置信息上传与签名验证：用户将其位置信息上传至边缘服务器，上传的信息中附有签名验证信息，包括用户 ID、查询时间和具体位置。

2）数据加密与虚假轨迹生成：边缘服务器根据用户提供的真实轨迹信息生成相应的虚假轨迹。为确保数据的私密性和安全性，边缘服务器使用非对称加密算法对数据进行加密。边缘服务器会存储部分数据，并将加密后的数据传输至 LBS 服务器。

3）LBS 服务器解密与服务提供：LBS 服务器收到数据后进行解密，并根据解密后的数据提供相应的查询服务，最终将查询结果返回边缘服务器。

4）用户服务信息反馈：边缘服务器接收到来自 LBS 服务器的服务信息，根据用户 ID 将这些信息准确地提供给相应用户。

通过以上步骤，该方案能够在保护用户的轨迹隐私的同时，保证传感云系统的正常运行，提供正常的 LBS 服务。这种方法充分利用了边缘计算的优势，通过在用户和 LBS 服务器之间设置一个中介层来增加隐私保护，同时利用加密技术确保数据传输的安全性。

8.2.1 攻击类型与隐私保护衡量标准

1. 攻击类型

在讨论传感云系统的安全问题时，明白不同类型的攻击及其特点是非常重要的。以下介绍两种主要的攻击类型。

1）内部攻击。这种类型的攻击是由系统内部成员发起的。例如，一个恶意的系统管理员可能会故意泄露用户或系统的敏感信息，从而对系统造成潜在的安全威胁。用户自己也可能无意中造成内部攻击，比如在社交平台上（如微博或脸书）分享内容时，可能会间接地将部分信息暴露给攻击者，从而对自身的隐私造成潜在的威胁。

2）外部攻击。外部攻击可以进一步分为主动攻击和被动攻击。在主动攻击中，攻击者可能会发送恶意信息来误导或欺骗用户，例如通过诱导攻击等手段。而被动攻击中，攻击者并不需要直接与用户进行交互，比如通过收集用户的地理信息和社交信息来推测用户的真实位置。

2. 隐私保护衡量标准

为了衡量轨迹隐私保护的效果，本小节将以下 4 个指标作为衡量标准。

1）轨迹泄露概率（Trajectory Leakage Probability，TLP）。在讨论轨迹隐私保护方案时，真实轨迹和虚假轨迹的交点数量是一个非常重要的考虑因素。交点是指真实轨迹与虚假轨迹在某一或多个点上相交的地方。当存在多个这样的交点时，真实轨迹的泄露概率将会降低，因为攻击者更难确定哪条是真实轨迹。如图 8.4 所示，假设真实轨迹为 (2,4,6)，并与虚假轨迹仅有 1 个交点（4）。除了虚假轨迹 (1,4,7) 和 (3,4,5)，还存在另外 6 条虚假轨迹［如 (1,4,5) 等］，在此情况下轨迹泄露的概率是 1/9。基于此观察，可以定义 $\text{TLP} = 1 / N_t$，其中 N_t 是总轨迹数量，包括真实轨迹和所有虚假轨迹。这种方式量化了保护轨迹隐私的有效性：总轨迹数量越多，真实轨迹被正确识别的难度越大，因此 TLP 越低。

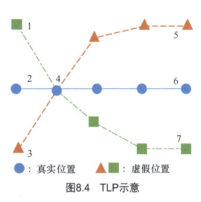

图8.4 TLP示意

2）位置泄露概率（Position Leakage Probability，PLP）。PLP 是一个衡量真实位置泄露风险的重要指标。这个指标的核心是计算在所有可能的位置中，真实位置被识别出的概率。PLP 的计算公式为：$\text{PLP} = k / N_p$，其中 k 代表真实位置的数量，N_p 代表总位置数，包括真实位置和虚假位置。根据这个公式，PLP 的值反映了真实位置被正确识别出的概率。理论上讲，随着虚假轨迹数量的增加，PLP 值会降低。这是因为虚假轨迹增多会使总位置数量（N_p）增加，而真实位置的数量（k）保持不变，从而降低了真实位置被正确识别出的概率。

3）平均欧几里得距离（Averaged Euclidean Distance，AED）。AED 是衡量真实轨迹与虚假轨迹之间差异的重要指标。在轨迹隐私保护方案中，生成的虚假轨迹应与真实轨迹有足够的区分度，以确保真实轨迹不易被识别出来。AED 的计算公式如式（8.1）所示，其中 n 代表虚假轨迹的总数，$\text{dis}_{i,r}$ 表示第 i 条虚假轨迹与真实轨迹之间的距离。

$$\text{AED} = \frac{1}{n} \sum_{i=1}^{n} \text{dis}_{i,r} \qquad (8.1)$$

通过计算真实轨迹与每条虚假轨迹之间的 AED，可以量化虚假轨迹的有效性。AED 值越大意味着虚假轨迹与真实轨迹之间的差异越大，从而提高了隐私保护的效果。然而，也需要注意，虚假轨迹与真实轨迹之间的差异不能过大，以避免影响数据的真实性和可用性。因此，在设计轨迹隐私保护方案时，应该努力在隐私保护和数据实用性之间找到一个合理的平衡点。

4）本地数据量（Local Data Volume，LDV）。LDV 是评估传感云系统中边缘服务器存储策略的一个重要指标。在设计轨迹隐私保护方案时，考虑到数据的物理控制需求，通常会将部分数据存储在边缘服务器上。LDV 的确定需要在两个关键因素之间找到平衡点。其中一个关键因素是数据泄露风险。如果边缘服务器上存储的数据量太少，可能无法提供足够的数据混淆，从而增加了原始数据被攻击者还原的风险。在这种情况下，攻击者可能更容易区分出真实数据和虚假数据，从而导致隐私泄露。另一个关键因素是存储压力。如果边缘服务器上的数据量过多，可能会对服务器造成过大的存储压力。这不仅会影响服务器的性能，还可能增加系统的维护成本。因此，在决定 LDV 时，需要考虑到边缘服务器的存储能力和数据安全需求。理想情况下，应该选择一个既能够有效保护数据隐私，又不会对服务器性能造成过大影响的存储量。这可能需要通过实验和分析来确定最佳的存储策略，以确保数据的安全性和系统的高效运行。

3. 虚假轨迹生成算法

在设计虚假轨迹生成算法之前，需要明白虚假轨迹应满足以下 4 个条件。

1）相似性。虚假轨迹应与真实轨迹具有一定的相似度，以便更好地误导攻击者。这意味着虚假轨迹在某种程度上应该模拟真实轨迹的特征，如移动模式和停留点。

2）交叉性。虚假轨迹应与真实轨迹存在交点。交点的存在使得识别真实轨迹变得更加困难。但是，过多的交点可能会提高 PLP，而过少则可能会增加 TLP。因此，需要在 PLP 和 TLP 之间找到一个平衡点。

3）合理性。生成的虚假轨迹应该在地理上是合理的。例如，轨迹不应该出现在不可能的位置，如河中或不可进入的区域。这要求在生成虚假轨迹时，考虑地理环境和实际可行性。

4）相关性。虚假轨迹可以参考用户的历史位置记录，以提高其真实性。生成的轨迹应当在用户的社交圈范围内，以使其看起来更加可信。这种方法可以增加攻击者分辨真假轨迹的难度。

为了更好地实现轨迹隐私保护，下面介绍一个基于旋转的生成轨迹算法，即虚假轨迹生成算法（见算法 8.1）。其核心思想是在当前真实轨迹的基础上，通过适当的旋转角度来生成新的虚假轨迹。选择一个合适的旋转角度是该算法的关键。如果旋转角度太大或太小，生成的轨迹可能会与真实轨迹过于接近，从而降低隐私保护的效果。因此适当的旋转角度可以确保虚假轨迹与真实轨迹保持一定的相似性，同时又具有足够的区分度。考虑到虚假轨迹与真实轨迹之间的距离与旋转角度大小直接相关，可以假设隐私等级与旋转角度之间呈高斯分布关系。这意味着随着旋转角度的变化，隐私保护的效果也会相应地变化，通常在某个角度附近达到最优。

算法 8.1　虚假轨迹生成算法

输入：真实轨迹，旋转角度步长 Δ，虚假轨迹数量 k；
输出：虚假轨迹；

1：**for** $i = \Delta : \Delta : \dfrac{2\pi}{k}$ **do**

2： 生成k条虚假轨迹，计算对应的 AED；

3： **end for**

4： 计算高斯概率密度（Gaussian Probability Density，GPD），选择最大的 GPD 对应的角度作为旋转角θ；

5： **for** $i=1:k$ **do**

6： 在当前轨迹上随机选择一个位置作为旋转点，顺时针旋转θ生成新轨迹；

7： 检查新轨迹，替换不合理的位置；

8： 将新轨迹设为当前轨迹；

9： **end for**

在虚假轨迹生成算法的执行过程中，逐渐增大旋转角度，可以得到一系列的虚假轨迹样点。接下来计算这些样点与真实轨迹之间的 AED（参见算法 8.1，第 1 行～第 4 行），以及每个 $\mathrm{dis}_{i,\mathrm{r}}$ 的高斯概率密度 GPD_i：

$$\mathrm{GPD}_i = \frac{1}{\sqrt{2\pi}\sigma} \times \mathrm{e}^{-\frac{\left(\mathrm{AED}-\mathrm{dis}_{i,\mathrm{r}}\right)^2}{2\sigma^2}} \tag{8.2}$$

计算所有的 GPD 后，选择最大的 GPD 对应角度 θ 作为最终旋转角。接着根据所获取的旋转角生成虚假轨迹。如图 8.5 所示，在真实轨迹中，随机选择一个旋转点将当前轨迹顺时针旋转 $\theta°$，即可得到新轨迹。接着，检查新轨迹中的各个位置，看是否满足位置的合理性和相关性，若不满足，则在不合理位置附近随机选择旋转点替换原旋转点。

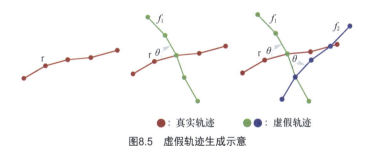

●：真实轨迹 　●●：虚假轨迹

图8.5　虚假轨迹生成示意

定理 8.1： 旋转角度应不大于 $2\pi/k$，其中 k 为虚假轨迹数量。

证明： 在上述算法中，虚假轨迹由真实轨迹逐步旋转 $\theta°$ 得到。旋转一圈为 2π，假设需要生成 k 条虚假轨迹，如果旋转角度大于 $2\pi/k$，则产生重复的轨迹。例如，如果最大角度 $\theta = \Delta + 2\pi/k$，则以旋转角度为 Δ 生成的路径为重复路径。因此，旋转角度应不大于 $2\pi/k$。

8.2.2　安全性分析

下面对所提方案的安全性进行分析，具体分为以下 3 种情况。

1）LBS 服务器部分数据被泄露。攻击者能够获取 LBS 服务器中的部分数据，而边缘服务器内的数据处于安全状态。在上面介绍的方案中，数据首先会被加密，接着部分密文数据将被存储在边缘服务器中，其余部分会上传至 LBS 服务器。即便 LBS 服务器的数据被非法获取，由于攻击者无法获取边缘服务器中的关键数据，因此他们仍然无法还原完整的原始数据。

2）LBS 服务器被劫持。在此假设下，攻击者成功劫持了 LBS 服务器，并向其发送恶意请求，从而获取边缘服务器和LBS 服务器的全部数据。然而，得益于虚假轨迹生成算法产生的虚假轨迹，即使攻击者成功解密所有数据，真实的轨迹信息也仍然难以获得。这是因为虚假轨迹生成算法根据轨迹的相似性、交叉性、合理性以及相关性准则生成虚假轨迹，从而极大地增加了真实轨迹被识别的难度。可以说，这种算法为数据安全提供了双重保障。

3）用户部分真实数据泄露。攻击者不仅获得了所有轨迹信息，还获取了部分真实数据。这种情况下，由于虚假轨迹和真实轨迹之间存在交点，如果泄露的位置信息恰好是这些交点，攻击者可能确实能够利用这些信息来推断出真实轨迹。但这是一个相对苛刻的情境。同时，如果采用了高强度的加密技术，那么攻击者解密所有数据的难度也会大大增加。

8.2.3　模拟仿真

为了更贴近真实环境，本小节选择了某大学的卫星地图作为实验场景，并收集了部分学生的行动轨迹作为研究样本。为了对比分析，实验还实现了另外两种隐匿算法：第一种是随机旋转算法，它通过使用随机角度来生成新的虚假轨迹；第二种是旋转最大化算法，这种方法在每次旋转时都会使用 $2\pi/k$ 的角度来创建虚假轨迹。

1. AED 分布比较实验

图 8.6 展示了虚假轨迹数量 k 从 2 增加到 6 的过程中，TLP 和 PLP 的变化情况。从图中可以明显看出，随着 k 值的增加，TLP 和 PLP 都呈现下降趋势。这是因为 k 值变大时，总的轨迹和位置数量也相应增加，而真实轨迹和位置数量保持不变，从而导致了两种泄露概率的降低。

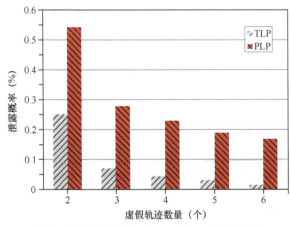

图8.6　不同虚假轨迹数量下TLP和PLP的变化情况

图 8.7 展示了 AED 的高斯分布，这里增量步长 Δ 被设定为 5。从图中可以看出，当 AED $\approx$ 400 时，出现的轨迹数量最多，即轨迹和位置的出现频率达到最高点。这意味着较小的步长 Δ

就能产生更多的样本轨迹，进而增加选择合适旋转角度的可能性。

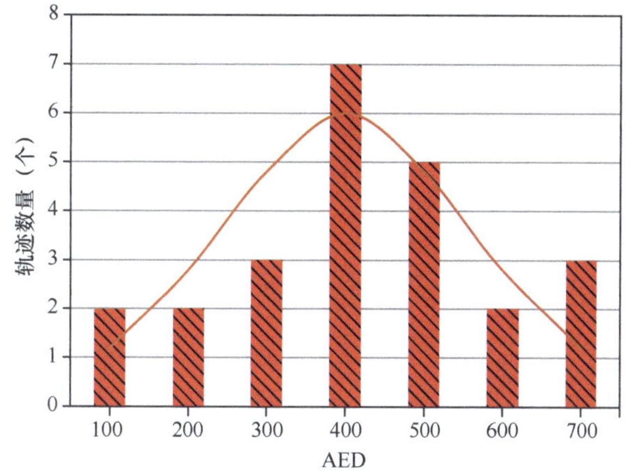

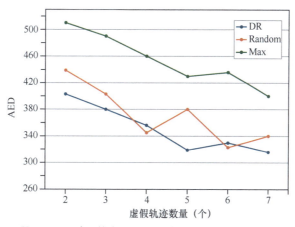

图8.7 步长为5时AED的高斯分布

图 8.8 展示了虚假轨迹数量 k 从 2 增加到 7 的过程中 AED 的变化趋势，其中步长 Δ 被设定为 5。图中，DR、Random、Max 分别代表本章介绍的虚假轨迹生成算法、随机旋转算法以及旋转最大化算法。图中结果表明，3 种不同算法的 AED 总体上呈现下降趋势。然而，在随机旋转算法中，由于采用随机旋转角度，AED 出现了不规则的波动。特别是当 $k=6$ 时，随机旋转算法的 AED 有小幅上升，这可能是因为位置的不合理替换。随着 k 的增大，AED 逐渐趋向稳定。

图8.8 不同虚假轨迹数量下不同算法的AED的变化情况

图 8.9 则展示了隐蔽面积随着虚假轨迹数量 k 的增加而变化的情况。在本实验中，隐蔽面积是通过计算 $(x_{max}-x_{min})\times(y_{max}-y_{min})$ 来得出的，其中 x_{max}、y_{max} 是最大坐标值，而 x_{min}、y_{min} 是最小坐标值。随着虚假轨迹数量的增加，隐蔽面积呈现上升趋势。当 $k>5$ 时，3 种算法的隐蔽面积的增长率开始下降，这可能是因为当 k 足够大时，虚假轨迹几乎覆盖了整个地图区域。由于随机性的影响，图 8.8 和图 8.9 中的数据出现了一些波动。

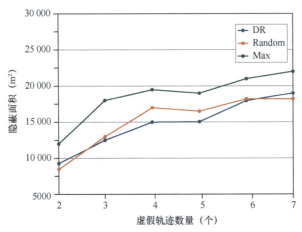

图8.9　不同虚假轨迹数量下不同算法的隐蔽面积的变化情况

2. 数据恢复对比实验

为了模拟数据缺失的情形并探索相应的处理策略，本小节采用了一种常见的数据插补技术——均值插补法，它通过用数据集中所有实例的平均值来填补缺失数据。本实验使用 R 语言进行仿真操作。

具体来说，实验使用了波士顿房价数据集（Boston House Dataset），该数据集含有 14 个变量和 504 个数据实例。考虑到原始数据集中并没有缺失值，实验中随机生成了 25 个缺失值以模拟数据缺失的情景。图 8.10 展示了在插入缺失值后数据集的结构，从图中可以看出这些缺失值主要集中在 5 个变量。

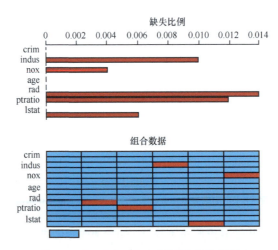

图8.10　数据恢复对比实验的缺失值构成情况

为了衡量数据插补的准确性，实验使用了平均绝对值误差（Mean Absolute Error，MAE）、MSE 以及 RMSE 作为评估指标。图 8.11 展示了随着缺失值数量的增加，这 3 种误差指标的变化趋势。结果显示，当缺失值数量超过 40 个，即大约占总数据的 8% 时，3 种误差指标均出现明显上升。这说明大量的缺失值会显著影响数据集的均值，从而导致插补误差的增加。

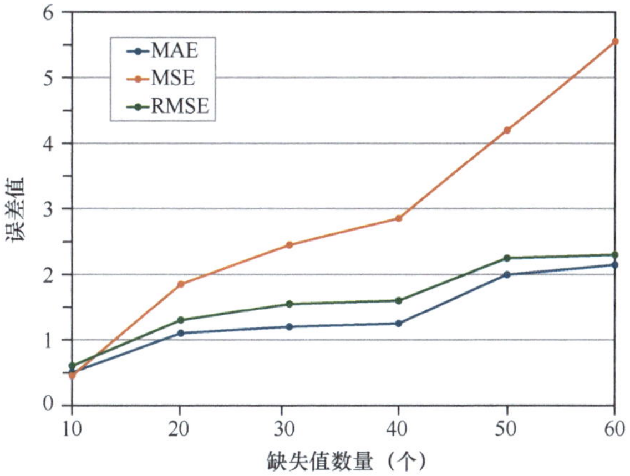

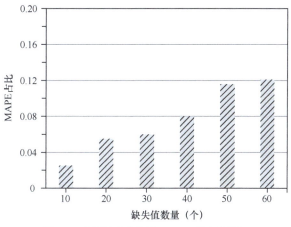

图8.11 不同缺失值数量下误差值的变化情况

图 8.12 展示了平均绝对百分比误差（Mean Absolute Percentage Error，MAPE）随着缺失值数量变化的趋势。MAPE 是一种衡量预测模型准确度的统计指标，它通过计算预测值与实际值之间差异的百分比来评估预测的精度。

图8.12 不同缺失值数量下MAPE的变化情况

从图 8.12 中可以看出，随着缺失值数量的增加，MAPE 指标逐渐升高，这表明插补误差在增长。特别是当数据缺失比例接近 10% 时，MAPE 的增长更加显著，并超过了 10% 的临界值。这一发现表明，为了有效地防止数据的潜在损失并保障信息的隐私性，至少需要将总数据量的 10% 存储在边缘服务器上。这样的策略有助于确保即使在部分数据丢失或受到攻击的情况下，数据集的完整性和隐私性仍能得到有效的保护。

8.3 基于边缘计算的传感云数据存储与查询隐私保护机制

随着智能计算基础设施和大容量存储技术的发展，开放式云技术已在多种环境中被广泛应用，为信息处理和分发提供了空前的便利。智能设备普及的同时，信息分析技术也在移动终端等多个平台上展现出其实用性，为用户带来极大的方便。然而，设备数量的增加和数据的持续产生给传统云架构带来了挑战，特别是在需要实现复杂的网络功能时，这种架构难以灵活适应，无法满足系统在可用性和隐私保护方面的需求。

数据存储和检索的效率及安全性是用户最关心的问题。随着大量数据被外包到云存储，一旦数据离开用户的直接控制，就存在巨大的安全风险。数据在传输或检索过程中可能遭到非法访问、泄露或篡改，从而使其中的敏感和隐私信息受到威胁。为此，可搜索加密（Searchable Encryption，SE）技术被提出以保护数据隐私，但传统的可搜索加密方案主要针对静态数据，只能提供有限的安全保护，对某些恶意用户来说，共享信息仍可能泄露。更严重的是，攻击者可能与服务器合作，以非法手段获取信息。因此，需要在数据的整个生命周期中的每个阶段提供适当的保护措施。

随着实时计算和动态参数需求的增加，需要在数据源附近处理和存储大量数据。因此，边缘计算作为一种新兴技术被提出，并作为传统云存储的替代方案。边缘计算的优势在于能够更智能地处理终端设备的数据，并在网络边缘提供计算服务。然而，仅依赖云计算或边缘计算并不能解决所有隐私问题，结合这两者可能是解决这些问题的关键。

针对上述问题，本小节结合云计算和边缘计算的优势，建立了一个本地-边缘-云的3层检索模型，即基于边缘计算的饱和增强型检索模型，如图8.13所示，旨在提高处理效率并加强数据隐私保护。该模型的操作流程如下。

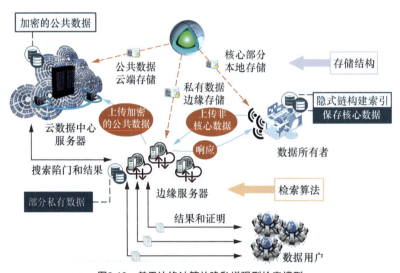

图8.13　基于边缘计算的隐私增强型检索模型

1）数据划分。数据所有者首先将要存储的数据分为两类，即核心数据（敏感数据）和非核心数据。核心数据保留在本地设备中，而非核心数据则上传到边缘服务器。

2）边缘计算的数据加密。在边缘服务器上，使用可搜索加密技术对非核心数据进行加密。随后，这些数据被进一步划分为公共数据和私有数据。公共数据被上传到云端，而私有数据保留在边缘服务器。这一步骤的目的是最大化数据隐私保护，因此大部分数据保存在云端，只有少量数据存储在边缘服务器上。

3）数据检索请求。当用户需要某些数据时，他们可以向边缘服务器发出检索请求。

4）分层返回结果。云数据中心服务器对所有匹配的加密数据进行检索，并通过边缘服务器分层次地将结果返回给用户。

5）用户解密。用户收到加密数据后，进行解密并从中提取他们所需的信息。

8.3.1　数据分层存储框架

数据分层存储主要涉及两个步骤，即核心数据提取和数据划分。

1. 核心数据提取

根据信息量分析，可以将取值最大的数据部分看作核心数据，也就是数据中最重要的部分。这一部分是检索的关键，但同样会有隐私问题的隐患。随着未知部分的复杂性日益增加，通过访问非核心数据来推测原始数据变得更加困难。因此，引入信息熵逐渐缩小核心数据区域，有助于实现基于语义保护的数据提取算法。在文本推荐算法中，通常使用信息熵作为信息定量的指标，其计算公式如式（8.3）所示。

$$R = -\sum_{i=1}^{n} p(e_i) \times \log_2(p(e_i)) \tag{8.3}$$

其中，$p(e_i)$ 表示 e_i 出现的概率，i 表示信息的数量。信息熵通常用于文本推荐算法，而本节使用它的基本理论来选择空间向量的度量来量化数据信息

假设 $R[\Gamma(r,o)]$ 为 $\Gamma(r,o)$ 的信息熵值集合，并按升序排序。由于信息熵的数值特征，这种排列可以映射到一个固定的区间上，该区间被定义为式（8.4）。

$$U\{\min R[\Gamma(r,o)], \max R[\Gamma(r,o)]\} \tag{8.4}$$

因此，有 $R[\Gamma(r,o)] \in U$。

定义 8.1：最接近熵差。 最接近熵差表示任意两个相邻信息熵值按升序排序后的差值。最接近熵差可表示为 $N[\Gamma(r,o_1), \Gamma(r,o_2)]$：

$$N[\Gamma(r,o_1), \Gamma(r,o_2)] = |R[\Gamma(r,o_1)] - R[\Gamma(r,o_2)]| \tag{8.5}$$

$$o_2 - o_1 = 1 \tag{8.6}$$

定义 8.2：阈值。 最接近熵差的阈值是测量数据的区间尺度。假设 N_r 表示 $S_r[\max(w_r)]$ 的最接近熵差的阈值，S 表示多个集群组成的集合，w 表示 $\Gamma(r,o)$ 在 S 中的数量。$\Gamma(r,o)$ 是区间 U 中连续类型的随机变量。由此可以得到联合分布：

$$\frac{R[\Gamma(r,o_2)] - R[\Gamma(r,o_1)]}{\max R[\Gamma(r,o)] - \min R[\Gamma(r,o)]} = \frac{1}{w-1} \tag{8.7}$$

根据式（8.5）～式（8.7），可以得到：

$$\overline{N} = \frac{\max R\left[\Gamma(r,o)\right] - \min R\left[\Gamma(r,o)\right]}{w-1} \tag{8.8}$$

根据式（8.8），可以分析出数据的最接近熵差大于 N，则将其划分为两个不同的集群。

定义 8.3：平均熵近似值。 平均熵近似值是通过计算数据信息的每个密集点与密集点集的平均熵值之间的差异来确定的绝对值。该点可以最小化绝对值，它是距离密集点集中心最近的点。假设 e 表示 l 簇中的第 e 个簇，平均熵近似值 $\overline{R\left[\Gamma(r,e)\right]}$ 可以通过式（8.9）计算得到：

$$\overline{R\left[\Gamma(r,e)\right]} = \frac{1}{w}\sum_{o=1}^{w} R\left[\Gamma(r,o)\right] \tag{8.9}$$

其中，w 代表簇中元素的总数量，$R\left[\Gamma(r,o)\right]$ 是单个元素的熵值。

2. 数据划分

本小节内容涉及利用信息熵来确定需要提取的数据量，并采用里德 – 所罗门（RS）编码方法对数据进行划分，具体步骤如下。

1）数据映射与哈希处理：将待存储的数据映射，使每个数据块对应一个生成矩阵，然后将其哈希到一个数据矩阵 $\overline{D}$。

2）数据编码：通过将编码矩阵与数据矩阵 $\overline{D}$ 相乘来生成编码块，这些编码块分为源数据块和冗余块。

3）数据解码：为了解码这些数据块，需要从中选出满足恢复条件的 k 块，并执行逆矩阵运算。根据 RS 编码规则，选择参数 w 时必须满足条件 $k+n \leqslant 2^w$。

4）数据恢复与安全性：在数据缺失情况下，恢复数据的难度可以通过计算不同有限域（$GF(2^w)$）的大小及恢复数据所需时间来衡量。由于参数 w 的值通常较大，保证了通过分割后的数据恢复原始数据的难度，为数据提供安全保障。

在此上下文中，所存储的数据和地址验证码等被视为 $GF(2^w)$ 的元素或符号。通过将编码矩阵与 $\overline{D}$ 矩阵相乘，可以得到 k 个数据块，组成矩阵 X。矩阵 X 中的元素也属于 $GF(2^w)$。在 $GF(2^w)$ 中，元素的生成是通过原始多项式进行计算的，具体操作细节见算法 8.2。

算法 8.2　GF(2^w) 的计算过程

输入：任意原始多项式 $P(x)$、初始数组 $\{0,1,x\}$；

输出：完整 $GF(2^w)$ 元素；

1:　**repeat**

2:　　取数据集合中最末一位元素 t 乘以 x；

3:　　比较计算结果 d 与 w；

4:　　**if** $d \geqslant w$ **then**

5:　　　　　在集合中加入 $t \times x \bmod P(x)$；

6:　　**else**　　　　　　　　// 节点为调度类型

7:　　　　　将 $t \times x$ 添加到集合中；

8:　　**end if**

9:　**until** $t \times x \bmod P(x) == 1$

在 $GF(2^w)$ 内，编码矩阵的维度为 $wk \times w(k+m)$，其中 m 代表丢失的数据块数量。下面将输入数据表示为向量集合 $V = \{V_1, V_2, \cdots, V_n\}$，将编码数据表示为向量 $\mathcal{V} = \{V_1, V_2, \cdots, V_n, C_1, C_2, \cdots, C_m\}$。若数据的某部分发生丢失或出错，该算法将依赖剩余的源数据以及冗余数据来实施恢复。因此，数据块的解码过程实际上是基于满足恢复条件的 k 个数据块来执行逆矩阵操作。

8.3.2　数据查询策略与分析

本地与边缘服务器之间的数据存储和上传的过程构成了一级检索机制。本小节基于隐式链接设计了一个索引框架，用于核心数据与非核心数据之间的匹配。尽管增加了保护数据检索隐私的边缘节点，但这也带来了新的挑战。通常情况下，用户在一次会话中只会连接一个边缘服务器进行数据存储。当本地用户向边缘服务器发起数据检索请求时，边缘服务器需要遍历所有子服务器以定位所请求的数据。因此，建立一个检索索引来指导和维护存储关系变得非常重要。为了在检索时保护用户数据的隐私，本小节在检索方案中采用了一个高效的隐式索引策略。

索引的构建基于本地用户存储核心数据和上传非核心数据的过程。预处理算法为核心数据生成一个文件序列号 $ID(f)$。每个本地用户都运行隐式链接方案来生成并存储索引，这个索引表示为 $(\lambda_c, ID(f))$（$\lambda_i = \rho_1(\kappa'_s, D \| i)$，$1 \leqslant i \leqslant c$）。其中，$\rho_1$ 是一个安全的伪随机函数；D 是边缘端子服务器的 ID；κ'_s 是一个私钥，用于响应来自边缘服务器的本地用户请求，将在后续内容中详细描述。每当本地用户向子服务器上传数据时，计数器 c 就增加 1，然后通过以下操作生成索引列表：

$$
\begin{aligned}
\lambda_1 &\leftrightarrow \langle \lambda_0 \| \theta_0 \rangle \oplus \rho_2(\theta_1, \lambda_1) \leftrightarrow ID(f_1) \\
\lambda_2 &\leftrightarrow \langle \lambda_1 \| \theta_1 \rangle \oplus \rho_2(\theta_2, \lambda_2) \leftrightarrow ID(f_2) \\
&\cdots \\
\lambda_c &\leftrightarrow \langle \lambda_{c-1} \| \theta_{c-1} \rangle \oplus \rho_2(\theta_c, \lambda_c) \leftrightarrow ID(f_c)
\end{aligned}
\tag{8.10}
$$

其中，ρ_2 是一个安全的伪随机函数，θ_i（$1 \leqslant i \leqslant c$）是从计数结果导出的随机私钥，结果将通过位操作来计算。定理 8.2 证明了上述方案的正确性。

定理 8.2： 安全伪随机函数 ρ_1 和 ρ_2 均为无碰撞的，即两个函数产生相同输出的概率极小。在这种前提下，本节介绍的算法将被认为是正确的，并且其错误率是可以被忽略的。

证明： 设有 $\langle \lambda_{c-1} \| \theta_{c-1} \rangle \oplus \rho_2(\theta_c, \lambda_c)$。当 $\rho_2(U') = \rho_2((\theta_c, \lambda_c), \rho_1(\kappa'_s, D \| i))$ 成立时，可以找到与之对应的 $\rho_2(U')$，其中 U' 为相关计算信息。由于安全伪随机函数 ρ_1 和 ρ_2 都是无碰撞的，在

第一次匹配之后，该算法可以对 (θ_c, λ_c) 进行第二次匹配，直到找到目标索引条目为止。

这里将举一个基于边缘计算的隐式索引的例子来直接显示隐式索引的可用性，如图 8.14 所示。以中间的用户为例，可以看出，用户的数据存储在 3 个边缘子服务器中。$\mathrm{ID}_1, \mathrm{ID}_2, \cdots, \mathrm{ID}_5$ 是存储序列，子服务器表示为 D_1、D_2、D_3。虚线表示隐式索引的视觉效果。假设用户存储了 4 个数据 ID_1、ID_2、ID_3、ID_4，并在初始状态下建立了相应的索引 $D_1 \to \mathrm{ID}_1, \cdots, D_3 \to \mathrm{ID}_4$。接下来，用户存储第 5 个数据 ID_5，如红线所示，红线意味着指数将被改变。ID_5 是由上一轮结果生成的，即新的 $D_1 \to \mathrm{ID}_5$ 将使用 $D_1 \to \mathrm{ID}_1$ 进行计算，计算结果将被添加到列表中，并将前一轮记录 $D_1 \to \mathrm{ID}_1$ 删除。

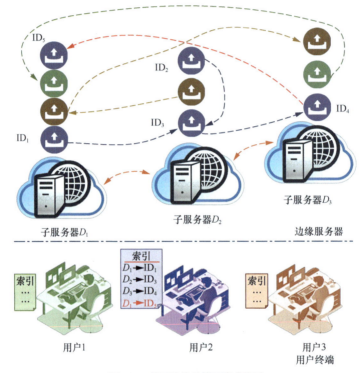

图8.14　基于边缘计算的隐式索引

当系统运行一级检索时，用户只需要在索引 (θ_c, λ_c) 中选择相关子服务器的最终记录，即可获得实际索引：

$$\langle \lambda_{c-1} \| \theta_{c-1} \rangle \oplus \rho_2(\theta_c, \lambda_c) \oplus \rho_2(\theta_c, \lambda_c) \tag{8.11}$$

8.3.3　分层检索的混合加密机制

为了保护不同层次的检索隐私，同时确保数据检索的安全性和准确性，本小节采用轻量级且高效的可搜索加密方法。这种方法可以与传统的加密技术相结合并进一步扩展，以解决新的问题。根据前面的分析，加密查询必须满足语义保护的要求，同时也保证了子线性搜索的复杂性。

所谓的子线性搜索复杂度是指搜索复杂度与匹配密文数量之间的线性关系。具体来说，如果将搜索序列的线性复杂度定义为$L(Q)$，其中Q为线性反馈寄存器的最小长度，那么关键字序列O必须满足较高的线性复杂度，表示为$L_{\text{large}}(K)$。这是因为使用伯利坎普-梅西（Berlekamp-Massey，B-M）算法[28]时，如果有最多$2 \times L_{\text{large}}(K)$个连续位匹配，该算法能有效确定$K$的线性反馈寄存器。在实际应用中，执行这类搜索算法通常依赖边缘计算或云计算资源，以确定密文中存在的相同关键字。

首先简要地描述一些基本概念和定义。设$\mathbb{Z}_1$和$\mathbb{Z}_1'$是两个代数群，并且定义了一个双线性映射$\hat{\Theta}: \mathbb{Z}_1 \times \mathbb{Z}_1' \to \mathbb{Z}_2$。当$\mathbb{Z}_1 = \mathbb{Z}_1'$时，$\hat{\Theta}$可以被视为对称的双线性映射。在密码学中，与$\mathbb{Z}_1$和$\mathbb{Z}_2$相关的配对和乘法操作通常需要较高的计算成本。因此，为了优化性能，本节寻求一种成本更低的操作方式，即混合加密。

混合加密方案是专门为3层数据存储结构设计的。在这种结构中，定义了4个主要的实体：云服务器、边缘服务器、数据用户和数据所有者。值得注意的是，数据所有者和数据用户有可能是同一个实体。以下是该方案的具体实施步骤。

1）参数预设。这是整个混合加密方案的起始步骤，目的是为系统后续操作建立必要的基础参数，这些参数是根据特定的私有需求而定制的，主要包括公钥和私钥两部分。公钥用于对数据进行外部加密，确保其在传输和存储期间的安全性。相对地，私钥作为解密工具，用于解密使用公钥加密的数据。在本方案中，公钥加密和私钥加密将被适当地组合，两者在边缘服务器上计算，并向数据所有者发送响应消息。

2）可搜索密文的隐藏结构。为了优化搜索性能，需要重新组织密文。一个有效的方式是隐藏关键字与数据项之间的相关性，从而保障语义安全。所有包含相同关键字的密文将通过相应的隐蔽信息链接在一起。这个设计分为公共部分和私有部分，并将该信息存储为一个记录，用于连接每个链条的公共头部。在边缘服务器上执行此操作时，会从记录中查找第一个匹配的文本，并继续搜索直到找到目标对象。

3）加密操作。这一过程结合了公钥加密和私钥加密，并涉及提取预定关键字的操作。除了对明文进行加密，还需要输出与隐秘结构相关的预先生成的结果。在初始化阶段，关键字的生成将通过一系列步骤完成。在后续操作中，它将为隐藏结构提供必要的更新。

4）设置陷门。基于预期的关键字和私钥，生成与该关键字相关的检索陷门。这个操作主要是为了确保从边缘服务器到云服务器的搜索指令的安全性。

5）目标检索。此步骤旨在查找与关键字匹配的密文段，最终的检索结果将从云端返回。

8.3.4　3层结构的检索方案分析

在3层结构的检索方案中，检索算法应当结合公钥加密的关键字搜索和对称加密技术［例如数据加密标准（Data Encryption Standard，DES）的公钥加密机制］。因此，该方案的执行结果将与传统方法有所不同。以下是对其内容的简要描述。

1. 参数预设

首先定义 $\text{PG}(1^\mu)$ 为一个生成函数，它以安全参数 1^μ 作为输入。关键字空间由 $\Phi=\{0,1\}^*$ 表示。因此，该步骤可以表述为 $\text{Sp}(1^\mu,\Phi)\to(f,\mathbb{Z}_1,\mathbb{Z}_2,T,\hat{\theta})$，并通过执行 $\text{PG}(1^\mu)$ 来完成。随后，随机选择 $e\in Z_f^*$，使得 $W=eT$，输出主私钥 $\kappa_s=e$。

然后选取两个哈希函数：$h_1:\{0,1\}^*\to\mathbb{Z}_1$ 和 $h_2:\mathbb{Z}_2\to\{0,1\}^{256}$，通过在边缘端服务器上执行操作，输出主公钥 $\kappa_p=(f,\mathbb{Z}_1,\mathbb{Z}_2,T,\hat{\theta},W,h_1,h_2,\Phi)$。边缘服务器将密钥 κ_s 保密，并仅提供给数据所有者，而主公钥 κ_p 则可以公开给所有用户以及云服务提供商。

2. 结构隐藏

此操作可以表示为 $\text{Hs}(\kappa_p)\to(P_r,P_u)$，其中 P_r 初始化为隐藏结构的私有部分。当 κ_p 作为输入时，P_u 为其公共部分。随机选择 $v\in Z_f^*$，计算 $P_u=v\cdot T$ 和 $P_r=v$。

该私有部分 P_r 的列表表示为 $(v,\{(\varphi,U[v,\varphi])\mid\varphi\in\Phi\})$，其中 $U[v,\varphi]\in\mathbb{Z}_2$。算法 $\text{Hs}(\kappa_p)$ 将在边缘服务器上计算。它的输出 P_r、P_u 将分别存储在边缘服务器和云服务器中。存储在边缘服务器中的私有部分可以被用作边缘与云之间检索过程的索引。

3. 加密密文

算法 $\text{Ec}(\kappa_p,\varphi,P_r)$ 将主公钥 κ_p、关键字 $\varphi\in\Phi$ 和私有部分 P_r 作为输入，对同一段内容使用不同的关键字进行加密，并分别计算与保存。这个过程的详细步骤在算法 8.3 中进行了描述。

算法 8.3　云端存储数据部分的加密计算过程

输入：主公钥 κ_p、关键字 $\varphi\in\Phi$、私有部分数据 P_r；
输出：关键字所对应的加密字段 $\mathbb{R}$；

1：为关键字 φ_i 在 P_r 中选择 $x=(\varphi_i,U[v,\varphi_i])$；
2：**if** $x\neq\varnothing$ **then**
3：　　随机选择 $r_i\in Z_f^*$；
4：　　计算 $u_i=U[v,\varphi_i]\cdot r_i$；
5：　　令 $R_i=(h_2(U[v,\varphi_i]),u_i)$；
6：　　在 P_u 中更新 $U[v,\varphi_i]=r_i$；
7：　　将 R_i 加入加密字段 $\mathbb{R}$；
8：**else**

9:　　　　随机选择 $x = U[v, \varphi_i] \in \mathbb{Z}_2$，并将其加入；

10:　　　计算 $R_i = \left(h_2\big(\hat{\theta}(v \cdot W, h_1(\varphi_i))\big), \hat{\theta}(v \cdot W, h_1(\varphi_i)) \cdot x \right)$；

11:　　　将 R_i 加入加密字段 $\mathbb{R}$；

12: **end if**

4. 搜索陷门

输入关键字 φ 和用户的私钥 κ_s，边缘服务器执行 $\mathrm{St}(\varphi, \kappa_s)$。通过计算陷门 $H_{\varphi_i} = e \cdot h_1(\varphi_i)$，边缘服务器将作为执行后续查询任务的授权指令传递输出。

定理 8.3：考虑哈希函数 h_1 和 h_2，它们被视为随机函数 $\aleph_{h_1}(\cdot)$. 和 $\aleph_{h_2}(\cdot)$，分别输出 l_1 和 l_2。假设存在隐藏结构 $C \in \mathbb{C}$，一个概率多项式时间的攻击者 β 有 Adv_β 的概率破解系统，其中 β 模拟查询 P_r 行为，查询搜索陷门为 H_{φ_i}，搜索请求响应为 ε_1、ε_2 和 ε_3。另有概率多项式时间算法 ρ 可以在 $\mathrm{PG}(1^\mu)$ 中解决这些问题：

$$\mathrm{Adv}_\rho(1^\mu) \geqslant \frac{256}{2e^4(\varepsilon_1 + \varepsilon_2)^4(l_2 + \varepsilon_3 + 1)} \mathrm{Adv}_\beta \tag{8.12}$$

证明：此处使用算法 ρ 来确定可能破坏方案的 3 个问题。

假设该算法可能在陷门查询过程中中止，因此可以得到 $P(\bar{F}) = (1 - \partial)^{\varepsilon_1 + \varepsilon_2} \partial^4$。使 $\partial = \dfrac{4}{\varepsilon_1 + \varepsilon_2 + 4}$，则可确定：

$$P(\bar{F}) \geqslant \frac{256}{e^4(\varepsilon_1 + \varepsilon_2)^4} \tag{8.13}$$

假设该算法不会在攻击 β 的过程中中止，Q_t 为针对关键词 φ_t 的请求，攻击 β 会向 ρ 发送猜测信息 t'，则有 $\mathrm{Adv}_\beta = P(Q_{t=t'}) - \dfrac{1}{2}$，并且得到以下推论。

$$P(Q_{t=t'}) - \frac{1}{2} = P(Q_{t=t'}|Q)P(Q) + P(Q_{t=t'}|\bar{Q})P(\bar{Q}) - \frac{1}{2} = P(Q_{t=t'}|Q) - \frac{1}{2} \tag{8.14}$$

$$P(Q) \geqslant \mathrm{Adv}_\beta \tag{8.15}$$

对于攻击者 β，它有相同的机会导致哈希查询 $\aleph_{h_2}$ 发送两个挑战对。算法 ρ 将生成问题的响应，该响应表示为 $l_2 + \varepsilon_3 + 1$。因此，有

$$P(Q_t) \geqslant \frac{1}{2(l_2 + \varepsilon_3 + 1)} \mathrm{Adv}_\beta \tag{8.16}$$

最终，合并式（8.13）和式（8.16）即可证明式（8.12）。

5. 云端检索

算法 Sc 取公钥 κ_p、隐藏结构 P_u 的公共部分、所有密文设置 $\mathbb{R}$ 和搜索陷门 H_{φ_i} 作为输入。最后，数据用户将接收所有结果并解密，以获取目标数据。

8.3.5 模拟仿真

本小节的一系列实验在 Python 3.5 环境下进行，并使用了美国联邦储备银行官方网站提供的公开金融数据集。实验的性能评估基于 3 个关键指标：时间成本、数据检索时间和精度。同时，实验中还将本节所提的方案与现有的"云存储"方案进行了比较和分析，以展示所提方案的实用性和有效性。

本小节的实验设计包括 60 台边缘设备，它们充当边缘服务器的角色，用以验证所提方案的可行性和性能。在测试中，数据集的规模从 100 项数据增长到 8000 项。每台边缘服务器的网络带宽设置在 10Mbit/s 到 1Gbit/s 之间，这样的设置是为了模拟真实世界中边缘计算环境的网络条件。所有边缘服务器都设计为能支持 100～1000 个并发数据用户，这样做是为了确保实验结果具有广泛的适用性和可扩展性。

1. 数据划分

本实验聚焦于产品的年份、类型和制造商这 3 个数据维度，旨在计算和分析这些维度的信息分布情况。图 8.15～图 8.17 分别展示了 3 个数据维度的信息量分布差异，揭示了数据分布模式。为了更深入地理解信息的多样性和复杂性，本实验使用信息熵作为衡量标准，对不同信息类别的随机性进行了比较。图 8.18 以直观的形式比较了 3 种信息类别的信息熵，结果表明制造商信息具有较高的信息熵，因此将其视为数据集中的核心信息。基于此，后续将优先分析本地端保存的制造商信息，以加强数据保护。

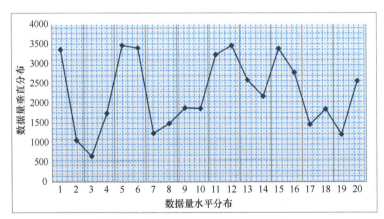

图8.15　年份数据维度的信息量分布比较

值得指出的是，尽管实验数据分析为信息类别提供了明确的划分，但在实际应用中，数据的分类和处理需要根据具体情况进行差异化管理。考虑到核心数据量实际并不大，这种差异化处理预计不会对项目的后续阶段造成不利影响。

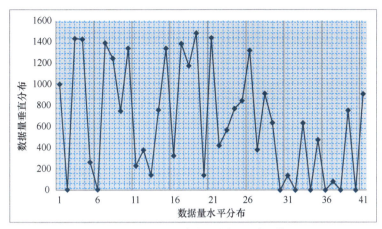

图8.16　类型数据维度的信息量分布比较

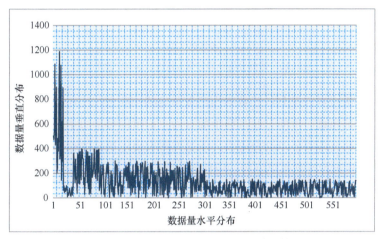

图8.17　制造商数据维度的信息量分布比较

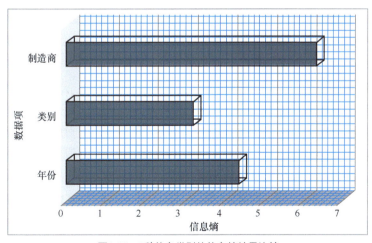

图8.18　3种信息类别的信息熵结果比较

2. 数据存储

为了评估所提的数据分层存储方案的效率，实验中将其处理时间与传统云存储方案的处理时间进行了比较。如图 8.19 所示,传统云存储方案被标记为"云存储"。实验结果显示,随着数据用户数量的增加,所有方案的数据存储总时间均相应增加,这是由于更多的用户意味着需要处理更大的数据量。

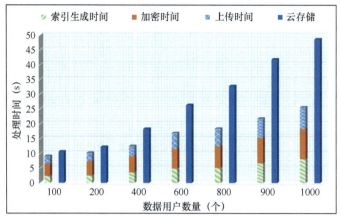

图8.19　数据分层存储方案与传统云存储方案的比较

通过对比和分析可以注意到,当数据用户数量达到 400 个时,传统云存储方案的处理时间开始显著上升。与其相比,所提方案在整个数据用户范围内显示出了更低的处理时间。特别是在索引生成、加密和上传等各个细分阶段,所提方案表现出更高的稳定性。这种稳定性使得所提方案在处理大规模数据时具有更好的适应性和性能优势。

3. 数据检索

为了验证本节所提的 3 层结构的检索方案的性能,数据检索实验在不同边缘设备数量下对检索时间和平均读取时延进行了分析。如图 8.20 所示。

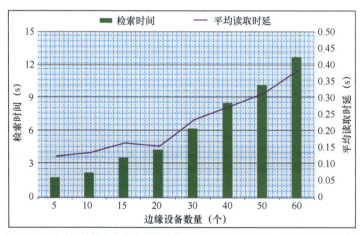

图8.20　3层结构的检索方案在不同边缘设备数量下的检索时间和平均读取时延

数据检索的实验结果显示,随着边缘设备数量的增加,检索的平均读取时延也随之增长。虽然在总查询时间中所占比例并不高,但增长趋势依然明显。这种时延的增长主要是因为随着查询数据量的增加，可用带宽相对减少，同时还受到边缘计算资源的限制。此外，读取时延也是不同级别的服务器之间进行通信和协作操作导致。

从图 8.20 可以看出，检索时间的增加与边缘设备数量呈正相关关系。随着用户查询数量的增加，每个边缘服务器需要处理更多的邻近设备连接，这导致整体检索时间的增长。这种线性增长趋势是在处理大规模数据操作和场景时的一种预期现象，它反映了系统扩展性的重要性。在设计面向大数据环境的系统时，这个因素必须被充分考虑，以确保系统的性能具有可预测性和可靠性。

4. 方案精度和可用性

本小节对所提方案的精度和可用性进行了验证，结果如图 8.21 所示。与传统的云存储方案相比，在数据量大幅增加的情况下，所提方案的整体精度曲线虽略有下降，但数据搜索和恢复的精度始终保持在 0.98 以上，降低的速度缓慢且趋向稳定。而传统的云存储方案的精度随数据量增加而急剧下降。

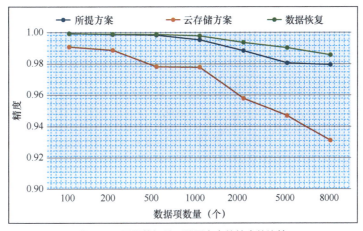

图8.21　不同数据量下不同方案的精度的比较

实验数据进一步表明，随着数据量的增长，所提方案的数据恢复精度呈现出稳定趋势。这种现象归因于边缘服务器之间的协同工作效应。相较传统的云存储方案，所提方案在较大数据集下所展示的精度和可用性均保持了较高水平。这一点凸显了所提方案在处理海量数据时的可靠性和高效率。

8.4 基于边缘计算的私密数据共享隐私保护机制

随着传感云系统的发展，数据传输逐渐趋向以数据为中心。在此背景下，简单的数据检索已经无法完全满足数据服务的需求，数据共享变成了用户的主要需求。然而，目前的移动网络仅靠端到端的交互难以满足不断增长的数据共享需求。边缘计算为系统的可扩展性、隐私性和移动支持等问题提供了新的解决方案。

随着网络规模和用户数量的快速增长，我们面临双重挑战：一方面，用户希望获得高性能的数据服务；另一方面，网络的广泛扩展带来了灵活性、隐私性和可扩展性方面的问题。因此，深度的信息共享成为多个领域的共同需求。然而，现有的共享平台通常作为独立运行的系统，导致数据隐私备受关注。在智慧城市的发展中，政府鼓励企业和组织之间更广泛地共享数据，以实现更高的城市运行效率和可持续性，但数据隐私问题成为一个主要障碍。

因此，本节探讨数据共享的重要性及其对隐私保护机制的需求，并确定了以下 3 个主要的焦点问题。

1）数据的多样性问题：无论是传感网、传感云还是物联网，都产生了多样且复杂的数据。

2）数据的动态性问题：每种数据都有其生命周期和有效性，而网络中的数据流量也存在时效性。

3）数据的计算与存储问题：数据读取的局限性以及有限的计算和存储能力使得移动终端的共享效率和准确性受到影响。

为了解决这些问题，本节提出一个新的共享方案，该方案采用边缘计算，将数据存储和检索的共享部分委托给边缘节点处理，以提高操作性能。

8.4.1　问题定义

在"本地–边缘–云"的三层存储与查询结构中，边缘设备可以表示为一组节点 $U = \{u_1, u_2, \cdots, u_n\}$，其中 n 是网络中的边缘节点数量。设 $V = \{v_1, v_2, \cdots, v_k\}$ 为恢复原始存储文件所需最小边缘节点集合。基于此结构，数据共享方案的存储和查询过程描述如下。当数据文件 F 根据 (k, n) 编码规则被切分成 n 个数据块，并进一步形成 m 个子集（其中 $n \geq m \geq k$）时，只需获取其中的 k 个子集就可以恢复完整的文件。

假设所有设备均能联网，且能够获取其他边缘节点的特性信息，如存储容量、计算能力、网络带宽等，这些信息对数据的存储和检索都是必要的。图 8.22 展示了数据共享的存储过程。创建新数据的终端设备连接的边缘节点被称为创建者。当数据被保存到边缘设备时，它首先会将数据文件切分为 n 个共享数据块。为此，创建者会考虑不同边缘节点的异构特性，从而确定数据块的大小及切分策略。接下来，创建者将原始数据分为 n 个子段，每个子段至少包含 $k-1$ 个共享数据块。创建者会保存其中一个子段，而其余 $n-1$ 个子段将被分发到其他的边缘节点。

图 8.23 展示了数据检索与共享恢复过程，其中启动数据检索与恢复的边缘节点被称为收集者。为了恢复原始数据，收集者需要收集其他边缘节点中的 k 个数据子段，因此会向其他 $k-1$ 个边缘节点发送数据共享请求。如图 8.23 所示，所请求的边缘节点可能包含重复的数据块。在这种情况下，收集者会选择性地接收其本地尚未拥有的数据块，以确保恢复的数据的完整性，且无重复内容。

在检索过程中，各个边缘节点中的数据子段大小取决于自身的网络状态。对于被选中的 $k-1$ 个边缘节点，其下载速度应与（它们和收集者之间的）通信速率相匹配。最终传输完成后，收集者会根据收到的数据块恢复出原始数据。

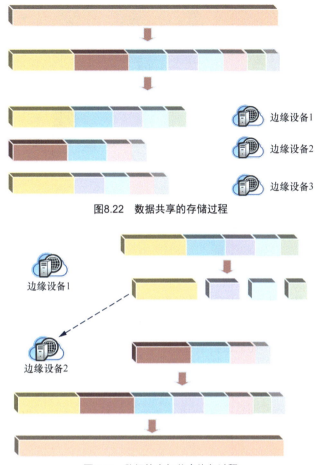

图8.22 数据共享的存储过程

图8.23 数据检索与共享恢复过程

基于边缘节点的数据共享机制可以在 3 层系统模型中实现。该模型的底层是具有有限的计算能力且设备容量和网络特性各不相同的传感器节点或传感设备，这些设备在进行连接时会与近邻的边缘节点建立通信。位于中间的第二层结构由边缘节点组成。这些节点的主要职责是协助底层节点将复杂的计算和网络连接需求迁移，并辅助核心网络执行任务。在该模型中，假设边缘节点能够获取与之相连的底层节点的特性和状态。模型最顶层是云数据中心，作为整个系统的主要数据存储和应用管理层，它负责大部分数据的存储和整体的应用管理。

8.4.2 基于边缘计算的组合数据共享机制

1. 数据共享模型

数据共享模型的结构如图 8.24 所示，主要涉及以下 3 个核心参与方。

1）数据上传者（或称为数据所有者）。数据上传者负责将原始数据从本地终端上传至云数据中心。数据的上传遵循上面描述的数据共享的存储过程，本小节将会在细节上加以补充，来完善私密性共享方面的性能。

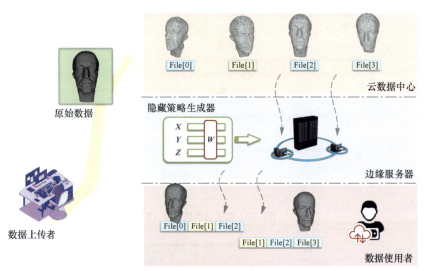

图8.24　数据共享模型的结构

2）数据使用者。数据使用者也可以看作查看对象，指那些想要查看、使用、编辑上传数据的终端用户。在这里，数据上传者也可以作为使用者，他们的共享权限可以根据需求进行调整，目的是更高效、精准地为用户提供数据服务。

3）隐私策略生成器。这是一个综合性策略制定者，由两个主要方面共同构建。首先，边缘节点参与其中，实现自适应的隐私策略制定，例如为不同的数据使用者提供特定的数据内容，或授予他们不同的操作权限。其次，数据所有者的个人隐私保护偏好也被纳入考虑，从而提供不同级别的数据共享服务。

这种设计意味着数据共享模型在执行时能够平衡和满足数据提供者和数据使用者之间的多样化隐私需求。

与传统的分布式存储相比，本小节介绍的数据共享模型具有独特之处。当数据上传者设备上传数据后，系统会提取与原始数据相关的属性元素，并根据时间（When）、空间（Where）、对象（Who）和使用属性（What）4个因素（以下简称为4W因素）计算各种元素特征信息。在分级存储的步骤中，系统会记录相应数据块的对应信息，并在边缘计算环境中建立虚拟化共享数据。

这种设计的主要目的是在后续的数据共享阶段为数据使用者提供差异化的数据恢复服务。这意味着，数据使用者获取的数据将与原始数据有所不同，并且与其他数据使用者获取的数据也存在差异。这种机制确保了在数据上传和共享过程中，数据的隐私得到了保护，同时还保证了共享的安全性。

2. 共享场景控制生成

终端设备对数据的使用通过特定场景来控制，而这些场景是基于属性元素的约束来定义的。在此将4W因素定义为 $X = (W, R, H, A)$。基于此，可以将场景约束表示为 $([U, P], X_Y, B)$。其中，$[U, P]$ 是来自数据使用者的请求，而 B 是对这些请求的应答或决策。数据使用者的请求可以采用默认模式,这意味着对于某一特定的数据使用者,系统对其所有请求都会应用相同的共享策略。基于这些信息可以构建以下共享控制模型:

$$
\begin{cases}
(U,P) = \left\{ (v_1,u_1),(v_2,u_2),\cdots,(v_n,u_n) \right\} \\
W = \left\{ W_{during}, W_{begin} \right\} \\
R = \left\{ R_{physical}, R_{virtual} \right\} \\
H = \left\{ H_{target}, H_{relate}, H_{non\text{-}re} \right\} \\
A = \left\{ A_{individual}, A_{group} \right\} \\
B = \left\{ access, reject \right\} \\
X \subseteq 2^W \times 2^R \times 2^H \times 2^A
\end{cases}
\tag{8.17}
$$

3. 组合共享机制

组合共享机制分为数据共享和数据检索与恢复两个阶段。

（1）数据共享

数据共享的过程中，主要是边缘节点来确定相关设备的共享数据大小，并生成相应的共享数据块。首先需要定义共享数据块的大小。在该模型中，设定共享数据块的大小由集合 $\{s_1,s_2,\cdots,s_m\}$ 表示。需要考虑的参数有距离 d_i、网络带宽 b_i 及剩余存储量 r_i 等。因此，共享数的大小比例应满足以下关系:

$$
s_1 : s_2 : \cdots : s_m = d_1 r_1 b_1 : d_2 r_2 b_2 : \cdots : d_m r_m b_m
\tag{8.18}
$$

基于上述关系，每个共享数据块的大小 s_i 可以表示为

$$
s_i = \frac{d_i r_i b_i}{d_1 r_1 b_1 + d_2 r_2 b_2 + \cdots + d_m r_m b_m} \cdot (n - k + 1) \cdot S
\tag{8.19}
$$

其中，S 为原数据大小。

算法 8.4 详细描述了计算共享数据块大小的过程。

算法 8.4　计算共享数据块大小的过程

输入：原始数据大小的集合 $S = \{\sigma_1, \sigma_2, \cdots, \sigma_n\}$；

输出：共享数据块大小的集合 $\{s_1, s_2, \cdots, s_m\}$；

1：　**repeat**

2：　　**while** $i \neq \varnothing$ **do**

3：　　　$k \leftarrow \arg\min_i \sigma_i \leftarrow 0$；

4：　　　$\text{sum} \leftarrow \sum_{j \in \rho} s_j$，　ρ 为原数据的分段索引；

5:　　　计数 ρ 中的数位为 0 的个数 c ；

6:　　　end $= \sigma_m - $ sum

7:　　　**for all** $j \in \rho$ **do**

8:　　　　**if** $s_j = 0$ **then**

9:　　　　　　$s_j \leftarrow $ end $/ c$ ；

10:　　　　**end if**

11:　　　**end for**

12:　　**end while**

13:　　Tot $\leftarrow \displaystyle\sum_{j=1}^{m} s_j$ ；

14:　　**for** $j = 1 \rightarrow m$ **do**

15:　　　$s_j \leftarrow s_j + \left(S - \text{Tot}\right) / m$ ；

16:　　**end for**

17: **until** $i <= n$

（2）数据检索与恢复

当数据使用者向边缘节点发起数据检索请求时，边缘节点首先根据既定规则在 n 个边缘设备中选择 k 个设备，然后向这些设备申请并接收共享数据块。本小节主要讨论设备调度和数据恢复这两个过程。首先，边缘节点会在其他边缘节点中选择需要下载的数据块，并向它们申请发送部分数据。然后，边缘节点会对接收到的数据进行组合和恢复。作为数据收集者的边缘节点共享数据恢复申请的计算过程如算法 8.5 所示。

算法 8.5　数据收集者共享数据恢复申请的计算过程

输入：收集者可能连接相邻边缘节点的概率 $\left\{\mu_{d_1}, \mu_{d_2}, \cdots, \mu_{d_k}\right\}$ ；

输出：位置矩阵 $\overline{M}$ ；

1:　构建零矩阵 $\boldsymbol{M} \leftarrow n \times m$ ；

2:　计算 $w \leftarrow \left\{1, 2, \cdots, m\right\} / \rho$ ；

3:　对概率集合 $\left\{\mu_{d_1}, \mu_{d_2}, \cdots, \mu_{d_k}\right\}$ 由小至大重排序为集合 $\left\{r_{d_1}, r_{d_2}, \cdots, r_{d_k}\right\}$ ；

4:　**for** $i = 1 \rightarrow k$ **do**

5:　　计算 $x_{d_i} \leftarrow r_{d_i} \times S / \left(r_{d_1} + r_{d_2} + \cdots + r_{d_k}\right)$ ；

6:　　**for** $j \in \rho_{d_i} \bigcap w$ **do**

7:　　　将数据收集者连接矩阵对应位置赋值给 $\boldsymbol{M}$ ；

8:　　**end for**

9:　　　　计算 $w \leftarrow w / \rho_{d_i}$;

10: **end for**

11: **while** $i \neq \varnothing$ **do**

12:　　　按照规则 $M_{d_i} - x_{d_i} \geqslant M_{d_{i+1}} - x_{d_{i+1}}$ 构建集合 $\left\{\eta_{d_1}, \eta_{d_2}, \cdots, \eta_{d_k}\right\}$;

13:　　　**for** $p = k \rightarrow 2$ **do**

14:　　　　在条件 $\{p \mid M_{(\eta,p)} \neq 0\} \bigcap \rho_{d_p}$ 下，从小到大排序矩阵 M 中的元素并组成集合 $\overline{M}$;

15:　　　　**for** $q = 1 \rightarrow k$ **do**

16:　　　　　计算 $\pi \leftarrow \min\left\{\overline{M}_{(d_1,q)}, M_{d_1} - x_{d_1}, x_{d_p} - M_{d_p}\right\}$;

17:　　　　　令 $\overline{M}_{(d_1,q)} \leftarrow \overline{M}_{(d_1,q)} - \pi$;

18:　　　　　令 $\overline{M}_{(d_p,q)} \leftarrow \overline{M}_{(d_p,q)} + \pi$;

19:　　　　**end for**

20:　　　**end for**

21: **end while**

22: return $\overline{M}$

至此，数据收集者完成了对邻近边缘节点的选择，并能获取到相应的数据。这些数据可以表示为 $\left\{\left(x_1, k(x_1)\right), \left(x_2, k(x_2)\right), \cdots, \left(x_n, k(x_n)\right)\right\}$，即分布在各边缘设备的共享数据块。

当边缘节点下载完所需数据后，它会利用其计算能力对数据进行恢复。这个恢复过程可以视为对多项式的求解过程。为完成恢复，只需要先将 k 个边缘节点设备存储的数据表示为 $\{x_1, y_1\}, \{x_2, y_2\}, \cdots, \{x_k, y_k\}$，然后带入多项式并求解其系数：

$$\begin{bmatrix} 1 & x_1 & \cdots & x_1^{k-1} \\ 1 & x_2 & \cdots & x_2^{k-1} \\ \vdots & \vdots & & \vdots \\ 1 & x_k & \cdots & x_k^{k-1} \end{bmatrix} \begin{bmatrix} F \\ G_1 \\ \vdots \\ G_{k-1} \end{bmatrix} = \begin{bmatrix} y_1 \\ y_2 \\ \vdots \\ y_{k-1} \end{bmatrix} \rightarrow \begin{bmatrix} F \\ G_1 \\ \vdots \\ G_{k-1} \end{bmatrix} = \begin{bmatrix} 1 & x_1 & \cdots & x_1^{k-1} \\ 1 & x_2 & \cdots & x_2^{k-1} \\ \vdots & \vdots & & \vdots \\ 1 & x_k & \cdots & x_k^{k-1} \end{bmatrix}^{-1} \begin{bmatrix} y_1 \\ y_2 \\ \vdots \\ y_{k-1} \end{bmatrix} \quad (8.20)$$

图8.25提供了一个直观的数据恢复的运算过程，展示了数据恢复的基本原理。在这个过程中，每部分的分组数据都被处理并绘制成一个"秘密共享平面"。在这个视角下，每个数据块都可以被视为一个独立的平面。值得注意的是，任意两个这样的共享平面相交时，它们只会产生一条交叉线。此处假设有 3 个这样的数据块，它们被绘制并形成 3 个共享平面的相交。这些平面相交产生的交点即代表了私密数据的内容。

基于图 8.25 所示的关系，该算法可以执行数据的分块和恢复操作。同时还可以推断，随着共享用户数量的增加，数据平面的数量也会相应增加。为了恢复数据，需要获取更多的这样的交点，这意味着需要更多用户的参与。因此，数据的私密性会得到进一步的加强和保障。

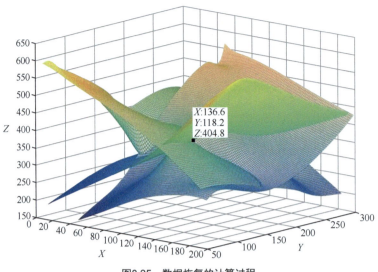

图8.25　数据恢复的计算过程

8.4.3　模拟仿真

1．参数设置

本小节将给出一系列评估和实验，旨在全面展示本节所提的基于边缘计算的数据共享方案的性能。本小节的实验将根据以下指标对算法进行评估：数据的上传、存储、检索与恢复过程所需的时间开销，流量使用情况，以及在不同配置条件下的整体性能表现。

在实验设置中，边缘计算环境由 5 ～ 60 台边缘设备组成，这些设备充当边缘节点的角色。为了模拟现实世界中不同网络条件的影响，每台边缘服务器的网络带宽被设置为 10Mbit/s ～ 1Gbit/s。此外，每个边缘节点被设计为能够支持 50 ～ 100 台终端设备的服务请求。通过这样的实验配置，可以确保所得结果的广泛适用性，并能够反映在多样化应用场景中的算法性能。

2．存储性能

本小节深入探讨所提方案在数据共享场景中完成数据存储所需的时间（单位为 ms）。图 8.26 ～图 8.28 分别展示了在不同终端设备规模下，随着数据量的增加，数据存储时间的变化情况。

在图 8.26 中，随着终端设备数量的增多，共享数据存储时间相应增长。实验中设置 5 个边缘节点参与系统服务，用于恢复数据的边缘节点数量 k 分别被设为 3、4、5。这些 k 值对应的结果分别用蓝色、灰色等不同颜色的线条表示，并按照从低到高的顺序排列。分析显示，更大的数据量意味着更长的数据存储时间，并且数据恢复过程中涉及的边缘节点数量会影响存储的总时间。

类似地，图 8.27 所示为当边缘节点总数增至 40 时的情形。在该配置下，用于恢复数据的边缘节点数量 k 分别被设定为 5、10、12、15、20，这些 k 值对应的结果从低到高排列。例如，在 $n=40$、$k=12$ 的情况下，若有 80 个终端设备执行数据存储，测得的存储时间为 43.98ms。曲线趋势表明，系统用户规模扩大时，可通过调整 k 值来适配相应的配置需求。

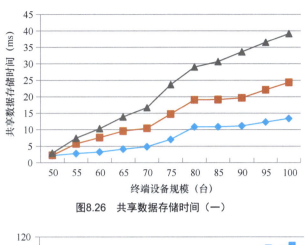

图8.26　共享数据存储时间（一）

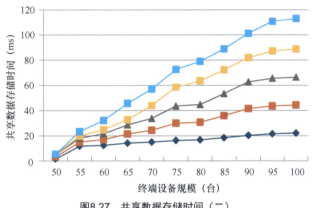

图8.27　共享数据存储时间（二）

进一步地，图 8.28 所示为当边缘节点总数为 60 时的场景。在此配置中，用于恢复数据的边缘节点 k 值被设置为 5、10、12、15、20、25，对应的结果同样以不同颜色的线条从低到高排列。随着终端设备数量的增长，存储时间的变化模式与之前的观察一致，即参与数据恢复的边缘节点数量越多，存储时间相应增加。

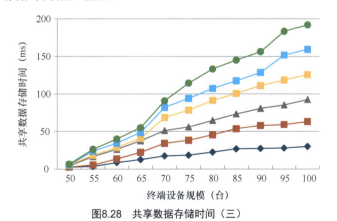

图8.28　共享数据存储时间（三）

3. 检索与恢复性能

下面继续验证所提方案的共享数据恢复的性能，这是完整数据共享过程的一个关键环节。为了保证实验的连贯性，在 8.4.2 小节的共享数据存储时间实验的基础上执行连续的共享数据恢复实验。图 8.29～图 8.31 分别呈现了在不同终端设备规模下，随着数据量增加，共享数据恢复时间的变化。实验设置了参与系统服务的边缘节点总数分别为 5 个、40 个、60 个，且所选用于恢复数据的边缘节点数量 k 分别为 $\{3,4,5\}$、$\{5,10,12,15,20\}$ 和 $\{5,10,12,15,20,25\}$，其对应的线条从低到高排列。

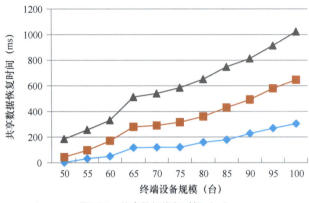

图8.29　共享数据恢复时间（一）

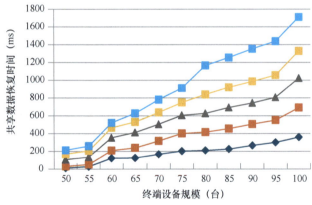

图8.30　共享数据恢复时间（二）

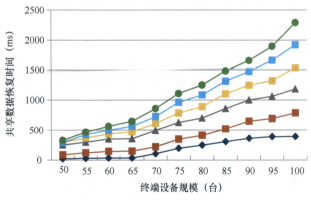

图8.31　共享数据恢复时间（三）

与共享数据存储时间的实验结果相比可以发现，当数据规模扩大时，共享数据恢复的计算时间增长趋势较为平缓，且不同 k 值之间的时间差异较小。这表明在数据上传阶段投入较小的时间成本，能够为后续的数据共享过程带来显著的性能提升。这种时间投资对于确保高效的数据共享来说是值得的。此外，实验结果还展示了所提方案能够流畅地处理用户和数据量的增长，不同的边缘节点组合方案为各种规模的用户系统提供了多样的选择。

为了全面评价本节所提的方案，实验进一步将其与现有方案在数据检索时间方面进行了对比。如图 8.32 所示，蓝色曲线代表了传统的、无自适应性的云存储检索方案，其时间消耗随着设备规模的扩大而呈梯度增长；黄色曲线代表了一种改进的、基于自适应性的云存储方案，相较于蓝色曲线有显著的性能提升，尽管在稳定性和持续性方面仍有提升空间；灰色曲线则表示本节所提方案的检索性能，显示了设备增加在一定范围内对检索时间影响较小，整体趋势平滑且稳定。

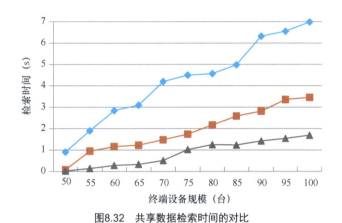

图8.32 共享数据检索时间的对比

同时，不同类型的数据共享请求与处理周期亦不相同，图 8.32 所展示的结果是通过拟合不同周期的数据请求，以适当比例进行实验得出的检索时间均值。对于数据使用者来说，对全部请求使用默认隐私方案会得到相对差异不大的高效检索效果。另外，为了更好地完善检索效果，减少重复查询带来的不必要时间、空间资源损耗，索引列表中补充了新的模式。所提方案通过运行索引更新来修改本地端索引记录 λ_c，可设置 $\mathrm{EIL}_d[\lambda_c] = \neg \|\mathrm{results}$，其中 $\neg$ 是停止搜索的标记，而 results 包含当前的搜索结果，并且增加了搜索授权的步骤。

4. 模型可用性验证

上面的分析详细列举并对比了在不同组合共享形式下所提方案的性能。针对方案的可用性，本节进一步细致探讨恢复节点数（k 值）的变动对所提方案性能的影响。预设当实际数据共享的块大小比例接近理论上设定的共享块大小比例时，数据恢复效率将得到优化。图 8.33 展示了这一趋势，其中 4 种不同的数据共享情况从左至右分别对应 $k = \{3, 5, 12, 15\}$。

由于边缘节点数量限于 5 个时，无法进行更广泛节点数量的对照实验，因此图 8.33 中仅展示了 $k = 3$ 和 $k = 5$ 的恢复效率结果。从图中可以观察到，当边缘节点数量为 5 个时，系统倾向于选择 2 个节点进行数据恢复。随着参与恢复的边缘节点数量的增加，选择更多的节点进行恢复成为必要，这样做同样能提高数据恢复效率。然而，为了维持系统运行的效率，无论边缘节点的数量如何增加，恢复方案中选择边缘节点总数的 10% ～ 20% 进行数据恢复被认为是最优选择。

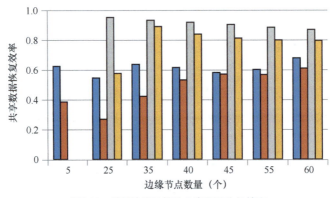

图8.33　基于边缘计算的共享数据恢复效率

进一步地，如图 8.34 所示，实验还分析了系统更倾向于选择的组合方案，考虑的 k 值为 $\{5,12,15\}$，边缘节点总数 $n = 40$。实验结果显示，当终端设备数量不超过 65 台时，系统倾向于选择 $k = 5$ 的方案；随着终端设备数量的增加，选择 $k = 15$ 作为恢复方案可以保障系统达到最优运行状态；而当终端设备数量增至 85 台时，3 种数据共享情况能够达到一种平衡状态。这些发现为不同规模的用户系统提供了实际的配置建议，以确保数据共享过程的高效和可靠。

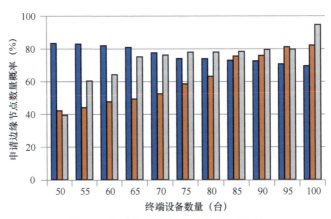

图8.34　组合共享模型中边缘节点数量选取

8.5　前沿方向

根据传感云的安全需求，目前已有的解决方案均是针对传感云中部分安全问题提出的，还不够完善。对于传感云系统的整体安全，还有许多问题亟待解决。本节介绍尚未被广泛讨论和研究的安全问题或解决方案，它们是未来的前沿研究方向，具体有以下 4 点。

1）基于虚拟化建设的传感云安全。基于虚拟化建设的传感云安全是从管理的角度保护传感云系统。一方面，虽然传感云系统是传感网和云计算结合的产物，但其本身与后两者相比具有一定的差异性，例如，传感云系统衍生的虚拟传感层中的虚拟节点与物理节点的逻辑关系与以往不同，因此，传统的桥接传感网和云计算的建设模式并不完全适用于传感云系统，有必要设计一套适应传感云系统特性和安全需求的软件设施，如虚拟层管理系统、开发工具等，为保护传感云系统安全提供有效的解决方法。这也是未来值得研究的新方向。

2）基于可信计算和评估的传感云安全。分布式协作和信息共享是传感云系统必要的操作，为了实现对物理环境的有效监测并将数据加工为有效服务，所有参与者都应该是可信的。然而传感云底层网络经常工作在无人看管的环境，导致系统易受到节点捕获攻击、干扰攻击、伪节点攻击等安全威胁，对数据的完整性、机密性和可用性有着极大的影响。当前关于可信的研究还不够全面，无法在实际中应用，因此，传感云安全的可信计算和评估依旧是未来研究的热点问题。

3）基于容错性的传感云安全。传感云中的故障和错误主要有3个源头：底层物理监测错误、虚拟传感层聚合或计算错误，以及用户服务错误。这三者既可以是递进的关系，也可以独立存在。对于底层物理监测错误，可能由于物理节点故障或能量耗尽而失效或节点被攻击者捕获后恶意提供错误信息而造成。解决该问题可通过虚拟传感层对物理节点的监控和管理来判断物理节点的状态和异常行为，进而设计补救机制。对于虚拟传感层聚合或计算错误，可能由于攻击者对云服务器进行入侵，改变云服务器的计算和存储模式，进而伪造虚假计算结果提供给用户而造成。解决该问题需要对所有的云服务器提供商进行认证，且对云服务器的计算结果进行安全审计以达到防御和容错的目的。对于用户服务错误，可能是由于用户请求出现耦合，使服务资源提供出现冲突。要解决该问题，可以通过设计低耦合安全机制来减少用户需求耦合的可能性，并在出现耦合时提供改善的方案。

4）基于数据存储和恢复的传感云安全。在云端环境中，被上传的数据不在数据所有者的直接掌控之下，因此，必须加以检测来保证只有授权用户才能访问这些敏感数据，而包括云服务提供商在内的其他人不应该在未授权情况下获得任何有关数据的信息。数据所有者必须掌握全部的存储数据的访问权和云服务，理论上杜绝任何数据泄露的可能性。上传至云端的数据必须被正确和可信地存储，这也就意味着它不能被非法或不正当修改，以及故意删除或伪造。通过结合一些审计手段，确保数据所有者可以及时检测到任何不正当操作。数据可用性代表合法用户只要愿意就可以访问所需数据。同时保证数据在任何情况下都可以按用户要求的标准提供并可用，这意味着在发生灾难性事件时，有相对应的数据恢复措施。

8.6　本章小结

在云计算的协助下，传统的传感器网络通过实时感知物理世界并将数据上传到云端，为身处不同地方的用户提供便利的服务。然而，由于数据被上传到云端，感知数据和用户信息被暴露给第三方，容易造成数据的隐私性泄露，机密性和完整性无法得到保障等安全问题。这些安全威胁严重阻碍了传感云的发展。虽然目前有部分国内外学者对传感云的安全问题进行了研究并提出了对应的解决方案，但是均不够全面和完善。本章首先对传感云面临的传统安全威胁和衍生的潜在安全威胁进行了探讨和总结，包括数据产生、传输、管理、服务阶段中的安全问题以及虚拟化安全问题，并且介绍了常见的传感云安全技术，例如认证、加密、访问控制、预防和探测以及可信计算与评估机制。接着介绍了基于边缘计算的传感云节点轨迹隐私保护方案和基于边缘计算的传感数据云存储、查询及隐私保护机制。最后，介绍了传感云隐私安全未来研究的前沿方向，为读者进一步的研究提供大致的思路和方向。

参考文献

[1] 曾建电, 王田, 贾维嘉, 等. 传感云研究综述 [J]. 计算机研究与发展, 2017, 54(5): 925-939.

[2] 王田, 李洋, 贾维嘉, 等. 传感云安全研究进展 [J]. 通信学报, 2018, 39(3): 35-52.

[3] 王田, 沈雪微, 罗皓, 等. 基于雾计算的可信传感云研究进展 [J]. 通信学报, 2019, 40(3): 170-181.

[4] YURIYAMA M, KUSHIDA T. Sensor-cloud infrastructure-physical sensor management with virtualized sensors on cloud computing[C]//2010 13th International Conference on Network-Based Information Systems. Takayama: IEEE, 2010: 1-8.

[5] GE Y, ZHANG X, HAN B. Complex IoT control system modeling from perspectives of environment perception and information security[J]. Mobile Networks & Applications, 2017, 22(3): 1-9.

[6] DIPIETRO R, GUARINO S, VERDE N V, et al. Security in wireless ad-hoc networks: a survey[J]. Computer Communications, 2014, 51: 1-20.

[7] WANG T, PENG Z, WEN S, et al. Reliable wireless connections for fast-moving rail users based on a chained fog structure[J]. Information Sciences, 2017, 379: 160-176.

[8] WANG T, LI Y, WANG G J, et al. Sustainable and efficient data collection from WSN to cloud[J]. IEEE Transactions on Sustainable Computing, 2017, 4(2): 252-262.

[9] CHEN M, MA Y, LI Y, et al. Wearable 2.0: enabling human-cloud integration in next generation healthcare systems[J]. IEEE Communications Magazine, 2017, 55(1): 54-61.

[10] MAN H A, YUEN T H, LIU J K, et al. A general framework for secure sharing of personal health records in cloud system[J]. Journal of Computer & System Sciences, 2017, 90: 46-62.

[11] CAI H, XU B, JIANG L, et al. IoT-based big data storage systems in cloud computing: perspectives and challenges[J]. IEEE Internet of Things Journal, 2017, 4(1): 75-87.

[12] WINKLER T, RINNER B. Security and privacy protection in visual sensor networks: a survey[J]. ACM Computing Surveys (CSUR), 2014, 47(1): 1-42.

[13] LIU J, SHEN S, YUE G, et al. A stochastic evolutionary coalition game model of secure and dependable virtual service in sensor-cloud[J]. Applied Soft Computing, 2015, 30: 123-135.

[14] GARGEES R, MORAGO B, PELAPUR R, et al. Incident-supporting visual cloud computing utilizing software-defined networking[J]. IEEE Transactions on Circuits and Systems for Video

Technology, 2017, 27(1): 182-197.

[15] WANG T, LI Y, CHEN Y, et al. Fog-based evaluation approach for trustworthy communication in sensor-cloud system[J]. IEEE Communications Letters, 2017, 21(11): 2532-2535.

[16] HE D, KUMAR N. A secure temporal credential-based mutual authentication and key agreement scheme with pseudo identity for wireless sensor networks[J]. Information Sciences, 2015, 321: 263-277.

[17] SAJID A, ABBAS H, SALEEM K. Cloud-assisted IoT-based SCADA systems security: a review of the state of the art and future challenges[J]. IEEE Access, 2016, 4: 1375-1384.

[18] MARTIN K, WANG W. Aya: an efficient access-controlled storage and processing for cloud-based sensed data[C]//2015 12th International Computer Conference on Wavelet Active Media Technology and Information Processing (ICCWAMTIP). Chengdu: IEEE, 2015: 130-134.

[19] SAHA S. Secure sensor data management model in a sensor-cloud integration environment[C]//2015 Applications and Innovations in Mobile Computing (AIMoC). Kolkata: IEEE, 2015: 158-163.

[20] ZHOU J, CAO Z, DONG X, et al. Security and privacy in cloud-assisted wireless wearable communications: challenges, solutions, and future directions[J]. IEEE Wireless Communications, 2015, 22(2): 136-144.

[21] HENZE M, HERMERSCHMIDT L, KERPEN D, et al. A comprehensive approach to privacy in the cloud-based internet of things[J]. Future Generation Computer Systems, 2016, 56: 701-718.

[22] BRUNEO D, DISTEFANO S, LONGO F, et al. IoT-cloud authorization and delegation mechanisms for ubiquitous sensing and actuation[C]//2016 IEEE 3rd World Forum on Internet of Things (WF-IoT). Reston: IEEE, 2016: 222-227.

[23] BUTUN I, MORGERA S D, SANKAR R. A survey of intrusion detection systems in wireless sensor networks[J]. IEEE Communications Surveys & Tutorials, 2014, 16(1): 266-282.

[24] ALRAJEH N A, KHAN S, SHAMS B. Intrusion detection systems in wireless sensor networks: a review[J]. International Journal of Distributed Sensor Networks, 2013, 9(5): 1-7.

[25] SMIRNOV A V, BORISENKO K A, SHOROV A V, et al. Network traffic processing module for infrastructure attacks detection in cloud computing platforms[C]//2016 XIX IEEE International Conference on Soft Computing and Measurements (SCM). St. Petersburg: IEEE, 2016: 199-202.

[26] PATEL A, TAGHAVI M, BAKHTIYARI K, et al. An intrusion detection and prevention system in cloud computing: a systematic review[J]. Journal of Network and Computer Applications, 2013, 36(1): 25-41.

[27] WANG T, ZENG J, BHUIYAN M Z A, et al. Trajectory privacy preservation based on a fog structure for cloud location services[J]. IEEE Access, 2017, 5: 7692-7701.

[28] ZHU C, LEUNG V, WANG K, et al. Multi-method data delivery for green sensor-cloud[J]. IEEE Communications Magazine, 2017, 55(5): 176-182.

第 9 章　基于边缘计算的联邦学习

在基于传感云的深度学习模式中，终端数据的聚合、训练和建模通常由云服务器或数据中心完成[1,2]。然而，随着物联网数据在网络中的爆炸式增长，将物联网终端设备生成的大量数据传输到远程云服务器可能面临着巨大的网络时延，同时也缺乏满足卸载这些数据所需的网络资源。面对物联网以秒为单位生成数以亿计的大数据，传统的学习模式的局限性显露无遗。此外，数据隐私问题已成为人们高度重视的话题[3,4]，对数据隐私和安全的关注已成为全球趋势，那些可能包含用户地址或个人偏好等敏感信息的训练数据越来越难以在网络中流通[5,6]。因此，在许多行业中，数据往往处于孤立状态。由于数据的商业属性，机构之间数据并不互通。即使是同一家企业的子公司之间，数据互通也存在层层阻碍。甚至在同一家公司，不同部门之间的数据共享也受到一定程度的限制，更不用说整合来自不同机构的数据，这在实际操作中几乎是不可行的。个体用户数据的私密性导致在大多数场景中，个人与个人之间的数据也不能互通。综上所述，传统的基于云服务器的终端数据的传输、学习和建模方式面临着严峻的挑战。

联邦学习[7]是一种新兴的机器学习范式，通过协调多个终端设备与一个云服务器进行数据训练。联邦学习的整个过程不涉及本地数据集的共享，从而保护了本地数据的隐私。因此，相比传统的机器学习，联邦学习更受产业界青睐。许多企业的网络平台已经开始部署联邦学习，例如，谷歌公司已经在 Android 系统的 Gboard 上部署联邦学习，用来预测输入法中的"下一个单词"。然而，这种分布式的机器学习方式十分依赖网络状态且受到网络带宽的限制，网络的不稳定性将直接影响云服务器中全局模型的训练效率，因此提高联邦学习的通信效率很有必要。此外，随着 5G 网络的建设和发展，无论是在当前热门的车联网、自动驾驶领域[8]，还是蓬勃发展的人工智能领域，人们对安全性和高响应性的追求只增不减。通过提升联邦学习的通信效率，可以加速全局模型的收敛速度，满足人们日益增长的对高响应性的需求。边缘计算技术在传感云中的普及，为联邦学习技术提供了发挥作用的实际平台，因此对联邦学习在边缘计算场景下面向通信效率和学习效率问题的研究具有极其重要的现实意义。

如图 9.1 所示，联邦学习架构分为云服务器和终端两层。云服务器首先针对目标任务进行建模并初始化全局模型，接着将被初始化的全局模型以广播的形式发送给每个参与联邦学习的终端设备。终端设备接收到全局模型后，使用本地数据对全局模型进行训练，并将训练完成的本地模型上传至云服务器。云服务器收集上传的本地模型并将其聚合为新的全局模型，并使用云服务器中的测试集测试全局模型的精度。如果模型精度未达到目标任务要求，云服务器便以广播的形式将全局模型发送给参与联邦学习的终端设备；终端设备重新训练收到的全局模型。循环此过程直至全局模型精度达到目标任务要求。由于在联邦学习架构中用户无须上传自己的数据，联邦学习被认为是能够解决数据孤岛问题并保护用户隐私的一种技术。因此，联邦学习在学术界和工业界受到了广泛的关注。

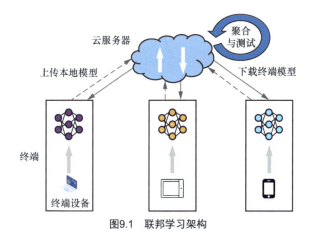

图9.1　联邦学习架构

9.1　联邦学习的基本概念

本节介绍联邦学习的基本概念，包括联邦学习概述和联邦学习效率优化的研究现状，并指出联邦学习当前存在的基本问题。

9.1.1　联邦学习概述

作为人工智能的新型技术，联邦学习[9]是解决数据孤岛问题的一种分布式协同机器学习方法。该方法在一个中央的云服务器的协调下，联合多个参与学习的终端设备，以应对前文提及的机器学习的挑战。联邦学习不涉及本地数据集的共享，从而能够保护本地数据的隐私，并且打破了数据孤岛的状态。

传统的联邦学习方法主要遵循单一的全局模型范式，通过终端设备和云服务器之间的多次通信迭代完成学习和建模，训练得到的全局模型由云服务器负责维护，而使用本地数据集训练得到的本地模型由每个终端设备唯一持有。在图 9.1 展示的联邦学习架构中，云服务器首先初始化一个包含大量学习参数的全局模型；随后由每个参与的终端设备从云服务器下载当前的全局模型，并使用其私有的本地数据集进行训练；接着，终端设备将训练得到的本地模型上传至云服务器；最后，云服务器聚合所有的本地模型，并构造一个新的、改进的全局模型[10]，使用新的全局模型对测试示例进行预测，判断其是否达到预期精度。联邦学习的整个过程都未涉及本地数据的传输，因而它在保护终端设备数据隐私和安全的前提下实现了机器学习的目的[11]。

图 9.2 展示了基于边缘计算的联邦学习架构。在该架构中，云服务器首先将全局模型分发给边缘服务器。随后，边缘服务器将全局模型分发给自己管理区域内的终端设备。终端设备利用自身的隐私数据训练模型。训练完成后，终端设备将本地模型上传至边缘服务器。然后，边缘服务器对收集的本地模型进行聚合并生成边缘模型。根据需要，边缘服务器将边缘模型上传至云服务器进行全局聚合，或者将边缘模型分发给终端设备进行进一步训练。在算法收敛前，

上述过程会一直循环迭代。

图9.2　基于边缘计算的联邦学习架构

然而，联邦学习的通信效率仍然面临诸多挑战[12]。第一，部署在大量终端设备上的应用程序越来越倾向于使用复杂的机器学习神经网络算法，导致本地模型的参数较多[13,14]，梯度向量较大，因此模型更新的时延很大；第二，云服务器和终端设备之间的通信链路是不可靠的，模型的上传速度通常比下载速度慢很多，并且在任何时候可能只有一部分终端设备处于活跃状态，因此不稳定的网络状态会造成学习瓶颈[15,16]；第三，终端设备数据是服从非独立同分布（Non-Independently Identically Distribution，Non-IID）的[17]，因为不同终端设备中的数据是从样本空间的不同部分采样的，所以由这些异构数据训练的本地模型往往参差不齐，而上传劣质模型也会造成冗余的通信成本；第四，参与联邦学习的终端设备数量大且异构，而每台终端设备的数据量较小，大量终端设备对云服务器的高并发访问势必会造成网络拥塞[18]，而这些造成网络拥塞的终端设备里面，不乏资源和数据都匮乏的劣质终端设备。因此，提高联邦学习的通信效率变得至关重要。

9.1.2　联邦学习效率优化的研究现状

目前,联邦学习的研究还处于初级阶段,且大部分研究基于云服务器和终端的两层学习架构。大量的终端设备直接与云服务器通信,从而带来了更多的能耗和通信成本。同时,随着联邦学习模型的复杂化,云服务器也将承受更大的负载。如果继续利用传统云服务器和终端两层联邦学习框架来部署任务,将面临以下问题:第一,终端设备数量的持续增加,会占用更多的网络带宽;第二,云服务器距离终端设备较远,无法直接管理终端设备;第三,设计的算法可能会增加终端设备或云服务器的额外计算消耗。

为了高效地利用移动边缘网络中终端设备的计算资源，将传统的基于集中式（如云服务器、数据中心等）的人工智能下沉到靠近用户的网络边缘已成为一种技术趋势。在联邦学习领域中，利用云－边－端协作方式的解决方案还比较少，边缘的价值尚未充分发挥。因此，本章针对上述存在的问题，在联邦学习架构中引入边缘计算，将边缘服务器作为联邦学习架构中的管理层；在训练过程中选择计算性能足够的终端设备，并优化传输过程中的不确定因素和通信消耗，以实现合理的模型聚合机制。目前，国内外关于联邦学习通信效率优化和学习效率优化的研究，从实现方式上大致可分为以下 4 个方面。

1. 减少冗余通信的相关研究

在联邦学习的训练过程中，一些被污染的脏终端设备也可能会故意进行不稳定的更新，或者无意中产生低质量的数据，导致冗余通信的产生。目前有关减少冗余通信的方法主要是剔除脏终端设备，避免上传由脏终端设备训练的冗余模型，以降低对网络资源的消耗。Zhao 等人[19]首次考虑到不可靠参与终端设备的存在，并提出在训练过程中使用功能机制扰乱神经网络的目标函数来实现差分隐私。另外，Kang 等人[20]提出了一种联邦学习参与终端设备的选择方案，其中的训练过程往往更注重安全问题，忽视通信效率。Li 等人[21]提出了一种对比检测终端设备异常行为的方法，该方法利用预先训练好的异常检测模型消除其对全局模型产生的不利影响。上述减少冗余通信的方法专注于冗余数据的传输，忽视了通信效率的影响。本章将介绍针对通信效率优化的联邦学习方法。

2. 减少通信负载的相关研究

目前有关减少通信负载的研究工作主要集中在两个方面：一方面是通过增加终端设备的计算量的方式，减少云服务器和终端之间的通信轮数；另一方面是简化终端设备训练的本地模型，从而降低网络链路中的数据传输量。例如，McMahan 等人[22]提出的算法主要通过增加终端设备的计算量或增加终端设备的数量来加速全局模型收敛的速度，从而减少云服务器与终端设备通信的轮数；但该算法忽略了大量终端设备同时访问云服务器所带来的网络拥塞问题。针对此问题，Liu 等人[23]提出了云－边－端 3 层联邦学习框架，将模型在单个边缘服务器层和云服务器层两层上进行聚合操作，在通信中实现了很好的折中；但在默认情况下，所有的本地模型都需要上传到云服务器，也意味着全局模型极易遭到脏模型的侵害。考虑到联邦学习所涉及的数据服从非独立同分布，Wang 等人[24]通过计算本地模型和全局模型聚合之间的最佳权衡，反向控制本地模型的收敛程度，从而在给定资源预算下实现了损失函数的最小化。

3. 终端设备选择与模型聚合的相关研究

为了使联邦学习的训练效果达到最佳，文献 [22] 提出最大化选择参与终端设备的方法。但是，文献 [25] 认为某些计算资源有限或无线信道条件差的终端设备，可能会导致联邦学习需要更长的训练时间和上传时间。为了解决这个问题，该文献提出了 FedCS 协议。该协议可根据终端设备的资源状况动态地选择参与终端设备，以实现有效的联邦学习。实验结果表明，FedCS

协议解决了带有资源约束的终端设备选择问题，通过贪婪算法允许云服务器尽可能多地选择并聚合来自终端设备的更新模型。然而，FedCS 协议仅在简单的模型上进行了测试。当扩展到更加复杂的模型或者面对数量庞大的终端设备集时，频繁估算终端设备完成任务的时间会带来额外的负载与计算时延，并且 FedCS 协议不关注本地模型的精度，无法保证全局聚合的效果。在此基础上，文献 [26] 提出一种基于多评价标准的联邦学习终端设备选择方法，通过终端设备的 CPU、内存、能量等计算资源判断终端设备是否能够完成联邦学习的训练和通信任务。此外，该文献将终端设备选择问题转化成 NP 难问题，并在每一轮训练中尽可能使终端设备数量最大化。

4. 联邦学习扩展的相关研究

针对单个云服务器在联邦学习系统中的局限性，本章提出了基于移动边缘计算的联邦学习扩展方案。在实际情况中，终端设备分布范围广泛，云服务器无法覆盖所有的终端设备。为了学习到准确性更高的模型，需要多个边缘服务器的支持来连接更广泛的联邦学习参与者。该方案在更广泛的传感云中部署多个边缘服务器，每个边缘服务器负责对应区域的学习任务，从而使全局模型能够学习到更多的数据。此外，本章提出了一种基于重要性的模型参数聚合机制，以减少额外的通信成本。该机制提高了模型在数据不平衡情况下的收敛速率，还大幅度降低了系统的通信和计算消耗。

接下来本章将详细介绍减少冗余通信和通信负载的研究成果，并从终端设备选择和模型聚合的角度介绍提高联邦学习效率的方法，以及联邦学习的扩展技术。

9.2 基于边缘计算的联邦学习高效通信技术

因为联邦学习的网络资源有限，以及上传脏模型时造成的冗余通信会产生网络资源浪费，可以得出结论，清除网络中的冗余模型（冗余更新）以及选择适当的模型参数进行传输，加快模型收敛速度，对提高联邦学习的通信效率是很有必要的。本节首先介绍一种基于边缘计算的冗余模型检测与清洗算法。模型的清洗工作由终端设备独立完成。结合边缘聚合方法，终端设备完成冗余模型清洗后，将模型发送到边缘服务器参与边缘聚合。最后仍然由边缘服务器将模型发送到云服务器参与全局聚合。这一过程既避免了高并发，又避免了无关模型更新造成的网络资源浪费。其次，本节介绍一种基于边缘计算的模型参数选择算法。该算法从复杂的机器学习网络模型的参数中选择部分进行传输，从而避免导致联邦学习的大量时间耗费在模型的传输过程中。

9.2.1 基于边缘计算的冗余模型检测与清洗

参与联邦学习的终端设备始终存在设备异构、数据污染等影响模型训练速度的因素，脏终端设备可能会通过操纵本地训练数据或发送脏模型到云服务器来破坏全局模型，对全局模型的精度构成威胁。因为联邦学习的网络资源有限，以及上传脏模型时所导致的冗余通信带来的网络资源浪费，所以清除网络中的冗余模型（冗余更新），以加快模型收敛速度，对提高联邦学习的通信效率至关重要。本小节设计了一种基于边缘计算的冗余模型检测与清洗算法。该算法借鉴了现有的依靠上一次全局迭代的全局模型趋势作为本地更新重要性判断依据的模型检测算法，同时突破了现有的仅计算参数符号的片面算法。该算法采用余弦相似度算法作为异常模型的检测算法，与仅计算参数符号的一维检测方法相比，从多维角度检测模型在各个参数方向上的差异。模型的清洗工作由终端设备独立完成，并结合 9.1.1 小节所提边缘聚合方法，即终端设备完成冗余模型清洗后，将模型发送到边缘服务器参与边缘聚合，最后由边缘服务器将模型发送到云服务器参与全局聚合。这一过程在避免高并发的同时，也避免了冗余模型更新造成的网络资源浪费。与现有方案相比，该算法不仅避免了冗余模型更新，还提高了全局模型的准确率。

1. 问题定义

假设每个终端设备 i（$i \in N$）都拥有一个表示为 D_i 的私有本地数据集，对于任意数据样本 $\{x_j, y_j\}$，其中模型的输入由 x_j 表示，那么终端设备的任务是通过学习找到一个可以描述 y_j 的模型 w，并且使得在测试样本中模型的损失函数 $f_j(w)$ 能求得最小值。因为用于计算模型预测结果和真实数据差距的损失函数越小，说明模型准确性越高。例如，典型的线性回归模型的损失函数可以表示为

$$f_j(w) = \frac{1}{2}(x_j^{\mathrm{T}} w - y_j),\ y_j \in R \tag{9.1}$$

联邦学习训练开始时，终端设备接收到由云服务器初始化的全局模型后，会在其私有数据集中进行训练，从而优化这一模型。也就是说，终端设备 i 在每次全局迭代过程中，需要在其私有数据集 D_i 上执行多轮本地训练，来找到最优的模型参数。

$$w_i^{(t)} = \arg \min F(w) \tag{9.2}$$

式（9.2）通常使用随机梯度下降（Stochastic Gradient Descent，SGD）法来使模型收敛。终端设备先将收敛优化的最优模型权重 $w_i^{(t)}$ 上传到边缘服务器，再由边缘服务器发送到云服务器参与全局聚合。全局聚合后生成的全新全局模型表示为

$$w^{(t+1)} = \sum_{i=1}^{N} \frac{D_i}{D} w_i^{(t)} \tag{9.3}$$

全局聚合后，终端设备自行从云服务器中下载全局模型 $w^{(t+1)}$，并将其作为下一次全局迭代中本地训练的输入。由于大多数神经网络模型固有的高维复杂性，联邦学习通常需要 T 次全局迭代来实现全局损失函数的收敛。而经过多轮全局迭代后，全局损失函数 $F(w)$ 求得最小值，最终获得满足 $\|\nabla F(w^{(t)})\| \leqslant \varepsilon \leqslant \|\nabla F(w^{(t-1)})\|$ 的全局模型精度 ε。

联邦学习时，终端设备均需在其私有数据集上最小化本地损失函数，以完成每一轮的全局迭代任务。但参与本地训练的本地数据往往服从非独立同分布，导致全局模型和本地模型之间的差异很大。更有甚者，一些全局模型的梯度与本地模型的梯度在方向上截然相反。那么在全局模型聚合阶段，来自终端的一些训练效果不佳的冗余模型可能会污染全局模型 $w^{(t+1)}$。不仅如此，如果这些冗余模型被上传到云服务器，还占用稀缺的局域网带宽，造成模型传输的通信时延。

因此，迫切需要将冗余的本地模型在联邦学习过程中清除，以减少冗余的通信成本。

本小节将第 t 次全局迭代中，从终端设备 i 上传至云服务器的模型定义为 δ_i。考虑到每次迭代中模型维度的一致性，假设 δ_i 是恒定的。同时假设参与联邦学习的终端设备数量 N 保持不变，那么在第 t 次全局迭代过程中，从终端上传至云服务器的数据总量为 $\varphi_t = \sum_{i=1}^{N} \delta_i$。假设目标全局模型参数为 w^*，本小节寻求以下问题的解决方法：

$$\min \sum_{t=1}^{T} \varphi_t \tag{9.4}$$

$$\text{s.t. } w^* = \arg \min F(w)$$

也就是说，在保证全局模型收敛的同时，最小化每一次全局迭代中从终端上传至云服务器的模型总数 φ_t，最终减少整个联邦学习过程中需要上传到云服务器的本地模型总数。

2. 系统框架

联邦学习中基于边缘计算的冗余模型清洗框架如图 9.3 所示。其中包括边缘计算和联邦学习的经典元素：云服务器、终端设备和边缘服务器。同样，每个终端设备都由唯一的边缘服务器管理。

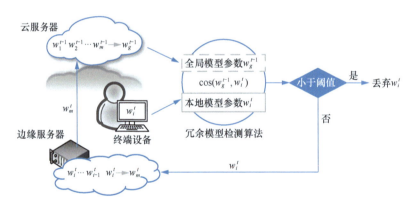

图9.3　联邦学习中基于边缘计算的冗余模型清洗框架

由图 9.3 也可以发现，冗余模型检测算法的两个输入分别来自云服务器和终端设备，因为该算法将云服务器中上一轮全局迭代的更新趋势作为模型重要性的判断标准。这一观点来自现有的一项研究，在后续内容中将详细介绍。在联邦学习冗余通信优化方法中，每个终端设备从云服务器中下载初始化的全局模型后，会在其本地数据集上训练该模型，即本地更新。随后，终端设备执行冗余模型检测算法，在模型传输之前快速判断模型是否有必要更新，那些相似性比较高的本地模型将会被发送到簇内的边缘服务器。待所有终端设备完成检测后，边缘服务器对有必要更新，且被发送到边缘服务器的本地模型进行边缘聚合，随后将聚合后的边缘模型发送到云服务器。

本小节介绍的基于边缘计算的冗余模型检测与清洗算法在避免不必要的通信开销，节省通信资源的同时，达成了以下目标。

1）通过剔除与全局模型收敛方向无关的本地冗余模型，避免了终端设备和云服务器之间的冗余通信，减少了云服务器和边缘服务器、终端设备的沟通次数，充分发挥了网络资源的价值。

2）该算法能够与通信时延优化方法有效结合起来，充分利用了边缘服务器的计算资源等优势。

3. 算法设计

下面详细介绍如何设计冗余模型检测与清洗算法以避免冗余模型上传时造成的冗余通信消耗，以提高通信效率。

（1）冗余模型检测

在现有研究中，通常用冗余模型或脏模型来表示与全局模型收敛方向无关的本地模型。本小节的目的就是避免冗余模型被上传至云服务器，从而减少网络中不必要的更新。一个经典的算法名为通信缓和的联邦学习（Communication-mitigated Federated Learning，CMFL）算法。该算法通过计算本地更新和上一轮的全局模型之间符号相同的参数数量来判断模型的重要性，最终避免了冗余模型的更新。根据 CMFL 算法，满足式（9.5）的本地更新被认为与全局模型收敛不相关，其中 $\text{sgn}(u_j)$ 表示上一次迭代的全局模型参数符号，$\text{sgn}(\overline{u}_j)$ 表示当前迭代中的本地模型参数的符号，N 表示参数总数。

$$\frac{1}{N}\sum_{j=1}^{N}I(\text{sgn}(u_j)=\text{sgn}(\overline{u}_j))<\text{Threshold} \tag{9.5}$$

在高维复杂的网络模型中，虽然模型参数在符号上的差异体现了模型在各维数方向上升或下降的趋势，但不可否认的是，参数在数值上的差异更是体现了模型在各个维度上增加或减少的程度。例如，在用 softmax 回归模型预测手写数字集时，模型偏置中各参数的值可以理解为测试时在数字 0 ～ 9 上的概率值，因此本地模型与全局模型在对应参数上的数值应该是接近的。如果两个模型在对应参数值上的差异很大，仅仅是符号相同，那么我们认为这两个模型是无关的。因此，首要问题是：如何判断本地模型和全局模型之间的相关性？

近年来的研究工作往往将边缘计算和机器学习视作联邦学习的基础。借鉴机器学习中判断相似度的算法，我们考虑了当前应用较广泛的欧几里得距离、皮尔逊相关系数和余弦相似度等方法。这些方法的优缺点各不相同，其中欧几里得距离度量的是向量空间中两个向量的绝对距离，而余弦相似度通过度量两个向量的夹角来体现向量在方向上的差异。考虑到模型的收敛方向不仅体现在模型参数的符号上，还体现了数值的变化，余弦相似度可能更适用于冗余模型的检测。

同时，我们考虑了大数据算法中的基于角度的离群点检测（ABOD）算法。针对一组数据点集合，该算法计算任意数据点 (x, y) 与任意点 o 的角度 $\angle xoy$，其中 $x \neq o$ 且 $y \neq o$，最后根据 (x, y) 到各点的角度方差来确定数据 (x, y) 是否异常。这种算法证实了上述的猜想，体现出模型在方向上变化的余弦相似度算法更适合作为冗余模型的检测算法。

至此，已经将冗余模型检测问题转化为计算本地模型和全局模型之间的余弦相似度问题。因此，首先要确定云服务器中全局迭代的模型收敛趋势，从而剔除与全局模型收敛方向无关的本地模型。由于终端设备均是基于上一次迭代中聚合而成的全局模型完成本地模型的训练，因此直到收到新一轮的全局迭代之前，终端设备无法获取到当前全局模型的收敛趋势。然而，现有研究验证了相邻两次全局模型在参数上的变化值约为 0.05，最大不超过 0.21[26]。所以上一次迭代中的全局模型可以作为判断当前迭代中本地模型是否为冗余模型的参照基准。

（2）冗余模型清洗

为了更好地理解模型在几何空间中的表现形式，我们将模型抽象为几何空间中的三维平面和二维向量，如图 9.4 所示，其中本地模型用 L 表示，全局模型用 G 表示。由图可知，余弦距离度量的不是两个模型在地理位置上的差异，而是在角度和方向上的差异。对于图 9.4（a）中给定方向角的全局模型 G 和本地模型 L，它们之间的欧几里得距离 dist(L, G) 是绝对的。假设全局模型 G 在任意维度的参数上做出改变，即使模型 L 和模型 G 的距离保持不变，如果两个模型的角度发生了变化，此时余弦距离也会发生变化。对于图 9.4（b）中高维空间下的本地模型 L 和全局模型 G，由两平面的夹角表示的本地模型 L 和全局模型 G 之间的角度，并以此表示余弦距离。直观而言，两平面的角度越小，余弦距离越小，表示两个模型越相似。

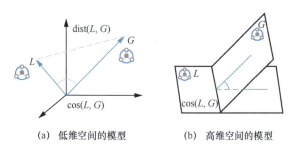

(a) 低维空间的模型　　　　(b) 高维空间的模型

图9.4　模型在不同维度空间的抽象表示

借鉴数字图像中对图像的处理方法，本小节对全局模型和本地模型进行向量化。即对于任意全局迭代 t，假设上一次迭代中的全局模型由 $G_{t-1} = [g_1, g_2, \cdots, g_m]$ 表示，终端设备当前迭代中的本地模型用 $L_t = [l_1, l_2, \cdots, l_m]$ 表示，本地模型和全局模型之间的相似度由余弦相似度算法可以计算为

$$
\begin{aligned}
\text{Similarity}_{(L_t, G_{t-1})} &= \cos(L_t, G_{t-1}) \\
&= \frac{<L_t, G_{t-1}>}{|L_t||G_{t-1}|} \\
&= \frac{\sum_{j=1}^{m}(l_j \times g_j)}{\sqrt{\sum_{j=1}^{m} l_j^2} \times \sqrt{\sum_{j=1}^{m} g_j^2}}
\end{aligned}
\tag{9.6}
$$

由三角函数定理可知，余弦距离的取值范围为 [−1,1]。余弦值越接近 1，表示全局模型和本地模型在方向上的差异越小；余弦值越接近 −1，表示全局模型和本地模型在方向上的差异越大；当余弦值接近 0 时，意味着两模型几乎是正交的。一般来说，相似度值为正数时更贴合阅读习惯，因此本小节将模型的相似度归一化在 [0,1] 的范围内：

$$
\text{Similarity}_{(L_t, G_{t-1})} = 0.5 \times \cos(L_t, G_{t-1}) + 0.5
\tag{9.7}
$$

同理，当 $\text{Similarity}_{(L_t, G_{t-1})}$ 趋近 0 时，说明本地模型和全局模型的相似度越低；反之，两模型之间的相似度越高。本小节对异常模型检测算法设置了阈值 f，当全局模型和本地模型之间的相似度 $\text{Similarity}_{(L_t, G_{t-1})}$ 小于所设阈值 f 时，本地模型所有参数设置为 NULL，表示该本地模型没有更新的意义，不参与全局聚合；当 Similarity$_{(L_t, G_{t-1})}$ 大于所设阈值 f 时，本地模型需要传输到所在局域网的边缘服务器。

（3）冗余模型检测与清洗算法设计

算法 9.1 详细描述了在终端实施模型异常检测的过程。阈值 f 的设置将在实验部分进行详细讨论。

算法 9.1　联邦学习冗余模型检测算法

输入：终端设备 i 的数据集 D，上一次迭代的全局模型 G 和阈值 f，学习率 λ；

输出：本地更新 L；

1：将数据集 D 分割成多个 minibatch，得到 minibatch 集 Bt；

2：**for** minibatch b in Bt **do**

3：　　$L \leftarrow L - \lambda \nabla F(L)$；

4：end for

5：　Similarity$_{(L_t, G_{t-1})} = 0.5 \times \cos(L_t, G_{t-1}) + 0.5$；　// 计算本地模型和全局模型之间的余弦相似度

6：**if** Similarity$_{(L_t, G_{t-1})} < f$ **then**

7：　　$L = $ NULL；

8：**end if**

9：**return** L

结合通信时延优化方法，本小节同样利用边缘服务器拥有的计算资源优势，对局域网中的本地模型计算加权平均，保证通信链路中数据传输量大小的一致性。与此同时，在模型聚合前先对本地模型执行冗余模型检测算法，本地模型中那些模型的相关性小于所设阈值的本地模型将被清洗，那些模型相关性大于所设阈值的本地模型将被传输到边缘服务器聚合为边缘模型。假设 $D_m = \sum D_i$（ $i \in \text{cluster}_m$ ），本文将边缘聚合的过程表示为

$$F_m(w) = \sum_{i \in \text{cluster}_m} \frac{D_i}{D_m} f_i(w) \tag{9.8}$$

$$\text{s.t. Similarity}_{(f_i(w), F_m(w))} > f$$

最终所有的边缘模型都要首先被发送到云服务器参与全局聚合，以最小化全局损失函数，然后进行新一轮的全局迭代。结合联邦学习通信时延优化方法，算法 9.2 详细描述了冗余模型清洗的整个过程。

算法 9.2　联邦学习冗余模型清洗算法

输入：终端设备集合 $I \in N$，数据集 D，局域网集合 M，上一次迭代的全局模型 G 和阈值 f；

输出：全局模型 G；

1：**for** 当前全局迭代数 iteration = 1, 2, ⋯ **do**

2：   **for** m in M **do**

3：   **for** 终端设备 i in $\mathrm{Cluster}_m$ **do**

4：   执行冗余模型检测算法 (D, G, f)，得到本地更新 L_i；

5：   **if** L_i is NOT NULL **then**

6： $\mathrm{Clustermodel}_m = \{L_i\}$；

7：   **end if**

8：   **end for**

9： $\mathrm{Edgemodel}_m = \sum\limits_{i \in \mathrm{cluster}_m} \dfrac{D_i}{D_m} L_i$；// 得到边缘模型

10：   **end for**

11： $G = \sum \dfrac{D_m}{D} \mathrm{Edgemodel}_m$；// 把边缘模型传送到云服务器参与全局聚合，得到下一次迭 // 代的全局模型 G

12：**end for**

    该算法通过减少冗余模型上传到云服务器的次数，从而避免了联邦学习中存在的冗余通信问题。然而，终端设备私有数据集的非独立同分布问题依然存在，因此联邦学习通信时延的优化仍然是一个开放的问题。本小节虽然从理论上证明所提冗余模型检测与清洗算法是保证模型收敛的，但还需要依靠实验来验证冗余通信优化方法在提高通信效率上的有效性。从定性角度分析，在联邦学习冗余模型清洗算法中，首先在终端设备模型上传阶段将本地模型传送到所在局域网中的边缘服务器，然后由边缘服务器将边缘聚合后的边缘模型传送到云服务器，这一过程缓解了高并发问题，而且冗余模型清洗过程在本地完成，没有影响通信环节。从定量角度分析，假设参与联邦学习的终端设备共有 p 台且本地模型的大小恒定，定义终端设备和云服务器之间的单次通信代价为 x，终端设备到边缘服务器的通信代价为 y，共设置 z（$z < p$）台边缘服务器，那么在传统联邦学习中，全局迭代一次的总通信代价为 $p \times x$；所提冗余模型清洗方法全局迭代一次的总通信代价为 $z \times x + p \times y$。由于边缘服务器更靠近终端设备，因此 $y \ll x$，从而说明冗余通信优化方法的通信开销远小于传统联邦学习。

4. 实验评估

（1）实验设置

    本小节在 MNIST 数据集上学习了 softmax 回归模型和卷积神经网络（Convolutional Neural Network，CNN）模型，并记录了两个模型的训练结果。MNIST 数据集中的噪声比为 0.75。实验运行在装有 Intel i7 CPU 和 16GB RAM 的 PC 上。实验过程中使用的编程语言是 Python，且均基于 TensorFlow 框架实现。

    对于 softmax 回归模型，终端设备在其私有本地数据集上每次本地迭代时的 minibatch = 32，以及本地迭代的总轮数 epoch = 93，模型的学习率λ = 0.001，恶意终端设备数为 16 台。MNIST 训练样本被平均分配到 20 台终端设备中，每台终端设备得到 300 个样本。同样，CNN 模型的终端设备数和本地训练轮数 epoch 分别设置为 10 和 15。终端设备中包括 8 台恶意终端设备，其他超参数分别设置为λ = 0.001， dropout = 0.5。

（2）阈值对冗余模型清洗效果的影响

为了探究在不同阈值下联邦学习中基于边缘计算的冗余模型检测与清洗方法在检测冗余模型方面的效果以及提高通信效率的程度，本小节在 softmax 回归模型、CNN 模型以及多层感知机（Multilayer Perceptron，MLP）模型上计算了每次全局迭代过程中，上一次迭代的全局模型和当前迭代的本地模型之间的余弦相似度，并记录了相似度的累积分布函数（Cumulative Density Function，CDF），如图 9.5（a）～图 9.5（c）所示。总体而言，相比使用无噪声标签的数据集进行联邦学习模型训练，噪声标签的加入对全局模型和本地模型之间的余弦相似度产生了较大的影响，模型之间的相似度明显降低。在 softmax 回归模型中，对比使用无脏标签的数据集进行模型训练，使用脏标签训练的全局和本地之间的模型相似度从 1.0 下降到 0.7 ～ 1.0。在 CNN 模型中，使用脏标签数据集训练时，本地模型和全局模型之间相似度分布在 0.9996 ～ 1.0000；而模型训练过程中使用无脏标签的数据集时，模型之间的相似度显著高于使用脏标签数据集训练的结果，分布在 0.9998 ～ 1.0000。在 MLP 模型中，使用无脏标签数据集训练时，本地模型和全局模型之间的相似度均高于 0.9987；当使用脏标签数据集训练本地模型时，与全局模型相似度低于 0.9987 的本地模型存在 20%。

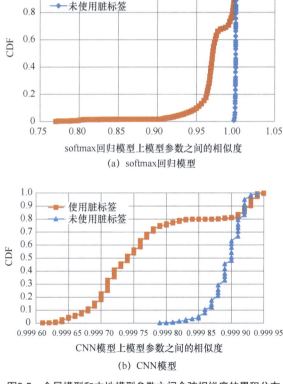

(a) softmax回归模型

(b) CNN模型

图9.5　全局模型和本地模型参数之间余弦相似度的累积分布

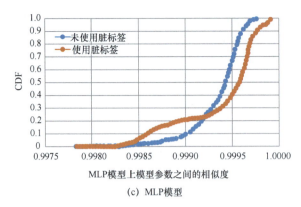

（c）MLP模型

图9.5　全局模型和本地模型参数之间余弦相似度的累积分布（续）

根据实验结果，在 softmax 回归模型训练中发现 75% 的本地模型与全局模型的余弦相似度小于 0.97，在 CNN 模型训练中发现 75% 的本地模型与全局模型的余弦相似度小于 0.9998，以及在 MLP 模型训练中发现 75% 的本地模型与全局模型的余弦相似度小于 0.9994。为了验证基于边缘计算的冗余模型检测与清洗算法能精准剔除脏模型，从而达到冗余模型不存在情况下同等训练精度这一论点，依据以上 3 个实验结果，本小节围绕 0.97 在 softmax 回归模型中测试了一组阈值，即 {0.96,0.965,0.97,0.975,0.98,0.985,0.99,0.995}；围绕 0.9998 在 CNN 模型中测试了一组阈值，即 {0.9997,0.99975,0.9998,0.99985,0.9999,0.99995}；围绕 0.9994 在 MLP 模型中测试了一组阈值，即 {0.9993,0.9994,0.9995,0.9996,0.9997,0.9998}。实验结果表明，当阈值分别设为 0.9999、0.98 和 0.9995 时，通过基于边缘计算的冗余模型检测与清洗算法训练 softmax 回归模型、CNN 模型和 MLP 模型能获得最佳清洗效果。

（3）在 softmax 回归模型上的实验分析

本小节测量了全局迭代过程中模型的准确率和训练损失，实验结果如图 9.6 所示。从图中显示的 softmax 回归模型的精度结果来看，第一次全局模型的精度达到 0.8 以上。出现这一结果的原因在于终端设备设置的本地训练轮数 epoch 值高达 93，使得本地模型的精度较高，因此第一次全局聚合后的全局模型精度自然较高。总体而言，通过本节所提的基于边缘计算的冗余模型检测与清洗算法（图中简称为所提算法）训练的模型精度要优于传统联邦学习（图中简称为传统 FL）的训练结果，这说明冗余模型清洗确实对提高模型精度有明显的作用。具体来说，脏标签存在的条件下，传统联邦学习训练的模型精度极不稳定，而经过冗余模型清洗可以改善这一现象，因为冗余模型清洗后全局模型精度基本可以达到无脏标签存在时的理想联邦学习状态。

从图 9.7 所示的 softmax 回归模型的损失值结果来看，经过所提算法训练的模型损失值和使用无脏标签数据集联邦学习（图中简称为无脏标签的 FL）训练的模型损失值均显著低于传统联邦学习训练的模型。同样，因为脏标签的存在，传统联邦学习训练的模型的损失值极不稳定，难以看出明显的下降趋势。而无脏标签存在的情况下，以及经过所提方法训练的模型的损失值能看出明显的下降趋势。

（4）在 CNN 模型上的实验分析

本节提到了现有的一种名为"CMFL"的排除无关更新的算法。该算法计算全局模型和本地模型之间相同符号的参数量，如果参数量低于所设阈值，则认为模型是无关模型，从而不上传至云服务器。基于该算法存在的片面性和偶然性，本小节进行了改进，即所提算法。因此，为了验证所提算法的进步性，本小节将CMFL算法作为实验的对照试验，并将其结果展示在图中，如图9.8和图9.9所示。

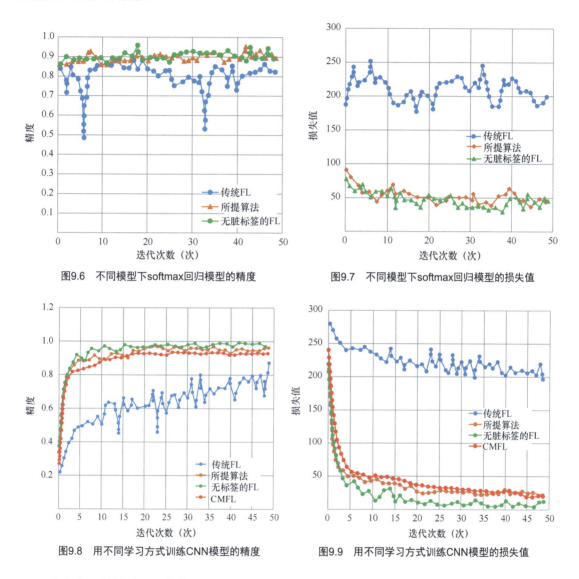

图9.6　不同模型下softmax回归模型的精度　　　　图9.7　不同模型下softmax回归模型的损失值

图9.8　用不同学习方式训练CNN模型的精度　　　　图9.9　用不同学习方式训练CNN模型的损失值

本小节同样测量了用传统FL、所提算法和无脏标签FL 3种学习方式训练CNN模型的表现。如图9.8所示，在数据噪声比为0.7的条件下，未进行冗余模型清洗的传统FL的训练精度远远不如冗余模型清洗后全局模型所能达到的精度。另外，传统FL需要经过13次迭代才能达到0.6的训练精度，而经过冗余模型清洗后，仅仅需要2次迭代就可以达到相同的精度。对比CMFL算法，所提算法在精度上也有一定的优势。与使用无脏标签的FL训练方式相比，所提算法在精度上仅下降2.1%。显然，使用无脏标签的FL训练的效果最好。因此，在较复杂的模型训练中，所提算法具有一定的效果，但也存在局限性。

同样，冗余模型清洗加速了模型的收敛速度，如图 9.9 所示，仅经过 5 次全局迭代，模型的训练损失值就降低了 80%。从实验结果来看，由于冗余模型的影响，在经过 50 次全局迭代的同等条件下，传统 FL 的训练过程中损失值仅下降了 33%，但清除脏模型后，模型的损失值也基本可以达到无脏标签训练的结果。与 CMFL 相比，所提算法在降低损失值上略有优势。

总体而言，保留学习过程中"不符合全局趋势"的冗余模型后的全局模型精度（传统联邦学习算法），远不如去掉学习过程中"不符合全局趋势"的冗余模型后的全局模型精度（基于边缘计算的冗余模型检测与清洗算法）。这也从侧面反映出，去掉部分与全局趋势不同的冗余模型不会影响整体模型结果的准确性。

9.2.2　基于边缘计算的模型参数选择

在联邦学习通信过程中，复杂的机器学习网络模型通常包含数万个模型参数，因此模型的梯度向量非常大。即使是最先进的联邦学习系统也可能会淹没稀缺的广域网带宽，导致联邦学习的大量时间耗费在模型的传输过程上。而在实际的应用场景中，真实的联邦学习环境总是高度动态的，云服务器和终端之间的模型更新十分频繁。因此，减少联邦学习每一次全局通信中网络的负载是非常必要的。

9.2.1 小节所提的基于边缘计算的冗余模型检测与清洗算法解决的是模型是否需要上传到云服务器的问题，本小节就是要解决"到底需要上传多少模型参数"的问题。换句话说，要尽可能减小传输的模型大小，从而减少链路中传输的数据量。现有的相关研究工作多专注于简化本地模型，以减少对通信带宽的占用。目前，联邦学习的模型简化算法大致有两类：一类是通过子抽样、概率量化和梯度稀疏化粗略等方法直接简化终端的本地模型；另一类是结构化更新，即在模型训练过程中对其进行有效简化。对于计算资源和能量受限的异构终端设备而言，通过子抽样、概率量化等方式简化的模型虽然降低了通信过程中的传输压力，但随之而来的计算负担也可能拖延模型训练的进度。

考虑到终端设备计算资源的有限性，模型简化的过程可能对终端设备存在一定的计算压力，因此本小节考虑在边缘端解决高维复杂模型频繁更新时的通信负担问题。本小节提出一种联邦学习中基于边缘计算的模型参数选择算法。该算法根据目前联邦学习每一轮的全局迭代中部分模型参数值的变化并不显著这一特点，即绝大多数的本地模型参数的更新幅度都是非常微小的，通过设计本地模型参数的重要性计算方法，减少需要更新到云服务器的模型参数量，从而进一步提高联邦学习在云服务器和边缘协同场景下的通信效率。

1．问题定义

根据现有的研究工作，联邦学习过程中涉及 3 个变量：一是决定终端设备每一轮执行本地迭代次数的 epoch 值，用 e 表示；二是决定终端设备每一轮本地训练的 minibatch 值，即训练数据的大小，用 b 表示；三是保证梯度下降性能的学习率，用 λ 表示，学习率过大会导致模型过拟合，学习率过小会造成模型难以收敛。假设 (x_i, y_i) 表示一组训练数据，那么在传统的 FedAvg 框架中，$L(w, x_i, y_i)$ 表示在该数据下训练模型的损失函数，其中 w 表示模型，联邦学习模型训练

的过程表示为

$$w = w - \lambda \nabla L(w,b) \tag{9.9}$$

其中，$\nabla L(w,b)$ 表示损失函数 $L(w,b)$ 在 minibatch 值 b 上的梯度。

因为终端设备都是基于全局模型完成本地更新，所以各终端设备训练的本地模型 w 需在参数维度上保持一致。假设训练模型共有 N 个参数，根据前文所述，这些参数中必然存在部分参数对全局模型收敛性的影响较小，那么不更新这部分参数将能减少每一次迭代中网络链路的传输数据量。因此，如何选择一个小于 N 的模型参数子集，是本小节要解决的关键问题。

2. 算法设计

在联邦学习环境中，模型的更新是高度频繁的，而相邻模型更新参数间的变化并不显著，因此判断哪些模型参数进行了更新成为本小节的目标。为此，本小节提出了联邦学习中基于边缘计算的模型参数选择（Importance-based Parameter Selection Method in Federated Learning，impFL）方法，这一方法是对 9.2.1 小节工作的扩展，也是提升联邦学习通信效率的重要补充。

本小节首先对每一次迭代过程中全局模型在参数值上的变化进行计算和分析，然后根据结论设计模型参数的重要性计算规则和模型参数值填充规则。

（1）模型参数值的变化分析

在联邦学习通信过程中，为了达到模型的理想预测准确率，通常需要经过数十轮，甚至上百轮全局迭代。每次迭代都要上传终端的本地模型，而本地模型往往包含数万个模型参数，因此联邦学习模型传输的时间成本很大。然而，每次迭代中更新的全局模型在参数值上的变化并不显著，大多数通信只是轻微地改变了模型的状态。因此，减少不重要的参数更新可以有效降低网络通信的开销。为了深入探究模型更新时参数值的变化情况，本小节在多层感知机模型训练中进行了实验和研究。

多层感知机也叫人工神经网络，由输入层、中间隐藏层和输出层全连接构成。模型可以有多层隐藏层，也可以只有一层。本节实验中，多层感知机的结构为只含有一层隐藏层的 3 层结构。

假设隐藏层的权重参数表示为 W_h，偏置表示为 b_h，那么对于输入为 X 的单隐藏层的多层感知机而言，隐藏层的输出 H 表示为

$$H = f_1(XW_h + b_h) \tag{9.10}$$

假设输出层的权重表示为 W_o，偏置表示为 b_o，那么输出层的输出 O 表示为

$$O = f_2(HW_o + b_o) \tag{9.11}$$

其中，f_1 和 f_2 分别表示隐藏层和输出层的激活函数。本实验中使用 ReLU 函数和 softmax 函数分别作为这两层的激活函数。

假设全局模型参数为 $w = [p_1, p_2, \cdots, p_n]$，它包含 n 个模型参数，如图 9.10 所示。本小节训练 MLP 模型直到其收敛，分析第 t 次和第 $t-1$ 次全局迭代在第 j（$j \in n$）个全局模型参数上的差异，并通过式（9.12）计算参数差值。

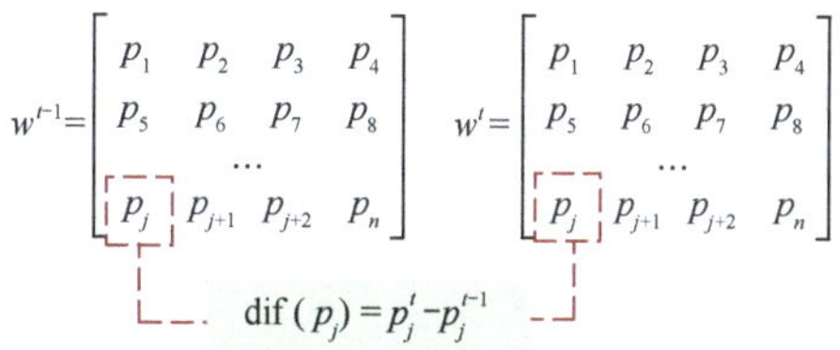

图9.10 dif(p_j)组成示例

$$\mathrm{dif}(p_j) = p_j^t - p_j^{t-1} \tag{9.12}$$

其中，p_j^t 表示在第 t 次全局迭代中的第 j 个全局模型参数，p_j^{t-1} 表示在第 $t-1$ 次全局迭代中的第 j 个全局模型参数。

相邻两次迭代之间全局模型参数的差异 $\mathrm{dif}(p_j)$（$j = 1, 2, \cdots, n$）如图 9.11 所示。由图可知，模型精度为 0.3 时，相邻两次迭代模型参数的差异 $\mathrm{dif}(p_j)$ 主要集中在 0 ～ 0.04；模型精度为 0.5 时，相邻两次迭代模型参数的差异 $\mathrm{dif}(p_j)$ 主要集中在 0 ～ 0.045。由此得出这样一种假设：随着模型精度的提高，更新过程中模型参数的数值变化越来越大。在模型精度较高时的实验结果验证了这一假设，如图 9.12 所示。当模型精度高达 0.8（甚至 0.9）时，尽管大部分模型参数的 $\mathrm{dif}(p_j)$ 值在 0 ～ 0.04 之间，但也存在着一部分模型参数的 $\mathrm{dif}(p_j)$ 值在 0.05 ～ 0.06 之间，总体而言，模型更新在参数值上的变化是不显著的。这样的结果验证了模型更新的变化是极小的这一观点，同时也提供了一个独特的思路：通过减少不重要的参数更新来减少网络中的通信开销。

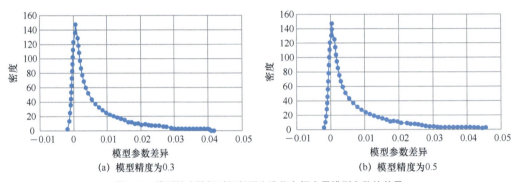

(a) 模型精度为0.3   (b) 模型精度为0.5

图9.11 模型精度较低时相邻两次迭代之间全局模型参数的差异

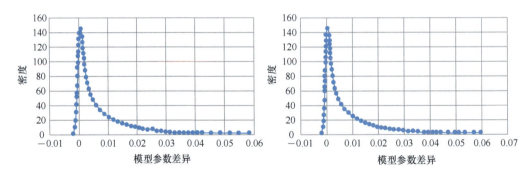

图9.12 模型精度较高时相邻两次迭代之间全局模型参数的差异

（2）模型参数重要性计算

在对模型参数值变化的分析中，本小节通过实验证明了相邻迭代在全局模型参数值上的变化最高不超过 0.06，且 60% 以上的全局模型在模型参数值上的更新仅有 0 ～ 0.02，这样的差异直观上来说是非常小的。那么意味着在每一次全局迭代中，在不影响全局模型收敛的情况下，可以考虑选择性地少上传一部分更新差异非常小的模型参数，实现模型降维的目的，从而减少对稀缺网络资源的占用。

近似同步并行（Approximate Synchronous Parallel，ASP）算法考虑了分布式通信过程中网络通信带宽不足导致一些模型更新速度缓慢，从而影响全局训练进度的问题。例如，数据中心 A 在执行第 3 次全局聚合时才收到来自数据中心 B 共享的第 1 次全局迭代训练的模型，而当前技术无法识别不同迭代轮次下全局模型之间的差异，因此对 A 而言，B 共享的训练结果是冗余的。针对该问题，近似同步并行算法设计了模型更新的过滤器以及镜像时钟，通过计算模型更新在参数值上的变化同当前更新的参数归一化值，过滤那些低于所设阈值的参数，向数据中心更新那些高于阈值的参数，并且随着训练迭代数的推移，阈值自动降低。该算法为本小节问题的解决提供了方法，即判断本地模型各参数的重要性，选择重要性高的特征参数，既减小了模型大小，又提高了模型传输的效率。

在上述内容的基础上，本小节设计了参数的重要性计算规则，通过计算边缘模型中各参数的重要性，判断哪些参数的更新是重要的。如图 9.13 所示，红色长方形虚线框选中的是一个边缘服务器中所有本地模型的第 j 个模型参数 p_j，红色正方形虚线框选的是全局模型的第 j 个模型参数 p'_j，而本小节所提的基于边缘计算的模型参数选择方法正是要通过对二者进行比较，得出边缘模型第 j 个模型参数的重要性值 imp。

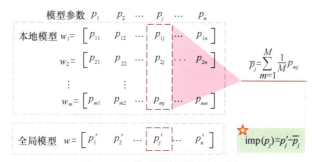

图9.13　参数重要性计算规则示例

具体来说，假设某个边缘服务器在第 t 次全局迭代中收到来自 M 个终端设备的本地模型，这些本地模型表示为 w^t_m（$m \in M$）。对于任意的本地模型，令 $w^t_m = (p^t_{m1}, p^t_{m2}, \cdots, p^t_{mn})$ 表示具有 n 个模型参数的本地模型，p^t_{mm} 表示本地模型 w^t_m 中第 n 个的参数值。本小节通过式（9.13）来计算模型参数 p_j（$j \in n$）在一个终端设备类中本地模型中的均值。

$$\overline{p_j} = \sum_{m=1}^{M} \frac{1}{M} p_{mj} \tag{9.13}$$

根据传统的 FedAvg 框架中全局模型是对本地模型加权平均计算的结果，可以认为 $\overline{p}_j$ 代表边缘模型的更新趋势。同样，可以以上一次全局迭代的全局模型 $w^{t-1} = (p'_1, p'_2, \cdots, p'_n)$ 作为基准，计算上一次迭代中全局模型的参数 p'_j 和边缘服务器中多个本地模型参数的均值 $\overline{p}_j$ 之间的差异，并将其作为判断模型参数重要性的依据。

$$\mathrm{imp}(p_j) = p'_1 - \overline{p}_j \tag{9.14}$$

直观上看，$\mathrm{imp}(p_j)$ 越大，说明边缘模型和全局模型在模型参数 p_j 上的差异越大，参数 p_j 的重要性越强；反之，$\mathrm{imp}(p_j)$越小，说明边缘模型和全局模型在模型参数p_j上的差异越小，参数p_j的重要性越弱。为了说明删除部分不必要参数对全局模型精度的影响甚微，本小节将通过实验评估对阈值展开讨论，即当$\mathrm{imp}(p_j)$达到所设阈值时，认为模型参数p_j是重要的，而低于阈值的部分被认为是不重要的，从而减少不重要的参数参与全局更新，实现模型压缩的目的。

（3）模型参数选择算法设计

算法9.3详细说明了模型参数重要性的计算过程，主要由边缘服务器通过对所在局域网的所有本地更新进行参数计算来完成。

算法 9.3　模型参数重要性计算

输入：终端设备类 $\mathrm{Cluster}_c$，上一次迭代的全局模型 $G = (p_1', p_2', \cdots p_n')$ 和阈值 f；
输出：边缘模型 $\mathrm{Edgemodel}_c$；

1：**for** 终端设备 m in $\mathrm{Cluster}_c$ **do**

2：　　收集簇内的本地更新 $L_m = (p_{m1}^t, p_{m2}^t, \cdots, p_{mn}^t)$；

3：　　$\mathrm{Clustermodel}_c = \{L_m | L_m \text{ is NOT NULL}\}$；

4：**end for**

5：**for** j in n **do**

6：　　$\overline{p_j} = \sum_{m=1}^{M} \frac{1}{M} p_{mj}$ // 计算多个本地模型的参均值；

7：　　$\mathrm{imp}(p_j) = p_j' - \overline{p_j}$; // 计算参数的重要性；

8：　　**if** $\mathrm{imp}(p_j) < f$ **then**

9：　　　　$p_j = \mathrm{NULL}$；

10：　　**end if**

11：**end for**

12：$\mathrm{Edgemodel}_c = \sum_{i \in \mathrm{cluster}_c} \frac{D_i}{D_m} L_i$; // 得到边缘模型

（4）模型参数填充

本小节借鉴了模型压缩的思想，即云服务器收到被去除一部分参数的边缘模型后，需要对其进行参数填充操作。图9.14所示为边缘模型在传输过程中的状态。第一，边缘服务器对来自终端设备的本地模型进行边缘聚合，此时的边缘模型仍旧存在完整的n个模型参数；第二，边缘服务器通过对本地参数进行重要性计算确定哪些参数是不重要的，并将不重要的边缘模型参数删除，此时边缘模型的参数量小于n个；第三，云服务器接收到边缘服务器发送的参数量小于n的边缘模型；第四，为保证全局迭代顺利进行，云服务器需要将边缘模型

图9.14　边缘模型在传输过程中的状态

恢复至拥有 n 个模型参数的完整模型。

通过对参数的重要性计算，边缘模型仅上传了部分对全局模型而言重要性较强的参数，模型因此实现了类似"降维"的效果。然而对训练过程中的模型来说，模型的维度必须保持一致，直接将去除了部分不重要参数的模型用于聚合，程序可能以缺少参数报错。因此需要在全局聚合前，由云服务器对收到的已去除部分不重要参数的边缘模型进行填充，保证联邦学习的全局迭代顺利进行。

在对模型参数值的变化分析中，本小节验证了相邻全局模型参数之间的差异大多在 $0.00 \sim 0.04$，从数值上看这样的差异是非常小的，几乎可以忽略不计。因此，本小节用上一次全局迭代中对应的全局模型参数来替代当前迭代中的缺失的边缘模型参数。

具体来说，假设边缘服务器收集到 M 个来自终端的本地模型，对 p 个参数的重要性 $\mathrm{imp}(p_j)$ 计算后，再完成边缘聚合得到边缘模型 $w_e^t = (p_{e1}', p_{e2}', \cdots, p_{en}')$。此时的边缘模型仍然具有 n 个模型参数。根据参数重要性 $\mathrm{imp}(p_j)$ 的计算结果，在边缘模型上传的过程中，部分 $\mathrm{imp}(p_j)$ 小于阈值 f 的参数 p_j 被边缘服务器剔除，因此边缘模型的参数个数是小于 n 的。为了保证联邦学习可以正常迭代下去，在云服务器中，用上一次迭代的全局模型参数 p_j' 对本次全局迭代中未接收到的边缘模型进行填充：

$$p_{ej} = p_j' \tag{9.15}$$

$$\mathrm{s.t.}\ \mathrm{imp}(p_j) < f$$

也就是说，在本轮全局模型聚合前，那些未被传送到云服务器的 $\mathrm{imp}(p_j)$ 小于阈值 f 的参数 p_j，由上一次迭代的全局模型的对应参数值 p_j' 填充，从而保证了云服务器收到的边缘模型的完整性。图9.15 所示为参数填充的示例。算法9.4 说明了参数填充的过程。

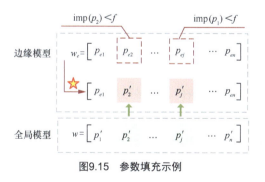

图9.15　参数填充示例

算法9.4　参数填充算法

输入：边缘模型 $\mathrm{Edgemodel}_e = p_{e1}^t, p_{e2}^t, \cdots, p_{en}^t$，上一次迭代的全局模型 $G = (p_1', p_2', \cdots, p_n')$ 和阈值 f；

输出：边缘模型 $\mathrm{Edgemodel}_e$；

1：**for** j in n **do**

```
2:      if p_{ej} = NULL then
3:          p_{ej} = p'_j；// 参数填充
4:      end if
5: end for
```

3. 实验评估

（1）实验参数设置

本实验评估了本小节所提的基于边缘计算的模型参数选择算法对模型训练的精度和损失值的影响，同时计算了通信过程中被剔除的参数总数。同样，本实验均使用 MNIST 数据集训练 MLP 模型，其中本地终端设备数量为 10 台，因此每台终端设备拥有 600 个训练样本。本地训练的 minibatch = 32，学习率为 0.5，全局迭代次数为 65，重要性阈值 f = 0.015，keep_prob = 0.5。实验均基于 TensorFlow 框架，实验配置如表 9.1 所示。

表9.1　基于边缘计算的模型参数选择算法实验的配置

项目	配置
操作系统	Windows 11
CPU	Intel Core i7-8700
内存（GB）	8
实验框架	TensorFlow
编译语言	Python 3.7
编译器	Pycharm 2020

同样，本实验修改了 MNIST 数据集中 70% 的数据标签来模拟传统联邦学习模型训练的场景，同时将 9.2.1 小节所提的基于边缘计算的冗余模型检测与清洗算法（以下简称 eFL 算法）作为本小节所提算法的对照试验算法。

（2）实验结果分析

为了在不影响全局模型精度的条件下，尽可能地少上传重要性不高的模型参数，寻找一个合理的阈值是亟待解决的问题。本实验同样是以联邦学习的方式训练了 MLP 模型，记录了每一次全局迭代中边缘模型参数的 imp 值，并将其中 15 次的密度分布展示在图 9.16 中。

由图可知，大部分边缘模型参数的 imp 值集中在 0 ～ 0.02，少部分边缘模型参数的 imp 值为 0.02 ～ 0.07。imp 值越大，模型参数的重要性越强；imp 值越小，参数的重要性越弱。因此，可猜想那些 imp 值小于 0.02 的模型参数可能是不重要的，而那些 imp 值在 0.02 ～ 0.07

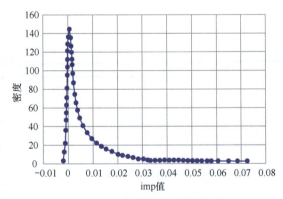

图9.16　15次迭代下imp值的密度分布

之间的模型参数可能是相对重要的。这一猜想同样可以通过以下实验来证明。

实验将 eFL 算法的训练结果作为对比。倘若在特定阈值下去除部分不重要参数后训练的模型精度接近 eFL 算法,那么该阈值即本小节的目标阈值。实验围绕 imp = 0.02 测试了一组阈值:{0.005,0.01,0.015,0.02,0.04,0.06},记录在不同阈值下 MLP 模型的训练精度,并将它们绘制在图 9.17 中。正如上述所提猜想,通过实验发现,当阈值为 0.015 时,通过本小节所提算法训练的模型精度和 eFL 算法训练的模型精度最为接近,甚至略高于 eFL 算法训练的模型精度。而当阈值大于或者小于 0.015 时,训练的模型精度都会受到大小不一的影响,甚至在相同迭代次数下,阈值达到 0.6 时,模型的精度相比未经过特征选择的联邦学习方法下降了 11%。因此,本节将 0.015 作为阈值,选择那些 imp 值大于 0.015 的模型参数上传,从而减少传输过程中网络链路的通信压力。

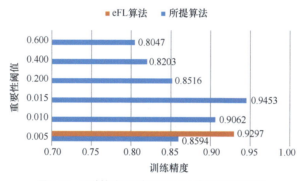

图9.17 两种算法不同阈值下MPL模型的训练精度

根据前文所述,本小节所提算法的目标是在不影响模型训练精度的前提下,尽量减少不重要模型参数的上传,因此本实验将探究所提算法在模型训练精度和损失值上的表现。本实验通过 3 种学习方式对 MLP 模型进行训练,模型训练共迭代了 65 次,并分别将训练的 MLP 模型的精度和损失值展示在图 9.18 和图 9.19 中。由图 9.18 可知,eFL 算法以及本小节所提算法训练的模型精度均高于传统 FL 算法,并且 eFL 算法和本小节所提算法在精度上不分伯仲。此外还发现,eFL 算法以及本小节所提算法在精度变化趋势上基本一致。因此可以得出结论,清除部分不重要的模型参数对联邦学习的模型精度影响较小,也就是说,在不影响模型精度的前提下,去除部分不重要的模型参数,可以有效缓解通信压力。

图 9.19 所示为通过传统 FL 算法、eFL 算法以及本小节所提算法训练 MLP 模型的损失值。由图可知,传统 FL 算法在 65 次全局迭代的条件下,模型的损失值只下降了不到 30%,而通过 eFL 算法以及所提算法训练的模型的损失值明显低于传统 FL。严格地说,通过 eFL

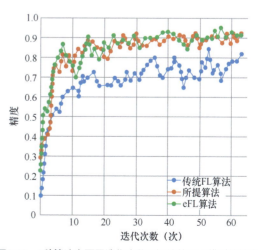

图9.18 3种算法在不同迭代次数下训练的MLP模型的精度

算法训练的模型的损失要小于所提算法。但总体而言，所提算法在尽可能少地上传模型参数的条件下，依旧可以达到与 eFL 算法近似的效果，证明了所提算法是有效的。

为了探究所提算法在提高通信效率上的贡献，本实验记录了每一次边缘服务器和云服务器的通信中未更新参数的具体数量，并将其展示在图9.20中。由图中趋近线性下滑的结果可以发现，随着迭代次数的增加，云服务器和边缘服务器之间未更新的参数在减少，也就是说，随着训练过程的推移，需要更新的模型参数在不断增加。这也和前文所述的观点一致，即随着模型越来越成熟，各模型参数的重要性越强。

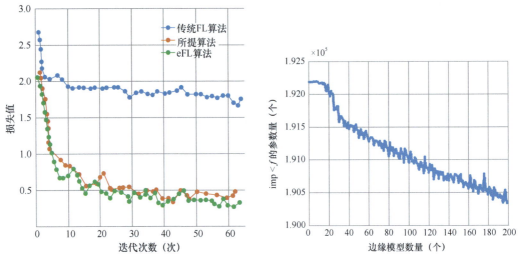

图9.19 3种算法在不同迭代次数下训练的MLP模型的损失值　　图9.20 每次通信中未更新到云服务器的参数量

表 9.2 记录了模型训练到不同精度时，在传统 FL 算法下每一次全局迭代需要更新到云服务器的参数量与所提算法的对比。在最好的情况下，也就是模型精度为0.3时，经过模型参数选择后，可以减少 81.7% 的参数更新，极大地减少了网络链路中传输的数据量；哪怕是最不好的情况下，当模型精度为 0.85 时，经过模型参数选择后也可以减少 81.3% 的参数更新。因此，所提算法可以有效减少链路中需要传输的参数量。

表9.2　不同模型精度下参数更新情况

模型精度	0.30	0.40	0.75	0.85
传统FL算法更新参数量（个）	235 200	235 200	235 200	235 200
所提算法更新参数量（个）	43 018	43 085	43 556	43 825
未更新参数量（个）	192 182	192 115	191 644	191 375
参数减少比例	81.7%	81.6%	81.4%	81.3%

通过上述通信效率和模型精度的对比实验表明，由于去除了部分重要性较弱的模型参数，所提算法的训练精度基本和不丢失参数的联邦学习训练结果持平，但极大地减少了每次通信的传输数据量。因此，在有限通信资源的条件下，这种算法能够提高联邦学习的通信效率。

9.3 基于边缘计算的联邦学习终端设备选择技术

9.2 节介绍了基于边缘计算的联邦学习高效通信技术。本节将进一步介绍基于边缘计算的联邦学习终端设备选择技术，包括基于边缘计算的终端设备选择与模型聚合算法、基于移动边缘计算的联邦学习扩展算法。基于边缘计算的终端设备选择与模型聚合算法利用边缘服务器收集终端设备层的资源信息，根据这些信息对每个终端设备完成的模型训练和模型传输进行评估打分，并将终端设备分为合格设备和非合格设备。通过选择适当的边缘设备，能够极大地减少系统训练模型所需的时间和能耗，并且可以加快终端设备选择的速度。当数据整体呈现 Non-IID 时，因为联邦学习参与终端设备之间的差异，存在模型学习到数据特征不足的问题，本节提出基于移动边缘计算的联邦学习扩展算法。基于边缘计算的联邦学习终端设备选择算法的架构如图 9.21 所示。

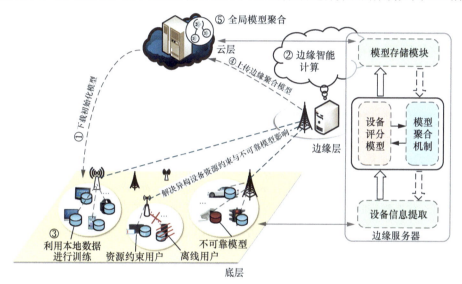

图9.21　基于边缘计算的联邦学习终端设备选择算法的架构

现有的基于边缘计算的终端设备选择与模型聚合的算法存在终端设备选择效率低的问题。具体来说，在联邦学习中，为了获得更优质的模型，需要大量的终端设备共同参与学习，并保证更多的训练轮次以达到所需的精度。然而，传感云中的终端设备在计算性能和资源方面存在异构性，如果采用随机选择方式，就会导致不同终端设备在本地训练或模型传输过程中产生不同的时延。标准的联邦学习全局聚合是同步的机制，即联邦聚合过程受到时延最大的终端设备约束。因此，本节设计了一种基于边缘计算的终端设备评分机制来解决随机选择中终端设备资源受限的问题。联邦学习云服务器向终端设备请求服务，最终得到的是终端设备的本地模型。若参与终端设备上传的本地模型有误，则联邦学习的质量将受到影响。当模型无法收敛时，云服务器会增加训练轮次并将模型下发到终端设备进行训练，导致训练瓶颈和额外的能耗。因此，需要有效、全面地对终端设备上传的本地模型进行评估，辨别出错误的、没有贡献的模型，以提高联邦学习模型聚合的效果。同样基于图 9.21 所示的 3 层框架，本节提出了基于边缘计算的本地模型可靠性聚合机制。

结合上述两种机制，本节提出基于边缘计算的终端设备选择与模型聚合算法。经实验证明，该算法有效解决了现有的问题。

现有的基于移动边缘计算的联邦学习扩展算法存在模型精度低的问题。由于传感云存在扩展性与移动性，因此终端设备的分布范围更广，云服务器无法覆盖所有用户或终端设备，这导致联邦学习中的数据都是 Non-IID 的，也意味着局部区域中终端设备的数据不能代表总体的数据分布，训练出来的模型会偏向于该区域的终端设备，无法应用到其他终端设备。考虑到单一边缘服务器的学习场景下数据分布不平衡导致的模型精度低的问题，为了学习到准确性更高的模型，需要多个边缘服务器的支持来获取更广泛的联邦学习参与者，本节提出基于移动边缘计算的联邦学习扩展算法。该算法不仅提高了模型在数据不平衡情况下的收敛速率，还大幅度降低了联邦学习系统的通信和计算消耗。

9.3.1 基于边缘计算的终端设备选择与模型聚合

联邦学习利用终端设备的数据实现模型训练，并将其应用在实际场景中进行决策。终端设备只需要将训练后的本地模型发送到云服务器进行聚合，而无须发送原始数据。在整个训练过程中，用户的数据始终存储在终端设备本地，从而大大提高了用户数据的隐私性。然而，联邦学习系统固有的开放性导致在资源异构的传感云中实现有效的联邦学习仍然具有挑战性。例如，联邦学习的初始设置是随机选择终端设备作为训练的参与者，但是终端设备的计算资源和硬件条件是异构的。一些计算资源不足的终端设备在训练过程中可能会导致计算时延和通信缓慢等问题，而同步机制下的模型聚合往往会受到这些终端设备的约束，导致联邦学习系统的时间和能耗较高。一种解决方法是对模型进行压缩以加速终端设备上的训练，但在模型精度上会有所损失。文献 [27] 提出的 FedCS 协议中，云服务器根据终端设备的资源信息，计算每个终端设备所需的时间，并选择该时间范围内的终端设备参加联邦学习。但是，终端设备发送资源信息到云服务器中计算，这会增加终端设备与云服务器之间的通信。当连接的终端设备数量成千上万时，FedCS 的计算和通信仍然会带来更多的成本和时延。

为了避免在模型训练中选择资源不足的终端设备，提高模型聚合的准确性，本小节介绍一种基于边缘计算的终端设备选择与模型聚合算法。具体来说，在终端设备选择方面，在传统联邦学习框架中引入边缘计算作为中间层，在联邦学习初始化过程中，首先利用边缘服务器收集底层终端设备的资源信息，根据这些信息先估算每个终端设备完成模型训练和模型传输所需要的时间，如果在平均时间范围内则认为是合格的终端设备，反之则为不合格的终端设备。随后，边缘服务器利用收集到的资源信息以及估算结果，基于多层感知器训练出一个终端设备评分模型，在后续训练中，利用该模型直接进行评分并进行高效的终端设备选择。实验结果表明，基于边缘计算的终端设备评分与选择，可以极大地减少系统训练模型所需的时间和能耗，并且可以加快终端设备选择的速度。在模型聚合方面，边缘服务器首先对终端设备进行实时监控，随后通过收集终端设备的通信丢包情况、通信时延和通信频率来量化本地模型在传输过程中的可靠性，通过收集本地模型参数的更新幅度和更新方向来量化本地模型在训练阶段的可靠性，最后基于训练好的决策树对本地模型进行分类过滤，以提高全局聚合的准确性。

1. 问题定义

假设在第 t 轮联邦学习中，底层有 N 个终端设备，每轮训练选择比例为 C 的终端设备参与。

云层初始化任务后，向边缘服务器发起请求，并将初始化的模型存储到边缘服务器中。首先，边缘服务器收集终端设备的资源信息 X_t，例如 CPU 频率、计算周期、带宽、功率、网络连接情况等。然后，基于多层感知器在边缘服务器中在线学习这些终端设备的资源特征，当多层感知器模型达到要求，则停止学习，最终得到一个能对终端设备的计算资源进行评分的即用模型，评分越高的终端设备表示其可用性越高。边缘服务器选择分数靠前的 S（$S = N \times C$）个终端设备作为本轮的参与者。所选择的终端设备下载初始化模型并开始进行本地训练，在同步训练完成后，将所有本地模型 $w_t = \{w_t^1, w_t^2, \cdots, w_t^s\}$ 上传到边缘服务器，由边缘服务器集中上传到云层服务器，以减少终端与云服务器之间通信连接。

在每个训练轮次 t 中，假设每轮完整的训练所需的时间为 T_{round}，且在全局模型达到要求的精度时，联邦学习总共需要训练 R 轮。定义 T_{ini} 为联邦学习云服务器初始化所需的时间、T_{agg} 为全局聚合所需的时间、$(T_{\text{cmp}} + T_{\text{com}})_k$ 为终端设备 k 的本地训练与上传所需的时间，则基于边缘计算的 3 层联邦学习终端设备选择的优化目标为

$$\min \sum_{t=1}^{R} (T_{\text{round}})_t \tag{9.16}$$

$$T_{\text{round}} = T_{\text{ini}} + \max_{k \in N \text{个设备的集合}} (T_{\text{cmp}} + T_{\text{com}})_k + T_{\text{agg}} \tag{9.17}$$

2. 算法设计

（1）系统框架

本小节提出的基于边缘计算的终端设备选择与模型聚合算法（简称本小节所提算法）结合了边缘计算模型并采用 3 层结构。介绍系统框架之前，先对学习场景做如下假设。

1）假设在传感云中，有超过两个终端设备同意参加联邦学习，且每个终端设备上都拥有足够的数据量。但终端设备拥有的计算资源或性能存在异构性。

2）假设在终端设备上进行本地训练是同步的，也就是说在所有终端设备的本地训练都完成后，云服务器再进行模型的全局聚合。同时，云服务器和边缘服务器都可以安全地提供服务，通信环境属于理想状态。

图 9.22 描述了本小节所提算法的框架。底层的终端设备为本地训练提供数据和计算资源，边缘层为部署的相关算法提供存储和计算功能，而云层是初始化联邦学习任务和模型全局聚合的场所。图 9.22 中红色虚线圈出的终端设备表示计算资源受限的终端设备。通过引入边缘层作为中间层，在联邦学习初始化过程中，利用边缘服务器收集终端设备的资源信息，训练出一个终端设备评分模型来选择得分高的终端设备参加训练，以减少资源受限终端设备的数量。

传统的联邦学习方案中，云服务器需要与终端设备多次通信。尽管文献 [25] 提出的 FedCS 协议解决了终端设备资源不足而导致的通信缓慢的问题，但终端设备仍需要与云服务器频繁交互，通信开销仍然很大。FedCS 协议从云服务器发送请求开始，每个步骤都需要在终端设备和云服务器之间建立通信。而在本小节提出的系统框架中，部分计算任务被转移到边缘服务器，终端设备与距离较近的边缘服务器进行通信。相比直接与云服务器进行通信，这种框架所需的通信成本要小得多。两种算法的通信过程如图 9.23 所示，可以看到通过将计算任务转移到边缘

服务器，云服务器与终端设备的通信连接次数相比 FedCS 协议要少得多。

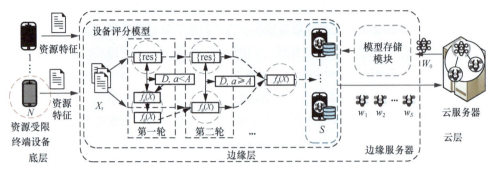

图9.22　基于边缘计算的终端设备选择与模型聚合框架

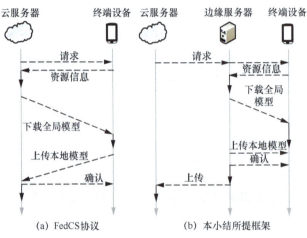

(a) FedCS协议　　　　(b) 本小结所提框架

图9.23　两种算法的通信过程比较

（2）终端设备性能评估算法

在异构的传感云中，每个终端设备所拥有的资源与硬件能力明显不同，例如 CPU 的周期和频率等。文献 [28] 提出，在每个联邦学习训练轮次中，下行通信链路所需的时间与上行通信链路所需的时间相比可以忽略不计。并且终端设备本地训练的计算时间与 CPU 周期频率成反比，即频率越高，计算所需的时间越短；与处理每比特数据的周期成正比，且终端设备拥有的数据越多，本地训练时的计算时间也越长。同样，终端设备上传本地模型所需的时间和计算时间类似，与通信带宽成反比，带宽越大，所需的上传时间越少；且与上传数据量的多少成正比，上传的数据量越多，所需的时间也越长。式（9.18）表示终端设备 n 进行本地训练所需的时间。

$$T_{cmp}=\frac{C^n \cdot D^n}{F^n} \tag{9.18}$$

其中，C^n 代表终端设备 n 执行每比特数据的 CPU 周期数，D^n 代表终端设备 n 上的所有数据样本，F^n 代表终端设备 n 的 CPU 计算频率。

同样，式（9.19）表示终端设备 n 上传本地模型所需的时间。

$$T_{com}=\frac{S^n}{r^n} \tag{9.19}$$

$$r^n = B^n \cdot \log_2 \left(1 + \frac{h^n \cdot P^n}{z}\right) \tag{9.20}$$

其中，S^n 代表终端设备 n 上传的数据大小，r^n 代表香农定理公式，B 代表终端设备的带宽，h^n 代表信道增益的常数，P^n 代表终端设备 n 的传输功率，z 代表噪声。

假设总共有 N 个终端设备，在一轮联邦学习中，终端设备 n 完成任务所需的总时间为 $(T_{\text{cmp}} + T_{\text{com}})^n$。如果总时间大于所有终端设备平均所需的时间，则该终端设备被认为是资源受限的终端设备。

$$设备 n 为 \begin{cases} 资源合格设备, & (T_{\text{cmp}} + T_{\text{com}})^n \leqslant T_{\text{avg}} \\ 资源受限设备, & (T_{\text{cmp}} + T_{\text{com}})^n > T_{\text{avg}} \end{cases} \tag{9.21}$$

$$T_{\text{avg}} = \frac{1}{N} \sum_{i=1}^{N} (T_{\text{cmp}} + T_{\text{com}})^i \tag{9.22}$$

（3）终端设备评分模型构建

上述内容对终端设备完成本地训练的计算时间与能耗进行了评估，并得到了终端设备的资源特征以及终端设备的评估结果。而要得到一个即用的评分模型，就要利用得到的结果进行学习。终端设备评分模型的任务是在训练本地模型之前，尽可能少地选择资源受限的终端设备。多层感知器结合了神经网络和回归模型的两大优势，具有揭示数据规律的强大功能。

多层感知器模型的结构如图 9.24 所示，包含多个网络层，每一层中又包含多个神经元。这里以包含一个隐藏层和一个输出层的全连接神经网络为例。从图中可以看到，数据由输入层输入，每个神经元都和下一层的所有神经元相连接。神经网络中的神经元和逻辑回归具有相同的结构，都是先执行一个线性运算，再通过激活函数做一个非线性的运算。与逻辑回归模型相比，多层感知器适用于神经网络的激活函数有很多，例如 Sigmoid 函数、ReLU 函数等。多层感知器同样可以使用梯度下降算法来更新神经元的参数。具体来说，通过多次迭代，逐步更新网络中每个连接的参数（权重）来减小输出误差，最终误差达到最小化的参数就是目标参数。模型更新参数的步骤如下。

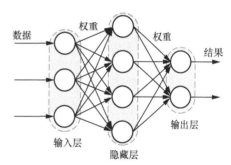

图9.24 多层感知器模型的结构

1）前向传播：从第一层到输出层，逐层计算网络输出。

2）计算模型的损失函数。

3）反向传播：从输出层到第一层，逐层计算各层的梯度。

4）利用计算出的梯度更新参数，反复进行这些步骤，直到参数达到最优。

结合多层感知器模型，本小节所提算法通过学习从终端设备收集的所有资源信息特征来评估每个终端设备的计算性能，并给出预测分数以选择得分更高的终端设备来参与联邦学习。向量 $\boldsymbol{X}_{\text{r}}^n$ 表示终端设备 n 的资源信息特征向量，定义为

$$\boldsymbol{X}_{\text{r}}^n = (C^n, D^n, F^n, B^n, P^n) \tag{9.23}$$

形式上看，多层感知器模型的输出用来表示每个终端设备的预测得分 $f_\theta(\boldsymbol{X}_r^n)$，如式（9.24）所示。

$$f_\theta(\boldsymbol{X}_r^n) = \langle \theta, \boldsymbol{X}_r^n \rangle \tag{9.24}$$

其中，θ 是特征权重向量，$\langle \cdot \rangle$ 表示内积。为了优化评分模型的权重参数 θ，本小节同样使用随机梯度下降来解决此问题。随机梯度下降[29]的基本思想是找到下降的方向（梯度），以使损失函数减小。通过这种方式，模型的特征权重向量的参数向梯度减小的方向更新。

具体来说，当云层初始化联邦学习的设置时，边缘服务器首先收集所有终端设备的资源信息，并将它们组合为特征向量 $\boldsymbol{X}_r^n$，$n \in \{1, 2, \cdots, N\}$。在第一轮训练中，首先，边缘服务器使用式（9.18）和式（9.19）计算的 T_{cmp} 和 T_{com} 来衡量终端设备资源的约束程度，得到每个终端设备的计算时间 T_{cmp} 与通信时间 T_{com}，以及所有终端设备总的平均时间 T_{avg}。当 $(T_{cmp} + T_{com}) > T_{avg}$ 时，将该终端设备的结果标签 res 标记为 0。当 $(T_{cmp} + T_{com}) < T_{avg}$ 时，将该终端设备的结果标签 res 标记为 1。然后，边缘服务器使用 $\boldsymbol{X}_r^n$，$n \in \{1, 2, \cdots, N\}$ 和标签集 {res}，通过式（9.25）和式（9.26）来迭代更新特征权重向量。

$$\theta^{(epo)} = \theta^{(epo-1)} - \eta \nabla \theta \tag{9.25}$$

$$\nabla \theta = \frac{\partial l(\text{res}, f_\theta(\boldsymbol{X}_r^n))}{\partial \theta} \tag{9.26}$$

其中，l 是评分模型的 MSE 损失函数，如式（9.27）所示。

$$l = \frac{1}{n} \sum_{i=1}^{n} (\hat{y}_i - y_i)^2 \tag{9.27}$$

这样就可以通过标记每个终端设备拥有的资源特征，学习和优化预测评分模型。在随后的每个训练轮次中，边缘服务器可以直接获得每个终端设备的性能预测分数，并快速选择得分较高的具有足够计算资源的终端设备用于联邦学习。

3. 算法分析

FedCS 协议的目标是通过计算每个终端设备在开始训练之前完成任务所需的时间估计值来选择尽可能多的终端设备，以评估终端设备的资源状况。在边缘服务器进行终端设备选择的过程中，首先假设每一轮训练都需要从终端设备集 N 中随机选择子集 K（$|K| = N \times C$）并发送资源请求。FedCS 协议会在随机终端设备集中评估每一个终端设备的性能，若该终端设备合格则加入参与终端设备集中，用 $S = \{k_1, k_2, \cdots, k_i, \cdots, k_{|S|}\}$ 表示参与终端设备，其中 $k_i \in S$，$|S| \leqslant |K|$。假设联邦学习训练 R 轮，此时 FedCS 协议的复杂度为 $O(R \times K)$。然而，本小节介绍的终端设备评分模型可用于对整个终端设备集进行评分。这表明在每一轮训练中，只需要一次计算，此时的时间复杂度为 $O(R)$。此外，当某个终端设备集中的终端设备性能都较差时，FedCS 协议会出现参与终端设备空缺等问题，导致无法进行训练。算法 9.5 描述了本小节提出的终端设备评分与选择算法的具体过程。

算法 9.5　终端设备评分与选择算法

输入：N 个终端设备的资源信息特征向量 $\{\boldsymbol{X}_r^n\} = \{\boldsymbol{X}_r^1, \boldsymbol{X}_r^2, \cdots, \boldsymbol{X}_r^N\}$，选择终端设备的比例 C；

输出：联邦学习参与终端设备集合 S；

1：初始化资源信息特征向量 $\{X_r^n\}$、评分模型达到要求时的精度 A；

2：**if** $a < A$ **then**

3：　初始化评分模型的权重参数 $\theta^{(0)}$、评分模型优化迭代次数 epo，以及评分模型输出的误差集合 D；

4：　Score $\leftarrow f_\theta(X_r^n)$；// 用初始模型更新误差集 D

5：计算 N 个终端设备完成任务所需的平均时间 T_{avg}；

6：　**for** each $n \subseteq N$ **do**

7：　终端设备 n 所需的时间 Time $\leftarrow T_{cmp} + T_{com}$；

8：　**if** Time $> T_{avg}$ **then**

9：　　将终端设备 n 的标签设置为 res $= 0$；

10：　　否则设置为 res $= 1$；

11：　　**end if**

12：**end for**

13：　选择 res $= 1$ 的 $N \times C$ 个终端设备加入参与终端设备集合 S，边缘服务器利用误差集 D 以及计算得出的终端设备的标签 res 同步更新评分模型的参数；

14：　**for** $i = 1$ to epo **do**　// 评分模型参数更新

15：　　$\theta^{(epo)} = \theta^{(epo-1)} - \eta \nabla \theta$；

16：　　$\nabla \theta = \dfrac{\partial l(res, f_\theta(X_r^n))}{\partial \theta}$；

17：　　$l = \dfrac{1}{n} \sum_{i=1}^{n} (\hat{y}_i - y_i)^2$；

18：　**end for**

19：**else**

20：　Score $\leftarrow f_\theta(X_r^n)$；// 模型达到精度时直接输出终端设备的评分

21：　按分数从大到小排列，并选择分数靠前的 $N \times C$ 个终端设备加入参与终端设备集合 S，联邦学习云服务器将初始模型下发到选中的终端设备；

22：**end if**

23：**return** S

4. 实验评估

（1）实验参数设置

本实验基于 Pytorch 框架，在传感云中部署 $N = 100$ 台终端设备（每台终端设备随机设置资源信息），并使边缘服务器选择终端设备的比例为 C，其中 $C \in (0,1]$。在实验中设置了参数 E，代表每次迭代中终端设备对其本地数据集进行训练的轮数；参数 B 和 η，分别代表用于本地更新和学习率的本地最小批量。基于边缘计算的终端设备选择与模型聚合算法的实验配置如

表 9.3 所示。

表9.3　基于边缘计算的终端设备选择和模型聚合算法的实验配置

项目	配置
操作系统	Windows 10
CPU	Intel Core i7
内存（GB）	8
实验平台	Pytorch
联邦学习云服务器数量（台）	1
边缘服务器数量（台）	1
终端设备数量（台）	100
终端设备初始能量（kJ）	3
终端设备计算资源	随机
本地数据分布	均匀分布
通信信噪比（dB）	30
终端设备每毫秒消耗能量（J）	0.001

本实验中所用的数据集与联邦学习模型如下。

1）MNIST 数据集。该数据集来自美国国家标准与技术研究所，包含 60 000 张训练图像和 10 000 张测试图像。训练集由来自 250 个不同人手写的数字构成，其中 50% 来自高中学生，50% 来自人口普查局的工作人员；测试集也是同样比例的手写数字数据。其中包含数字 0 ～ 9 的手写数字图像，图像为灰度图像，尺寸为 28 像素 × 28 像素。

2）深度神经网络（Deep Neural Network，DNN）模型。

全连接神经网络（Fully Connected Neural Network，FCNN）模型：本实验使用含有 858 个单元的 3 层 FCNN 模型，并使用 ReLU 激活函数来激活神经元。

CNN 模型：本实验使用的 CNN 模型拥有两个卷积层，每个卷积层连接池化层，最后是两个全连接层。

为了更好地体现本节所提算法［实验中用 EIDLS（Edge-intelligence-based Distributed Learning System）表示］的优势，在实验中设置了以下两个经典的对比算法。

Vanilla FL[30]：在联邦学习初始化过程中随机选择参与者。

FedCS[25]：每一轮训练前先评估每台终端设备的性能，若满足要求，则加入参与终端设备集。

（2）实验结果分析

为了使联邦学习选择更加正确的终端设备参与训练，就要保证评分模型的预测能力的准确性。MSE 是反映预测值与真实值之间差异程度的一种度量值，用数学术语表述为预测值与真实值之差的平方的期望值，如式（9.27）所示。MSE 的值越小，说明预测模型的能力越强。图 9.25 展示了不同终端设备数量 N 在第一轮训练后评分模型的 MSE，其中模型迭代次数为 200 次。可以看出，评分模型的 MSE 值随着迭代过程在不断减小，在终端设备数量 $N = \{50,100,200,500\}$ 的情况下都能取得相近的 MSE 值，并且最终达到 0.1 左右。由于在线学习的策略，在之后的联邦学习过程中会进一步降低模型的 MSE 值,直到达到合格的模型精度。因此可以证明评分模型预测的有效性,能够正确地为每个终端设备的计算性能给出预测评分。

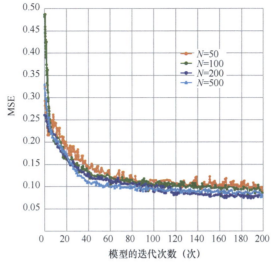

图9.25 评分模型在不同终端设备数量下第一轮训练后的MSE

本实验首先对联邦学习在数据分布理想的 MNIST 数据集下模型训练的时间消耗进行实验评估。在 FCNN 模型的实验中,固定参数 $B = 10$、$E = 5$ 和 $\eta = 0.01$,比较选择不同终端设备比例 C 训练模型所需的时间,如图 9.26 所示。在 CNN 模型的实验中,固定参数 $B = 10$、$C = 0.1$ 和 $\eta = 0.01$,比较终端设备上进行不同本地训练轮数 E 所需的时间,如图 9.27 所示。

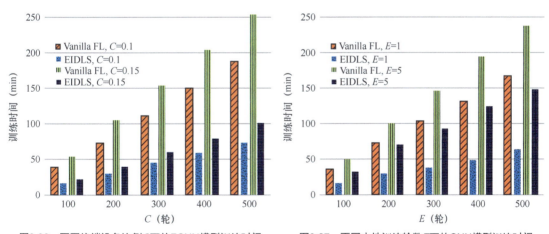

图9.26 不同终端设备比例C下的FCNN模型训练时间　　图9.27 不同本地训练轮数E下的CNN模型训练时间

从图 9.26 中可以看出,EIDLS 训练所需的时间远小于 Vanilla FL。当 $C = 0.1$ 时,FCNN 模型经过 500 轮联邦学习后,EIDLS 和 Vanilla FL 的训练时间分别约为 60min 和 190min,当 $C = 0.15$ 时,相应的训练时间约为 90min 和 260min。这是因为 Vanilla FL 在随机选择参与终端设备的过程中,没有考虑终端设备的计算性能,无法保证本地训练的时间。与其相比,EIDLS 将联邦学习的训练时间缩短到传统算法的约 1/3。

同样，在图 9.27 中可以看出，当 $E=1$ 时，EIDLS 大约需要训练 55min，而 Vanilla FL 大约需要 170min；当 $E=5$ 时，EIDLS 大约需要 150min，而 Vanilla FL 大约需要 245min。由于 CNN 模型比 FCNN 模型更复杂，因此训练 CNN 模型会消耗更多时间以获得更高的准确性。由此得知，在具有异构资源的移动边缘网络中，随着参与联邦学习的终端设备数量和本地计算量的增加，传统方案受到通信限制和计算负载的可能性将会增加，而本小节所提出的基于边缘计算的终端设备选择与模型聚合算法可以避免边缘服务器选择资源受限的参与者，从而大大缩短了训练和通信所需的时间。

9.3.2 基于移动边缘计算的联邦学习扩展

9.3.1 小节的内容是基于单个云服务器、单个边缘服务器的学习场景，其中终端设备选择框架中的评分模型主要从终端设备的性能角度考虑，本地模型可靠性聚合机制侧重于提高联邦学习模型收敛的稳定性。然而在实际情况下，终端设备的分布范围更大，单台服务器覆盖的终端设备数量有限，当覆盖终端设备的数据整体呈现 Non-IID 时，会导致模型学习到的数据特征很少。因为联邦学习参与终端设备之间的差异，本地 Non-IID 数据随着用户地域分布以及偏好而变动，导致每台终端设备的本地模型仅适合本身的数据，聚合后的模型仅对局部范围内的终端设备适用，很难应用到其他终端设备上。

针对联邦学习系统中数据分布不平衡的问题，文献 [23] 提出了一种共享策略。该策略通过创建一个在所有终端设备之间全局共享的数据子集来缩小每个模型之间的差距，从而改进模型聚合的效果。然而，这不符合联邦学习最初的目标。联邦学习是为了保护数据的隐私而选择将模型下发给终端设备进行训练，若需要终端设备共享数据，这显然打破了规则，并且终端设备愿意共享个人数据的假设很难成立。

为了在不破坏联邦学习规则的前提下学习到更好的模型，考虑到边缘服务器移动性强、部署容易、计算和存储能力足够的优势，可以利用多个边缘服务器来获取更广泛的联邦学习参与者。因此，本小节提出基于边缘服务器的联邦学习扩展算法。该算法在更广的移动边缘网络环境中部署多个边缘服务器，每个边缘服务器负责对应区域的学习任务；每个区域完成本地训练之后，边缘服务器与其他边缘服务器进行通信，让全局模型学习到更多的数据。此外，还提出了一种基于参数重要性的模型聚合机制，以减少边缘服务器通信过程中额外的通信成本。

1. 问题定义

假设在训练环境中部署 M 个边缘服务器，以及足够多的 N 台终端设备。每台边缘服务器负责一个区域中的 N_m 台终端设备，其中 $m=\{1,2,\cdots,M\}$，并选择比例为 C 的终端设备参加训练。每台终端设备根据一些预定好的规则，只与其中一台边缘服务器进行通信。假设每台终端设备的本地数据表示为

$$S_i = \{x_j, y_j\}_{j=1}^{|S_i|}, i \in \{1, 2, \cdots, N\} \quad (9.28)$$

其中，x_j 是数据样本，y_j 是对应的数据标签。

定义每台终端设备在本地模型上的训练损失函数为

$$L_i(w_t) \triangleq \frac{1}{|S_i|} \sum_{j=1}^{|S_i|} l(x_j, y_j; w_t) \tag{9.29}$$

其中，w_t 表示第 t 轮训练中终端设备的本地模型，$l(x_j, y_j; w_t)$ 表示模型在数据 (x_j, y_j) 上的损失值。

因此，基于边缘服务器的联邦学习扩展的优化目标为

$$\min\{L(w_t) \triangleq \sum_{m=1}^{M} \sum_{i=1}^{N_m \times C} \frac{|S_i|}{|S|} L_i(w_t)\} \tag{9.30}$$

$$\text{s.t. } \min \sum_{m=1}^{M} T(w_t^m)$$

其中，$T(w_t^m)$ 表示边缘服务器 m 传输模型的训练时间。

2. 算法设计

（1）系统框架

图 9.28 所示为本小节提出的基于边缘计算的联邦学习扩展框架。该框架将主要的任务交由边缘服务器负责，通过边缘服务器之间互相通信让模型学习到更多的数据。此时的联邦学习云服务器只进行第一轮的模型下发和最后一轮的模型聚合，边缘服务器与云服务器的通信次数大幅度减少。相比传统算法，该框架极大地降低了远程通信的成本。具体的训练步骤如下。

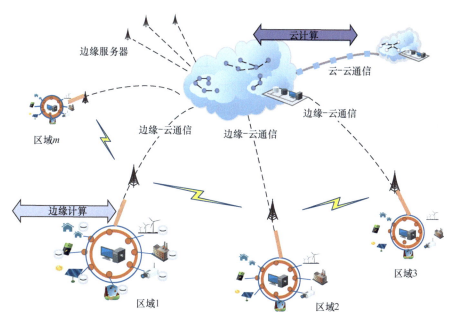

图9.28　基于边缘计算的联邦学习扩展框架

1）根据预定规则在 N 台终端设备的训练环境中部署 M 台边缘服务器。

2）联邦学习云服务器将初始模型 W_0 下发给每台边缘服务器。

3）每台边缘服务器在各自区域选择 $N_m \times C$ 台终端设备，并下发模型。

4）参与的终端设备进行模型的本地训练，并将训练好的模型上传至边缘服务器。

5）边缘服务器完成该区域的训练后，丢弃不重要的参数后与其他边缘服务器通信。

6）边缘服务器通信结束后，重复步骤3）～步骤5），直到训练轮数或精度达到阈值。

7）最后，所有边缘服务器将最新模型上传到联邦学习云服务器，进行全局聚合。

（2）基于密度的应用噪声空间聚类（Density-based Spatial Clustering of Application with Noise，DBSCAN）算法的边缘服务器部署

DBSCAN算法是一种基于高密度连通区域、基于密度的聚类算法，能够根据数据的不同密度划分为不同的簇，并且能够在包含离散点的数据中划分不同形状的簇。

基于一种合理的边缘服务器部署规则，实验可以实现终端设备与对应的边缘服务器通信，使得边缘服务器覆盖的终端设备能够最大化地减少Non-IID数据带来的影响。考虑到Non-IID数据的特点，一般认为终端设备分布越密集的地方，所训练出来的本地模型离散程度越小。相反，离散的终端设备所训练出来的本地模型的差异性较大。若将离散终端设备加入学习，会导致难以聚合出效果好的全局模型。

因此，基于终端设备分布密度的不同，DBSCAN可以首先将终端设备聚类划分成不同的区域，然后进行边缘服务器的部署，如图9.29所示。

DBSCAN对终端设备进行区域划分时，首先将终端设备映射到二维坐标空间，然后确定半径（Eps）和以一个终端设备为圆心在半径为Eps的圆形区域内最少的终端设备数量（MinPts）。如果一个终端设备以自己为圆心，满足在半径为

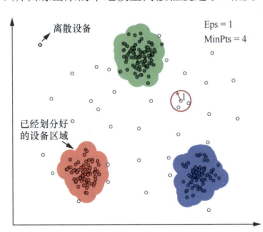

图9.29　基于DBSCAN算法的终端设备区域划分示例

Eps的圆形区域内有超过MinPts个终端设备，则称该终端设备所在的位置为核心位置，将该终端设备和圆形区域内的终端设备都加入当前区域。当所有终端设备都扫描结束时，意味着终端设备区域划分结束，即在每个区域部署了一个边缘服务器。基于DBSCAN算法的边缘服务器部署算法如算法9.6所示。

算法9.6　基于DBSCAN算法的边缘服务器部署算法

输入：终端设备集合 D，半径 Eps，终端设备的最小数量 MinPts；

输出：基于密度的终端设备区域集合；

1：　标记所有终端设备为 unvisited；

2：　**do**

3：　随机选择一台 unvisited 终端设备 p；

4：　将终端设备 p 标记为 visited；

5：　**if** 以终端设备 p 为圆心，在半径为 Eps 的圆形区域内至少有 MinPts 台终端设备 **then**

6：　　 创建一个区域 C，并把终端设备 p 加入 C；

7：　　 将终端设备 p 的邻域内终端设备加入集合 T；

8：　　 **for** T 中的每台终端设备 p' **do**

9：　　　 **if** 终端设备 p' 为 unvisited **then**

10：　　　　 将终端设备 p 标记为 visited；

11：　　　　 **if** 以终端设备 p' 为圆心，在半径为 Eps 的圆形区域内至少有 MinPts 台终端设备 **then**

12：　　　　　 将这些终端设备也加入集合 T；

13：　　　　 **end if**

14：　　　　 如果终端设备 p' 还不属于任何区域，则把 p' 加入 C 中；

15：　　　 **end if**

16：　　 **end for**

17：　　 输出 C；

18：　**else**

19：　　 将终端设备 p 标记为离散终端设备；

20：　**end if**

21：**until** 终端设备集合 D 没有 unvisited 的终端设备

22：在创建的每个终端设备区域部署一台边缘服务器；

（3）边缘服务器通信策略

当各个区域内的终端设备完成本地训练后，立即将模型上传到对应的边缘服务器进行边缘聚合；然后边缘服务器之间进行通信，通过交换各区域的模型以扩展联邦学习模型训练的数据量。边缘服务器之间有以下 3 种不同的通信方式。

1）与相邻的边缘服务器通信。如图 9.30 所示，边缘服务器完成边缘聚合后，将聚合后的模型发送到邻居边缘服务器。邻居边缘服务器收到模型后聚合到自己的模型中。

2）随机选择边缘服务器通信。如图 9.31 所示，每个边缘服务器随机选择其他边缘服务器进行通信，当预定的通信时间达到阈值，则停止与其他边缘服务器通信。

3）广播给其他所有边缘服务器。如图 9.32 所示，为了让模型融合更多数据信息，当边缘服务器完成边缘聚合后，模型被广播给其他所有边缘服务器，直到所有边缘服务器发送完成，才能进入下一轮学习。

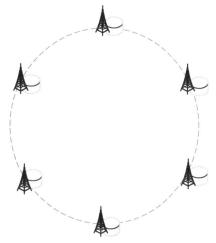

图9.30　相邻边缘服务器通信

（4）基于参数重要性的模型聚合

为了减少边缘服务器之间通信带来的额外成本，本小节提出一种基于模型参数重要性的聚合机制，以在保证模型原始精度的前提下减少边缘服务器通信时模型的传输量。一般来说，模型在经过训练之后，通过学习数据可以对每个神经元进行调整，由模型参数值的分布特征可以得出每个参数的重要性。图 9.33 所示为 FCNN 模型训练后的第一层参数量分布情况。然而，一个模型中往往存在大量的冗余参数，聚合这些参数不仅对模型精度没有贡献，还会带来更多的通信成本。

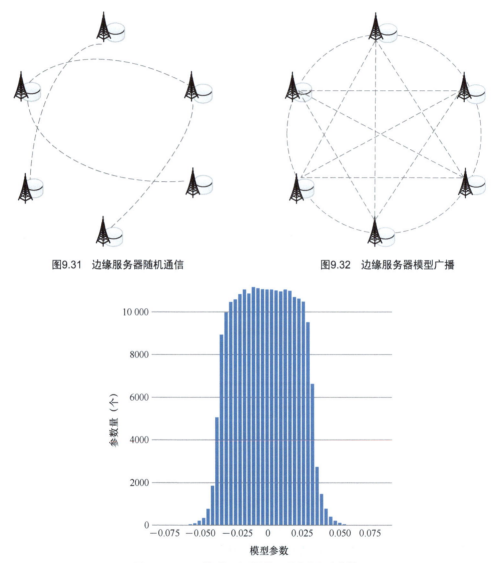

图9.31 边缘服务器随机通信　　　　　　图9.32 边缘服务器模型广播

图9.33 FCNN模型训练后的第一层参数量分布情况

因此，本小节的目的就是在边缘服务器通信前对模型的大小进行压缩，删除不重要的参数。计算模型每一层参数的标准差，作为衡量参数重要性的依据，保留绝对值大于标准差的参数，丢弃其他的参数。标准差的计算公式为

$$\text{std} = \frac{\sqrt{\sum\limits_{i=1}^{p}\left(u_i - \bar{u}\right)^2}}{p} \tag{9.31}$$

其中，u_i 为模型中的第 i 个参数，$\bar{u}$ 为该层参数的平均值，p 为该层参数的总数量。基于参数重要性的模型聚合规则为

$$
\begin{cases}
\text{保留}, & |u_i| \geqslant \text{std} \\
\text{丢弃}, & |u_i| < \text{std}
\end{cases}
\tag{9.32}
$$

基于参数重要性的模型聚合如图 9.34 所示，丢弃参数之后的压缩模型由密集网络转换为稀疏网络，此时的模型精度受到了一定影响。但将压缩后的模型发送到其他边缘服务器后，通过聚合其他边缘服务器的模型和下一轮的本地训练可以对稀疏网络重新进行调整。在后续的本地训练过程中，模型是基于上一轮经过删除参数后保留下来的模型。因为通过梯度下降算法，模型的参数在上一轮训练时能够获得较好的值，如果重新将模型初始化就破坏了这一结果。随着联邦学习轮数的叠加，模型会不断删除冗余参数并进行本地训练，这意味着模型的每个参数对于精度来说都更加重要了，从而确保边缘服务器每一次通信过程中都传输最少、最重要的模型参数。

图9.34 基于参数重要性的模型聚合

基于移动边缘计算的联邦学习扩展算法如算法 9.7 所示。

算法 9.7 基于移动边缘计算的联邦学习扩展算法

输入：终端设备集合 D，半径 Eps，终端设备的最小数量 MinPts，边缘服务器集合 M，训练轮数 R，选择终端设备的比例 C；

输出：训练好的模型 W；

1：根据终端设备分布的密度，利用 DBSCAN 算法分成 m 个区域和边缘服务器，第 i 个区域内有 N_i 台终端设备；

2：联邦学习云服务器将初始模型 W_0 下发到每台边缘服务器；

3：**for** $t = 1, 2, \cdots, R$ **do**

4：　**for** $i = 1, 2, \cdots, m$ **do** // m 台边缘服务器同步进行

5：　　边缘服务器在各自区域选择 $N_i \times C$ 台终端设备，并下发初始模型；

6：　　**for** $N_i \times C$ 中每台终端设备 **do**

7：　　　本地训练，并上传本地模型；

8:　　　**end for**

9:　　第 i 个区域的边缘服务器将 $N_i \times C$ 个本地模型聚合成 w_t^i，并在本区域进行重复训练；

10:　　**for** w_t^i 每层中的每个模型参数 u_i **do** // 基于参数重要性的模型聚合

11:　　　　**if** $|u_i|$>=该层参数的标准差 std **then**

12:　　　　　保留参数 u_i；

13:　　　　**else**

14:　　　　　丢弃参数 u_i；

15:　　　　**end if**

16:　　**end for**

17:　　**if** 与相邻边缘服务器通信 **then**

18:　　　　将 w_t^i 发送到边缘服务器 $i-1$ 和边缘服务器 $i+1$；

19:　　**else if** 随机通信 **then**

20:　　　　将 w_t^i 随机发送到其他区域的一台或多台边缘服务器；

21:　　**else**

22:　　　　将 w_t^i 广播到其他区域的每一台边缘服务器；

23:　　**end if**

24:　　边缘服务器 i 聚合来自其他边缘服务器的模型 w_t^{others}；

25:　**end for**

26：**end for**

27：将 m 台边缘服务器训练完的边缘模型 $\{ w_R^1, w_R^2, \cdots, w_R^m \}$ 上传到云服务器；

28：联邦学习云服务器进行最后的全局聚合 $W = \sum_{i=1}^{m} w_R^i$；

3. 实验评估

（1）实验参数设置

本实验同样基于 Pytorch 框架，随机设置 1000 台终端设备。除了将数据分布整体上设置为 Non-IID，实验中其他设置都为固定值或理想状态。基于移动边缘计算的联邦学习扩展算法的实验配置如表 9.4 所示。

表9.4　基于移动边缘计算的联邦学习扩展算法的实验配置

项目	配置
操作系统	Windows 10
CPU	Intel Core i7
内存（GB）	8
实验平台	Pytorch

项目	配置
联邦学习云服务器数量（台）	1
边缘服务器数量（台）	若干
终端设备数量（台）	1000
通信状态	稳定
通信信噪比（dB）	30
通信带宽（MHz）	5
终端设备CPU频率（GHz）	1
终端设备CPU周期（cycle/bit）	60
边缘服务器CPU频率（GHz）	2
边缘服务器CPU周期（cycle/bit）	20

本小节实验中所使用的数据集为灰色 MNIST 手写数据集以及彩色 CIFAR-10 数据集。CIFAR-10 数据集共有 60 000 张彩色图像，大小为 32 像素 × 32 像素，共 10 个类，每类包含 6000 张图像。其中有 50 000 张用于训练，另外 10 000 张用于测试。测试集的数据来自 10 类中的每一类，每一类随机取 1000 张。

实验中所使用的模型有两个：一个模型为具有两个隐藏层的 FCNN，分别拥有 300 个和 100 个神经元；另一个模型为具有两个卷积层和两个全连接层的 CNN。

实验中所用到的算法有以下 4 种。

1）Single edge：随机部署边缘服务器的单边缘服务器联邦学习算法。

2）Near：随机部署边缘服务器，相邻的边缘服务器进行模型交换。

3）Random：随机部署边缘服务器，并通过随机选中一个或多个边缘服务器进行模型交换。

4）Broadcast：即本小节所提算法，基于 DBSCAN 部署边缘服务器，边缘服务器通过广播进行模型交换，并基于参数重要性的模型聚合机制减少通信消耗。

（2）实验结果分析

以 CIFAR-10 数据集为例，在理想化的图像分类模型训练中，训练集被随机、均匀地划分成 5 个部分（对应 5 轮训练），每轮训练包含 10 000 张图像，因此在这个数据集合中随便抽取一个样本，它属于其中一类的概率都是 1/10。用该数据集训练的 FCNN 模型和 CNN 模型能最大化地调整参数，在测试集上的推理能够分别达到 1.6% 和 0.8% 的误差。然而，联邦学习中每台终端设备使用情况和地理位置不同而产生的 Non-IID 数据，会导致模型的精度远低于 IID 数据的训练精度。图 9.35 展示了 CIFAR-10 中的 IID 数据和 Non-IID 数据示例以及在单台边缘服务器设置不同 Non-IID 程度下对 CNN 模型精度的影响。可以看到模型精度受到 Non-IID 数据的约束，一台终端设备或一个训练环境中的数据分布越接近 IID，其精度就越高，反之越低。

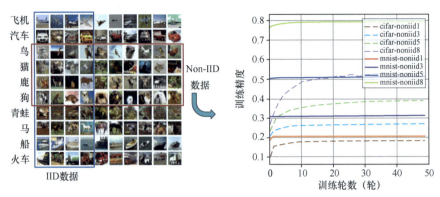

图9.35　Non-IID数据集对CNN模型精度的影响

　　本实验首先将 1000 台终端设备随机设置 m 个不同的密度，即有 m 台边缘服务器。通过前面的介绍可得知，当边缘服务器的数量越多，那么由边缘服务器之间互相传输模型带来的时间成本就越高。为了权衡训练效果和边缘服务器的通信消耗，实验针对不同边缘服务器数量下 CNN 模型的训练结果进行了对比。

　　图 9.36 和图 9.37 分别展示了 CNN 模型在不同边缘服务器数量下的训练精度和边缘服务器以广播方式传输模型的训练时间消耗。可以从图 9.36 中看到，随着边缘服务器数量 m 的增加，模型覆盖的终端设备数量越多，因此模型的精度也随之不断提升。在 $m = \{2, 3, 4, 5\}$ 时，Non-IID 数据对模型的影响比较明显，训练精度波动比较大。在 $m = \{6, 7, 8\}$ 时，可以看到训练精度呈现平稳的状态，并且差距较小。然而，从图 9.36 中可以看出，一轮训练中边缘服务器通信时间占总时间的比例很大，并且边缘服务器数量越多，所需的通信时间越长，尤其是基于广播的通信方式。因此，本小节在后续实验中固定 $m = 6$、每个边缘服务器进行本地训练 50 轮、总训练轮数为 50 轮以控制实验中的变量。

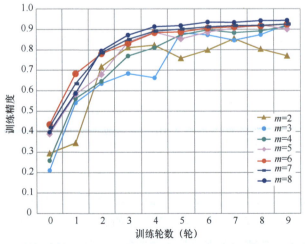

图9.36　不同边缘服务器数量下CNN模型的训练精度

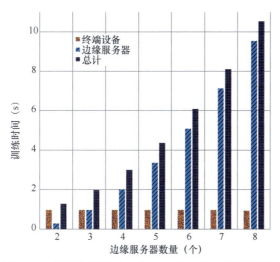

图9.37 一轮训练中不同边缘服务器数量下CNN模型的训练时间

图 9.38 展示了一个边缘服务器上 FCNN 模型在 MNIST 数据集上本地训练 50 轮的精度变化。训练参数为 $B = 10$、$C = 0.1$、$E = 5$、$\eta = 0.01$。从图中可以看出，在终端设备数据 Non-IID 的约束下，传统的基于单个边缘服务器的联邦学习算法（图中用 Single edge 表示）覆盖的终端设备数量有限，导致模型的训练精度整体上与其他算法有明显的差距。而其他基于多边缘服务器通信的联邦学习算法（图中分别用 Near、Random 表示），由于随机部署边缘服务器，边缘服务器覆盖的区域终端设备密度小，数据 Non-IID 对模型的影响较大，边缘服务器训练的模型比较单一或随机，模型进行推理时会出现偏差。Broadcast 将边缘服务器部署在终端设备密度高的区域，结合多个边缘服务器广播模型，本地训练结束后将模型发送给其他所有边缘服务器，这意味着每个边缘服务器都能融合其他区域的数据特征，所以边缘服务器最后一轮本地训练结束后的模型精度相比其他算法高。

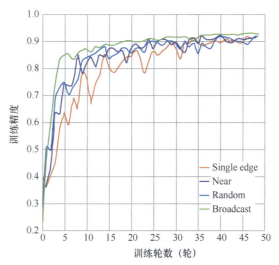

图9.38 FCNN模型在MNIST数据集上的训练精度

表 9.5 展示了在边缘服务器第一次完成本地训练并发送模型时，模型丢弃参数前后的对比

以及不同算法下模型聚合的精度对比。FCNN 原始模型的总参数量为 2.66×10^5 个，模型大小为 1.02MB。通过基于参数重要性的模型聚合方式，边缘服务器发送模型之前丢弃了不重要的参数。此时的模型总参数量为 0.35×10^5 个，模型大小 137KB，相比原始模型大幅减少了通信过程中的传输量。并且丢弃参数后的模型精度并没有受到太大的影响，仅降低了约 1%。这说明经过标准差判断所丢弃的参数是对模型精度影响甚微的不重要参数。同时可以看到，经过聚合其他边缘服务器的模型后，模型精度提升了约 1.5%，这是因为其他模型参数对该边缘服务器的模型进行了补偿。当模型再次下发到终端设备进行训练时，会进一步对模型参数进行调整。因此，基于参数重要性的模型聚合带来的影响相比之后对模型的提升可以忽略。

表9.5　边缘服务器上FCNN模型丢弃参数前后的变化以及不同方法下模型聚合的精度对比

参数	模型层次	参数量（个）	模型大小	模型精度	模型聚合的精度
丢弃前	fc1.weight	2.35×10^5	1.02MB	91.73%	91.65%[①]
	fc2.weight	0.30×10^5			91.77%[②]
	fc3.weight	0.01×10^5			92.09%[③]
丢弃后	fc1.weight	0.32×10^5	137KB	90.57%	93.25%[④]
	fc2.weight	0.28×10^4			
	fc3.weight	0.02×10^4			

注：① Single edge; ② Near; ③ Random; ④ Broadcast。

此外，图 9.39 展示了 FCNN 模型第一个全连接层经过丢弃参数后的模型参数分布。该网络层的大小为 784×300，对应的是图像的输入像素（28 像素×28 像素）和第一层的神经元数量（300 个）。图中有颜色的点代表保留下来的模型参数，可以看到，保留下来的参数大部分都居于网络层的中央部分。因为 MNIST 数据集每张图像的手写数字都是居中的，图像顶部和底部都是不重要的区域，由此也可以说明基于参数重要性的模型聚合机制的正确性。

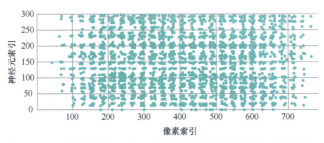

图9.39　FCNN模型第一个全连接层经过丢弃参数后的模型参数分布

图 9.40 展示了边缘服务器训练 50 轮后累积传输的数据量。基于单台边缘服务器的联邦学习只需要每轮将边缘聚合后的模型上传到云服务器，模型大小为 1.02MB，50 轮训练结束后所累积传输的数据量最少。而在边缘服务器数量 $m = 6$ 的情况下，与相邻边缘服务器通信的方法和边缘服务器随机通信的方法所累积传输的数据量最多，例如与邻居边缘服务器通信时，6 台边缘服务器就需要有 12 次通信，那么每一轮就需要在网络中传输 12.24MB 的模型数据，50 轮训练结束累积到 612MB。本小节所提出的广播模型虽然每一轮需要 30 次通信，但基于参数重要

性的模型聚合机制将模型大小压缩到137KB，每一轮的传输量只有4.11MB，50轮训练结束累积传输的数据量只有205.5MB，大约是原来大小的1/3。因此，如图9.41所示，可以看出Broadcast大大缩短了多台边缘服务器环境下联邦学习所需的训练时间，与单台边缘服务器的训练时间消耗相比，每一轮所需的时间仅多0.4s左右，但能融合更多的数据特征，模型的训练效果最好。

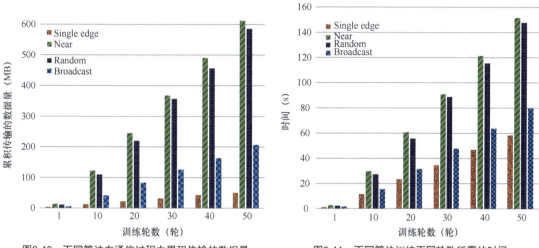

图9.40 不同算法在通信过程中累积传输的数据量　　图9.41 不同算法训练不同轮数所需的时间

图9.42展示了单台边缘服务器上CNN模型在CIFAR-10数据集上本地训练50轮的精度变化。训练参数为$B=10$，$C=0.1$，$E=5$，$\eta=0.01$。由于CIFAR-10数据集的训练图像较为复杂，相比FCNN模型在MNIST数据集上的训练精度，CNN模型的训练精度提升的速度较缓慢，本地50轮结束后模型精度仍低于0.5。同时，从图中也可得出同样的结论，在随机部署的单台边缘服务器环境下，模型精度波动较大。而其他随机部署边缘服务器的多边缘服务器联邦学习算法的训练精度也明显低于Broadcast。Broadcast能找到最接近IID数据的区域，并且能够最大限度地聚合其他区域的模型，可以将模型参数调整到使损失函数值最小的范围，也就是如式（9.30）所示的优化目标。

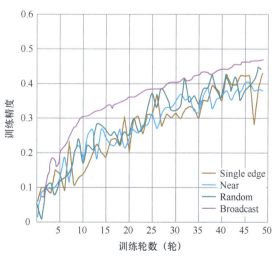

图9.42 CNN模型在CIFAR-10数据集上训练的精度变化

表 9.6 同样展示了 CNN 模型训练时边缘服务器第一次完成本地训练后，模型丢弃参数前后的对比以及不同算法下模型聚合精度的对比。可以看到，CNN 模型中全连接层的总参数量占了绝大多数，模型参数的总大小为 2MB。由于卷积层需要对输入图像进行操作，对参数比较敏感，因此在实验中只对全连接层进行参数丢弃。经过参数重要性判断丢弃参数后的模型大小为 740KB，相比原始模型，第一轮边缘服务器之间传输的数据量大约只有原来的 36%，并且随着 CNN 模型的进一步训练，会丢弃更多不重要的参数。同时可以看到，精度上的损失也在可接受的范围之内，经过聚合之后，本小节介绍的方法相比其他方法结合了更多数据特征，因此精度最高。

表9.6 边缘服务器上CNN模型丢弃参数前后的变化以及不同方法下模型聚合精度的对比

参数	模型层次	参数量（个）	模型大小	模型精度	模型聚合的精度
丢弃前	conv1.weight	0.4×10^3	2MB	47.53%	44.58%[①] 42.76%[②] 46.81%[③] 48.02%[④]
	conv2.weight	4.6×10^3			
	fc1.weight	51.2×10^4			
	fc2.weight	2.5×10^3			
丢弃后	conv1.weight	0.4×10^3	740KB	46.82%	
	conv2.weight	4.6×10^3			
	fc1.weight	18.4×10^4			
	fc2.weight	0.5×10^3			

注：① Single edge；② Near；③ Random；④ Broadcast。

图 9.43 和图 9.44 分别展示了在 CIFAR-10 数据集上训练 CNN 模型时边缘服务器训练 50 轮所需的时间和累积传输的数据量。可以看到，基于相邻边缘服务器通信和边缘服务器随机通信的算法随着模型的复杂度提高，在网络中累积传输的数据量明显大于单台边缘服务器的传输量，所需消耗的时间相比 Broadcast 也有明显的差距。而 Broadcast 在覆盖更多终端设备的前提下，与基于单台边缘服务器的联邦学习算法所消耗的时间相差不大，大幅度减少了部署多台边缘服务器所带来的额外通信成本。

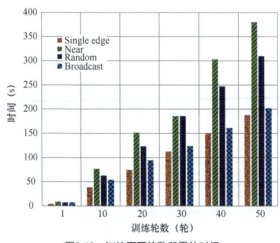

图9.43 训练不同轮数所需的时间

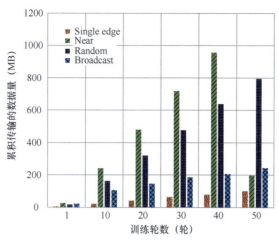

图9.44　通信过程中累积传输的数据量

综上所述，本小节提出的基于边缘计算的联邦学习扩展算法能够有效地在 Non-IID 环境中提升模型的精度，并能够在保证模型精度损失的前提下，通过参数重要性聚合机制聚合最重要的参数，从而加速边缘服务器之间的通信。

9.4　前沿方向

联邦学习具有分布式的特性，加上移动边缘网络环境的复杂性，使联邦学习系统的稳定性不如传统分布式学习。终端设备的不可控性造成许多未知的因素，这给联邦学习的效率优化带来了极大的挑战。本章基于边缘计算，对于联邦学习中终端设备选择与模型聚合存在的问题给出了解决方案。但影响联邦学习训练效率的因素远不止这两方面。未来，联邦学习领域的研究人员可以对以下 7 个前沿方面进行研究。

1）联邦学习本地数据清洗。与集中式的训练方式不同，联邦学习部署在移动边缘网络中，这导致训练数据集无法进行统一的预处理。而终端设备上的数据结构不统一，可能存在没有标签或者是错误标签的数据，并且存在一些没有价值的冗余数据，这也严重影响了联邦学习的效率。数据质量是模型能否快速收敛的关键，因此，未来的研究方向之一是解决联邦学习中的本地数据清洗问题。

2）自适应通信与训练。根据联邦学习的通信与模型训练的侧重点，对移动边缘网络的环境进行建模并设计动态的决策算法，以保持训练过程动态、平衡地进行，这也是未来的研究方向之一。例如，当通信所消耗的资源过多或时延过高时，可通过算法调整本地训练与更新的时间，或通过压缩减少模型的数据量；反之，可以增加本地更新的次数或传输完整的模型参数，以学习更多的知识来提高模型的收敛速率。

3）安全隐私问题带来的影响。与集中式学习相比，联邦学习的环境容易被破坏，来自恶意终端设备的攻击成为主要的隐患。研究表明，恶意的攻击者仍可以根据模型来推断用户相关的隐私信息，导致用户不再信任联邦学习云服务器，不愿意参与共同训练，而过低的终端设备参与率会导致全局模型的性能减弱。为了提高模型训练的效率与精度，未来可以结合相关隐私与安全机制，解决针对联邦学习环境的安全与隐私问题，提高模型的稳定性与用户的参与度，为高效的联邦学习提供可靠的环境。

4）跨模态联邦学习。联邦学习不仅可以用于跨终端设备的模型训练，还可以用于跨模态（数据的不同类型，如图像、文本、音频）的模型融合。跨模态联邦学习是联邦学习领域的一个重要分支，它专注于在不同的数据模态之间进行联邦学习。跨模态联邦学习的目标是跨越不同的数据模态，从多种类型的数据中学习一个共享的全局模型，以便进行更广泛的任务和应用。

5）联邦学习的性能优化。联邦学习的性能仍然面临挑战，特别是在处理大规模、高维度数据时。选择适合联邦学习的模型和架构，通常需要考虑模型的大小、复杂性和可扩展性。轻量级模型和分层学习结构通常更适合联邦学习。研究人员有望开发更高效的联邦学习算法和模型聚合方法，以提高训练效率和模型性能。

6）联邦学习的应用领域扩展。联邦学习在医疗保健、金融、物联网和其他领域有广泛的应用潜力。联邦学习可用于多医疗中心之间的医学图像分析、疾病预测和临床决策支持，同时可以保护病人数据的隐私。银行和金融机构可以使用联邦学习来改进信用评分、反欺诈检测和客户关系管理，同时保护客户的财务数据。未来，联邦学习可能会扩展到新的应用领域，解决更多的问题。

7）联邦学习标准化。随着联邦学习的普及，制定和推广相关标准将变得更加重要，以确保不同系统之间的互操作性和数据共享。标准化可以帮助加速联邦学习的推广和应用。

9.5　本章小结

本章主要针对联邦学习系统中冗余通信问题和参与训练的终端设备受到计算资源约束的问题，分别介绍了基于边缘计算的联邦学习高效通信技术和基于边缘计算的联邦学习终端设备选择技术。基于边缘计算的联邦学习高效通信技术通过清洗冗余模型和选择关键模型参数对传输的信息大小和频次进行优化，并通过终端设备、边缘服务器和云服务器协作管理网络中的数据传输。实验结果表明，基于边缘计算的联邦学习高效通信技术能够在通信资源有限的条件下，显著减少终端设备、边缘服务器和云服务器之间的参数传输量，大大提升通信效率。基于边缘计算的联邦学习终端设备选择技术利用边缘服务器收集到的终端设备信息，建立终端设备评分模型。实验结果表明，该模型能够在联邦学习初始化阶段，快速、准确地选择性能最佳的终端设备参与训练，有效地避免训练过程中的计算时延约束和通信瓶颈，同时在系统的能耗、计算效率等方面具有一定的优势。基于单台边缘服务器的联邦学习中数据 Non-IID 的扩充学习方案，利用边缘服务器的扩展性，在网络中部署多台边缘服务器以获取更广范围的终端设备。联邦学习模型通过边缘服务器之间的通信可以融合不同区域的数据特征，以提高模型的推理精度。本章还提出了基于参数重要性的模型聚合机制，通过丢弃一些对模型精度没有影响的参数来节省边缘服务器之间数据传输的通信消耗。实验结果表明，基于移动边缘计算的联邦学习扩展方法能够有效地在 Non-IID 环境中提升模型的训练精度，同时大幅度降低通信时的数据大小，缩短训练过程所需的时间，保证学习的效率。

参考文献

[1] LIN Y, HAN S, MAO H, et al. Deep gradient compression: reducing the communication bandwidth for distributed training[C]//International Conference on Learning Representations. [s.l.]: [s.n.], 2018.

[2] BLANCHARD P, EL MHAMDI E M, GUERRAOUI R, et al. Machine learning with adversaries: byzantine tolerant gradient descent[C]//Proceedings of the 31st International Conference on Neural Information Processing Systems. NY: NIPS, 2017: 118-128.

[3] 张鹏程, 金惠颖. 一种移动边缘环境下面向隐私保护 QoS 预测方法 [J]. 计算机学报, 2020, 43(8): 1555-1571.

[4] BITTAU A, ERLINGSSON Ú, MANIATIS P, et al. Prochlo: strong privacy for analytics in the crowd[C]//Proceedings of the 26th Symposium on Operating Systems Principles. [s.l.]: [s.n.], 2017: 441-459.

[5] GRANJAL J, MONTEIRO E, SILVA J S. Security for the internet of things: a survey of existing protocols and open research issues[J]. IEEE Communications Surveys & Tutorials, 2015, 17(3): 1294-1312.

[6] PATEL S, PERSIANO G, YEO K. Private stateful information retrieval[C]//Proceedings of the 2018 ACM SIGSAC Conference on Computer and Communications Security. NY: ACM, 2018: 1002-1019.

[7] KONEČNÝ J, MCMAHAN H B, YU F X, et al. Federated learning: strategies for improving communication efficiency[J]. arXiv Preprint, 2016. arXiv:1610.05492.

[8] WANG T, CAO Z, WANG S, et al. Privacy-enhanced data collection based on deep learning for internet of vehicles[J]. IEEE Transactions on Industrial Informatics, 2019, 16(10): 6663-6672.

[9] YANG Z, CHEN M, SAAD W, et al. Energy efficient federated learning over wireless communication networks[J]. IEEE Transactions on Wireless Communications, 2020, 20(3): 1935-1949.

[10] YANG Q, LIU Y, CHEN T, et al. Federated machine learning: concept and applications[J]. ACM Transactions on Intelligent Systems and Technology, 2019, 10(2): 1-19.

[11] HU H, WANG D, WU C. Distributed machine learning through heterogeneous edge systems[C]// Proceedings of the AAAI Conference on Artificial Intelligence. Palo Alto: AAAI, 2020: 7179-7186.

[12] LI T, SAHU A K, TALWALKAR A, et al. Federated learning: challenges, methods, and future directions[J]. IEEE Signal Processing Magazine, 2020, 37(3): 50-60.

[13] BAXTER J. A model of inductive bias learning[J]. Journal of Artificial Intelligence Research, 2000, 12: 149-198.

[14] KRIZHEVSKY A, SUTSKEVER I, HINTON G E. Imagenet classification with deep convolutional neural networks[J]. Advances in Neural Information Processing Systems, 2012, 1097-1105.

[15] 任杰, 高岭, 于佳龙, 等. 面向边缘设备的高能效深度学习任务调度策略 [J]. 计算机学报, 2020, 43(3): 440-452.

[16] GU S, JIAO J, HUANG Z, et al. ARMA-based adaptive coding transmission over millimeter-

wave channel for integrated satellite-terrestrial networks[J]. IEEE Access, 2018, 6: 21635-21645.

[17] HAN Y, ZHANG X. Robust federated learning via collaborative machine teaching[C]//Proceedings of the AAAI Conference on Artificial Intelligence. Palo Alto: AAAI, 2020: 4075-4082.

[18] WANG S, TUOR T, SALONIDIS T, et al. When edge meets learning: adaptive control for resource-constrained distributed machine learning[C]//IEEE INFOCOM 2018-IEEE Conference on Computer Communications. Hawaii: IEEE, 2018: 63-71.

[19] ZHAO L, WANG Q, ZOU Q, et al. Privacy-preserving collaborative deep learning with unreliable participants[J]. IEEE Transactions on Information Forensics and Security, 2019, 15: 1486-1500.

[20] KANG J, XIONG Z, NIYatO D, et al. Reliable federated learning for mobile networks[J]. IEEE Wireless Communications, 2020, 27(2): 72-80.

[21] LI S, CHENG Y, LIU Y, et al. Abnormal client behavior detection in federated learning[J]. arXiv Preprint, 2019 arXiv:1910.09933.

[22] MCMAHAN B, MOORE E, RAMAGE D, et al. Communication-efficient learning of deep networks from decentralized data[C]//Proceedings of the 20th International Conference on Artificial Intelligence and Statistics. Florida: PMLR, 2017: 1273-1282.

[23] LIU L, ZHANG J, SONG S H, et al. Edge-assisted hierarchical federated learning with non-IID data[J]. arXiv Preprint, 2019. arXiv:1905.06641.

[24] WANG S, TUOR T, SALONIDIS T, et al. Adaptive federated learning in resource constrained edge computing systems[J]. IEEE Journal on Selected Areas in Communications, 2019, 37(6): 1205-1221.

[25] NISHIO T, YONETANI R. Client selection for federated learning with heterogeneous resources in mobile edge [C]//Proceedings the 25th of IEEE Int Conf on Communications. Piscataway. ShangHai: IEEE, 2019.

[26] RAHMAN S, TOUT H, MOURAD A, et al. FedMCCS: Multi criteria client selection model for optimal IoT federated learning [J]. IEEE Internet of Things Journal, 2021, 8(6): 4723-4735.

[27] CHETTRI L AND BERA R. A comprehensive survey on internet of things (IoT) toward 5G wireless systems [J]. IEEE Internet of Things Journal, 2020, 7(1): 16-32.

[28] TRAN N, BAO W, ZOMAYA A, et al. Federated learning over wireless networks: optimization model design and analysis [C]//IEEE INFOCOM 2019-IEEE Conf on Computer Communications. Piscataway. NJ: IEEE, 2019: 1387-1395.

[29] NING W, SUN H, FU X, et al. Following the correct direction: renovating sparsified SGD towards global optimization in distributed edge learning [J]. IEEE Journal on Selected Areas in Communications, 2022, 40(2): 499-514.

[30] MCMAHAN H, MOORE E, RAMAGE D, et al. Communication-efficient learning of deep networks from decentralized data [C]// Proceedings of the 20th International Conference on Artificial Intelligence and Statistics. Cambridge MA: PMLR, 2017: 1273-1282.

第 10 章　传感云与边缘智能

在当前的技术生态中，人工智能为传感云系统注入了新的活力——以深度学习为核心的技术和以边缘计算为基础的计算模型共同塑造了新一代信息技术的发展轮廓。深度学习（DL）[1] 凭借其卓越的特征学习和数据处理能力，已广泛应用于图像识别[2-4]、自然语言处理[5,6]和推荐系统[7]等领域。然而，它对高密度并行计算资源的依赖成为限制其在边缘计算设备上广泛应用的主要障碍。边缘计算作为一种新型的计算范式，能有效地处理传感云中万物互联环境中海量的数据[8]。尤为关键的是，边缘计算将计算资源和云服务下沉至更接近数据源的位置。这不仅有助于缓解时延问题，还能提升整体计算效率。然而，此举也引入了新的挑战，比如资源分配和管理的复杂性增加。幸运的是，人工智能与边缘计算的深度融合为这一难题提供了解决之道。通过在边缘层部署智能算法，可以实现更加灵活和高效的数据处理，从而有效提高系统的实时性和计算性能。在这样的背景下，边缘智能（Edge Intelligence，EI）应运而生，它集成了人工智能的学习和分析能力，以及边缘计算的实时性和灵活性。边缘智能不仅缓解了人工智能对计算资源的依赖，还拓展了边缘设备的功能，使其能够处理更复杂、更高实时性的任务[9,10]。

本章将为读者详细介绍边缘智能的概念，并从硬件技术驱动通信技术进化、应用需求推动、前沿学术研究与实战探索 4 个角度，系统地解析边缘智能的发展。同时，从设备资源约束、网络不稳定性、数据同步与一致性、数据泄露风险和隐私保护 5 个角度分析边缘智能面临的挑战，探讨边缘智能的研究方向，即分布式边缘智能架构、集成知识蒸馏框架和协作式训练。最后，以 2 个典型应用场景为例，分析边缘智能的应用情况。

10.1　边缘智能的概念

近年来，随着人工智能（AI）的飞速发展，深度学习技术和深度神经网络（DNN）已经被广泛应用于智慧城市[11]、工业物联网[12]、智能家居[13]等各个领域。但是，基于 DNN 的应用服务往往是计算密集型的，这使得资源有限的终端设备无法自行完成 DNN 模型的高效推理和预测。边缘计算作为云计算的一个补充和拓展，有效地解决了由于云服务器与终端设备之间距离较远所产生的诸多挑战和问题。目前，边缘计算正与人工智能融合，孕育出边缘智能这一新的研究和应用领域。

在边缘智能的框架下，边缘计算与人工智能之间形成了一种有益的互补关系。一方面，边缘计算借助于人工智能技术，为边缘设备提供智能化的维护和管理机制。另一方面，人工智能得以在边缘计算的平台上提供各类分布式、高稳定性以及低时延的服务。值得一提的是，边缘计算所涵盖的广泛数据和多样化的应用场景进一步加速了人工智能在各个领域的广泛应用，这也预示着未来无论是个体还是组织，在任何地方都能够受益于为其定制的人工智能服务[14]。

然而，即便人们已经在探讨边缘智能的实质和应用前景，也没有对边缘智能形成一个明确且严格的学术定义。这一困境的出现可以归因于边缘智能复杂的多学科背景和与实际工程应用的紧密联系。边缘智能植根于多领域的交叉融合，包括但不限于计算机科学、通信技术、数据分析和人工智能等领域。每一门学科都为边缘智能的发展注入了独特的元素和价值，但也因此给人们带来了定义边缘智能的困扰。在不同的学科和应用背景下，人们对边缘智能的解读各异，并形成了多种解释和认知。边缘智能与实际工程应用的关系极为紧密，因此人们常常发现边缘智能的定义更侧重描述其功能和应用，而非对其本质的抽象和总结。本节尝试给出边缘智能的狭义定义和广义定义，希望通过这种方式，为读者呈现一个更清晰且有深度的边缘智能概念框架。

从狭义上讲，边缘智能是一种侧重于在边缘设备进行数据处理和分析的技术。它减轻了中央数据中心的负担，将智能带到了数据生成的源头。从广义上讲，边缘智能涵盖了一个更广泛的概念领域，不仅包括边缘计算，还包含与云计算、传感云、人工智能等技术的交互和融合。

下面通过特定的场景来说明边缘智能的应用和实现。以边缘合作视频监控系统为例，可以更直观地理解边缘智能的工作机制和价值。这一系统的基石是搭载智能芯片的边缘终端设备。这些设备不仅拥有传统的数据采集和传输功能，更重要的是它们具备独立的计算和分析能力。这意味着在数据生成的第一时间，这些边缘设备就可以对其进行初步的处理和分析，从而极大地提高了数据处理的时效性和实时性。与此同时，人工智能作为系统的核心，还提供了数据分析、模式识别和决策支持的服务。它将复杂的数据转化为有意义的信息，并在需要时为用户或其他系统提供决策建议。

边缘智能体系还涉及多种先进技术的融合，包括云计算、边缘计算、深度学习以及资源调度等。不同专业方向的合作使得整个系统在数据流动、处理能力和智能决策上达到了前所未有的效率。最为关键的是，云-边-端一体化智能系统打破了传统的中心化数据处理模式，实现了数据在源头、途经地和目的地之间的无缝互动和即时反馈。这种模式不仅提高了数据处理的效率，还为新的应用和服务创新提供了广阔的空间[15]。如图 10.1 所示，边缘智能体系主要由物理设备、资源管理、模型部署和实际应用组成。可以看出，边缘智能体系架构减少了对云端的依赖，通过先将物理设备（端）上产生的数据直接发送给由多个边缘设备组成的边缘节点，然后由边缘节点直接计算结果并返回给物理设备，从而实现更加高效、便捷的计算服务。

在边缘智能的实际应用场景中，人工智能往往是通过深度学习模型来实现的。这些模型具有高度的计算复杂度和数据依赖性，在一定程度上挑战了边缘设备的计算和存储能力[16]。为了充分发挥深度学习在边缘智能中的价值，同时保证终端设备的资源利用和用户体验，一个有效的策略就是利用边缘计算技术。具体来说，边缘设备可以将一部分或全部深度学习模型的推理或训练任务卸载到距离其相对较近的边缘设备或边缘计算节点上。这样，不仅可以充分利用边缘计算节点的计算能力，还可以与边缘设备的本地计算资源进行协同，实现资源的优化配置。这种协同方式有多重优势。首先，通过将计算密集型任务卸载到边缘节点，可以显著降低移动设备的资源消耗，如电池寿命和处理器负载。这对于那些资源有限或对能耗敏感的移动设备尤为重要。其次，通过边缘计算技术，可以有效降低传感云系统中任务的推理时延或模型训练的能耗。这意味着用户可以更快地得到结果，而且设备的能耗会更低，从而确保应用运行流畅，提升用户体验。

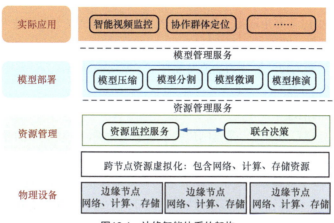

图10.1 边缘智能体系的架构

在数字化时代，确保数据的及时处理和分析至关重要。通过在边缘设备上部署人工智能算法，可以有效地满足这种需求，为用户提供实时的智能应用服务。利用云计算的强大后盾，可以根据不同的设备类型和具体应用场景，对近端的边缘设备进行大规模、安全且有针对性的配置、部署和管理。此外，服务资源的智能分配也得以实现，确保了各类设备在不同场景下的最佳性能表现。该模式的核心是人工智能算法在云层与边缘层之间的灵活流动。边缘计算与人工智能的结合不仅是技术的简单叠加，还实现了相互促进、彼此赋能。这种深度融合催生了一个创新范式——边缘智能。目前，边缘智能已逐渐成为融合产业实践、学术研究和科技创新的前沿领域，持续引领和塑造着未来的技术趋势和应用场景。

边缘智能的发展是一个跨维度、跨领域的演进过程。为了更深入地了解其背后的推动力与发展脉络，接下来从多个角度进行探讨。

10.2 边缘智能的发展

随着技术的迅速进步，边缘智能不仅具有巨大的发展潜力，还面临着无数的挑战。本节主要介绍边缘智能的最新发展趋势，包括其在处理速度、数据安全性以及实时决策方面的独特优势，同时也关注其所面临的技术、安全等方面的挑战。

10.2.1 边缘智能探索

边缘智能持续发展的关键驱动因素主要包括硬件技术的飞速进步、通信技术的革新、应用需求的不断增长，以及前沿研究和探索的最新成果。硬件技术的进步不仅提升了计算能力，还为边缘智能的实际应用提供了坚实的基础。同时，通信技术的进化则极大地增强了设备间的互联互通能力，为数据传输和处理开辟了新的途径。此外，应用需求的不断增长推动了边缘智能向更高效、更智能的方向发展。而前沿研究与探索则在不断拓展着边缘智能领域的界限，揭示了未来的发展方向。

1. 硬件技术的进步

硬件技术在过去 10 多年中取得了令人瞩目的进步，特别是在半导体技术领域已经出现了数个革命性的创新，主要包括芯片制程的演进、专用硬件的加速、芯片的多模态集成和硬件的软件定义能力。这些创新为边缘智能的加速发展打下了坚实的基础，为计算密集型任务在边缘环境中的高效执行提供了可能性。

（1）芯片制程的演进

简单来说，微处理器微缩技术是指制造技术越来越精细，使得更多的晶体管可以集成在同样大小的芯片上。1971 年，Intel 推出第一款商业微处理器 4004，该处理器使用的是 10μm 的制程技术，拥有约 2300 个晶体管。目前，最先进的微处理器使用的是 3nm 的制程技术，拥有数十亿（甚至上千亿个）晶体管。这种硬件技术进步带来了显著的性能提升，同时功耗也得到了相应的降低。当人们谈论 7nm、5nm 和 3nm 时，并不仅指物理尺寸，还包括这些数字反映的制程技术的整体能力。例如，5nm 制程技术比 7nm 制程技术具有更高的电子迁移率，意味着在相同的电压下，5nm 的晶体管可以运行得更快。与此同时，随着制程技术的进步，一些新的设计和制造挑战也浮现出来，如短信道效应、量子隧穿效应等。

正是得益于芯片制程技术的显著进步，智能手机、智能手表和各类传感器等边缘设备的功耗得以显著降低，使其能够运行更加复杂和智能化的应用。

（2）专用硬件加速器

随着计算需求的多样化，尤其在人工智能和深度学习领域，传统的通用微处理器可能无法满足特定任务的高性能和低功耗需求。这导致了专用硬件加速器的出现，它们被优化以执行特定的计算任务，从而大大提高了效率。当前主流的专用硬件加速器主要是 AI 芯片和现场可编程门阵列（Field Programmable Gate Array，FPGA）。

1）AI 芯片。谷歌的张量处理器（Tensor Processing Unit，TPU）是一种专为深度学习任务而设计的定制芯片。与传统的中央处理器（Central Processing Unit，CPU）和图形处理器（Graphics Processing Unit，GPU）相比，TPU 在运行 TensorFlow 等框架下的模型时可以提供更高的性能，并有着更低的功耗。它的主要特点是具有大量的矩阵乘法单元，这对于深度学习中的前向和反向传播计算非常有用。图 10.2 所示为谷歌的 TPU。NVIDIA 的 Jetson 系列是一种集成了 GPU 的嵌入式平台，专为机器学习和 AI 边缘计算设计，如图 10.3 所示。与 NVIDIA 的其他 GPU 相比，Jetson 系列更注重能效比，这使得它们非常适合用于无人机、机器人和其他电池供电的设备。

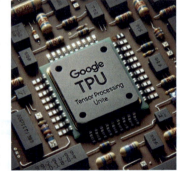

图10.2　谷歌的TPU

2）FPGA。FPGA 是一种独特的硬件加速器，因为它允许用户根据特定的应用需求进行编程。与其他专用硬件加速器不同，FPGA 可以为多种任务提供加速，从数字信号处理到深度学习等。

FPGA 的主要优势在于其灵活性。它们尤其适用于那些需要快速迭代或定制化解决方案的场景。例如，研究人员可以先使用 FPGA 快速验证新的算法，再决定是否将该算法硬编码到专用集成电路（Application Specific Integrated Circuit，ASIC）中。图 10.4 所示为 FPGA 开发板。

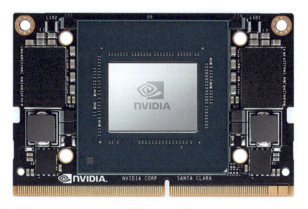
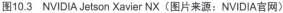

图10.3　NVIDIA Jetson Xavier NX（图片来源：NVIDIA官网）

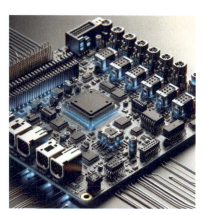

图10.4　FPGA开发板

（3）芯片的多模态集成

在如今的半导体技术中，单一功能的芯片在应用中已经逐渐受到限制，特别是在面对需要同时处理多种计算任务的应用时。为了有效地管理复杂的工作负载，合并不同类型的处理器成为一个新的趋势。这样就可以在一个统一的平台上处理各种任务，从传统的数字计算到前沿的 AI 处理。

神经网络处理器与传统 CPU 的融合可以有效解决芯片单一功能的问题。这种融合不仅仅是为了硬件上的简化，更多的是为了性能的优化。当 AI 计算和传统计算可以在同一块硅片上运行，数据之间的传输时延会大大缩短，整体系统的响应速度会明显提升。因为传统 CPU 擅长处理串行任务，如算法逻辑和数据管理。而神经网络处理器则专门优化并行计算，如神经网络中的矩阵乘法。通过在同一块硅片上集成这两种处理器，可以确保两者之间的高效协同工作，不需要通过外部总线或存储器来交换数据，从而减少了额外的功耗和时延。

多模态集成允许系统根据当前的工作负载动态调整资源。例如，当进行 AI 推理时，神经网络处理器可以全速运行，而 CPU 则处于低功耗状态；反之，当处理传统计算任务时，CPU 可以全速运行，而神经网络处理器则处于低功耗状态。这样不仅简化了整体系统设计，还让开发者可以专注于单一的硬件平台，无须担心如何在不同的处理器间分配任务。此外，这也降低了硬件和软件的复杂性，因为它们现在都是为统一的平台设计的。

（4）硬件的软件定义能力

在现代计算中，硬件不再仅被视为一个固定和静态的资源。相反，随着虚拟化技术和容器技术的发展，硬件开始展现出前所未有的动态性和灵活性，这被称为"软件定义能力"。这种转变在边缘计算中尤为显著。下面详细介绍虚拟化技术和容器技术。

虚拟化技术，如基于 Hypervisor 的解决方案，能够让一个物理硬件平台模拟为多个虚拟机的环境。这为多任务和多用户环境提供了隔离功能，同时确保了资源的有效利用。例如，在一个边缘服务器上，虚拟化可以允许运行多个独立的应用，每个应用都认为自己完全控制了硬件资源，尽管实际上它们是在共享同一物理硬件的。

容器技术，如 Docker，进一步推动了这一趋势。图 10.5 展示了传统虚拟化技术和 Docker 的区别。可以看出，传统虚拟化技术是将物理硬件虚拟成多套硬件后，先在每套硬件上都部署一个客户操作系统，然后在这些客户操作系统上运行相应的应用程序。与传统虚拟化技术不同，Docker 是将其应用程序直接运行在宿主机（真实的物理机）的内核上，并将一些各自独立的应用程序和各自的依赖（如图中 Bins/Libs）打包，相互独立并直接运行于未经虚拟化的宿主机硬件上。此外，各个 Docker 也没有各自的内核。因此，Docker 可以为应用提供一个轻量级的运行环境，使得部署、扩展和管理应用变得更加简单。容器化的应用在执行时只需要访问其自己的文件系统和运行时环境，这使得它们可以在几乎任何地方轻松运行，无论是中央数据中心还是边缘设备。

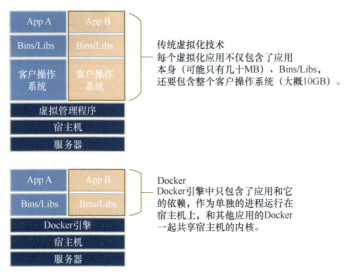

图10.5　传统虚拟化技术和Docker的区别

这种硬件的软件定义能力确保了边缘设备能够根据需求动态地调整其资源分配，从而使效率最大化，并加快了响应速度，从而满足了日益复杂的应用需求。

从上述内容可以看出，硬件技术的进步为边缘智能提供了强大的支持。这些创新不仅提高了边缘设备的计算能力，还提升了其能效和灵活性。因此，深度学习和其他计算密集型任务可以在边缘环境中更高效地执行，不仅满足了实时性和低时延的要求，还为用户提供了更好的体验。

2. 通信技术的进化

技术的迅速进步，使得通信技术也经历了从基本的信号传输到今天的高速率、大容量、低时延的网络变革。特别是近年来，5G 和传感云等新兴通信技术的普及，为边缘智能的实现与发展创造了有利条件。

（1）5G 的革命性特点

5G 作为新一代无线通信技术，给通信技术带来了前所未有的变革，为各种应用和业务模式创造了全新的局面。与 4G 相比，5G 的突破性进步不仅在于速率，更在于它为整个数字生态系统带来的全面改变。

首先，5G 的超高速率为各种带宽密集型应用提供了强大的支撑。5G 提供的带宽远超 4G，实现了更流畅、更迅速的大数据传输、高清视频流、增强现实和虚拟现实等应用。这种超高速率的数据传输为各个行业带来了更高的效率和新的业务领域。其次，5G 技术所实现的极低时延开辟了实时应用的新天地。与 4G 网络相比，5G 大大减少了数据的传输时延，使得许多之前无法实现或效果不佳的实时应用，都可以得到高效的实现。最后，考虑到日益增长的传感云需求，5G 在设计之初就注重大规模的设备连接能力，可以支持每平方公里区域中同时连接数十万设备。

除此之外，5G 还为边缘智能带来了动态资源分配的全新可能。其中，5G 的网络切片技术尤为令人瞩目。这种技术允许通信网络为不同的应用和服务动态地分配独立的网络资源。例如，一辆自动驾驶汽车可能需要一个高带宽、低时延的网络切片来进行实时的决策，而一个简单的温度传感器则可能只需要一个低带宽、低功耗的网络切片。这种精细化的资源管理确保了不同的边缘智能应用都可以获得最佳的用户体验，同时还为网络运营商提供了更高的网络利用效率。这为智能城市、智慧农业等大规模边缘智能应用奠定了坚实的基础。

（2）传感云的蓬勃发展

传感云是当今科技领域中最具变革性的趋势之一，它将数字化的触角深入日常生活和产业的每一个角落。其核心理念是让各种物理设备能够互相连接和通信，从而实现更智能、更自动化的操作和决策。

传感云的设备多样性也是其最引人注目的特点之一。当提到传感云时，人们往往会首先想到智能手机或智能手表。但实际上，传感云的范围远不止于此。由于传感器技术成本的急剧降低以及相关技术的日趋成熟，传感云设备如雨后春笋般涌现。无论是在城市的街头，还是乡村的田间，传感云的身影都随处可见，使得整个世界都更为智能和互联。如图 10.6 所示，传感云涵盖了从家用的智能照明、智能冰箱，到工业生产线上的自动化传感器，再到城市基础设施中的交通管理系统。这种多样性意味着，无论是在家中、工作场所还是公共空间，传感云都在发挥着越来越重要的作用。

图10.6　传感云在日常生活中应用的多样性

随着传感云的迅速演进，边缘智能也逐渐崭露头角，成为一个不可或缺的组成部分，也进一步强化了这些技术之间的紧密结合。这种结合最显著的特点在于数据的局部处理能力明显增强。在过去，数据通常需要被传输到远程的云计算中心进行处理，这经常导致时延和带宽使用的增加。然而，由于 5G 提供的低时延和高带宽特性，使得现在的边缘设备有能力在数据产生的地方进行初步处理，这不仅提高了数据处理的速度，也显著减轻了云层的计算和存储负担。

总之，通信技术的进化为边缘智能提供了强有力的支撑。特别是 5G 和传感云这两大技术，它们的出现将终端设备之间以及终端设备与云层之间的数据交互提升到了前所未有的效率。这无疑进一步推动了边缘智能的实现和广泛应用，预示着未来的数字世界将更加智能、高效和安全。

3. 应用需求推动

在数字化的浪潮中，实时性和数据隐私安全成为至关重要的需求。实时性不仅影响着自动驾驶汽车与智能医疗的发展，还保障着人们的安全和健康。而数据隐私和安全性的挑战则推动了边缘智能技术的发展，使其在本地化处理数据时不仅提高了效率，更重要的是增强了数据隐私的保护。边缘智能代表的不仅是技术创新的成果，还体现了对现代社会需求的有效回应，并成为技术发展与社会需求相结合的典范。

（1）实时性需求

许多数字化应用场景都对实时性提出了严格的要求。为了满足这些要求，各领域都在采用新的技术和方法来确保数据的高速处理和快速响应。尤其在一些涉及人们的安全和健康的关键场景，比如自动驾驶和智能医疗，实时性的重要性尤为突出。

现代的自动驾驶汽车装备了各种先进的传感器，如摄像头、雷达和激光雷达。这些传感器实时地收集海量数据，对周围环境进行监测。但光有数据是不够的，为了确保行车安全，这些数据需要在极短的时间内被处理和解析。例如，当一个行人突然从车辆前方冲出时，摄像头捕捉到的画面需要立刻被分析，车辆的控制系统必须以毫秒级别的速度做出减速或紧急制动反应，以避免可能的事故。

除了传感器数据的处理，车辆自身也要快速地做出决策。在复杂的道路环境中，车辆可能会遇到各种突发状况，比如紧急变道、前车急刹或交叉路口的决策。在这些关键时刻，车辆的决策制定速度直接关系到行车的安全性。

此外，为进一步提高道路安全，现代汽车还引入了 V2X（Vehicle to X）通信技术，即车与车、车与基础设施之间的通信。这种通信也要求极高的实时性，使得车辆可以在瞬间与其他车辆或道路基础设施进行信息交互，提前预知和应对可能的风险。

而在智能医疗中，医院的重症监护室或手术室的各种高级医疗设备不断地监测患者的生命体征，例如心率、血氧饱和度和血压。这些数据流需要被实时分析，确保任何可能的异常情况都能立刻被检测并触发相应的警报。因此，这些设备不仅需要高度的精准性，还需要能够快速响应。

另外，通信技术的进步使远程手术成为可能。医生可以控制远距离的手术器械，从而实现遥控手术。为了使手术顺利地进行，所有的数据，包括高清视频和手术器械的控制信号等，都需要实时地传输。这确保了医生的指令能够被及时、准确地执行，同时也保障了患者的安全。

此外，随着 AI 和深度学习技术在医疗领域的应用越来越广泛，智能诊断开始崭露头角。通过使用 AI 模型，医生可以更快速地分析医疗影像或实验室检测结果。为了提供及时的医疗建议和治疗方案，AI 模型在进行推理和分析时也必须实现实时性。

（2）隐私与安全

伴随着智能化的进展，数据成为数字化社会的核心。但与此同时，数据的隐私与安全问题也引起了广泛的关注。关于传感云中的隐私与安全技术已经在本书的第 8 章详细阐述，此处就不再赘述。

作为一个新兴的技术领域，边缘智能在数据隐私和安全问题方面提供了一种新的解决策略。首先，边缘智能通过在数据产生的地方（边缘设备）就进行数据处理和初步分析，从而显著减少了需要在网络中传输的数据量，也大大降低了数据在传输过程中被拦截或窃取的风险。这种方式不仅提高了处理效率，还有效地强化了数据的安全性。其次，边缘智能提供了对敏感数据的高效处理方法。当边缘设备在本地处理数据时，可以针对性地提取关键信息并仅将其进行传输，而其他非关键或敏感的数据则被保留在设备中。对于那些确实需要传输的敏感数据，边缘设备可以在传输前进行掩蔽或匿名化处理，确保数据的内容不会被轻易解读或滥用。

总之，边缘智能通过在数据产生的地方进行处理，不仅降低了数据传输和存储的风险，还为用户提供了更高的数据控制能力。然而，这也带来了新的挑战，包括如何确保边缘设备的安全，以及如何在分布式环境中统一管理和监控数据，这些都需要未来的技术和策略进行创新性的应对。

4. 前沿学术研究与实践探索

目前，边缘智能的发展正处于一个充满活力的拐点，前沿学术的深入研究和工程实践的反馈相互促进，共同推动了这一领域的创新与发展。模型的轻量化、算法的自适应性以及资源调度的智能化，都是我们在实际应用中不断探索和完善的关键领域。这些进展不仅解决了现实问题，更为边缘智能未来的发展铺设了道路。

（1）前沿学术研究

作为一种新兴的技术，边缘智能已经引起了学术界的广泛关注。研究人员正在努力解决与边缘智能相关的各种问题，推动这一技术向更深、更广的领域前进。

在此背景下，新算法与模型显得尤为关键。由于边缘设备的天然局限性，例如计算能力、存储空间以及电池续航等，使得轻量化的 AI 模型成为研究焦点。这类模型的目标是在维持高性能的同时，减少对硬件资源的依赖。这种平衡不仅需要模型结构的创新，还需要对现有的算法进行改进。

模型压缩技术也是学术界关注的热点之一。研究人员通过使用知识蒸馏、剪枝等技术，不断减小模型的规模，从而使其更适合在资源有限的边缘设备上运行。图 10.7 详细地展示了模型压缩的技术框架。这些技术不仅有助于提高模型的执行效率，还可以在一定程度上降低模型的能耗，这对于使用电池供电的设备而言尤为关键。此外，自适应算法的研究也在日益受到重视。边缘环境的不确定性要求算法能够适应各种突发情况，如设备移动、网络拥塞等。自适应算法可以根据当前环境动态地进行自我调整，确保在各种条件下都能稳定运行。

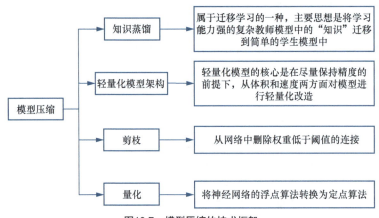

图10.7　模型压缩的技术框架

值得注意的是，边缘智能的复杂性不仅体现在其单一的技术领域，例如计算或通信，还体现在它是一个真正的跨学科综合体，包括但不限于硬件设计、网络优化、数据处理以及机器学习等。这种跨领域的结合为研究人员带来了一系列新的问题和挑战，同时也为技术创新提供了无尽的机会。

其中，计算与通信在边缘智能中的紧密结合已经成为效率提升和时延减少的关键。传统的计算模型和通信技术在这里已经不再适用，因此研究人员开始探索如何将两者融为一体，从而为用户提供更加流畅、高效的体验。另外，人工智能技术，特别是深度学习，对边缘智能的影响是深远的。将复杂的 AI 模型高效地部署到资源有限的边缘设备上，已经成为学术界和工业界的主要研究方向。这也体现了计算机科学与人工智能学科之间的融合，二者共同为边缘智能的成功做出了贡献。

学术界对边缘智能的研究正在深入进行，研究人员正在努力解决这一领域面临的技术和应用问题。随着新技术和方法的不断出现，我们有理由相信边缘智能将在未来取得更大的发展和进步。

（2）工程实践探索

随着边缘智能从理论研究向实际应用的转变，工程与实践中的反馈开始对该领域的发展产生重要影响。从实际部署的系统中获得的经验和教训，为研究人员和工程师提供了对未来研究方向的洞察，帮助他们更好地理解和解决真实世界中的问题。

在边缘智能的背景下，资源优化与调度是实践中的一个核心问题。许多边缘设备，如各种物联网设备、智能摄像头和传感器等，常常受限于计算能力、存储空间和电池续航。在此情况下，如何高效地执行智能计算任务，成为工程师们面临的重要挑战。

动态任务调度策略应对这一挑战时起到了关键作用。由于边缘设备和环境的天然动态性，设备可能会移动，网络条件可能发生变化，或者设备可能会因为电量不足而关闭，任务调度策略必须具有高度的灵活性和自适应性。这意味着系统能够实时监控设备和环境的状态，并据此做出相应的调整，以保证任务的顺利执行。此外，多任务和多用户的环境为资源分配带来了额外的挑战。如何确保各个任务和用户能够公平地获得所需的资源，同时又不牺牲整体的效率和性能，是设计资源分配策略时必须考虑的问题。边缘智能中资源优化与调度的具体流程如图10.8所示。资源监控服务根据实际的任务大小，通过API调用网络资源调度器、计算资源调度器和存储资源调度器。显然，这3个调度器作用各不相同，但它们最终作用的对象都是具有特定服务应用的容器。

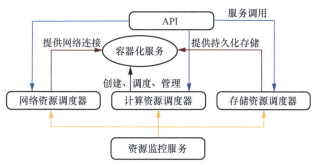

图10.8 边缘智能中资源优化与调度的具体流程

在工程技术发展的历程中，持续的迭代和优化始终是推动进步的关键力量。边缘智能也不例外。当理论研究与实际应用相结合，实践往往会提供大量宝贵的、原先未被认识到的洞察。

真实的部署和使用场景给予了研究人员与开发者丰富的实际反馈。这些反馈，无论是系统的性能数据、用户的直观评价还是具体的故障报告，都成为优化和改进的重要参考。这些来自真实应用场景的数据为研究人员提供了指导，帮助他们更准确地理解实际需求，并据此进行系统的调整与完善。

然而，真实的应用环境并不总是如预期那样顺利。实际部署中可能会出现许多之前未被预测到的问题，例如，设备之间的兼容性问题、意料之外的使用环境、新的安全威胁等。这些实际遇到的新问题不仅为边缘智能的研究提供了新的方向，还提醒研究人员和工程师应始终保持警惕和敏感。此外，随着技术本身的发展和外部应用环境的变化，边缘智能的系统和策略需要不断地进行迭代和升级。这不仅是为了适应新的技术挑战，更是为了满足不断变化的应用需求和市场期望。

工程实践探索对边缘智能的发展起到了至关重要的作用。通过密切关注实际应用中的问题和挑战，研究人员和工程师可以不断地完善和优化边缘智能技术，使其更好地服务于实际应用和用户。

10.2.2 边缘智能存在的挑战

边缘智能旨在将数据处理从中央数据中心迁移至数据的生成地点，这确实减少了时延并提高了处理效率。然而，这一转变也带来了对自身的技术挑战。尤其是边缘设备的资源受限问题，如有限的计算能力和存储空间，使得在这些设备上运行复杂算法变得更为困难。此外，数据的分散处理也带来了新的安全和隐私问题，需要适当的策略和技术来应对。

1. 设备资源约束

在现代社会，无论是在家庭、办公室还是在工业环境中，广泛部署着各种边缘设备，如传感器、智能手机和嵌入式控制器等，这些设备成为边缘智能的核心组成部分。然而，与传统的数据中心相比，这些设备在硬件性能方面通常有所限制。例如，它们可能只有有限的处理能力、较小的内存和存储空间。并且，它们的尺寸和能源供应也可能限制它们的计算潜力。因此，在设计边缘智能解决方案时，必须充分考虑到这些设备的资源约束，确保算法和应用可以在有限的资源下高效运行，同时不牺牲功能和性能。

（1）计算能力限制

许多边缘设备，如小型传感器和某些可穿戴设备等，都会搭载低功率的微处理器或微控制器。这些处理器虽然适合节能和小型化设计，但与数据中心的高性能服务器相比，计算能力相对有限。这种计算能力的限制意味着传统的数据处理和分析方法可能不再适用。相关的算法和模型需要进行专门的优化，确保它们可以在这些设备上流畅运行。对于一些复杂的深度学习模型，可能要求采用模型剪枝、量化或知识蒸馏等技术，以减小模型的规模和计算需求，确保在边缘设备上也能够得到快速且准确的推理结果。

（2）存储空间瓶颈

边缘设备的存储容量常常是有限的，这已成为处理大量数据或复杂模型时的瓶颈。即使有些设备支持存储扩展，但其内部存储空间依然限制了数据处理和模型存储的灵活性。例如，一些复杂的深度学习模型可能需要数百兆字节或更大的存储空间，但边缘设备可能只能提供有限的可用存储空间，导致存储资源稀缺。在这种情况下，优化模型规模、提高存储效率和利用外部存储等策略变得至关重要。存储空间的限制不仅影响了模型和数据的存储，还可能对设备的读写速度产生影响，进一步限制了数据处理的速度和效率。为应对这一挑战，研究人员和工程师需要不断探索更高效的数据压缩和存储方法，以充分利用有限的存储资源。

（3）能源管理问题

在边缘计算环境中，能源管理成为决定设备持续性能和寿命的关键因素。许多这类设备，如智能手表、无线传感器节点或智能家居设备，通常都是电池供电，而电池的续航时间受到其内部容量和设备功耗的双重制约。高强度的计算、频繁的网络活动和持续的传感器读取都可能大大加速电池的消耗。因此，在设计这类设备的软硬件系统时，能效优化和管理策略变得尤为重要。这些策略包括但不限于：动态电压和频率调整、选择合适的休眠和唤醒策略、采用更节能的通信协议，以及根据任务优先级进行计算调度。只有通过综合考虑各种因素，才能确保边缘设备在保持其功能的同时，实现最佳的能源利用效率。

2. 网络不稳定性

网络是边缘智能应用中不可或缺的部分。网络的稳定性和效率也成为边缘智能核心的挑战。许多边缘设备散布在各种环境中，从繁忙的都市区域到偏远的农村地带。这些设备可能连接到各种类型的网络，例如家庭的 Wi-Fi、移动蜂窝网络或者在极端情况下的卫星通信。这种广泛的分布和多样的连接方式带来了多种网络问题。首先，连接可能会时断时续，特别是在信号覆盖不均或受到干扰的地方。其次，带宽会根据时间和位置发生波动，导致数据传输速率不稳定。此外，随着设备和网络接入点的增加，网络安全也成为突出的问题，需要采取有效的安全策略和协议来确保数据的安全传输和存储。

（1）不可靠的连接

随着边缘设备在各种环境中的广泛部署，它们常常暴露于不稳定的网络环境中。城市的高楼大厦、地下隧道或是偏远地区的山谷等，都可能成为信号的阻隔点，导致设备的网络连接断开或信号衰减。这种不可靠的连接直接威胁到设备间的数据同步、状态更新以及服务的连续性。更为复杂的是，在某些关键应用场景中，如自动驾驶或紧急医疗响应，即使是短暂的网络中断，也可能导致严重的后果。因此，对于边缘智能来说，不仅需要设计出能够持续监测和感知网络状态的系统，还要确保这些系统在面对网络波动时，能够采取相应策略进行自我调整和快速恢复，从而确保服务的稳定性和数据的准确性。

（2）动态的带宽变化

在各种各样的网络环境中部署的边缘设备，所连接网络的带宽可能会有巨大的差异。在一个时刻，设备可能连接到高速的 Wi-Fi 网络，而在另一个时刻，它可能只能依赖速度较慢的蜂窝数据或其他类型的连接。这种带宽的动态变化给数据传输和实时处理带来了额外的复杂性。例如，当带宽突然下降时，大量的数据包可能会出现丢失或时延，导致服务中断或性能下降。因此，边缘智能解决方案需要具备高度的自适应性，能够感知当前的网络状态，并根据带宽的实时变化动态地调整数据传输策略、任务优先级或处理负载。这不仅要求算法能够快速响应网络变化，还需要硬件和软件之间的紧密协同，确保在各种网络环境下，系统都能够提供持续、高效的服务。

（3）网络安全问题

与任何连接到互联网的设备一样，边缘设备也面临着网络安全问题。边缘设备与外界的交互日益频繁，使其成为潜在的安全威胁目标。不同于传统数据中心的集中式防御，边缘设备的分散性使得它们可能面临更多的攻击面和威胁。在不稳定的网络环境中，不良行为者可能会寻找网络漏洞或不足之处，尝试篡改数据、注入恶意代码或实施拒绝服务攻击。这种威胁可能不仅危及单一设备，还通过网络传播，威胁到整个系统的稳定性和安全性。所以，为边缘设备设计并实施高效的安全策略和解决方案变得尤为关键。这包括端到端的数据加密、身份验证、入侵检测系统和实时的安全更新。只有确保数据在传输、处理和存储的整个过程中都受到充分保护，边缘智能系统才能有效地防御外部和内部的安全威胁，从而确保整体系统的稳定运行和数据的完整性。

3. 数据同步与一致性

在分布式计算系统和边缘智能中，数据同步与一致性是至关重要的。因为在这些系统中，数据通常存储在多个地点，而每个位置的数据都可能会独立地更新和变化。因此，边缘智能会常常面临数据同步与一致性的挑战。这种情况下，如何确保所有节点都具有相同、最新的数据版本，避免数据冲突和不一致，就成为一个紧迫的问题。

（1）实时数据同步问题

边缘设备的数据交互日益增多使得这些设备需要实时地发送传感器读数、状态更新或其他关键信息，同时也要接收来自其他设备或中央服务器的指令和数据。然而，在动态和不稳定的网络环境中，确保实时的数据同步是一大难题。一方面，网络的不稳定性可能导致数据包的丢失或时延，使得设备间的信息交换不同步。另一方面，即使网络连接稳定，由于带宽的限制，大量的数据流可能导致网络拥塞，从而影响同步的效率。为应对这些问题，同步算法需要具备自适应性，能够根据网络状态动态调整数据传输策略。同时，引入容错机制，如数据重传、校验和与冗余编码，可以帮助系统处理数据的丢失和错误。更进一步，确保数据在传输、处理和存储各个环节的安全性，防止数据被篡改或窃取，也是实现有效实时数据同步的关键组成部分。

（2）数据版本冲突

在边缘智能的复杂的生态系统中，由于众多边缘设备和节点同时进行数据操作，数据版本冲突成为无法避免的问题。例如，两个边缘设备可能同时读取并试图更新中央服务器存储的同一数据项，从而导致数据不一致。在这种情况下，没有适当的冲突管理和解决机制，可能会导致数据的不一致和错误传播，最终影响整个系统的可靠性和准确性。

解决这一问题的关键工具是时间戳和版本控制。通过为每次数据修改附加唯一且精确的时间戳，系统可以轻松地跟踪数据的变更历史。在发生冲突时，系统可以比较时间戳以确定哪个版本是最新的，从而解决冲突。此外，开发和实施高效的冲突解决策略也是关键，这包括数据合并、版本回滚和用户通知等方案。

在应用层面，为确保系统的稳定和可靠运行，算法和应用程序需要具备冲突识别和管理的能力。这意味着在设计方法时，应引入错误处理和数据验证机制，确保数据冲突时，应用能够正确响应，防止错误数据影响系统操作和用户体验。

4. 数据泄露风险

随着大量数据在边缘设备上生成、处理和存储，数据泄露成为一个日益突出的问题。数据泄露不仅可能导致用户隐私被侵犯，还可能使企业面临法律责任的危险和品牌声誉的损害。数据泄露风险主要来源于设备级别的安全漏洞和数据传输中的安全威胁。

（1）设备级别的安全漏洞

边缘设备具有便携性和广泛分布的特性，常常面临着更直接和多样的安全威胁。这些设备由于尺寸和能源限制，可能缺乏强有力的内置安全防护措施。同时，它们通常部署在公开或半公开的环境中，易受物理篡改、非法访问或其他形式的攻击。

在这种背景下，设备级别的安全漏洞成为一大关注焦点。黑客可能会针对设备的硬件和软件漏洞，尝试利用未加密的数据存储、弱密码保护或过时的安全协议等薄弱环节，来窃取用户数据、注入恶意代码或控制设备。因此，从设计初期就需要考虑到设备的安全性。数据加密是应对这类风险的一个核心策略，能确保数据在存储和传输过程中的安全。强密码策略和多因素认证可以加强设备的访问控制，防止未授权访问。定期的安全更新和补丁应用是另一个重要措施，帮助设备防范新出现的安全威胁和漏洞。

在设备的整个生命周期中，从生产到部署再到停用，全方位的安全管理和持续监控成为确保边缘设备安全的必要措施。这需要设备制造商、服务提供商和用户共同努力，形成一个多层次、全方位的安全防护体系。

（2）数据传输中的安全威胁

在数据从边缘设备流向中心服务器或其他相关设备时，信息的安全风险显著增加。数据在传输途中容易受到拦截、窃听或篡改的威胁。因此，确保数据在传输过程中的完整性和机密性成为首要任务。为了实现这一目标，使用加密技术和安全传输协议，如传输层安全性（Transport Layer Security，TLS）协议和安全套接层（Secure Socket Layer，SSL）协议，已经成为标准做法。但仅依赖这些措施可能不足以应对所有威胁。额外的安全层，如虚拟专用网络（Virtual Private Network，VPN）和防火墙，可以为数据传输提供更高级别的保护。

为全面应对各种潜在的安全风险，边缘智能需要实施分层且综合的安全策略。这意味着从硬件到软件，从网络到数据，每个环节都需要具备相应的防护措施。特别是在如今的复杂环境下，持续的监控、实时的威胁分析和快速的响应机制是防范和应对安全威胁的关键。但要真正实现边缘智能的安全，单靠技术创新和策略实施是不够的。产业界、学术界和政府部门需要紧密合作，共同制定和推动先进的安全标准、技术和最佳实践。只有这样，才能为用户和组织构建一个真正安全、高效且可信赖的边缘智能生态系统。

5. 隐私保护

在边缘智能的背景下，隐私保护已经成为一个备受关注的议题。由于边缘设备往往在无人监管或远离传统数据中心的环境中运作，这大大增加了隐私泄露的风险。其中主要包括数据处理和存储的隐私风险以及设备识别与追踪问题。

（1）数据处理和存储的隐私风险

随着传感云、智能家居和移动设备的普及，边缘设备开始处理和存储越来越多的用户个人数据，这些数据涵盖了用户的生活习惯、健康状态、位置信息等敏感内容。在这样的环境下，确保用户数据的隐私变得尤为重要。但由于边缘设备的物理可接触性和资源限制，这些数据可能容易受到泄露、窃取或滥用的威胁。

加密技术确实是防止数据被非法访问的关键手段，但仅仅依赖加密可能并不够。完整的隐私保护方案需要从数据的生成、处理、存储到传输等各个环节进行综合考虑。例如，数据匿名化和去标识化技术可以确保即使数据被泄露，也不会泄露与个人身份相关的信息。此外，差分隐私等技术可以在数据分析时提供隐私保护，确保在提供统计结果时不会泄露单个用户的具体数据。

除此之外，为保护数据隐私，还需要考虑设备的身份验证、访问控制和数据生命周期管理。前两项措施确保只有经过授权的用户和应用才能访问和处理数据，而数据的生命周期管理则确保不再需要的数据能够被安全地删除或销毁。

总之，数据隐私保护需要跟上边缘智能发展的步伐，并通过多种策略和技术手段，确保用户数据的安全和隐私得到充分的保障。

（2）设备识别与追踪问题

边缘设备，特别是可穿戴设备，往往与个人用户密切关联。这意味着这些设备不仅会捕获用户的生活习惯、活动模式和健康状况，还可能捕获位置信息、环境互动和其他敏感数据。一旦这些数据与特定的个人或设备关联，就有可能被用于不当的追踪和识别，从而导致隐私泄露。为解决这一问题，数据最小化和匿名化策略的实施变得至关重要。数据最小化确保只有完成特定任务所必需的数据才被收集和存储，以防止不必要的数据泄露。与此同时，通过匿名化技术，即使数据在传输或存储过程中被非法访问，也不会泄露用户的个人身份信息。

技术创新也为边缘智能的隐私保护提供了更广泛的可能性。其中，差分隐私可以在提供有价值的数据分析和统计信息时保护个体的隐私。同态加密允许对加密数据进行计算，从而在不解密的情况下处理敏感信息。区块链技术能够提供一个去中心化、透明且不可篡改的数据管理平台，确保数据的真实性和完整性。从宏观层面，除了技术解决方案，法规和标准的建立也是保护用户隐私的重要方面。需要制定明确的法律框架和执行机制，以规范边缘设备和相关应用的数据收集、处理和使用行为。这不仅需要国家和地区政府的参与，还需要全球范围内的合作和协调，以实现用户隐私和数据安全的全面保护。

边缘智能无疑为我们开拓了数据处理和计算的新视野，但也伴随着诸多的挑战。设备资源约束、网络不稳定性、数据同步与一致性问题、数据泄露风险以及隐私保护，都是边缘智能需要解决的关键问题。在硬件层面，边缘设备通常受限于其计算能力和存储容量。这些约束使得实施复杂的计算任务和存储大量数据变得困难。能源管理也是一个重要问题，尤其对于依赖电池的移动和远程设备。在网络层面，连接不稳定、带宽动态变化和网络安全问题加剧了边缘智能的复杂性。设计出能够适应这些不稳定因素和保障数据安全的算法和系统是工程师们面临的重要任务。数据同步与一致性的问题更是凸显在分布式和动态的边缘计算环境中。实时数据同步、数据版本冲突和安全性都需要被认真对待，以确保数据的准确性和可靠性。数据泄露风险以及隐私保护也是不容忽视的问题。从设备级别的安全漏洞到数据传输的安全隐患，再到处理和存储数据的隐私风险，每一个潜在的威胁都需要细致的安全策略和技术来防范。

总的来说，边缘智能虽然拥有巨大的潜力并带来了丰富的机会，但要充分利用这些优势，就必须通过技术创新、标准制定和合规性管理来解决上述问题。每一个问题的解决都是向更加高效、安全和可靠的边缘智能生态系统迈进的重要一步。在未来的发展中，跨学科的合作、全面的研究和开放的创新将是推动边缘智能解决这些问题、发挥其潜力的关键因素。

10.3 分布式边缘智能研究

在当今信息技术快速发展的背景下，传感设备、智能移动终端等设备的普及，正日益产生海量的数据。在传统的云计算模式中，这些设备必须将收集到的数据传输至云计算平台进行分析处理，这一过程中不可避免地会产生数据传输时延，并且受限于带宽和容量，这已经成为当前云计算技术发展中一个突出的挑战。尤其对于无人驾驶、远程医疗服务等关键性领域而言，数据传输的微小时延就可能导致严重的后果。因此，针对分布式智能架构的需求变得日益迫切，以期通过分散处理数据来减少时延，提高整体系统的响应速度和效率。

　　分布式边缘智能架构的核心理念在于将计算任务从云端迁移到靠近数据源的边缘设备。这种架构的设计初衷在于克服传统的云计算模式中时延高和带宽受限的困境。边缘计算作为一种新兴的分布式计算架构，实现了数据存储、服务和计算应用从中心节点向靠近用户端的转移。分布式边缘智能的理念进一步扩展了这一范式，赋予边缘设备执行机器学习和深度学习的能力，这一创新研究领域使得算法能够直接在数据生成地点运行，尽管边缘设备资源有限且异构，但通过技术创新，可以最大化地挖掘其潜力。从经济角度来看，通过采用分布式边缘智能框架可大幅节约数据传输和云存储的成本。从技术发展角度来看，这种新型架构推动了机器学习和深度学习算法的创新发展，使其能够更高效地在资源有限的边缘设备上运行。

　　随着技术的持续进步，分布式边缘智能预计将在未来的技术格局中扮演更加重要的角色。随着5G及更高级通信技术的普及，边缘设备将拥有更快速、更稳定的数据处理能力。新兴技术和算法（如联邦学习）将进一步增强数据的隐私性和安全性。此外，边缘智能有望成为自适应学习、持续优化及实时决策的关键因素，为智慧城市、智能交通等多个领域产生深远的影响。

10.3.1　分布式边缘智能架构

　　在当前数字化浪潮迅猛推进的大背景下，边缘智能作为一种新兴的计算范式，正逐渐展露出在网络边缘即时处理和分析数据的关键作用和巨大潜力。它的核心目标在于减少时延、保障数据隐私及节省带宽资源。而分布式边缘智能的主要目标是如何在多个边缘节点上分布式地执行智能任务，从而实现更高效、更可靠的实时决策和服务提供。

　　传感云与边缘计算的紧密协作已成为应对新兴应用所带来的数据处理和传输挑战的核心技术。通过在网络边缘接入点和终端设备上增加边缘计算和存储能力，同时融入通信处理功能，有效地实现了云－边计算的协同优势。这种协同不仅有效地分散了计算负载，还显著减少了数据传输流量、能耗及网络时延，为应对海量计算和及时性需求的新兴业务提供了强有力的支持。目前，广泛开展的研究已经深入探讨了在基于云－边协同的分布式边缘智能架构中，传感云与边缘计算之间的协作机制和资源优化管理策略。通过实现通信与计算的高度集成和紧密融合，这一架构不仅提升了网络的传输效率，还显著增强了系统的整体性能。

　　边缘计算作为云计算的延伸，将部分通信、处理和存储任务转移至边缘设备执行，从而提升了边缘流量的卸载能力、减少了响应时延、缓解了云端的计算压力，同时也降低了带宽开销。传感云和边缘计算的协作在网络边缘节点实施处理和缓存功能，提前存储应用数据，并通过分布式边缘计算和集中式云计算共同处理数据，实现了通信与计算的紧密融合。

　　云－边计算协同的分布式边缘智能架构带来了诸多优势，具体有如下3点。

　　1）对低时延和高实时性的迫切需求，通过集中式云计算与分布式边缘计算的紧密协作得到了有效满足。这种创新的协同模式充分发挥了云端强大的处理能力和边缘设备的即时缓存优势，实现了数据处理的快速响应和高效执行。它灵活适配了计算需求繁重的低时延应用和流量传输巨大的高容量应用，有效地提升了网络处理能力，缓解了网络流量负载，减少了端到端的时延，从而提高了计算资源的利用率。通过在边缘节点处理数据，能显著缩短数据传输到云端再返回的时间，实现了更快的响应速度。与之前主要依赖云端处理的架构相比，分布式边缘智能架构通过在边缘进行数据处理，显著减少了时延，提高了实时性。

2）在资源利用与成本效益方面，通信与计算的融合为解决资源调配中云－边计算和通信资源紧耦合的难题提供了有效的解决方案。利用差异化的通信和计算功能配置设计不同的网络模式，对资源进行解耦和有效分配，进一步优化了云－边计算协同的无线网络资源调配。另外，通过虚拟化技术，云－边计算资源和无线通信资源能实现按需分配，有助于网络的整体流量均衡和处理负载优化。以工业自动化应用为例，边缘计算的引入使得生产环境中的计算资源得到了更加高效的利用。对于那些对时间要求极高的关键任务，通过在网络边缘即时处理，不仅可以避免因传输至云端而产生的时延，还最大限度地减少了对云端资源的占用，从而保证生产流程的连续性和稳定性。同时，将非关键性和非实时性的任务和数据存储交由云端处理。这样的分工协作模式不仅提升了生产效率，还降低了运营成本，为工业自动化带来了革命性的变化。

3）数据隐私与安全也是云－边协同计算的分布式边缘智能架构的显著优势之一。通过在网络边缘节点进行初步的数据处理和分析，可以减少敏感数据传输至云端，从而大幅降低数据泄露的风险。同时，边缘节点的存在使得数据的处理和存储更接近数据源，这不仅减少了数据在传输过程中的暴露，还为实施更为严格的数据访问和控制策略提供了新方案。例如，在智慧城市或智能家居应用中，用户的个人数据和隐私是不可忽视的关注点。通过边缘计算，用户数据可以在本地进行处理和分析，只有少量必要的信息才会被传输至云端，从而大大降低了个人信息的泄露风险。与传统的完全依赖云端处理的架构相比，分布式边缘智能架构为用户数据和隐私提供了额外的保护层，实现了更为严格的数据安全控制。此外，边缘计算还能提供实时的安全监控，比如通过在边缘节点实施实时的异常检测和安全分析，能够及时发现安全威胁并采取响应措施。而传统的云计算模型可能会由于数据传输的时延而使对安全威胁的响应滞后。通过边缘和云的协同，分布式边缘智能架构不仅提高了数据的隐私保护水平，还增强了系统的安全防护能力。

10.3.2　边缘设备协作的集成知识蒸馏框架

尽管近期的研究成果已经证实，在边缘设备上局部部署 DNN 以执行模型训练和分析等任务在技术上是完全可行的[17]，然而，在边缘计算环境中部署 DNN 仍然面临着一系列严峻的挑战。这些挑战主要包括资源的有限性、硬件对性能的影响以及网络的动态性。边缘设备通常受到资源的限制，导致在减少执行时延和提升模型性能之间必须做出一定的折中。此外，不同硬件设备对不同 DNN 结构的支持程度不同，从而影响了 DNN 的性能[18]。最后，边缘设备的网络动态性也是一个重要考虑因素，这些设备普遍通过无线链路进行相互连接，信道条件的波动性有可能导致通信连接出现不稳定的现象。

本小节介绍一种为增强部署在边缘设备的 DNN 模型推理的泛化能力而设计的集成知识蒸馏框架。该框架通过结合知识蒸馏和集成学习的方法，有效改进了 DNN 推理的效能。该框架利用经验丰富的教师模型以及助教模型生成轻量级的 DNN 模型，并将其部署到边缘设备上。这些边缘设备各自独立地承担着 DNN 的推理任务，同时在性能方面实现共享。通过充分挖掘并利用边缘设备的多样化计算潜力，集成知识蒸馏框架显著增强了整体模型推理的精确度。

集成知识蒸馏框架采用了一种协作式知识蒸馏方法，不仅压缩了 DNN 以便在边缘设备上部署，还将子网络聚合成鲁棒性更强的模型。该框架的关键在于将模型的复杂度与边缘设备的能力匹配，并确保模型具有多样化的学习能力。图 10.9 展示了集成知识蒸馏框架的概览。为了确保边缘设备上 DNN 模型推理的精度，需要满足两个关键标准：首先，模型的设计必须考虑到边缘设备的处理能力，确保其复杂度与设备的性能匹配；其次，模型需要具备强大的学习能力，以便能够灵活应对各种不同的任务和数据类型。

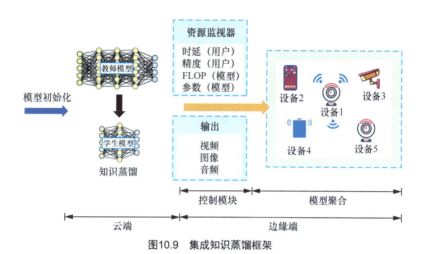

图10.9　集成知识蒸馏框架

这一目标通过以下 3 个核心策略实现。

首先，框架根据边缘设备的具体能力，设计出不同计算复杂度的模型。在这一过程中，随着 DNN 计算复杂度的提高，它的学习能力通常也会随之增强。然而，这也意味着需要更强大的硬件设备来支持这些高复杂度的模型运行。其次，教师模型与学生模型之间的学习差距是影响网络性能的关键因素，过大的差距可能对网络性能产生负面影响[19]。针对这一挑战，框架采用了一种创新的链式教学方法[20]，即通过逐步降低复杂度的 DNN 模型对学生模型进行递进式教学。这种方法有效地缩小了学习差距，并确保了最终模型的最优性能。最后，集成知识蒸馏框架还融入了重生学习的理念，旨在让模型具备多样化的学习能力，同时也有着出色的泛化表现。这样一来，得到的模型不仅可以处理各种各样的输入数据，还能提供更精确的预测结果。

1. 模型训练

集成知识蒸馏框架的架构如图 10.10 所示。假设拥有一个包括 N 个数据样本的数据集 D，这里的 x_n 代表输入数据，y_n 代表输出数据，$D = \{ (x_1, y_1), \cdots, (x_n, y_n) \}$，其中 n 的取值范围是 $1 \sim N$。构建一个 DNN 模型 $y = g(x; \theta)$，其中 θ 为通过随机种子初始化的学习参数。在模型的训练阶段，需要找到一组最优的 θ，以便更好地解释或拟合数据集 D。然而，DNN 模型的训练与部署面临的一大挑战是对计算资源、内存和处理能力的巨大需求。尤其是在边缘设备上，这一挑战尤为明显，因为这些设备对轻量化且高效能的模型需求迫切。

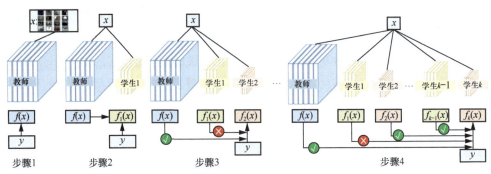

图10.10 集成知识蒸馏框架的架构

为了解决这些难题，集成知识蒸馏框架展现出了其独特的优势。该技术采用一种教师－学生模式，通过预先训练好的教师模型来引导学生模型的训练，从而训练出一个性能更优的学生模型，并且不需要增加额外的参数。具体来说，教师模型通过对训练数据的预测来指导学生模型，帮助其更好地学习并适应任务。这样一来，即便在计算资源受限的边缘设备上，仍然能够部署和运行性能卓越的 DNN 模型。知识蒸馏的过程可用式（10.1）表示：

$$\mathcal{L}\left(\mathcal{B};\theta^{\mathrm{S}}\right)=-\frac{1}{|\mathcal{B}|}\sum_{(x_n,y_n)\in\mathcal{B}}\left\{\lambda^{\mathrm{S}}\cdot y_n^{\mathrm{T}}\ln g(x_n;\theta^{\mathrm{S}})+\lambda^{\mathrm{T}}\cdot\mathrm{KL}\left[g(x_n;\theta^{\mathrm{T}})\,\|\,g(x_n;\theta^{\mathrm{S}})\right]\right\} \qquad (10.1)$$

其中，$\mathcal{B}$ 代表将要在网络中传播的样本数量，θ^{T} 和 θ^{S} 则分别代表教师模型和学生模型的可学习参数。

需要特别指出的是，在训练初始阶段，尽管学生模型的参数 θ^{S} 是随机设定的，但随着前文所述过程的重复进行，由此产生的学生模型展现出了极高的稳定性和鲁棒性。

为了确保集成知识蒸馏框架的高效性，维持学生模型间适度的差异性是至关重要的。为此，该框架采用了重生策略，这一策略以前一代学生模型为基础进行训练。实验结果表明，学生模型的性能在每一次迭代后都有显著的提升。当前代的学生模型均在前一代的指导下进行训练，第 t 代学生模型的生成过程可用式（10.2）来描述：

$$\mathcal{L}\left(\mathcal{B};\theta_t\right)=-\frac{1}{|\mathcal{B}|}\sum_{(x_n,y_n)\in\mathcal{B}}\left\{\lambda^{\mathrm{S}}\cdot y_n^{\mathrm{T}}\ln g(x_n;\theta_t)+\lambda^{\mathrm{T}}\cdot\mathrm{KL}\left[g(x_n;\theta_{t-1})\,\|\,g(x_n;\theta_t)\right]\right\} \qquad (10.2)$$

这种策略借鉴了密集指导知识蒸馏领域的新研究[21]。在每一代学习过程中，部分助教模型会被随机设定为非活跃状态，这样不仅减少了共同指导的教师模型数量，还增强了集成知识蒸馏框架中模型的泛化能力。这一策略的思路与退出策略[22]有着异曲同工之妙。在模型的训练过程中，采用了伯努利随机变量来判断每个助教模型是否参与训练。设想有 n 个助教模型共同组成一个联合指导团队，本小节提出的集成知识蒸馏框架可以被总结和推导为式（10.3）所示的过程。

$$\mathcal{L}\left(\mathcal{B};\theta_t\right)=-\frac{1}{|\mathcal{B}|}\sum_{(x_n,y_n)\in\mathcal{B}}\left\{\lambda^{\mathrm{S}}\cdot y_n^{\mathrm{T}}\ln g(x_n;\theta_t)+\sum_{n=1}^{N}b_n\lambda^{\mathrm{T}}\cdot\mathrm{KL}\left[g(x_n;\theta_t)\,\|\,g(x_n;\theta_{t-1})\right]\right\} \qquad (10.3)$$

此外，根据学生模型的复杂度进行排序，尽量减轻因教师模型与学生模型复杂度差异过大而导致的精度损失。通过按复杂度对待训练的学生模型进行排序，确保了复杂度较高的学生模型能优先受训，从而更有效地从教师模型中吸收知识，进一步指导复杂度较低的学生模型。

2. 模型聚合

在前一个阶段的模型训练完成后，我们将会得到了多个不同复杂度和准确性的备选 DNN 模型。当将计算资源和 DNN 模型结合时，边缘节点可被视作一个独立的计算单元，它拥有自主的计算资源，并能独立完成用户任务。每个边缘节点都配备了相应的计算资源和 DNN，成为一个可独立完成用户任务的计算单元。

边缘节点在接收到任务时，首先对其计算资源进行评估，然后从其可用的 DNN 模型中挑选出最合适的一个。在追求更高准确度的情况下，边缘节点还可能与周围的边缘节点进行信息共享，以获得其他节点的输入，并通过这种协作进一步提升整体性能。这个过程在多个边缘节点上反复进行，从而形成了一个共享信息、共同提升预测准确度的边缘设备网络。集成知识蒸馏框架通过集成方法有效整合了多个节点的能力，进一步增强了系统的整体泛化能力。

在训练阶段，我们的目标是增强模型的泛化能力。同样，在集成阶段，我们的目标是优化集成策略，以最大化模型的泛化能力。我们已经构建了一组训练好的 DNN 模型 g_k（$k = 1, \cdots, K$），每个模型都是从同一个数据集 D 中训练得来的。通过聚合这一系列模型，我们可以创建一个超级网络 $G(x)$，其性能超过任何单个模型 g_k。超级网络 $G(x)$ 的计算方式如式（10.4）所示。

$$G_M(x) = \sum_{m=1}^{M} G(x, g_m(x)) \tag{10.4}$$

其中，M 表示集成 DNN 模型的总数。

下一步是确定集成模型中各个 DNN 模型的权重。DNN 模型的权重 W_n 可以通过式（10.5）和式（10.6）进行计算：

$$z_n = \frac{P_n}{\min P} \tag{10.5}$$

$$W_n = \frac{z_n}{\sum_{n=1}^{N} z_n} \tag{10.6}$$

其中，P 表示从训练数据集得到的每个 DNN 模型的准确率值集合，N 表示考虑的 DNN 模型的总数量。

DNN 模型集成的整个选择流程的详细描述如算法 10.1 所示。

算法 10.1　DNN 模型集成的选择流程

输入：边缘设备的总数量 N_E，边缘设备上部署的训练完成的 DNN 模型 g_n，输入数据集合 I_{in}，训练过的 DNN 模型的准确率 P_n，方差阈值 T，集成 DNN 模型的总数量 M；

输出：预测的集成结果 $G_N(x)$；

1：　对于 $n = 1$ 到 N_E，执行以下操作：

　　　　为 $\{I_{in}\}$ 执行推理，计算 $g_n(I_{in})$；

　　　　获得输出预测概率 μ_n；

2：　根据 $\{P_n\}$ 从高到低对 μ_n 进行排序；

3： 选择 μ_n 中的前 M 个，记为 $\{P_1, \cdots, P_M\}$；

4： 计算 $s^2 = \dfrac{\sum\limits_{i=1}^{M} P_i - \bar{P}}{M}$；

5： 如果 $s^2 < T$，返回 $\mathrm{avg}(P_1, \cdots, P_M)$；

6： 对于 $m=1$ 到 M，执行以下操作：

   计算 $z_m = \dfrac{P_m}{\min P}$；

   计算 $W_m = \dfrac{z_m}{\sum\limits_{m=1}^{M} z_m}$；

7： 返回 $G_N(x)$

3. 边缘设备控制模块

在分布式计算环境中，实现边缘设备性能的最大化是一项至关重要的任务，这需要深入了解周边资源的利用情况。有效的边缘计算部署策略不仅可以解决传感云环境中的通信时延和网络拥塞等挑战，还可以运用正则化、集成学习等技术来处理异常数据和噪声，从而增强系统的抗噪声能力。集成知识蒸馏框架的设计充分考虑了这些普遍存在的数据不规则性，以确保高效和稳定的数据处理。在边缘设备之间的通信过程中，异步消息队列扮演了关键角色。它作为信息交换的缓冲区，通过定期查询设备状态，实现了信息的及时更新和传递。此外，运行环境中配备的资源监控系统能够系统性地收集和处理数据。当边缘设备接收到任务时，它会向性能数据存储库查询可用资源，并与周围设备分享这些信息。这些设备依据其内置的 DNN 进行推理处理，并返回计算结果 Logits。边缘设备会在有限的时间范围内整合这些收到的 Logits，从而提高整体计算的效率和结果的准确性。算法 10.2 简要概述了这一处理流程。

算法 10.2 边缘设备控制单元处理流程

输入：边缘设备的总数量 N，输入数据集合 I_{in}，SLO 的阈值 T_{slo}，最大集成模型数量的阈值 T_{num}；

输出：集成的 DNN 模型配置；

1： 获取边缘设备的资源状态；

2： 记录边缘设备的网络时延 Latency；

3： Number = 0；

4： 对于 $n=1$ 到 N，执行以下操作：

   如果 $T_{num} >$ Number：

      程序结束；

   如果 Latency $\leqslant T_{slo}$：

      模型根据输入数据 I_{in} 执行推理，获取 Logits；

Number = Number + 1；

　　获取边缘设备部署的模型在测试集上的准确率 P；

5：返回 Logits 和 P

4. 模型维护和更新

　　在集成知识蒸馏框架中，涵盖了两种不同类型的模型更新策略——增量更新和完全重新训练。增量更新又称在线学习，适用于新数据持续到达的情况。这类更新有助于模型适应数据分布的变化，且能在无须重新训练整个模型的前提下提升模型性能。这种更新方式不仅节约了大量的计算资源，还大幅缩短了模型更新所需的时间，因而非常适合边缘计算环境。相反，当出现数据显著变化或模型性能显著下降时，则需要采取完全重新训练的策略。虽然重新训练过程比增量更新更消耗资源，但通过新数据的训练能够显著提升模型性能。

　　为了准确判断模型更新的需求，边缘节点将不断监控模型性能。一旦观察到性能有显著下降或数据分布发生重大变化，便会启动更新程序。决定是进行增量更新还是完全重新训练，这需要根据数据分布的变化幅度以及模型当前的性能表现来综合考量。在进行增量更新时，通常采用集成知识蒸馏框架，这一过程涉及将知识从现有模型传递至更新后的模型。具体来说，利用现有模型作为教师模型，对新模型进行训练，使其能够模仿教师模型在新数据上的输出表现。而在需要进行完全重新训练的情况下，则会使用新数据重复整个模型的训练流程，以确保模型能够充分适应最新的数据特征和分布。

5. 实验评估

　　集成知识蒸馏框架的设计涵盖了边缘端和云端两个关键部分。本实验的边缘端设备主要包括 NVIDIA Jetson Xavier NX 和树莓派 4B，而云端则是 NVIDIA A100。为了论证集成知识蒸馏框架的实际可行性和高效性，本实验采用了 PyTorch 这一强大的机器学习库，实现了一个原型系统。实验环境的设计旨在营造一个既真实又可控的环境，以此来全面评价集成知识蒸馏框架的性能表现。

　　在本实验中，选择了 CIFAR-10 和 CIFAR-100 这两个公开的数据集作为评价 DNN 模型训练过程的基准。这些数据集的使用旨在量化和展示集成知识蒸馏框架在准确率和效率方面的表现。实验评估过程中，特别关注了不同边缘设备之间性能的差异，并通过逐渐增加 DNN 模型的复杂度来实现准确率和效率之间的平衡。本实验对两种不同类型的 DNN 在集成知识蒸馏框架下的性能进行了详细评估：一种是作为基准的普通 CNN，其结构复杂度由卷积层的数量决定；另一种是结构和性能均优越的残差神经网络（Residual Neural Network，ResNet），其深度直接关联到网络的容量。

　　为了展示集成知识蒸馏框架的通用性，此处在原始的重生网络（Born-again Network，BAN）基础上增加了一种密集引导策略，并在 CIFAR-10 和 CIFAR-100 数据集上与原始的 BAN 进行了比较。需要注意的是，这两种方法都使用了 5 次迭代生成过程来从生成的学生模型中选择最佳模型（测试集上误差最小的模型）。实验结果表明，密集引导策略相较于原始 BAN，能够稳定地产生更为准确的学生模型。集成知识蒸馏框架的迭代过程通过利用上一代训练的信息来增强每一代的推理精度，从而显著提升了模型性能。与更大的教师模型相比，集成知识蒸馏框架在 CIFAR-10 数据集上获得了相等（甚至更好）的学生模型性能，证明了该方法在提高 DNN 模型的准确率和效率方面的有效性和潜力。

不同的神经网络模型的性能会受到教师模型和学生模型之间显著差距的影响。选取大小适当的模型，并将其引导信息传递给较小的模型，能够弥补学习上的差距。为此，首先对最高复杂度的模型进行训练，随后训练一个复杂度较低的模型。以 ResNet 为例，首先训练教师模型 ResNet 101，然后在第一代中将同一模型作为学生模型进行训练。在第二代中，学生模型 ResNet 50 受到前一代中教师模型或学生模型的共同监督。图 10.11 展示了集成知识蒸馏框架（在图中标记为 Dense-BAN）的性能测量，其中 x 轴代表了使用的神经网络模型，Non-KD 方法表示的是不使用知识蒸馏的方法。从图中可以看出，在所有情况下，集成知识蒸馏框架都提供了显著的性能改进。如图 10.12 所示，集成知识蒸馏框架给大小为 4 的普通 CNN 模型带来了显著的预测准确率提升。这归功于助教模型的介入，为学生模型提供了额外的引导和信息。此外，当学生模型的预测准确率较低时，该方法提供了更大的准确率提升。

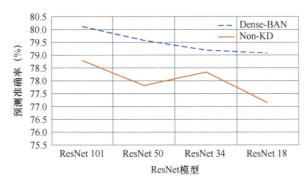

图10.11　集成知识蒸馏框架在不同ResNet模型下的预测准确率

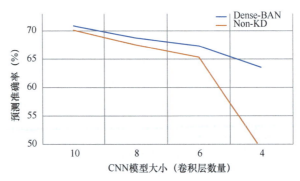

图10.12　集成知识蒸馏框架在不同大小的CNN模型下的预测准确率

10.3.3　联邦学习中的协作式训练

在数字时代，深度学习已从一种小众技术演变成一种通用工具，推动了无数应用程序的发展。从个性化应用程序到协助医疗诊断，深度学习的广泛应用凸显了数据的重要性。在这一广阔领域中，联邦学习作为一种应对数据隐私挑战的前沿方案而引起人们的关注[23]。与传统的集中式数据训练方法相比，联邦学习采取了一种创新的解决方案，有效规避了集中式数据训练可能引发的隐私和安全问题。联邦学习的核心优势在于其拥有更好的保护隐私机制。以 FedAvg 算法[24]为例，该算法通过简化在去中心化网络中聚合来自多个客户端的模型更新的过程，确保只有更新模型而非原始数据被发送至云层的中央服务器，从而有效保护了数据隐私。如图 10.13（a）所示，继续执行此过程，直到模型达到所需的准确率标准或完成指定的迭代次数。

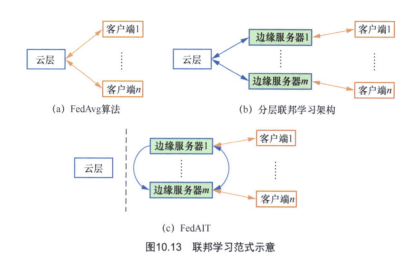

图10.13 联邦学习范式示意

如图 10.13（b）所示，分层联邦学习架构通过引入中间的边缘服务器，相较于完全基于云的联邦学习方法，有效地缩短了模型的训练时间，降低了终端设备的能耗。文献 [25] 提出了一种名为 HierFAVG 的算法，该算法结合了基于云和边缘的联邦学习系统的优点，通过在边缘服务器上进行部分模型聚合来实现更快的模型训练和更好的通信-计算权衡。文献 [26] 提出了一个分层的知识迁移框架，将联邦学习与加权知识蒸馏方法结合。文献 [27] 提出了一种用于边缘网络中分层联邦学习的最小-最大成本优化方法，该方法通过将问题分解为多个子问题来解决，在考虑时延、CPU 周期频率等约束条件的同时，最小化最差情况下参与者的成本。

本小节提出一种包含底层客户端、边缘层和云层可选中央服务器的分层联邦学习框架，称为联邦信息传播（Federated Architecture Information Transmissions，FedAIT）框架，如图 10.13（c）所示。客户端利用私有数据进行本地模型训练，而边缘服务器作为枢纽，聚合客户端更新的本地模型，形成边缘模型，并通过多教师知识蒸馏方法将信息在多个边缘设备间进行交互，以替代中央服务器。该框架还在边缘模型之间使用协作学习，并实施从边缘到客户端的迁移学习策略。这种设计能有效减少客户端与中央服务器之间的交互，通过边缘层实现了高效的并行更新。同时，通过在边缘层进行模型蒸馏，进一步增强了数据的隐私保护。该框架展示了在效率与准确率间的权衡，凸显了拥有可选中心化组件的灵活性。此外，联邦学习还面临着大量客户端设备带来的效率和可扩展性挑战。为解决这些挑战，FedAIT 框架在客户端、边缘层和可选的中央服务器之间建立了有效的协作机制，实现了计算任务的分层处理和资源优化配置。通过这种方式，

FedAIT 框架不仅提高了计算效率，还增强了整个系统的隐私保护能力。

1. 云 – 边 – 端架构设计

FedAIT 框架的底层客户端是整个系统架构的基石，由众多不同类型的本地设备构成，包括智能手机、可穿戴设备以及物联网传感器等。这一层的特点是其设备和数据的多样性，也赋予了整个架构极高的异构性。这些设备承担着本地模型训练的任务，利用其自身的数据集进行学习和优化。本地训练完成后，它们将训练得到的 Logits 上传至边缘层。这种设计策略不仅充分发挥了边缘设备的计算潜能，而且显著提升了数据隐私保护的水平，因为所有敏感数据均在本地处理，无须传输至其他设备或云端。

边缘层作为中介和计算枢纽，在 FedAIT 框架中扮演着至关重要的角色。它汇聚客户端设备的本地模型（如加权计算 Logits），执行特定计算，并在适用的情况下与云层的中央服务器通信。边缘层执行 3 个核心功能：基于参数相似性的模型聚类、多教师知识蒸馏和不同知识领域的协作学习。边缘服务器使用 k-means 算法根据参数距离对相似的客户端模型进行分组，并控制组大小以实现负载平衡。这种算法让边缘节点能够洞察到全局数据的分布情况，同时又有效限制了对原始客户端更新信息的暴露程度。每个教师模型的集群通过新型多教师知识蒸馏在边缘服务器上训练学生模型，这些学生模型不仅参与到协作学习中，还可以选择性地与中央服务器进行信息共享，以进一步提升学习效率和模型性能。

云层作为可选组件，位于结构的顶端，其纳入与否取决于性能与开销的权衡。纳入时，它会汇聚所有边缘服务器的边缘模型，聚合成一个一致的全局模型，然后将此模型传播回边缘层和底层客户端。FedAIT 框架也可灵活地以去中心化方式运作，仅依赖客户端和边缘层之间的协作学习来实现本地模型改进，而无须使用集中式的云服务器。云服务器的纳入提供了维护统一全局模型的能力，但代价是增加了通信开销。是否纳入云服务器可以基于应用需求、效率、隐私保护和模型一致性的需求来分析决定。总而言之，虽然云服务器能提供集中协调，但 FedAIT 框架使其成为一个可选而非强制的组件，允许根据用例约束进行灵活部署。

2. 模型分组

在 FedAIT 框架中，模型分组功能发挥着至关重要的作用。该功能通过智能算法将众多 DNN 模型进行精确分类，确保每个群组内的模型具备相近的泛化能力。此功能有效地汇聚了多个模型的集体智能，从而对全局数据分布形成更加全面的认识。为了在保持隐私的同时有效估计不同客户端之间数据分布的相似性，利用客户端模型输出的一致性来量化客户端之间数据分布的相似度。假设在客户端层有 m 个模型，这些模型的输出由 n 维向量 $\boldsymbol{p}_1, \boldsymbol{p}_2, \cdots, \boldsymbol{p}_m$ 表示，那么两个模型的输出向量 $\boldsymbol{p}_m$ 和 $\boldsymbol{p}_{m'}$ 之间的欧几里得距离可由式（10.7）计算：

$$D\left(\boldsymbol{p}_m, \boldsymbol{p}_{m'}\right) = \sqrt{\sum_{i=1}^{n}\left(\boldsymbol{p}_{m,i} - \boldsymbol{p}_{m',i}\right)^2} \tag{10.7}$$

其中，$\boldsymbol{p}_m$ 和 $\boldsymbol{p}_{m',i}$ 分别表示第 m 个和第 m' 个模型的输出向量中的第 i 个元素。求和是关于 n 进行的，即输出向量的维度（输出向量中的维数）。距离 $D\left(\boldsymbol{p}_m, \boldsymbol{p}_{m'}\right)$ 为我们提供了衡量由两个不同模型所作预测之间相似度的一种手段。通过计算所有模型对之间的距离，可以形成一个距离矩阵，用于对模型进行聚类。然而，确定聚类中的模型数量是一个挑战。如果教师模型过少，会限制模型的多样性和泛化性，导致学生模型无法捕捉数据的复杂性，从而导致性能不佳。相反，过多的教师模型会增加计算成本，由于过拟合而无法提高准确性。模型聚类的模型再分配策略在算法10.3中进行了详细描述。这个算法旨在通过优化模型分配来平衡计算负载，同时确保模型的多样性和预测准确率。

算法 10.3　模型再分配

输入：模型组集合 $\mathbf{MG} = \{\mathbf{MG}_1, \mathbf{MG}_2, \cdots, \mathbf{MG}_n\}$，模型数量上限 U_b，模型数量下限 U_l；

1：当 $\mathbf{MG}_{1,\cdots,n}$ 的长度 $> U_b$ 时，执行以下步骤：

　　根据 U_b 和 U_l 找到过载组 G_o 和欠载组 G_u；

　　对于每个过载组 G_o，执行以下操作：

　　　　计算超过上限的模型数量 I；

　　　　根据大小（升序）对 G_o 进行排序；

　　　　对于 $i = 1$ 到 I，将模型从 G_o 移动到 G_u；

2：当 $\mathbf{MG}_{1,\cdots,n}$ 的长度 $\leqslant U_b$ 时，执行以下步骤：

　　刷新欠载组 G_u；

　　对于每个过载组 G_o，执行以下操作：

　　　　计算少于下限的模型数量 T；

　　　　对于 $i = 1$ 到 T，将模型从相邻组复制到 G_u；

---

3. 组内多教师知识蒸馏

在每个模型集群内，学生模型在多教师模型的引导下接受训练。多教师知识蒸馏的过程是FedAIT框架中的关键组成部分，其目标在于利用多个本地模型（教师模型）的集体信息，以此提升中心化模型（学生模型）的性能。为了有效地整合各教师模型的知识，需要对每位教师模型分配一个权重，该权重用于量化其可靠性。这些权重的计算基于两个核心因素：一是教师模型在测试集上的准确率；二是教师模型对当前训练批次预测的置信度。置信度是通过教师模型对训练数据的预测结果来衡量的，这种方法确保权重反映了教师模型对数据的理解深度和预测的准确率。具体来说，对于第 i 个教师模型的对数概率 $L_i = \{l_{i1}, l_{i2}, \cdots, l_{ik}\}$，其中 l_{ij} 表示第 j 个类的对数概率，对数概率置信度 C_i 用式（10.8）进行计算：

$$C_i = \frac{1}{k} \sum_{j=1}^{k} |l_{ij}| \tag{10.8}$$

在优化教师模型选择过程中，首要考虑的是那些在整体数据分布上表现出较高准确率，并对当前批次数据拥有较高置信度的教师模型。然而，直接采用这些初始权重可能会引起某些教师模型在知识传递过程中的过度主导，从而影响整体的平衡性。为了解决这一问题，必须对这些权重进行合理的归一化处理。归一化的目的是调整各个教师模型的影响力，使得它们的权重总和等于 1，从而确保每个教师模型在知识蒸馏过程中都能发挥适当的作用。这种归一化在数学上的表达如式（10.9）和式（10.10）所示。

$$W_i = A_i \times C_i \tag{10.9}$$

$$W_i' = \frac{W_i}{\sum\limits_{j=1}^{n} W_{j+\varepsilon}} \tag{10.10}$$

其中，A_i 是模型从验证数据集得出的预测准确率，W_i' 是第 i 个教师模型的归一化权重，W_j 是所有教师模型的权重，n 是教师模型的总数，ε 是一个常数，用于防止除以 0 的情况发生。根据这些归一化的权重，聚合教师模型的输出 O_i，得到加权求和的输出，表示为

$$O = \sum\limits_{i=1}^{n} (W_i' \times O_i) \tag{10.11}$$

接下来，计算输出的加权和，以形成一个软目标，作为训练学生模型的增强教学信号。一方面，软损失 L_{soft} 是学生模型和教师模型概率分布之间的 Kullback-Leibler 散度，其中 $S_i = \text{softmax}(O_s)$ 和 $T_i = \text{softmax}(\sum\limits_{j=1}^{n} W_j \cdot O_{tj})$，$O_s$ 和 O_{tj} 分别代表学生模型和第 j 个教师模型的输出对数概率。这在数学上表示为

$$L_{\text{soft}} = \text{KL}(S_i \| T_i) = \sum\limits_{i=1}^{n} S_i \times \ln \frac{S_i}{T_i} \tag{10.12}$$

另一方面，硬损失 L_{hard} 是学生模型概率和真实标签 Y 之间的交叉熵损失，公式为

$$L_{\text{hard}} = \text{CE}(S_i, Y) = -\sum\limits_{i=1}^{n} Y \times \ln S_i \tag{10.13}$$

总的蒸馏损失是这两者的加权组合，计算公式为

$$L = \alpha \times L_{\text{hard}} + (1-\alpha) \times L_{\text{soft}} \tag{10.14}$$

其中，α 是超参数，用于控制硬损失和软损失之间的权衡。这种双重损失方法允许学生模型同时从教师模型的结构性指导和实际标签中学习，从而确保了泛化和准确性。

4. 组间模型互训练

在各个分组内完成学生模型的训练之后，这些模型将进入群组间的协作学习阶段。在此阶段，学生模型都参与到互相协作的过程中。值得注意的是，这一过程是独立地在各个边缘设备上进行，无须依赖云基础设施，有效维护了系统的可扩展性与隐私性。为了增强学生模型的泛化能力，采用了知识蒸馏方法将软目标知识传递给各个子网络。这种方法利用了预训练的教师模型生成的软目标。通过这种方式，学生模型能够学习到教师模型的决策边界。同时，结合了标准的交叉熵损失，这样可以确保学生模型不仅能够从教师模型中学习知识，还能够从真实标签中学习知识。这种端到端的多任务损失函数方法有效地平衡了学习软目标知识和直接从真实标签学习的需求，从而提高了学生模型的整体性能。

该环节中，参与训练的边缘设备都参与互相协作，所有模型均为学生模型，监督信号由各

模型的输出组合而成。假设有 I 个参与训练的深度学习模型，t 用于聚合每个参与训练的模型，第 i 个模型的逻辑值定义为 z_i。教师模型逻辑值 $z_i = t(z_1, z_2, \cdots, z_m)$ 表示。假设训练样本和测试样本遵循相同分布，一个在训练集上预测损失较小的模型将鼓励学生模型更快地收敛，选择所有学生中交叉熵损失最小的逻辑值。

5. 实验评估

本实验在配备 NVIDIA Quadro RTX 4000 的计算机上进行，操作系统采用 Ubuntu 18.04 LTS，深度学习框架选用 PyTorch 1.8.0 版本，以 Python 3.8 作为编程语言。为确保实验的可重复性，所有实验将在固定的硬件和软件配置上执行。实验将使用 CIFAR-10 数据集，该数据集包含 10 个类别的图像，每个类别有 6000 张 32 像素 × 32 像素的彩色图像，分别有 5000 张用于训练，1000 张用于测试。在实验开始前，对数据集进行了标准化处理，并应用数据增强技术如随机裁剪和水平翻转，以提升模型的泛化性。在 FedAIT 框架中，设置 10 个或 20 个客户端，每个客户端在本地训练一个子网络。数据集的 40% 将被用作公共数据集，所有客户端均可访问。剩余的 60% 数据将被均匀分配到各客户端，作为私有数据集，即仅在分配到的客户端上可用。

实验结果对比了 FedAIT 框架与 FedDF 框架[28] 和 FedET 框架[29] 在边缘智能联邦学习环境中的表现。如图 10.14 所示，FedAIT 框架在客户端、边缘层和全局 3 个计算环境中均表现出较高的准确率。在客户端环境中，FedAIT 框架实现了 73.21% 的准确率，相较于 FedDF 框架的 71.25% 和 FedET 框架的 69.89%，表现出显著的性能提升。这一结果表明，FedAIT 框架能够更加有效地利用客户端数据，增强模型针对分散数据源的泛化能力。在 CIFAR-100 数据集上的实验结果如图 10.15 所示。

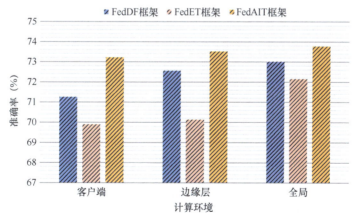

图10.14 FedAIT框架在不同计算环境中在CIFAR-10数据集上的准确率

综上所述，FedAIT 框架在各类计算环境下均展现出优越性，这反映了其在联邦学习的各个阶段提供有效指导和优化的能力。该方法通过在客户端的个性化训练、边缘层的模型聚合优化以及全局的更新策略协调，有效管理了分散的数据和模型。实验结果突出了 FedAIT 框架在提炼和传递知识方面的高效性，这不仅提升了在分散数据环境下的学习精度，还增强了模型对于环境变化的适应性和鲁棒性。

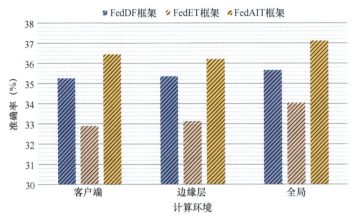

图10.15　FedAIT框架在不同计算环境中在CIFAR-100数据集上的准确率

10.4　基于分布式边缘智能的合作视频监控系统

视频监控作为现代公共安全体系的坚实支柱，对于维护公共场所的秩序与安全发挥着不可或缺的作用。近年来，随着人工智能技术的迅猛发展，监控视频的分析能力得到了显著的提升。借助深度学习算法，视频监控系统好似装上了一双敏锐的眼睛，能够精准且实时地捕捉潜在的安全隐患，确保威胁能被迅速发现并得到及时、有效的应对。

与此同时，深度学习算法的高效运行离不开强大的计算能力作为支撑。在视频监控设备日益普及，数据呈现爆炸式增长的大环境下，传统的云计算方式在处理海量实时数据时，因网络带宽不足和算力瓶颈，已逐渐显得力不从心。为了满足对监控视频实时处理的需求，需要探索一种更加高效、灵活的计算方式。在这一背景下，边缘计算再一次显示出独特的优势。它能够将数据的处理和分析任务下放至边缘端执行，以充分利用边缘设备的计算能力和资源，减少对云端的依赖，从而提升数据的实时处理能力。

尽管如此，现有的基于边缘计算的视频监控方法在设计上仍有待完善。一方面，这些方法往往未能充分考虑边缘设备间的协作，导致分布式的计算资源无法得到充分利用。另一方面，由于缺乏有效的信息共享和协同处理机制，各个边缘设备往往各自为战，这不仅影响了深度学习算法的有效性，还导致了计算资源的浪费和重复投入。

本节将重点介绍科技部重点研发计划战略性重点专项项目——"基于分布式边缘智能的合作视频监控"。首先介绍整体架构设计方案。随后，在资源管理方面，介绍一种高效管理及资源调度的组件，以实现系统资源的最优利用。接着介绍系统内部的协作机制，包括边缘设备之间异步消息传递等技术方案的设计。最后介绍系统的性能优化策略，旨在确保系统在处理海量视频监控数据时能够高效、稳定运行。通过阐述该系统的架构和技术方案，为分布式边缘智能协作类项目提供可能的设计思路。

10.4.1　系统整体架构

本小节介绍基于分布式边缘智能的合作视频监控系统的架构。该架构经过了严谨的设计，主要功能被划分为5个层次，每一层次均承担着明确的任务，各层次的协同工作确保了整个智能视频监控系统的稳定、高效运行。接下来，我们将逐一介绍各层次，从而展现出一个完整的系统架构概貌。

如图10.16所示，该架构从下到上，分别为边缘摄像头、流媒体服务器、边缘设备集群、协同控制层和资源管理层。

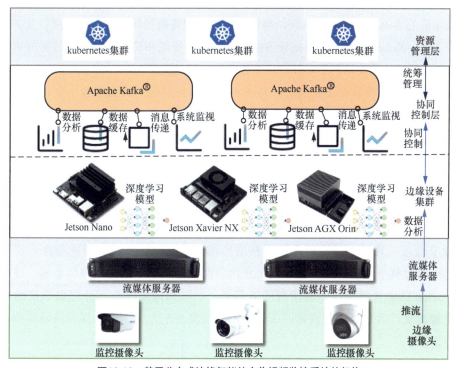

图10.16　基于分布式边缘智能的合作视频监控系统的架构

1）边缘摄像头。这一层是系统的数据采集前端，负责实时监控特定区域，并将捕获的视频信息实时上传至流媒体服务器进行处理。

2）流媒体服务器。在合作视频监控系统中，流媒体服务器扮演着数据传输的枢纽角色。它连接着下层的边缘摄像头和上层的边缘设备集群，起着承上启下的关键作用。一方面，流媒体服务器需要高效地管理来自边缘摄像头的视频流，确保视频流的稳定传输。另一方面，流媒体服务器还需为上层的边缘设备集群提供数据服务。因此，流媒体的稳定性对于系统执行视频监控任务至关重要。

3）边缘设备集群。边缘设备集群是系统的核心组成部分，它由一系列具备不同计算和存储能力的异构设备构成。在该合作视频监控系统中，我们选择了 NVIDLA Jetson 开发套件作为边缘算力，包括 Jetson Nano、Jetson Xavier NX 以及 Jetson AGX Orin 等设备，以适应不同监控场景下的处理需求。边缘设备集群将在数据产生的源头就近执行深度学习算法,实现就近处理的目标,使监控系统能够更快速地进行分析、检测并做出相应反应。

4)协同控制层。协同控制层在实现边缘设备之间的协作中发挥着核心作用。在合作视频监控系统中,我们引入了高性能的消息中间件 Apache Kafka,构建了一套高效的异步通信与协同推理机制。与传统的通信协议相比,Kafka 消息队列的缓冲与调度功能能够确保数据在边缘设备之间进行可靠且顺畅的异步传递,有效避免了因数据拥塞或丢失导致的性能下降。同时,得益于 Kafka 的分布式拓展特性,系统能够轻松应对大规模数据处理的需求,从而保证系统的实时性能。

5)资源管理层。资源管理层采用 Kubernetes(K8s)集群作为资源的管理工具。Kubernetes作为一种先进的容器管理及编排机制,能够有效地实现资源的动态分配、调度以及容灾管理。值得一提的是,Kubernetes 能够根据设备的状态自动地管理和调度系统中的各种应用和服务,从而实现系统资源的最大化利用,并确保系统性能的稳定性。

整个系统的执行流程如下。首先,位于系统架构最前端的边缘摄像头负责实时捕获视频监控影像,并将捕获的实时视频流上传到流媒体服务器。随后,流媒体服务器收集来自边缘摄像头的视频流数据,并提供数据服务。接着,在架构的第 3 层,边缘设备提取视频监控数据流,进行实时的视频监控分析。这些边缘设备借助深度学习技术对视频内容进行实时的智能解析,从而实现智能监控视频分析。之后,采用 Kafka 消息中间件作为关键组件,以实现边缘节点之间的异步通信和协同推理。具体而言,Kafka 承担着消息转发的角色,负责边缘节点之间的异步信息传递。边缘设备将处理后的信息发布到 Kafka 指定的主题中,其他边缘节点可以通过订阅这些主题来获取所需信息,从而实现高效的数据同步。最后,Kubernetes 作为整个系统的资源管理器,负责全面调度系统资源以及编排容器。监控系统利用 Kubernetes 自动管理容器化应用程序的部署、扩展和运维工作,并根据系统的实时负载情况和资源需求,动态地调整容器的部署策略和资源分配方案,以确保系统始终按照预定的方式稳定运行。

10.4.2 基于Kubernetes平台对合作视频监控系统进行资源管理

在基于分布式边缘智能的合作视频监控系统中,一个高效、稳定和可扩展的系统资源管理工具尤为重要。由于系统接入的节点数量众多,并且设备间的协作增加了整体的复杂性,这使得边缘设备的资源管理和调度需求变得更为严苛。传统的资源管理方式已难以应对这些挑战。因此,我们在系统中引入了 Kubernetes 组件。通过利用 Kubernetes,能够实现对边缘设备的执行动态管理,同时根据系统的实时负载情况调整资源分配,从而确保了系统的高效、稳定运行。

图 10.17 展示了 Kubernetes 集群的系统架构。该架构包含一个核心的主节点(Master)与若干协同工作的从节点(Node)。其中,主节点充当着集群的"大脑",负责接收并处理来自外部用户的请求,同时精确管理与调度集群内部的资源。从节点则相当于集群的"执行者",负责执行具体的视频监控任务。节点之间通过 Kubernetes 提供的通信插件(如 Flannel 等)实现高效的数据传递。

为了更直观地理解这一架构，下面以一个包含一个主节点和两个从节点的简单集群为例进行说明。值得注意的是，这一系统架构具有极高的可扩展性。在实际应用中，系统可以根据实际需求轻松扩展至更多的边缘节点，以满足更大规模、更复杂的视频监控任务。在 Kubernetes 集群中，如果要查看各节点的状态，管理员可以运行"kubectl get node"命令，如图 10.18 所示。此命令将展示系统中所有节点的状态，包括主节点和各个从节点。通过这一命令，管理员可以快速了解哪些节点已经准备就绪，可以随时接收并执行分配的任务。

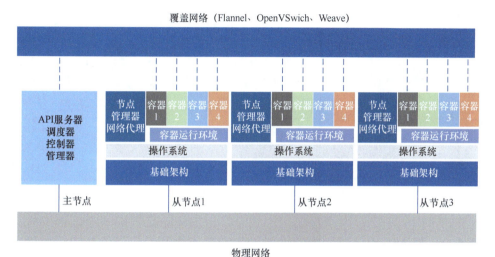

图10.17　Kubernetes集群的系统架构

```
[root@master kubernetes]# kubectl get node
NAME     STATUS    ROLES      AGE    VERSION
master   Ready     master     132d   v1.17.4
node1    Ready     <none>     132d   v1.17.4
node2    Ready     <none>     132d   v1.17.4
```
图10.18　查看系统的节点状态

为了更深入地了解各个节点的工作状态和资源利用情况，管理员可以通过运行"kubectl describe node［node-name］"命令来实现。在这个命令中，［node-name］需要被替换为实际的节点名称。执行该命令后，Kubernetes 集群将提供一份详尽的节点报告，其中包括节点的当前状态、资源分配情况以及事件记录等重要信息。图 10.19 所示为部分输出结果，展示了节点 node1 的工作状态和资源利用情况。通过这个命令，管理员可以观察到节点的 CPU 和内存使用率、Pod 的调度情况以及网络配置等核心信息。除了依赖 Kubernetes 集群内置的管理机制，管理员还可以根据这些实时数据对节点进行精细化的优化和调整，以确保视频监控系统能够稳定、高效地运行。

在该系统中，Kubernetes 集群的 Pod 机制发挥着关键作用。Pod 是 Kubernetes 集群中的基本部署单元，它允许每个从节点同时运行多个独立容器，并共享必要的资源，如网络和存储卷。这意味着从节点能够高效地并行处理多项任务，如视频流的实时分析和深度学习模型的预测，且任务之间互不干扰。总的来说，Kubernetes 架构的引入为视频监控系统带来了高度的灵活性和可扩展性。这种架构不仅能够应对各种边缘设备的管理和调度需求，还确保了整个视频监控系统的稳定性和高效性。

```
[root@master kubernetes]# kubectl describe node node1
Name:               node1
Roles:              <none>
Labels:             beta.kubernetes.io/arch=amd64
                    beta.kubernetes.io/os=linux
                    kubernetes.io/arch=amd64
                    kubernetes.io/hostname=node1
                    kubernetes.io/os=linux
Annotations:        flannel.alpha.coreos.com/backend-data: {"VNI":1,"VtepMAC":"76:96:25:ef:94:01"}
                    flannel.alpha.coreos.com/backend-type: vxlan
                    flannel.alpha.coreos.com/kube-subnet-manager: true
                    flannel.alpha.coreos.com/public-ip: 192.168.131.136
                    kubeadm.alpha.kubernetes.io/cri-socket: /var/run/dockershim.sock
                    node.alpha.kubernetes.io/ttl: 0
                    volumes.kubernetes.io/controller-managed-attach-detach: true
CreationTimestamp:  Wed, 06 Dec 2023 12:28:32 +0800
Taints:             <none>
Unschedulable:      false
Lease:
  HolderIdentity:   node1
  AcquireTime:      <unset>
  RenewTime:        Tue, 16 Apr 2024 16:46:37 +0800
Conditions:
  Type              Status  LastHeartbeatTime                 LastTransitionTime                Reason
  ----              ------  -----------------                 ------------------                ------
  NetworkUnavailable False  Tue, 16 Apr 2024 16:19:20 +0800   Tue, 16 Apr 2024 16:19:20 +0800   FlannelIsUp
  MemoryPressure    False   Tue, 16 Apr 2024 16:45:05 +0800   Wed, 06 Dec 2023 12:28:32 +0800   KubeletHasSufficientMemory
  DiskPressure      False   Tue, 16 Apr 2024 16:45:05 +0800   Wed, 06 Dec 2023 12:28:32 +0800   KubeletHasNoDiskPressure
  PIDPressure       False   Tue, 16 Apr 2024 16:45:05 +0800   Wed, 06 Dec 2023 12:28:32 +0800   KubeletHasSufficientPID
  Ready             True    Tue, 16 Apr 2024 16:45:05 +0800   Thu, 07 Dec 2023 09:48:18 +0800   KubeletReady
Addresses:
  InternalIP:       192.168.131.136
  Hostname:         node1
Capacity:
  cpu:              2
  ephemeral-storage: 18121Mi
```

图10.19　查看系统节点的工作状态和资源利用情况（部分输出结果）

10.4.3　基于Kafka消息中间件实现边缘节点之间异步通信与协同推理

在边缘计算环境中，视频监控系统的高效运行依赖节点之间的稳定通信，以实现数据的高效共享、任务协调以及实时的响应。这种通信机制对于系统智能处理视频流数据、协调分析任务以及快速做出决策至关重要。由于边缘环境的网络条件复杂多变，通信机制必须高效、可靠且实时，以确保监控系统能够稳定运行和及时响应。

作为一种分布式流处理平台和消息队列系统，Kafka在边缘计算环境中的应用具有显著优势。它具有高吞吐量、持久性、可扩展性和容错性等特点，为边缘节点之间的通信提供了理想解决方案。Kafka采用发布－订阅模式，允许边缘节点以异步方式进行通信，这大大提高了系统的响应速度和吞吐量。同时，Kafka还保证了消息的持久性和可靠性，即使在节点故障或网络中断的情况下，也能确保消息的正确传递和处理。

在视频监控系统中，选择Kafka作为边缘设备之间的通信组件，原因有三。首先，Kafka的高吞吐量和低时延特性使其成为处理边缘计算环境中实时数据的理想选择。其次，Kafka的分布式架构和强大的水平扩展能力，使其能够轻松应对不断增长的边缘节点数量和数据规模。最后，Kafka提供的多种消息传递语义和数据保证机制，如Exactly-Once语义和数据的持久性存储，确保了消息的可靠传递和数据的一致性，从而满足了边缘计算环境中对数据安全性和一致性的严格要求。接下来，以视频监控中的经典任务——人物重识别为例，介绍基于分布式边缘智能的合作视频监控系统中，边缘设备之间如何利用Kafka消息中间件实现高效的异步通信与协同推理。

图10.20展示了系统利用Kafka消息中间件实现边缘节点间协作的流程。整个系统由

Kubernetes 集群节点组成。在系统对任务进行调度之后，系统会分配一些节点负责部署 Kafka 消息中间件，而另一些节点集群则负责人物重识别任务。其中，节点之间的数据交互是通过系统控制组件实现的，但为了保持图示的简洁性，图 10.20 中省略了这一部分。

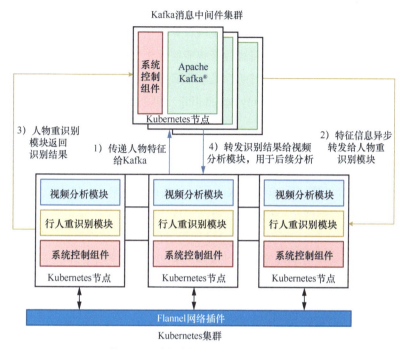

图10.20　基于Kafka消息中间件实现边缘节点之间协作的流程

该流程可以分为以下 4 个步骤。

1）视频分析模块提取人物特征，并传递给 Kafka。

视频分析模块首先会从监控视频流中捕获图像帧。然后，它将运用计算机视觉技术，如深度学习模型，检测和提取图像中的人物特征。一旦特征被成功提取，视频分析模块就会将这些特征数据打包，并发送给 Kafka 消息队列系统。

2）Kafka 将特征数据转发给人物重识别模块。

Kafka 作为一个高性能的消息队列系统，负责接收来自视频分析模块的特征数据。它确保了数据的有序性和可靠性，在系统中起到数据缓冲和流转的关键作用。随后，Kafka 会将这些特征数据转发给人物重识别模块，以供其进行进一步的处理。

3）人物重识别模块返回识别结果给 Kafka。

人物重识别模块接收到 Kafka 传递的特征数据后，会利用特定的算法和模型对这些数据进行处理。该模块的核心任务是进行人物识别与匹配，确保在不同的摄像头视角或者不同的时间点也能进行准确识别。识别完成后，人物重识别模块会将识别结果返回给 Kafka。

4）Kafka 将识别结果转发给视频分析模块，进行后续分析。

Kafka 接收到人物重识别模块返回的识别结果后，会迅速将这些结果再次转发给视频分析模块。视频分析模块根据这些识别结果，可以进行更深入的分析，比如追踪人物的移动轨迹，检测异常行为等。这样，系统形成了一个完整的数据处理闭环（从视频中提取特征到最终的分析结果），各模块在边缘端高效协同，共同构建了一个智能化、高效的处理系统。

10.4.4 系统性能优化

由于边缘设备通常没有云端设备那样充足的计算和存储资源，这就对系统的实时性和性能提出了更高的要求。因此，在基于分布式边缘智能的合作视频监控系统中，对系统进行针对性的优化，以确保系统的高效运行和实时响应是非常必要的。下面将主要介绍对该系统的两种优化方案：Kubernetes 亲和力调度（Affinity Scheduling）和 TensorRT 模型加速。

（1）Kubernetes 亲和力调度策略

在分布式系统中，合理的资源调度是确保系统高效运行的关键。Kubernetes 作为一种高度可扩展的容器编排平台，可提供强大的资源调度能力。然而，在边缘计算环境中，由于资源的有限性和实时性的要求，需要进一步优化 Kubernetes 的调度策略。

Kubernetes 的亲和力调度是一种强大的资源调度策略，它允许我们根据节点的标签、污点（Taint）和容忍度（Toleration）等信息，对 Pod 的部署位置进行精细控制。在视频监控项目中，通过利用 Kubernetes 的亲和力调度策略，可以将具有相似计算需求的 Pod 部署到具有相应计算资源的节点上，从而提高了资源的利用率和系统的实时性。

具体来说，首先对边缘节点的计算资源进行详细的评估，包括 CPU、GPU、内存等资源的类型和数量。然后，根据视频监控任务的需求，为不同类型的任务设置不同的标签和亲和力规则。例如，对于需要高性能 GPU 加速的深度学习推理任务，将其部署到具有 GPU 资源的节点上；对于一般的视频流处理任务，则将其部署到具有足够 CPU 和内存资源的节点上。通过这种方式，实现了对边缘计算资源的精细化管理和高效利用。

（2）TensorRT 模型加速

在视频监控系统中，由于深度学习算法需要频繁地对人物目标进行识别，如图 10.21 所示。这一计算密集型任务对边缘设备性能提出了高要求，而边缘设备上计算能力和存储资源往往有限。因此，在边缘设备上运行深度学习模型时，需要对其进行优化，以减少计算量、提高推理速度。

图10.21 深度学习模型对视频监控中的人物进行识别

TensorRT 是 NVIDIA 提供的一个高性能的深度学习推理优化库，它能够对深度学习模型进行优化，缩短推理时间并提高吞吐量。TensorRT 通过层融合、内存优化等方法，可以有效减少模型的计算量和内存占用。

通过 TensorRT 的加速优化，边缘设备能够实现大幅度的推理提速。表 10.1 清晰地展示了在经过 TensorRT 优化之后，在相同的场景和边缘设备下，人物目标识别 YOLO（You Only Look Once）模型的推理时延相较于未优化的状态实现了显著的提速。这不仅提高了视频监控系统的实时性，还降低了系统整体的计算成本。

表10.1　执行TensorRT优化前后YOLO模型的平均推理时延

模型状态	平均推理时延（ms）
未经过TensorRT优化	35
经过TensorRT优化	14

10.4.5　总结

本节详细阐述了基于分布式边缘智能的合作视频监控系统的核心实现与优化策略。该系统依托于 Kubernetes 集群的智能调度与资源管理，并结合 Kafka 技术，实现了边缘设备之间的协同工作，进而显著提升了系统效率。在系统优化层面，采用了 TensorRT 模型来提升计算效率，同时引入亲和力调度策略以优化任务分配。这些技术和优化措施在合作视频监控系统的实践中得到了验证，可为分布式边缘智能系统实践领域提供有价值的参考。

10.5　前沿方向

传感云技术在深度学习、安全防护和实际应用（如视频监控方面）的融合与创新，不仅提升了边缘智能系统的性能和效率，还为应对日益增长的数据处理需求和安全挑战提供了新的解决方案。随着技术的不断进步，以下这些方向将引领传感云进入一个新的、更加智能和安全的未来。

（1）智能边缘设备间的协同

在智能边缘计算的快速发展中，边缘设备之间的协同作用显得尤为重要。这种协同不仅体现在软硬件的深度融合上，更是全面追求智能化和高效运算的集中体现。通过边缘设备之间的紧密合作，可以实现更高效、智慧化的未来发展，成为推动智能边缘计算进步的核心动力。

在软件层面，经过特别设计的边缘计算环境中的操作系统和中间件，旨在支持快速的数据处理和实时响应。这种设计不仅保持了软件的轻量化，以适应边缘设备的资源限制，还通过边缘设备间的有效沟通和资源共享，实现了更加高效的数据处理能力。AI 的压缩和加速技术在这一过程中扮演了关键角色，它们使得即使在硬件资源受限的环境中，复杂的 AI 模型也能高效运用。例如，通过模型剪枝、量化和知识蒸馏等技术，边缘设备可以在保持模型精度的同时，显著减少对计算资源的需求，并通过协同工作实现资源的最优分配和利用。

在硬件层面，新一代 GPU、专为边缘计算设计的设备及超级计算机的出现，为边缘设备间的协同提供了强大的硬件支持。新型 GPU 在图形处理、并行计算和 AI 任务处理方面表现出色，而专用边缘计算硬件，如低功耗 AI 芯片，则在有限的能源消耗下提供强大的计算支持。这些硬件的发展，不仅提升了单个设备的计算能力，还加强了设备间的协同效应，使得整个系统在处理大规模数据分析和复杂模型训练时更为高效。

软硬件的紧密协同体现在共同优化系统性能方面，软件不断进化以更好适应硬件特性，硬件发展也日益关注软件需求，从而实现系统效能的最大化和资源的最优利用。在安全方面，边缘设备间的软硬件协同同样发挥着关键作用。硬件层面的安全措施为系统提供了坚固的防护，而软件层面的安全策略则增强了数据处理的安全性和隐私保护。通过设备间的安全通信和数据共享，边缘计算环境能够更有效地防御外部威胁，保障数据的安全和隐私。

（2）新一代传感云网络

通信与 AI 的协同进化。在边缘智能的前沿领域，新一代传感云网络的发展显得尤为关键，特别是在通信和 AI 技术的融合方面。这种网络架构不仅高效整合了传感器、云计算与边缘计算技术，更关键的是运用先进的通信技术和 AI 算法实现智能化的数据处理与网络管理。

通信技术在这一新型网络中发挥着核心作用。随着 5G 技术和未来 6G 技术的演进，这些网络将拥有超高的数据传输速度和极低的时延，为大量数据的实时处理和分析提供了强大基础。快速且高效的通信能力，确保了网络中的每个节点（无论是传感器、边缘设备还是云端服务器）都能快速共享和同步数据。

同时，AI 的融合使得传感云网络在数据处理方面更加智能和高效。通过机器学习和深度学习算法的应用，网络节点可以在本地进行数据智能分析和处理，降低对云层的依赖。AI 算法还被用于网络自我优化、故障预测和安全风险评估等，极大提高了网络的可靠性和自适应性。新一代传感云网络的设计重点还包括提升网络的数据流动性和计算流动性，确保数据能够流畅传输，同时支持复杂 AI 算法的实时运行。这种设计理念不仅提升了数据处理的速度和效率，还为物联网、大数据分析和智能城市应用等新兴技术的融入创造了条件。

总的来说，新一代传感云网络代表了通信和 AI 技术协同进化的典范。它们的结合不仅改善了网络的性能和效率，还推动了智能应用和服务的发展，为未来的技术创新铺平了道路。随着通信和 AI 技术的持续发展，这种网络将在构建智能化世界的过程中发挥越来越重要的作用。

（3）安全与隐私保护

边缘智能领域的核心挑战。在构建和发展云－边－端协同计算的新型架构中，我们正面临一系列前所未有的挑战，特别是在网络环境异构性显著和生态系统复杂多变的情况下。这种新型计算模式不仅快速崭露头角，还展示了其架构的灵活性和多层次性，形成了一个包括多种计算元素和服务提供商的复杂网络生态环境。在这个复杂的网络生态环境中，不同的网络资源和服务元素进行了深度融合和协同，包括移动边缘用户、边缘服务器、通信网络服务基站、云计算资源等多种元素。这种多元化和复杂性不仅体现在资源和服务的提供上，还体现在它们之间的协调和协作上，涵盖了资源、服务、安全和管理等多个维度。

然而，这种复杂的协同计算环境也为安全威胁提供了可乘之机。云－边－端协同计算新架构所面临的安全挑战成为其发展和普及的主要障碍。在构建这种新架构并实现各个元素之间的协同过程中，安全问题的解决成为首要任务。一旦安全问题无法得到有效解决，将会为云计算能力迁往网络边缘的过程带来巨大的安全风险。为了应对这些挑战并提高整个系统的安全性，我们可以采取多种策略和技术。例如，通过基于区块链的安全验证系统，我们可以确保所有交易和数据访问的完整性和可追溯性；利用多因素认证，我们可以提高用户访问和数据交换的安全性；通过引入安全多方计算，我们可以在不暴露各方隐私数据的前提下，完成联合计算任务，保护数据隐私。此外，我们还可以利用基于机器学习的异常检测技术，实时监控系统运行状态，及时发现并处理异常行为。

总的来说，云－边－端协同计算的新型架构代表了计算领域的一种前沿方向，其安全挑战也对我们提出了新的研究和实践要求。通过不断优化和创新安全策略、机制和技术，我们有望构建一个既安全又高效的云－边－端协同计算生态系统，推动这一新型计算模式的发展和普及。

（4）动态场景下的持续演化

在边缘智能的发展过程中，动态场景下的持续演化成为其核心特征之一。这一领域不断适应日益变化的技术环境和用户需求，通过持续的创新和优化，推动边缘智能朝着更加高效、智能化的方向发展。在动态的应用环境中，边缘智能的演化主要体现在对于实时数据处理能力的增强和对于复杂场景的适应。随着物联网和智能设备的广泛部署，生成的数据量急剧增加，这要求边缘智能系统能够实时处理和分析海量数据。因此，边缘计算设备和算法正不断优化以支持更快的数据处理和更高效的资源使用。

此外，持续演化还体现在边缘智能系统对于变化环境的适应性。例如，在智能交通系统或智能城市的应用中，系统需要能够根据实时交通状况或城市活动调整其运作模式。这要求边缘智能系统不仅要具有强大的数据处理能力，还要具有高度的灵活性和自适应性，能够在不断变化的环境中做出快速反应。创新是推动边缘智能持续演化的驱动力之一。随着新技术的出现，如5G网络、AI算法优化以及新型边缘计算硬件的开发，边缘智能的应用范围和效能都在不断扩大和提升。例如，5G网络的低时延和高带宽特性使得边缘设备能够更快地处理和传输数据，而AI算法的优化则使得这些设备能够执行更为复杂和智能的任务。

最后，边缘智能在动态场景下的持续演化还体现在其对新兴应用领域的拓展。随着技术的发展，边缘智能开始被应用于更多领域，如智能健康监测、自动驾驶以及工业自动化等，为这些领域带来了革命性的变化。

10.6 本章小结

本章深入探讨了传感云与边缘智能的概念、发展及其在现代技术生态中的重要性。边缘智能作为人工智能与边缘计算的融合体，旨在解决处理海量数据时的实时性和灵活性问题。这种技术融合不仅能够降低时延、加快反应速度，还能适应不断变化的数据处理需求，从而有效应对诸如智慧城市、工业物联网和智能家居等多个领域的挑战。同时，本章还强调了边缘智能面临的主要挑战，如设备资源约束、网络不稳定性、数据同步与一致性、数据泄露风险和隐私保护。此外，文中还探讨了边缘智能在实际工程应用中的反馈与学术研究，涵盖了算法进步、通信技术发展、实时性需求、隐私与安全等关键内容。这些内容为理解边缘智能的复杂性提供了全面的视角，并展示了其在未来技术发展中的重要地位。

参考文献

[1] LECUN Y, BENGIO Y, HINTON G. Deep learning[J]. Nature, 2015, 521(7553): 436-444.

[2] KRIZHEVSKY A, SUTSKEVER I, HINTON G E. Imagenet classification with deep convolutional neural networks[J]. Advances in Neural Information Processing Systems, 2012, 25: 1-9.

[3] SIMONYAN K, ZISSERMAN A. Very deep convolutional networks for large-scale image recognition[C]//Proceedings of the 3rd International Conference on Learning Representation. San Diego: [s.n.], 2015: 1-14.

[4] HE K, ZHANG X, REN S, et al. Deep residual learning for image recognition[C]// Proceedings of the IEEE Conference on Computer Vision and Pattern Recognition. Las Vegas: IEEE, 2016: 770-778.

[5] BENGIO Y, DUCHARME R, VINCENT P. A neural probabilistic language model[J]. Advances in Neural Information Processing Systems, 2000, 13: 1137-1155.

[6] VASWANI A, SHAZEER N, PARMAR N, et al. Attention is all you need[J]. Advances in Neural Information Processing Systems, 2017, 30: 1-11.

[7] CHENG H T, KOC L, HARMSEN J, et al. Wide & deep learning for recommender systems[C]// Proceedings of the 1st Workshop on Deep Learning for Recommender Systems. New York: ACM, 2016: 7-10.

[8] 施巍松, 张星洲, 王一帆, 等. 边缘计算: 现状与展望[J]. 计算机研究与发展, 2019, 56(1): 69-89.

[9] DENG Y, CHEN Z, YAO X, et al. Parallel offloading in green and sustainable mobile edge computing for delay-constrained IoT system[J]. IEEE Transactions on Vehicular Technology, 2019, 68(12): 12202-12214.

[10] LUO Q, HU S, LI C, et al. Resource scheduling in edge computing: a survey[J]. IEEE Communications Surveys & Tutorials, 2021, 23(4): 2131-2165.

[11] 李杰. 大数据和云计算技术在智慧城市建设中的应用[J]. 网络安全技术与应用, 2023(2): 102-103.

[12] ZHANG W, YANG D, PENG H, et al. Deep reinforcement learning based resource management for DNN inference in IoT[C]// GLOBECOM 2020-2020 IEEE Global Communications

Conference. Taipei: IEEE, 2020: 1-6.

[13] LI X, LI D. GPFS: a graph-based human pose forecasting system for smart home with online learning[J]. ACM Transactions on Sensor Networks (TOSN), 2021, 17(3): 1-19.

[14] 牛鑫, 吕现伟, 余辰. 边缘智能：现状与挑战 [J]. 武汉大学学报 (理学版), 2023, 69(2): 270-282. DOI:10.14188/j.1671-8836.2023.0026.

[15] 乔德文, 郭松涛, 何静, 等. 边缘智能：研究进展及挑战 [J]. 无线电通信技术, 2022, 48(1): 34-45.

[16] 莫梓嘉, 高志鹏, 苗东. 边缘智能 : 人工智能向边缘分布式拓展的新触角 [J]. 数据与计算发展前沿 , 2020, 2(4): 16-27.

[17] CHEN J, RAN X. Deep learning with edge computing: a review [J]. Proceedings of the IEEE. 2019, 107(8): 1655-74.

[18] CHU G, ARIKAN O, BENDER G, et al. Discovering multi-hardware mobile models via architecture search [C]//Proceedings of the IEEE/CVF Conference on Computer Vision and Pattern Recognition. Nashville: IEEE, 2021: 3022-3031.

[19] MIRZADEH S I, FARAJTABAR M, LI A, et al. Improved knowledge distillation via teacher assistant [C]//Proceedings of the AAAI Conference on Artificial Intelligence. New York: AAAI, 2020, 34(4): 5191-5198.

[20] FURLANELLO T, LIPTON Z, TSCHANNEN M, et al. Born again neural networks [C]// Proceedings of the International Conference on Machine Learning. Stockholm: PMLR, 2018: 1607-1616.

[21] SON W, NA J, CHOI J, et al. Densely guided knowledge distillation using multiple teacher assistants [C]//Proceedings of the IEEE/CVF International Conference on Computer Vision . Montreal: IEEE, 2021: 9395-9404.

[22] GAL Y, GHAHRAMANI Z. Dropout as a bayesian approximation: representing model uncertainty in deep learning [C]// Proceedings of the International Conference on Machine Learning. New York: IEEE, 2016: 1050-1059.

[23] NIKNAM S, DHILLON H, REED J. Federated learning for wireless communications: motivation, opportunities, and challenges [J]. IEEE Communications Magazine. 2020, 58(6): 46-51.

[24] MCMAHAN B, MOORE E, RAMAGE D, et al. Communication-efficient learning of deep networks from decentralized data[C]// Proceedings of the 20th International Conference on Artificial Intelligence and Statistics. [s.l.]: PMLR, 2017: 1273-1282.

[25] LIU L, ZHANG J, SONG SH, et al. Client-edge-cloud hierarchical federated learning [C]// Proceedings of the 2020 IEEE International Conference on Communications. NJ: IEEE, 2020: 1-6.

[26] DENG Y, REN J, TANG C, et al. A hierarchical knowledge transfer framework for heterogeneous federated learning [C]//Proceedings of the 2023 IEEE Conference on Computer Communications. New York: IEEE, 2023: 1-10.

［27］ FENG J, LIU L, PEI Q, et al. Min-max cost optimization for efficient hierarchical federated learning in wireless edge networks ［J］. IEEE Transactions on Parallel and Distributed Systems, 2021, 33(11): 2687-700.

［28］ LIN T, KONG L, STICH S U, et al. Ensemble distillation for robust model fusion in federated learning［J］.Advances in Neural Information Processing Systems, 2020, 33: 2351-2363.

［29］ LIU C, QU X, WANG J, et al. FedET: a communication-efficient federated class-incremental learning framework based on enhanced transformer［J］. arXiv Preprint, 2023. arXiv: 2306.15347.